논어,
사람의 길을 묻다

일러두기

참고 서적에서 발췌한 글은 ♣ 기호로 표시 하였고, 엮은이의 첨언은 * 기호로 표시 하였다.

논어,
사람의 길을 묻다

최대선 엮음

삶의
중심을 세우는
고전의 말들

머리말

　공자라는 이름을 들으면 어릴 적 다락방 구석에서 오래된 고리짝을 뒤지다 맡았던 곰팡내가 떠오르곤 했다.
　2500년 전 공자가 남긴 말들이, 수많은 진화와 변화를 거쳐 온 이 시대에 무슨 영향력이 있을지 그런 생각은 정작 『논어』를 읽기도 전에 내 머릿속 깊이 자리 잡고 있던 어설픈 선입견일 뿐이었다는 걸 깨닫게 되었다.

　어느 날 우연히 『논어』를 접하고 한 줄 두 줄 건성으로 넘기던 것이 점점 빠져들게 되었다. 읽는 횟수가 거듭되며 문장에 도취 되었고 밑줄 친 문장이 많아지고 문장 앞머리에 별표를 붙이며 그 문장은 따로 옮겨적어 나만의 노트를 만들기도 했다.
　「논어」는 정해진 주제로 담론을 이어 나가며 결론을 도출하는 방식이 아니고 오히려 공자와 제자들이 일상에서 나눈 자유로운 대화를 기록한 어록이다.
　총 20편으로 구성되어 있고 그 안에는 약 500개 문장으로 구성되어 있다.
　그 속에는 시대와 세대를 넘어서는 보편적 가치가 있으며 인간이 굳건히 지켜야 하는 사랑의 의지와 나와 타인을 이어주고 나와 세상을 이어주는 매체라 할 수 있다. 아무리 어지럽고 혼란스런 세상이라 하더라도 빛 바라지 않는 진실이 내재해 있다.

  공자는 말한다. 공동체 안에서 자신의 목소리를 조금은 낮추고 타인과의 균형을 이루는 성숙한 인간으로 살아가라고.
  이런 목표에 다다를 수 없을지라도 우리가 살아가는 이 시대의 깊은 고뇌만으로도 좀 더 나은 사람이 되고 서로 따스한 빛을 주고받으며 비록 파라다이스까지는 아니더라도 지금보다 더 맑고 밝은 세상이 되지 않겠냐는 상상해 본다.

  이미 출간된 많은 논어 서적을 보면 최대한 원문을 훼손하지 않으려 직역하다 보니 읽으면서도 뜻이 선뜻 이해되지 않는 문장과 단어들이 많았다.
  고대 중국 지식인들이 사용하던 용어를 2500년이 지난 한국에서 그대로 사용하는 것은 적절하지 않다고 생각되어 이런 문장과 단어들을 의역해서 좀 더 쉽게 이해될 수 있도록 했다.
  많은 시간과 노력을 쏟았지만, 여전히 부족한 점은 많을 것이다.
  한학을 전공한 훌륭한 학자들이 발표한 논어 서적이 많지만 나름대로 공부한 것을 발표하려니 두려움과 부끄러움이 앞서지만 아웃사이더가 보고 느끼는 조금 다른 시선도 무의미하지는 않으리라 믿으며 이 글을 세상에 내놓는다.

  마지막으로 「한서예문지」에서 논어의 명칭에 대해 말한 것을 첨부한다.

"논어라고 하는 명칭에 대해 먼저 語라고 하는 것은 공자가 제자들과 당시의 사람들에게 응답한 말과 제자들 상호 간에 문답하여 그것을 공자에게 직접 들은 말이라는 뜻이다. 당시 제자들은 각각 공자에게 들은 말들을 기록하여 두었던 것이다. 이후 공자가 이미 세상을 떠난 뒤에 제자들은 각자 공자에게 들은 말이 진짜인지 아닌지를 논의한 뒤에 만든 책이므로 책의 이름을 論語라고 한 것이다."

學問如逆水行舟 不進則退
학문은 배를 타고 물을 거슬러 오르는 것과 같아서
앞으로 나아가지 않으면 곧 밀려나고 만다.

차례

머리말　　5

- **1편** 學而 학이　　11
- **2편** 爲政 위정　　31
- **3편** 八佾 팔일　　57
- **4편** 里仁 이인　　87
- **5편** 公冶長 공야장　　109
- **6편** 雍也 옹야　　145
- **7편** 述而 술이　　177
- **8편** 泰伯 태백　　213
- **9편** 子罕 자한　　235
- **10편** 鄕黨 향당　　261
- **11편** 先進 선진　　281
- **12편** 顔淵 안연　　311
- **13편** 子路 자로　　337

14편	憲問 헌문	365
15편	衛靈公 위령공	413
16편	季氏 계씨	441
17편	陽貨 양화	461
18편	微子 미자	489
19편	子張 자장	507
20편	堯曰 요왈	527

공자의 제자	532
三桓 출현의 배경 1	560
三桓 출현의 배경 2	563
참고문헌	566

제 1 편

學而 학이

學而 1

子曰 學(1)而時習(2)之 不亦說(3)乎
자왈 학 이시습 지 불역열 호

有朋(4)自遠方來 不亦樂乎 人不知而不慍 不亦君子(5)乎
유붕 자원방래 불역낙호 인부지이불온 불역군자 호

공자가 말했다. 늘 배운 것을 연습하여 익히니 참으로 기쁘다.
멀리서 친구가 찾아 와 주니 또 얼마나 반가운가
남들이 나를 알아주지 않아도 섭섭하지 않으니 품격 있는 사람 아니겠나!

學(1): 모방하여 익히는 것.
習(2): 익혀 배우다, 새끼 새가 날개를 움직여 날기를 배우는 것.
時習: 정해진 시간에 맞추어 복습, 배운 후 때때로 복습
說(3): 말씀, 알리다, 깨우치다, 달래다, 기뻐하다.
朋(4): 벗, 친구, 무리, 한 쌍, 여러 개의 조개를 실로 꿰어 두 줄로 늘어놓은 모양을 본뜬 것으로 패거리의 뜻.
君子(5): 심성이 어질고 덕행이 높은 사람, 남의 사표가 될 만한 사람, 벼슬아치, 관리, 대나무와 연꽃 또한 군자라 칭한다.

學而 2

有子(1)曰 其爲人也孝弟 而好犯上者(2)鮮矣 不好犯上
유 자 왈 기 위 인 야 효 제 이 호 범 상 자   선 의 불 호 범 상

而好作亂(3)者 未之有也
이 호 작 난   자 미 지 유 야

君子務本 本立而道生(4)孝弟也者 其爲仁之本與
군 자 무 본   본 립 이 도 생   효 제 야 자   기 위 인 지 본 여

유자가 말했다. 효심 깊고 공손한 사람은 윗사람에게 함부로 하지 않는다. 윗사람에게 깍듯한 사람이 난동을 일으켰다는 적은 없었다. 건실한 인격자는 바탕이 단단해야 한다. 바탕이 단단해야 바른길로 나아갈 수 있다. 효심과 공손함은 참된 사람으로 가는 오직 한길이다.

有子(1): 공자의 제자로 노나라 사람, 성은 有 이름은 若 용모가 공자와 비슷했다고 한다.

其爲人也孝弟 而好犯上者(2): 효자이면서 공손한 사람이 윗사람에게 마구 대하는 사람.

亂(3): 거칠게 다투고 싸우며 혼란케 하는 행동

本立而道生(4): 기본이 바로 서야 도가 생긴다.

♣ 논어에서 仁이 처음 나오는 구절이다.

"仁의 본질이 효제에서 그 예를 찾아볼 수 있다는 사실이다. 효제

즉 효도와 형제간의 우애는 모든 인간이 공통적으로 타고난 도덕적 심성이다. 그것은 일단 남을 나와 못지않게 생각해 희생적으로 그를 아끼고 존중하는 행위를 할 수 있는 마음씨로 규정할 수 있다." 공자의 가치관이 仁의 덕목을 義의 덕목보다는 물론 禮의 덕목보다도 더 핵심적 위치에 놓고 있음을 의심할 수 없다.
논어는 인간이 마땅히 갖추어야 할 덕목 더 정확히 仁이라는 이름이 붙은 덕목에 관한 공자의 가르침을 담은 책이다.

(출처: 〈논어의 논리〉 박이문 지음, 문학과 지성사)

♧ 有若: B.C. 518 ~ ?
춘추 시대 말 노나라 사람. 字는 子有이며 有子로도 불린다.
孔門十哲은 아니고 공자보다 43살 연하다.(史記, 中尼第子列傳) 曾子와 閔子騫 등 몇몇과 함께 子로 불려 孔門에서의 비중을 엿볼 수 있다. 공자가 죽은 뒤 공자를 닮았다 하여 그를 공자처럼 섬기려고 했지만 증자의 반대로 이루어지지 않았다.
공자 사후 가장 존경받던 제자 가운데 한 사람이었다.
무엇보다 윤리를 강조했으며 정치는 백성들의 안락한 생활을 보장하는 것이라는 생각을 지니고 있었다.
외모는 공자를 닮았지만 지혜는 그에 미치지 못했던 듯하다.
송나라 眞宗 大中祥符 2년(1009) 平陰侯에 추봉되었다.

學而 3

子曰 巧(1)言令色(2)鮮矣仁
자왈 교 언영색   선의인

공자가 말했다. 약삭빠르게 듣기 좋은 말과 과장된 표정으로 남의 기분이나 맞추는 사람치고 참된 사람은 별로 없다.

巧(1): 겉을 좋게 보이도록 하는 것
令色(2): 남의 비위를 맞추려고 자신의 속뜻과는 전혀 다르게 안색과 태도를 능숙하게 연기하는 것.

學而 4

曾子曰 吾日三省(1)吾身(2)爲人謀而不忠乎
증자왈 오일삼성 오신 위인모이불충호

與朋友交而不信乎 傳不習乎(3)
여붕우교이불신호 전불습호

증자가 말했다. 나는 매일 세 가지로 나를 살펴본다.
남을 도울 때 최선을 다했는가?
친구들에게 믿음을 잃지는 않았는가?
배운 것을 복습해 막힘이 없는가?

三省(1): 세 가지를 살피다

①. 忠心: 진심, 자신을 다하는

②. 信: 타인을 속이지 않는 것.

③. 習: 복습

身(2): 육체가 아닌 자기 자신

傳不習乎(3): 배운 것을 복습했는가

♣ 曾子: B.C.505 ~ B.C.436

춘추 시대 말 노나라 南武城 사람으로 공자보다 46살 아래다.

이름은 參이고 字는 子輿다.

曾點의 아들이다. 공자의 수제자로 효심이 깊고 內省躬行에 힘썼으며 노나라에서 제자들 교육에 힘썼다. 孝經의 작자라고 하는데 확실한 근거는 없다.

일찍이 小吏를 지냈다. "초상을 당해서는 신중하게 치르고 먼 조상을 추모하면 백성들이 모두 덕을 갖추게 될 것"이라고 하면서 하루에 세 번 반성하는 수양법을 제창했다.

大學을 지었다고 하며 사상은 子思에게 전해졌다. 子思의 제자가 이를 다시 孟子에게 전했다. 후세에 宗聖으로 불린다.

저서에 [증자] 18편 가운데 10편이 대대예기(大戴禮記)에 남아 전해지는데 孝와 信을 도덕행위의 근본으로 삼았다.

學而 5

子曰 道(1)千乘(2)之國 敬事而信 節用而愛人(3)使民(4)以時(5)
자 왈 도 천 승 지 국 경 사 이 신 절 용 이 애 인 사 민 이 시

공자가 말했다. 전차 천 대를 소유할 정도로 큰나라를 다스리려면 일을 바르게 처리하고 백성들에게 믿음을 주어야 한다. 비용을 절약하고 백성을 사랑하며 도읍 건설에 그들을 동원할 때는 바쁜 농사철은 피해야 한다.

道(1): 여기에서의 道는 길道가 아닌 이끌, 다스릴 道. 治의 뜻을 지님

乘(2): 전차를 말함, 一乘이란 보병 72명, 갑옷 입은 병사, 3명 전차를 이끄는 병사 25명 합 100명으로 구성돼 있으므로 千乘이면 10만 명의 대군을 가리킴

人(3): 당시 人은 선비 이상의 지배층을 지칭.

民(4): 하위 계층의 대중들 농민, 서민.

千乘之國: 제후국을 뜻함

萬乘之國: 천자의 나라

時(5): 농한기

學而 6

子曰 弟子(1)入則孝 出則弟(2)謹而信(3)汎(4)愛衆(5)而親仁
자 왈 제자 입 즉 효 출 즉 제 근 이 신 범 애 중 이 친 인

行有餘力 則以學文
행 위 여 력 즉 이 학 문

공자가 말했다. 젊은이들은 집에서는 효도하고 나가서는 공손하며 언행을 조심해야 한다.

사람들을 두루 사랑하고 참된 사람들과 가까이한다. 그러고도 시간이 되면 공부를 하도록 한다.

弟子(1): 젊은이. 젊은 사람

出則弟(2): 밖에 나가면 윗사람을 받들어 모신다.

謹信(3): 말과 행동을 조심해야 믿음이 생긴다.

汎(4): 널리. 물 위에 뜬 모양. 바람처럼 퍼지다의 뜻이 있다.

衆(5): 무리 대중

＊ 여기서 文은 詩經, 書經, 禮記, 樂記, 易經, 春秋를 뜻한다.

學而 7

子夏曰 賢賢 易(1)色 事父母 能竭(2)其力 事君 能致其身(3)
자 하 왈 현 현 역 색 사 부 모 능 갈 기 력 사 군 능 치 기 신

與朋友交 言而有信 雖曰未學(4)吾必謂之學矣(5)
여 붕 우 교 언 이 유 신 수 왈 미 학 오 필 위 지 학 의

자하가 말했다. 현명한 사람의 현명함을 인정하고 여색을 멀리한다. 부모를 모실 때는 온 힘을 다하며 임금을 섬길 때는 자신을 바친다. 친구와의 사귐에 믿음이 있다면 비록 배우지 못했다고 해도 나는 그 사람을 꼭 배웠다고 할 것이다.

易(1): 바꾸다. 교환. 고치다.

能竭其力(2): 있는 힘을 다하다. 손으로는 들어 올릴 수 없어 등에 져서 올리다의 뜻이 있다.

致其身(3): 몸(자신)을 바친다.

雖曰未學(4): 비록 배우지 못했어도.

吾必謂之學矣(5): 난 필히 그가 배웠다고 평할 것이다.

♧ 子夏: B.C. 507 ~ B.C. 420

전국 시대 衛나라 사람. 晉나라 溫 사람이라고도 한다.

성명은 卜商이다. 공자의 제자로 공자보다 44살 연하다.

孔門十哲의 한 사람이다. 공자가 죽은 뒤 위나라 文侯에게 초빙되어 스승이 되었지만 아들의 죽음으로 슬피 울어 실명했다고 한다. 西河에서 講學했다. 李克과 吳起, 田子方, 段干木 등이 모두 그의 문하에서 배웠다. 魏文侯가 그를 스승으로 섬겨 禮를 배웠다. 학문은 시와 예에 능했고 공자의 春秋를 전공하여 公羊傳과 穀梁傳의 원류를 이루었다. 주관적 내면성을 존중하는 증자와는 달리 禮의 객관적 형식을 존중하는 것이 특색이다.

논어에 그의 말이 적지 않게 실려있는 것으로 보아 그 무렵 孔門에서의 위치가 어떠했는지 짐작할 수 있다.

詩序를 썼다고 전해진다. 송나라 眞宗 大中祥符 2년 (1009) 東阿公에 추증되었다.

學而 8

子曰 君子不重(1)則不威 學則不固(2)
자 왈 군 자 부 중   즉 불 위 학 즉 불 고

主(3)忠(4)信(5)無友不如己者 過則勿憚改(6)
주   충   신   무 우 불 여 기 자 과 즉 물 탄 개

공자가 말했다. 인격자로서 경박하면 위엄도 없고 지식도 보잘 것 없다. 정성과 믿음을 바탕으로 내게 본보기가 될 사람들과 사귀며 흉이 있다면 즉시 고쳐야 한다.

不重(1): 가볍게 행동하다, 방정맞다, 조심성 없이 함부로 행동하다.
學則不固(2): 배웠다 해도 견고하지 못하다.
主(3): 등불, 임금, 주인, 주장, 근본, 등잔 접시 위에 불이 타고 있는 모양을 본뜬 글씨
忠(4): 진심(자신)을 다하는 것, 心+中 가운데 있어서 어느 쪽으로도 치우치지 않는다는 뜻, 정성의 뜻을 지님.
信(5): 다른 사람을 속이지 않는 것, 자신이 말한 것에 책임을 지고 약속을 성실히 지키고 신용을 중시하는 것
勿憚改(6): 고치기를 꺼려하지 말라.

學而 9

曾子曰 愼終⑴追遠⑵民德 歸厚矣
증자왈 신종 추원 민덕 귀후의

증자가 말했다. 부모님 상례를 정중히 모시고 오래전 돌아가신 조상을 추도하면 민심이 온화하고 너그러워진다.

愼終(1): 마지막을 정중하게 하다.
追遠(2): 조상을 추도하다.

學而 10

子禽問於子貢曰 夫子至於是邦也⑴必聞其政 求之與⑵
자금문어자공왈부자지어시방야 필문기정 구지여

抑與之與⑶子貢曰 夫子 溫⑷良⑸恭⑹儉⑺讓⑻以得之
억여지여 자공왈 부자 온 량 공 검 양 이득지

夫子之求之也 其諸異乎人之求之與⑼
부자지구지야 기저이호인지구지여

자금이 자공에게 물었다. 선생님은 어떤 나라에 가시건 반드시 그 나라의 국정을 들으시는데 선생님이 원해서 그런 것인가요? 아니면 그 나라의 의뢰 때문인가요? 자공이 말했다. 선생님은 온화하시고 어지시며 공손하시고 검소하시며 겸손하시니 선생님이 접하는 방법은 다른 사람과 그 경우가 다른 것이다.

夫子至於是邦也(1): 선생님이 어떤 나라에 가시다.
求之與(2): 요구한 것인가
抑與之與(3): 아니면 그들이 제공한 것인가
溫(4): 따뜻, 부드러울, 유순함, 순수, 익히다, 온천, 온화
良(5): 어질다, 착하다, 바르다, 훌륭하다, 길하다, 잠시, 곡식의 좋은 것만 골라내기 위한 기구의 형상으로 좋다의 뜻.
恭(6): 공손하다, 받들다, 신에게 예물을 바칠 때의 마음가짐
儉(7): 검소, 검약, 수갑으로 죄다의 뜻으로 낭비를 죄다.
讓(8): 겸손, 사양, 넘겨주다, 꾸짖다, 제 몸을 낮추다, 말로 책망하다 꾸짖다의 뜻, 잔뜩 넣다로 양보하다 물려주다의 뜻도 있다.
其諸異乎人之求之與(9): 다른 사람의 요망과는 다르다.

♧ 子禽: B.C511~?
성은 陳 이름은 亢 陳나라 사람. 子는 子元 또는 子亢 子禽
송나라 眞宗 大中祥符 2년(1009) 南頓侯(남돈후)에 추봉되었다. 공자의 제자다.

學而 11

子曰 父在 觀(1)其志 父沒 觀其行 三年 無改於父之道(2)
자 왈 부 재 관 기 지 부 몰 관 기 행 삼 년 무 개 어 부 지 도

可謂孝矣
가 위 효 의

　공자가 말했다. 아버지 살아계실 때는 자식이 아버지의 뜻을 거역하지 않고 아버지가 돌아가시면 삼 년 동안 아버지의 뜻을 계승해야 효자라 할 수 있다.

　　觀(1): 사물을 주의해서 잘 보다, 생각해 보다, 눈을 크게 뜨고 잘 보다의 뜻
　　無改於父之道(2): 아버지의 뜻을 고치지 않는다. 道는 事이다.

學而 12

有子曰 禮(1)之用 和爲貴(2)先王(3)之道 斯爲美(4)小大由之
유 자 왈 예   지 용 화 위 귀   선 왕   지 도 사 위 미   소 대 유 지

有所不行 知和而和 不以禮節之 亦不可行也(5)
유 소 불 행 지 화 이 화 불 이 예 절 지 역 불 가 행 야

　유자가 말했다. 질서와 격식을 지키는 것도 상황에 맞게 조화로워야 한다. 옛 임금들도 이것이 마땅하다고 생각해 크고 작은 모든일을 조화의 원칙에 따랐다. 그러나 주의할 점은 조화만 강조하고 질서와 격식을 등한시한다면 이 또한 옳지 못하다.

　　禮(1): 타인과 나 사이에 지켜야 할 도리이며 차별이고 속박이며 불평등이다.

和爲貴(2): 조화가 중요하다.

先王(3): 堯舜 임금

斯爲美(4): 훌륭하다고 생각하다.

亦不可行也(5): 역시 해서는 안 된다.

* 和: 모두가 동등하다는 것이 아니다. 인간은 태어날 때부터 평등하지 못하고 자유롭지도 못하다. 소란과 분란 없이 상하를 인정하고 타협하고 조정하는 것이다.

♣ 禮란 나라를 다스리고 명분을 분별하는 궁극의 도이고 나라를 강성하고 굳건하게 하는 근본이며 위엄이 행해지는 길이고 공명의 총체이다. (중략) 천하가 예를 따르면 잘 다스려지고 예를 따르지 않으면 어지러워지며 예를 따르는 자는 편안해지고 예를 따르지 않는 자는 위태롭게 된다. 소인은 스스로 예를 본받을 수 없다.
(중략) 성인이 후덕한 까닭은 예의 쌓임이요 원대함은 예의 넓음이며 인격의 숭고함은 예의 융성함이며 밝음은 예의 곡진함이다.

(출처: 〈사기 서〉 사마천 지음, 김원중 옮김, 민음사)

學而 13

有子曰 信(1)近於義(2) 言可復(3)也 恭近於禮 遠恥辱也(4)
유자왈 신　근어의　　언가복　야 공근어례 원치욕야

因不失其親 亦可宗(5) 也
인 부 실 기 친 역 가 종 야

유자가 말했다. 약속이 합당하다면 그 말을 지켜야 한다. 공손한 것도 격식에 맞아야 수치스러운 일이 생기지 않는다.

사람을 사귈 때 믿고 의지할 만한 사람인가 면밀히 살핀 다음 관계를 맺으면 평생 최고의 친구가 될 수 있다.

信(1): 믿음, 공경하다, 맡기다, 진실, 펴다, 밝히다, 사람 사이의 약속, 발언에 미덥지 못한 것이 있으면 벌 받을 것을 맹세하는 모양으로 진실의 뜻을 나타냄.
義(2): 옳은 길, 뜻, 공공을 위한 마음씨, 은혜, 직분, 사리, 도리, 합리적, 마땅함
復(3): 踐과 같은 의미로 반드시 지킨다, 信과도 부합된다. 되돌리다, 보충, 되풀이,
遠恥辱也(4): 치욕을 멀리하다.
宗(5): 으뜸, 존숭하다, 우두머리, 높이다, 향하다.

♧ 사람은 약속을 하면 반드시 그 말을 지키려고 한다. 그런데 애초에 그 합당성을 헤아려 보지 않으면 약속을 실천할 수 없는 경우가 생긴다. 그래서 도리에 비추어서 해서는 안 된다고 여겨 결국 실천하지 않으면 약속을 어기게 되고 약속을 실천하려고 하면 도리를 해치게 된다. 이러지도 저러지도 못하게 된다. 만약 처음 약속할 때 도리에 맞도록 했으면 약속을 실천하지 못할 일이 없을 것이다. 의리상 해도 되는지 고려하지 않고 가볍게 약속했다가 나중에 행하지 못하면 신의를 해치고 거짓말한 셈이 된다.

(출처: 〈논어집주 주자와 제자들의 토론〉 박성규 역주, 소나무)

♧ 義란 타자를 단속하는 것을 일컫지 않고 자신을 규제하는 것을 일컫는다. (중략) 義란 나 자신이 마땅하다는 것을 일컫는다. 나 자신이 마땅한 다음이라야 의로움에 들어맞는다. 따라서 義의 조어는 나(我)와 마땅함(宜)을 나타내는 두 글자를 합해서 하나의 개념이 된 것이다. 이 점에 주목하면 義란 자기 자신에 해당하는 규범이다.

(출처: 〈춘추번로 동중서〉 저 신정근 옮김, 태학사)

學而 14

子曰 君子 食無求飽(1)居無求安 敏於事而愼於言
자 왈 군 자 식 무 구 포   거 무 구 안 민 어 사 이 신 어 언

就有道而正焉(2)可謂好學也已(3)
취 유 도 이 정 언   가 위 호 학 야 이

공자가 말했다. 건실한 인격자는 배부를 때까지 먹지 않고 집에 있을 때도 몸가짐이 흐트러지지 않는다. 일은 빨리 처리하고 말조심을 하며 올곧은 사람과 견주어 자기의 잘못을 바로잡는다. 이런 사람이 배우기를 좋아한다고 할 수 있다.

食無求飽(1)배부를 때까지 먹지 않는다.
就有道而正(2): 올바른 사람에게 배운다.
可謂好學也已(3): 배우기 좋아한다고 할 수 있다.

學而 15

子貢曰 貧而無諂(1)富而無驕 何如 子曰 可也(2)未若貧而樂
자공왈 빈이무첨 부이무교 하여 자왈 가야 미약 빈이락

富而好禮者也
부이호례자야

子貢曰 詩云如切(3)如磋(4)如琢(5)如磨(6)其斯之謂與(7)
자공왈 시운여절 여차 여탁 여마 기사지위여

子曰 賜也 始可與言詩已矣 告諸往(8)而知來者
자왈 사야 시가여언시이의 고저왕 이지래자

　자공이 말했다. 가난하지만 아부하지 않고 부자이면서 교만하지 않으면 어떻습니까?
　공자가 말했다. 괜찮다. 그러나 가난하면서도 즐겁게 살고
　부자이면서도 예의를 지키는 것만은 못하다.
　자공이 말했다. 시경에서 자른 듯 미는 듯 쪼는 듯 가는 듯하다는 말은 이런 경우를 이른 것인가요?
　공자가 말했다. 사야! 이제야 너와 함께 시를 말할 수 있게 됐구나! 지난 것을 알려주니 알려주지 않은 것까지 아는구나!

　貧而無諂(1): 가난하지만 아부하지 않는다.
　可也(2): 썩 좋은 것은 아니지만 그만하면 괜찮다.
　切(3): 온통, 전부, 절박함, 성실, 중요함, 진맥, 문지방, 간절하다, 절실하다, (뼈를 자르고)

磋(4): 연마. 학문이나 덕행을 갈다. (상아를 갈다) 거칠거칠한 숫돌로 갈다의 뜻.
琢(5): 쪼다. 닦다. 선택하다. (옥을 새기다)
磨(6): 갈다. 닳다. 고생하다. 맷돌. 갈아서 으깨어 부수다의 뜻.
其斯之謂與(7): 아마 이를 말하는 것이다.
告諸往(8): 지난 것을 알려주다.

詩는 詩經 衛風 淇奧篇을 말한다.
♣ 詩經 衛風 淇奧 기수의 물굽이 (이기동 역해)

瞻彼淇奧 綠竹猗猗	기수가를 바라보니 푸른 대 무성하다
有匪君子	저 대처럼 무성한 우리님
如切如磋 如琢如磨	자르는 듯 미는 듯 쪼는 듯 가는 듯
瑟僴兮 赫兮咺兮	위엄있고 너그러우며 빛나고 뚜렷하다
有匪君子 終不可諼兮	문채나는 임이여 끝내 잊지 못하네

瞻彼淇奧 綠竹靑靑	기수가를 바라보니 푸른 대 싱싱하다
有匪君子	저 대처럼 싱싱한 우리님
充耳琇瑩 會弁如星	귀걸이 화려하고 가죽 갓이 반짝인다
瑟兮僴兮 赫兮咺兮	위엄 있고 너그러우며 빛나고 뚜렷하다
有匪君子 終不可諼兮	문채나는 임이여 영영 잊지 못하네

瞻彼淇奧 綠竹如簀	기수가를 바라보니 푸른 대 꿋꿋하다
有匪君子	저 대처럼 꿋꿋한 우리님
如金如錫 如圭如璧	금이고 주석이며 규옥이고 벽옥이라

寬兮綽兮 猗重較兮　　너그럽고 의젓하게 수렛대에 기대섰네
善戲謔兮 不爲虐兮　　재미도 있으시네 거칠지도 않으시네

學而 16

子曰 不患人之不己知⑴患不知人也⑵
자 왈 불 환 인 지 불 기　지환부지인야

공자가 말했다. 남이 나를 알아주지 않는 것을 걱정하지 말고 내가 남을 알아보지 못하는 것을 걱정해야 된다.

不患人之不己知⑴: 남이 나를 알아주지 않는 것을 걱정하지 말라

患不知人也⑵: 남을 알지 못함을 걱정하라.

제 2 편

爲政 위정

爲政 1

子曰 爲政以德(1)譬如北辰 居其所而衆星共之(2)
자 왈 위 정 이 덕　비 여 북 신　거 기 소 이 중 성 공 지

공자가 말했다. 정치는 덕으로 해야 한다. 마치 북극성은 제자리에 가만 있어도 모든 별이 그 별을 중심으로 도는 것과 같다.

爲政以德(1): 정치는 덕으로 해야 한다.
譬如北辰 居其所而衆星共之(2): 비유하자면 북극성은 제자리에 가만 있어도 모든 별이 그 별을 중심으로 도는 것과 같다.

爲政 2

子曰 詩三百 一言以蔽(1)之 曰 思無邪(2)
자 왈 시 삼 백　일 언 이 폐　지 왈 사 무 사

공자가 말했다. 시경 삼백 편을 한마디로 말하자면 사악한 생각이 없다는 것이다.

一言以蔽(1): 한마디로 요약하다.
思無邪(2): 생각이 바로 되어 사악함이 없다

* 詩經: 약 삼천 년 전 주나라 때부터 춘추 초기까지 민간의 노래 가사로 국풍, 소아, 대아, 송으로 모두 311편으로 이루어져 있다.

그중 6편은 제목만 있고 가사는 없어서 실제로는 305편으로 구성되어 있다. 그 당시에는 각 지방에서 불리던 노래 가사를 채집하는 관원이 있었다. 그들이 모아놓은 시가 3천여 편이었는데 이를 공자가 추려 311편으로 정리해 제자들을 가르치는 교과서로 삼았다.

爲政 3

子曰 道之以政(1)齊之以刑(2)民免而無恥(3)
자 왈 도 지 이 정   제 지 이 형   민 면 이 무 치

道之以德(4)齊之以禮(5)有恥且格(6)
도 지 이 덕   제 지 이 례   유 치 차 격

공자가 말했다. 법으로 이끌고 형벌로 다스리면 백성은 법만 빠져나가면 부끄러워할 줄도 모른다.

덕으로 인도하고 법규로 다스리면 백성은 부끄러워할 줄도 알고
바르게 살게 된다.

道之以政(1): 법으로 이끌다.

齊之以刑(2): 형벌로 다스리다.

免而無恥(3): 형벌은 면하지만 부끄러워하지 않음

免: 피하다, 벗어나다, 면하다, 허락하다, 내치다. 태아가 엄마 몸에서 빠져나오

는 모양으로 벗어나다의 뜻.

德(4): 자율적, 똑바른 마음으로 인생길을 걷다의 뜻.

禮(5): 타율적, 예라는 것은 평등이 아니라 불평등이고 속박이다.

차별을 통해 사회적 질서를 수립하는 것

有恥且格(6): 부끄러움도 알며 바르게 된다.

＊ 형벌은 상하 차별없이 법을 적용하여 공평성을 보전한다.

德은 政과 刑과는 달리 자신이 잣대가 되어 스스로를 단속하는 것이며 禮는 타율적인 것으로 (非禮勿:예가 아니면 하지 말라) 인간의 행위를 제한하는 규약이다. 그러므로 德은 자발적으로 스스로를 통제하는 것이며 禮는 피동적으로 원칙과 규율을 따르는 것이라 할 수 있다.

♧ 망루탄주 (網漏吞舟)

태사공(사마천)은 말한다.

진실로 옳은 말이다. 법령이란 다스림의 한 방편일 뿐 백성들의 선악과 청탁을 다스리는 근본이 되지는 못한다. 옛날(秦나라 때)에는 천하의 법망이 치밀했으나 간사함과 거짓이 싹이 터 마침내는 법에 저촉시키려는 관리들과 법망을 빠져나가려는 백성들의 혼란은 구제할 수 없는 지경에 이르렀다. 당시의 관리들은 불을 그대로 둔 채 끓는 물만 식히려는 것처럼 정치를 하였다. 준엄하고 혹독한 사람이 아니고서는 어떻게 그 임무를 즐겨 감당할 수 있겠는가? 도덕을 말하는 사람들 역시 자기가 맡은 일을 감당하지 못했던 것이다. 그러므로 공자는 "송사를 처리하는 일은 나도 남과 다를 것이 없지만 나는 송사를 일어나지 않도록 할 수 있다."라고 했으며 노자도 "못난 선비는 도를 듣고 크게 웃기만 할 뿐이다."라고 했는데 이것은 허튼소리가 아니다.

한나라가 흥성하자 모가 난 것을 둥글게 만들고 엄한 형벌들을 없애고 간편한 것을 따랐으며 수식을 붙이지 않고 소박한 조각을 만들듯이 기교와 거짓을 없애니 그 법망은 배를 통째로 삼키는 고기라도 빠져나갈 만큼 너그러워졌다.(網漏吞舟) 그런데도 불구하고 관리의 치적은 날로 올라갔고 백성은 간악한 범행을 저지르는 일이 없어 나라는 평안했다. 그런 점으로 미루어 보아 백성을 다스리는 근본은 도덕에 있는 것이지 가혹한 법에 있는 것은 아니다.

爲政 4

子曰 吾十有(1)五而志于學 三十而立(2)
자 왈 오 십 유 오 이 지 우 학 삼 십 이 립

四十而不惑(3)五十而知天命 六十而耳順
사 십 이 불 혹 오 십 이 지 천 명 육 십 이 이 순

七十而從心所欲不踰矩(4)
칠 십 이 종 심 소 욕 불 유 구

공자가 말했다. 나는 열다섯 살에 학문에 뜻을 두었고
서른 살에 타인의 도움 없이 자립했으며
마흔 살에 삶의 갈피를 잡고 이리저리 휘둘리지 않았으며

쉰 살에 스스로의 한계에 대해 깨달았고

예순 살엔 들으면 듣는 대로 이해했고

일흔 살에는 하고 싶은 대로 해도 잘못되는 일이 없었다.

有(1): 또 又

立(2): 굳게 지켜 움직이지 않음. 타인의 도움 없이 정신적, 경제적으로 독립.

不惑(3): 道理(사물의 이치)를 깊이 깨달아 자기중심이 바로 서 있어서 부화뇌동 하지 않는 것, 주체성이 확립되다.

不踰矩(4): 무엇을 하려고 애쓰지 않아도 道에 맞는다

矩: 직각자를 뜻함, 모난 것을 만드는 기구

爲政 5

孟懿子問孝 子曰 無違(1)
맹 의 자 문 효 자 왈 무 위

樊遲御 子告之曰 孟孫 問孝於我 我對曰 無違
번 지 어 자 고 지 왈 맹 손 문 효 어 아 아 대 왈 무 위

樊遲曰 何爲也(2) 子曰 生事之以禮 死葬之以禮 祭之以禮
번 지 왈 하 위 야 자 왈 생 사 지 이 례 사 장 지 이 례 제 지 이 례

맹의자가 효에 대해 물으니 공자가 대답했다.

거역하지 않아야 합니다.

번지가 선생을 마차에 모시고 갈 때 선생이 말했다. 맹손씨가 효에 대

해 묻기에 거역하지 않아야 한다고 말했다.

번지가 물었다. 무슨 뜻입니까?

공자가 대답했다. 살아계실 때는 예의있게 모시고 돌아가시면 예법대로 장사 지내고 예법을 갖춰 제사 지내라는 것이다.

違(1): 어기다, 어그러지다, 다르다, 피하다, 달아나다, 멀리하다.

無違: 도리에 어긋나지 않는 것

何爲也(2): 무슨 뜻인가, 무슨 얘기인가.

♣ 孟釐子(맹리자)가 병들어 죽게 되었는데 그는 그의 아들 懿子에게 훈시하여 말했다.

"孔丘는 성인의 후예이지만 그의 조상은 송나라에서 (華督에게) 멸망 당했다. 그의 조상 弗父何(송나라 양공의 아들로 공보가의 4대 선조이며 공자의 10대 선조)는 처음에 송나라를 차지하고 있었는데 그 자리를 厲公(여공, 그의 동생)에게 양보했다.

正考父(弗父何의 증손자로 공보가의 아버지)가 대공, 무공, 선공을 보좌할 때 세 번 명을 받았는데 명을 받을 때마다 더욱 공손했으므로 鼎(정)에 새겨 놓은 銘文에 이르길 '첫 번째 명에 몸을 숙여 받고 두 번째 명에 허리 굽혀 받았으며 세 번째 명에 머리 숙여 큰 절하고 받았다. 담장을 따라서 걸었으며 또한 그 누구도 감히 나를 모욕하지 않았다. 이 솥에 밥을 하기도 하고 이 솥에 죽을 쑤어 내 입에 풀칠을 했다.'라고 하였으니 그가 공손한 것이 이와 같았다. 내가 듣기로는 성인의 후예는 비록 그 당대는 아니더라도 반드시 통달한 인재가 나올 것이다. 지금 공구는 나이는 어려도 예를 좋아하니 이 사람이 아마 통달한 자인 것인저? 내가 죽게 되면 너는 반드시 그를 스승으로 모셔라."(이 당시 공자의 나이는 17세였다.)

희자가 죽자 의자는 노나라 사람 남궁경숙과 함께 공자에게 가서 예를 배웠다. 이 해에 季武子가 죽자 季平子(계무자의 손자)가 대신 자리에 올랐다.

(출처: 〈사기세가〉 사마천지음 김원중 옮김, 민음사)

♧ 孟懿子: ? ~ ?
춘추시대 노나라 사람으로 대부를 지냈다. 이름은 仲孫何忌
공자에게 효에 대해 물은 일이 있다.

♧ 樊遲: B.C. 515 ~ ?
춘추 시대 노나라 사람. 혹은 제나라 사람이라고도 한다.
공자의 제자로 이름은 須이고 字는 子遲이다. 공자보다 36살 연하이며 비교적 공자의 측근으로 일했던 것으로 보인다.
일찍이 季氏에게 벼슬을 했다. 공자의 수레를 몰았다는 기록이 논어에 나온다. 그가 관심을 가졌던 분야는 知와 仁의 문제였던 것 같은데 그다지 총명한 제자는 아니어서 엉뚱한 질문을 해서 소인이라는 비난을 듣기도 했다. 재치는 없어도 비교적 성실하고 순박한 성격의 소유자였다. 송나라 眞宗 大中祥符 2년 (1009) 益都侯에 추봉되었다.

爲政 6

孟武伯問孝 子曰 父母 唯其疾之憂⑴
맹 무 백 문 효 자 왈 부 모 유 기 질 지 우

맹무백이 효를 묻자 공자가 대답했다.
부모는 오직 자식이 병들까 근심합니다.

其疾之憂(1): 자식이 병들까 근심하다.
其: 자식을 지칭함.

孟武伯은 孟懿子의 아들로 仲孫彘(중손체)이다. 哀公 14년 아버지 맹의자의 대를 이어 魯 나라 大夫가 됐다.

爲政 7

子遊問孝 子曰 今之孝者⑴是謂能養⑵至於犬馬 皆能有養
자 유 문 효 자 왈 금 지 효 자   시 위 능 양   지 어 견 마 개 능 유 양

不敬 何以別乎
불 경 하 이 별 호

자유가 효에 대해 묻자 공자가 대답했다.
요즘의 효란 봉양 잘하는 것으로 아는데 그런 것은 개나 말도 그렇게

먹여 키우는 것이다.

부모를 받들어 모시는 마음이 없다면 개나 말을 키우는 것과 무엇이 다르겠는가?

今之孝者(1): 요즘의 효
是謂能養(2): 봉양 잘하는 것으로 알다.

♧ 子遊: B.C. 506 ~ ?

춘추 시대 오나라 사람. 공자의 제자로 성은 言 이름은 偃이며 子遊는 그의 字다. 공자보다 45살 연하이며 20여 살부터 관직 생활을 했다. 武城의 재상이 되어 예악으로 정치를 펼쳤다.

공문십철의 한 사람이다. 顔淵, 子夏와 함께 공자가 가장 아낀 제자였으며 학문에 밝았다고 한다. 공자가 무성을 지날 때 弦歌를 듣고 기뻐했다. 논어와 예기에 그에 관한 기록이 보인다. 송나라 眞宗 大中祥符 2년 (1009) 丹陽公에 추봉되었다.

爲政 8

子夏問孝 子曰 色難(1)有事 弟子服其勞(2)有酒食 先生饌(3)
자 하 문 효 자 왈 색 난 유 사 제 자 복 기 로 유 주 사 선 생 찬

曾是以爲孝乎(4)
증 시 이 위 효 호

자하가 효를 묻자 공자가 대답했다. 부모를 대할 때 밝은 얼굴로 대하기 어려운 것이다.

  힘든 일은 자식이 대신해 드리고 술과 음식을 먼저 드시게 한다고 이것을 효라고 할 수 있겠는가?

    色難(1): 밝은 얼굴로 대하기 어렵다.
    弟子服其勞(2): 자식이 힘든 일을 대신하다.
    饌(3): 반찬, 음식, 먹다, 음식을 차리다, 갖추어 차려진 음식 모양에서 제물의 뜻을 나타냄.
    曾是以爲孝乎(4): 이것을 효라고 할 수 있겠는가?

爲政 9

    子曰 吾與回言終日 不違如愚 退而省其私(1)亦足以發(2)
    자 왈 오 여 회 언 종 일 불 위 여 우 퇴 이 성 기 사 역 족 이 발

    回也不愚
    회 야 불 우

  공자가 말했다. 내가 回와 하루 종일 이야기를 해도 듣기만 하고 반론이 없어 어리석은 사람 같았다. 돌아가 그가 사는 모습을 살펴보니 내 말을 실천하고 있었다. 回는 어리석은 사람이 아니다.

    退而省其私(1): 그가 돌아간 후 그가 사는 모습을 살펴보다.

亦足以發(2): 내 말을 실천하고 있었다.

♣ 顔回: B.C. 521 ~ B.C. 490
춘추 시대 말 노나라 사람. 字가 子淵이라 顔淵으로도 불린다.
顔無繇(안무요)의 아들이다.
공자가 가장 신임했던 제자로 공자보다 30살 연하지만 공자보다 먼저 죽었다. 학문과 덕이 높아 공자도 그를 가리켜 학문을 좋아하는 사람이라고 칭찬했고 또 가난한 생활을 이겨내고 도를 즐긴 점을 높이 샀다. 그는 "자기를 누르고 예로 돌아가는 것이 곧 인이다"라든가 "예가 아니면 보지도 말고 듣지도 말고 말하지도 말고 행동하지도 말아야 한다"는 공자의 가르침을 지킨 사람임에도 젊어서 죽었기 때문에 저술이나 업적은 남기지 못했다. 莊子와 같은 道家에서도 높이 평가되었다.
논어에 안연편이 있고 그 외 몇몇 서적에도 그를 현자 또는 학문을 좋아하는 사람으로 덕행이 뛰어난 사람이라고 전하는 구절이 있다. 죽었을 때 공자가 통곡을 해 제자들의 빈축을 샀다.
후세에 復聖으로 불린다.

爲政 10

　　子曰 視其所以(1) 觀其所由(2)
　　자 왈　시 기 소 이　관 기 소 유

　　察其所安(3) 人焉廋哉 人焉廋哉
　　찰 기 소 안　인 언 수 재　인 언 수 재

공자가 말했다. 그 사람의 행동을 보고 그 원인을 살피고 즐거워하는 부분을 깊이 관찰해보면 그 사람됨을 어찌 숨길 수 있겠는가? 그 사람됨을 어찌 숨길 수 있겠는가?

視其所以(1): 그의 행동을 보다.
觀其所由(2): 그 원인을 살피다.
察其所安(3): 그 좋아하는 것을 관찰하다. 視나 觀보다 더욱 자세히의 개념

♣ 茶山: 視는 보려는 의지가 있어서 보는 것이 아니고 觀은 보려는 의지가 있는 것이며 察은 자세하고 정밀하게 보는 것이다.

爲政 11

子曰 溫故而知新(1)可以爲師矣(2)
자 왈 온 고 이 지 신　가 이 위 사 의

공자가 말했다. 옛것을 바탕으로 새것을 알면 스승이 될 수 있다.

溫故而知新(1): 옛것을 탐구하고 그것으로 새로운 것을 알다.
可以爲師矣(2): 스승이 될 수 있다.

爲政 12

子曰 君子 不器
자 왈 군 자 불 기

공자가 말했다. 인격자는 특정한 경우에만 쓸 수 있는 그릇이 되어서는 안 된다.

♣ 자공은 호련이니 단지 종묘에서만 쓸모가 있다.
다른 곳에 옮겨 놓으면 쓸모가 없는 것이다.

爲政 13

子貢問君子 子曰 先行其言⑴而後從之⑵
자 공 문 군 자 자 왈 선 행 기 언   이 후 종 지

자공이 건실한 인격자에 대해 물으니 공자가 대답했다.
말보다 행동이 앞서야 하고 말은 그 뒤를 따라야 한다.

先行其言⑴: 말에 앞서 행동하라.
而後從之⑵: 말은 행동을 따라야 한다.

爲政 14

　　子曰 君子 周(1)而不比(2) 小人 比而不周
　　자 왈 군 자 주 이 불 비 　소 인 비 이 불 주

　공자가 말했다. 건실한 인격자는 서로 친하지만 패거리는 만들지 않으며 시시한 사람은 패거리를 만들고도 서로 친하지도 못하다.

　　周(1): 골고루, 널리, 두루 미치다, 지극하다, 합당하다
　　比(2): 끼리끼리, 따로따로, 비교하다, 모방하다, 가려 뽑다, 겨루다, 아첨하다, 편들다, 무리, 동아리, 패거리

爲政 15

　　子曰 學而不思則罔(1)思而不學則殆(2)
　　자 왈 학 이 불 사 즉 망 　사 이 불 학 즉 태

　공자가 말했다. 배우고 생각하지 않으면 어리석게 되고 생각만 하고 배우지 않으면 위험해진다.

　　學而不思則罔(1): 배우고 생각하지 않으면 어리석게 되다.
　　思而不學則殆(2): 생각만 하고 배우지 않으면 위험해진다.

* 새로운 정보를 접거나 책을 읽은 후 그것에 대한 깊은 사유가 없다면 그것이 검증되지 않은 속설이라도 그대로 믿을 수 있다는 것이다.

爲政 16

子曰 攻(1)乎異端(2)斯害也已
자 왈 공 호 이 단   사 해 야 이

공자가 말했다. 새로운 사상이 바람을 일으킨다고 그곳에 정신이 팔리면 해가 될 뿐이다.
(양주와 묵적을 공부하면 해가 될 뿐이다.)

攻(1): 전공하다, 전적으로 다루다, 공격하다, 책망하다.
異端(2): 楊朱와 墨翟을 가리킴.

爲政 17

子曰 由 誨女知之乎(1)知之爲知之(2)不知爲不知 是知也(3)
자 왈 유 회 여 지 지 호   지 지 위 지 지 부 지 위 부 지 시 지 야

공자가 말했다. 유야! 너에게 안다는 것을 가르쳐 주마,
아는 것을 안다고 하고 모르는 것은 모른다고 하는 것 그것이 아는 것

이다.

誨女知之乎(1): 너에게 안다는 것을 가르쳐주마.
知之爲知之(2): 아는 것을 안다고 하다.
是知也(3): 이것이 아는 것이다.
女: 너. 공자 시대에는 女를 汝로 사용, 汝 자가 만들어지기 전이었다고 함

♧ 孔子家語 중 三恕: 말만 유창하게 하는 자는 겉모습이 화려하고 행동만 앞세우는 자는 자신을 자랑한다. 겉으로 지혜로운 척하는 자는 소인이다. 군자는 아는 것을 안다고 하는 것이 말하는 요령이고 잘하지 못한 것을 잘하지 못한다고 하는 것이 행실의 지극함이다. 말에 요령이 있고 행동에 지극함이 있으면 어질고 지혜로운 것이니 무엇이 부족하겠는가?

爲政 18

子張學干(1)祿(2)
자 장 학 간 록

子曰 多聞闕疑(3)愼言其餘則寡尤(4)多見闕殆(5)愼行其餘
자 왈 다 문 궐 의 신 언 기 여 즉 과 우 다 견 궐 태 신 행 기 여

則寡悔 言寡尤 行寡悔 祿在其中矣
즉 과 회 언 과 우 행 과 회 녹 재 기 중 의

자장이 공직에 나갈 수 있는 방법을 배우고자 했다.

공자가 말했다. 많이 듣고 의심스러운 것은 남겨 두고 나머지를 신중히 말하면 실수가 적어진다. 많이 보고 의심스러운 일은 남겨두고 그 나머지를 신중하게 처리하면 후회가 적어진다. 말에 실수가 적고 행동에 후회가 적으면 공직은 자연히 얻어지는 것이다.

干(1): 구하다, 요구하다, 범하다, 간여하다, 방패, 과녁.

祿(2): 녹(관리의 봉급), 봉급을 주다, 녹을 주다, 복을 내리다.

闕疑(3): 해야 할 일을 빠뜨리다, 제외하다.

尤(4): 허물, 과실, 결점, 원한, 힐책, 더욱, 오히려

闕殆(5): 의심나는 것을 남겨두다.

茶山: 聞은 스승과 친구를 통해 아는 것이고 見은 책을 통해 아는 것이다.

爲政 19

哀公問曰 何爲則民服⑴孔子對曰 擧直錯諸枉⑵則民服
애 공 문 왈 하 위 즉 민 복   공 자 대 왈 거 직 조 저 왕   즉 민 복

擧枉錯諸直 則民不服
거 왕 조 저 직   즉 민 불 복

애공이 물었다. 어떻게 해야 백성들이 잘 따를까요?

공자가 대답했다. 정직한 사람을 임용하고 정직하지 못한 사람을 해임하면 백성들이 따르고 정직하지 못한 사람을 임용하고 정직한 사람을 해

임하면 백성들은 따르지 않습니다.

服(1): 복종, 따르다
擧直錯諸枉(2): 바른 사람을 바르지 못한 사람 위에 놓다.
錯: 내치다, 두다, 처리하다, 시행하다, 설치하다.
枉: 굽다, 휘다, 굽히다, 요사하고 간특하다,(누명을) 씌우다.

  ♧ 魯哀公(B.C.494~B.C.468)
魯나라 27대 임금으로 이름은 莊인데 魯世家에서 將으로 표기되어 있으며 定公의 아들이다. 陸德明의 釋文에서는 "아마 부인 定姒의 소생일 것이다"라고 하였다.
삼환씨를 축출하려다 오히려 패해 월나라로 망명해 그곳에서 죽었다.

＊ 논어에서 子曰과 孔子對曰이 나오는데 아랫사람이나 신분이 공자와 비슷한 사람과 말할 때는 子曰이라 하고 공자보다 신분이 높은 사람에게는 孔子對曰이라고 한다.

爲政 20

季康子問 使民敬忠以勤 如之何(1) 子曰 臨之以莊則敬(2)
계 강 자 문 사 민 경 충 이 권 여 지 하   자 왈 임 지 이 장 즉 경

孝慈則忠 擧善而敎不能則勤
효 자 즉 충 거 선 이 교 불 능 즉 권

계강자가 물었다.

백성들이 공경하고 충성하며 열심히 일하게 하려면 어떻게 하면 될까요? 공자가 대답했다. 엄숙하게 백성들을 대하면 존경할 것이고 부모에게 효도하고 백성들에게는 자애롭게 하면 충성할 것입니다. 훌륭한 사람을 임용해 무능한 사람을 가르치면 열심히 일할 것입니다.

如之何(1): 어떻게 하면 되는가

臨之以莊則敬(2): 엄숙하게 백성들을 대하면 존경할 것이다.

臨: 어떤 사태에 직면하다, 내려다보다, 임하다, 통치하다.

莊: 씩씩하다, 단정하다, 바르다, 엄하다, 장중하다, 꾸미다.

♣ 季康子: B.C.? ~ B.C.468

춘추 시대 말 노나라 사람. 季孫斯의 아들이고 季孫肥로도 불린다. 아버지를 이어 대부가 되어 국정을 전담했다.

哀公 7년 노나라가 오나라와 鄫(증)에서 회합을 가졌는데 오나라 왕 夫差가 百牢(백뇌)를 쓰라고 강요하면서 준행을 요구했다. 그가 거절하고 회합에 나가지 않았다. 오나라 太宰 伯嚭(백비)가 부르자 자공을 보내 거절했다. 제나라가 여러 차례 노나라를 공격했는데 염유를 宰로 삼고 左師를 이끌고 나가 싸워 공을 세웠다. 나중에 공자를 맞아 위나라에서 노나라로 돌아오게 했지만 등용하지는 못했다.

시호는 康이다. 그가 공자에게 정치에 대해 물은 내용이 논어 안연편에 나온다.

爲政 21

　　或謂孔子曰 子奚不爲政
　　혹 위 공 자 왈　자 해 불 위 정

　　子曰 書云孝乎(1)惟孝 友于兄弟 施(2)於有政 是亦爲政
　　자 왈　서 운 효 호　유 효　우 우 형 제　시　어 유 정　시 역 위 정

　　奚其爲 爲政(3)
　　해 기 위　위 정

어떤 사람이 공자에게 말했다.
선생은 어찌해 정치를 하지 않으십니까?
　공자가 대답했다. 서경에 효에 대해 말했다. 오직 효도하고 형제간에 우애 있으면 정사에 베풀어지는 것이라 했으니 이 또한 정치하는 것인데 꼭 공직에 나가야만 정치를 하는 것이겠는가?

　　書云孝乎(1): 書經에서 효를 이렇게 말했다.
　　施(2): 뻗어나가다
　　奚其爲 爲政(3): 바로 이것이 정치하는 것.

　　♧ 書는 書經, 周書, 君陳편을 말한다.
　　君陳은 周 成王의 신하이다.
　　成王은 君陳을 재상으로 삼아 주공을 대신해 훌륭한 일을 하도록 당부했는데 그 내용을 기록한 것이 이 君陳이다.

王若曰 君陳 惟爾令德 孝恭 惟孝 友于兄弟 克施有政 命汝
尹茲東郊 敬哉 昔 周公 師保萬民 民懷其德 往愼乃司
茲率厥常 懋昭周公之訓 惟民其乂

왕이 말했다. "군진이여. 오직 그대의 아름다운 덕은 효성스럽고 공손한 것이니, 오직 효도하고 형제에게 우애 있어 정사에 베풀어지는 것이다. 그대에게 명하여 이 동쪽 교외를 다스리게 할 것이니 조심하라. 옛날에 주공이 만민을 가르치고 보호하였으므로 백성들이 그 덕을 그리워한 것이다. 가서 그대 맡은 일을 조심해서 처리하고 정상적으로 인솔해서 주공의 가르침을 힘써 밝히기만 하면 백성들은 다스려질 것이다."

(출처: 〈서경강설〉 이기동 역해, 성균관 대학교 출판부)

爲政 22

子曰 人而無信(1) 不知其可也 大車無輗(2) 小車無軏(3)
자 왈 인 이 무 신 부 지 기 가 야 대 거 무 예   소 거 무 월

其何以行之哉(4)
기 하 이 행 지 재

공자가 말했다. 사람에게 믿음이 없다면 아무 쓸모가 없다. 큰 수레나 작은 수레에 끌채 없이 어찌 끌고 다닐 수 있겠는가?

人而無信(1): 사람에게 믿음이 없다면

軏(2): 멍에 끝에 나무를 가로질러 멍에를 묶을 수 있는 쐐기

輗(3): 끌채 끝부분에 멍에를 매는 부분

其何以行之哉(4): 어찌 끌고 다니겠는가.

爲政 23

子張問 十世可知也(1)
자 장 문 십 세 가 지 야

子曰 殷(2)因於夏(3)禮 所損益 可知也(4)周(5)因於殷禮 所損益
자 왈 은 인 어 하 례 소 손 익 가 지 야 주 인 어 은 예 소 손 익

可知也 其或繼周者(6)雖百世 可知也
가 지 야 기 혹 계 주 자 수 백 세 가 지 야

자장이 물었다. 십세 후의 일을 알 수 있을까요?
공자가 대답했다.
은나라는 하나라의 문화를 이어받았으니 거기서 감하고 보충한 것을 알 수 있고 주나라는 은나라의 문화를 이어받았으니 거기서 감고 보충한 것을 알 수 있다. 혹시 주나라를 잇는 자가 있다면 비록 백세 뒤라도 알 수 있을 것이다.

十世可知也(1): 십세 후의 일을 알 수 있을까요.

殷(2): B.C. 1600~B.C1046 실제로 殷은 허난성 안양현 小屯村을 이르는데 殷나라의 실제 도읍지로 고증된 왕조.

契 임금을 시작으로 약 600년간 존속된 나라

夏(3): B.C. 2070~ B.C.1600 중국 역사상의 첫 왕조

禹 임금(이름은 文命)을 시작으로 17명의 임금이 470여 년 다스렸던 나라.

所損益 可知也(4): 감하고 보충한 것을 알 수 있다.

周(5): B.C1046~B.C.220

후직을 시작으로 37명의 임금이 800여 년간 존속된 나라로서 夏 나라와 殷 나라의 전설적 서술에 비해 구체적이고 사실적 자료가 풍부하다.

其或繼周者(6): 혹시 주나라를 잇는 자가 있다면

♧ 공자가 말했다.

하나라의 도가 무너지지 않았다면 殷나라가 일어설 수 없었고 殷나라의 德이 무너지지 않았다면 周나라가 일어설 수 없었을 것이며 周나라의 德이 무너지지 않았다면 春秋시대가 나타날 수 없었을 것이다. 春秋시대가 일어서자 君子는 周나라의 道가 무너진 줄 알게 되었다. 그리하여 상하가 서로 허물어 뜨림이 마치 물과 불이 서로 멸하는 것 같았다.

그래서 人君은 신하의 권세가 커졌을 때를 잘 살피지 않으면 안 되니 신하가 커지면 私門은 성하고 公家는 훼멸되고 말기 때문이다. 임금이 이를 잘 살피지 않으면 국가는 위험에 빠지게 된다.

또 筦子는 이렇게 말했다.

"권세는 둘이 양립할 수 없고 정치는 그 문이 둘일 수 없다.

그러므로 종아리가 허벅지보다 크면 걸을 수 없고 손가락이 팔뚝보다 굵으면 물건을 잡을 수 없다. 이처럼 근본이 작고 末이 크면 서로 부릴 수가 없는 것이다."

(출처: 〈설원 유향 찬집〉 임동석 옮김, 동문선)

爲政 24

子曰 非其鬼而祭之(1) 諂(2)也 見義不爲 無勇也
자 왈 비 기 귀 이 제 지　첨　야 견 의 불 위 무 용 야

공자가 말했다. 자기 조상도 아닌데 제사를 지내는 것은 아첨하는 것이며 옳은 것을 보고도 하지 않는 것은 용기가 없는 것이다.

非其鬼而祭之(1): 자기 귀신이(조상) 아닌데 제사 지내다.

諂(2): 아첨, 알랑거림, 아양 떨다. 자기 자신을 떨어뜨려 남의 비위를 맞추다.

♣ <禮記>: 제사 지낼 대상이 아니면서 제사 지내는 것을 淫祀라고 하는데 음사는 福이 없다.

제 3 편

八佾 팔일

八佾 1

孔子謂季氏 八佾⑴舞於庭 是可忍也⑵孰不可忍也⑶
공 자 위 계 씨 팔 일 무 어 정 시 가 인 야   숙 불 가 인 야

공자가 계씨에 관해 말했다. 천자의 춤 팔일무를 자기 집 정원에서 추게 하니 이런 짓을 하는데 감히 무슨 짓은 못 하겠는가?

八佾(1): 열과 세로 줄이 여덟 줄로 추는 춤으로 천자의 춤

是可忍也(2): 이것을 허용한다면.

孰不可忍也(3): 감히 무엇인들 못 하겠는가.

八佾舞:가로8 세로 8줄로 64명이 줄지어 추는 춤 (천자)

六佾舞:가로6 세로 6줄로 36명이 줄지어 추는 춤 (제후)

四佾舞:가로4 세로 4줄로 16명이 줄지어 추는 춤 (대부)

二佾舞:가로2 세로 2줄로 4명이 줄지어 추는 춤 (선비)

八佾 2

三家者⑴以雍⑵徹⑶子曰 相維辟公 天子穆穆⑷
삼 가 자 이 옹 철 자 왈 상 유 벽 공 천 자 목 목

奚取於三家之堂
해 취 어 삼 가 지 당

세 고위 관리의 집안(三桓)에서 천자의 노래(雍)로 제사를 끝내자
공자가 말했다. 시경에 "제후는 제사를 돕고 천자는 엄숙하시다"라는
노래가 어찌 세 집구석에서 흘러나오는가

三家者(1): 孟孫. 叔孫. 季孫의 세 집안을 이르는 것(三桓)

雍(2): 천자의 제사에 부르는 노래 가사로 詩經의 雍章(周頌)을 말함

徹(3): 제사를 끝내고 제기를 거두는 것

相維辟公 天子穆穆(4): 제후는 제사를 돕고 천자는 엄숙하시다.

＊ 옛날에는 성이 있고 씨가 있었다. 三家는 환공의 후예로 성은 모두 姬이고 각기 仲, 叔, 季 세 씨로 나뉘었다
세 집안은 노나라 대부인 孟孫, 叔孫, 季孫의 가문으로 雍은 천자가 종묘의 제사 때 雍의 노래로 제사를 끝내는 것인데 三家가 천자만이 쓸 수 있는 노래를 방자하게 부른 것을 비판한 것이다.

♣ 詩經, 周頌, 臣工之什 중에서

雝(온화함)

有來雝雝 다가올 땐 온화한 모습을 해도

至止肅肅 사당에 다다를 땐 엄숙하여라

相維辟公 제사를 돕는 제후들이여

天子穆穆 천자는 엄숙하시다

於薦廣牡 큰 짐승 제물로 올려놓고서

相予肆祀 이 몸을 도와 제사 받드네

假哉皇考 거룩하신 부왕의 혼령이시여

綏予孝子 이 아들 편안하게 살펴주소서
宣哲維人 밝고도 지혜로운 인품이셨고
文武維后 문무를 겸비하신 왕이셨으니
燕及皇天 순조롭게 하늘로 오르셔서
克昌厥後 후손들 창성토록 인도하시고
綏我眉壽 우리를 장수토록 하여주시며
介以繁祉 큰 복 누리도록 내려주소서
旣右烈考 공이 많은 아버님께 제물 권하고
亦右文母 문덕 높은 어머니께 제물 올리네

武王이 文王의 제사 지낼 때 부르던 노래라고 한다.

八佾 3

子曰 人而不仁⑴如禮何 人而不仁 如樂何
자 왈 인 이 불 인 여 례 하 인 이 불 인 여 악 하

공자가 말했다. 사람이 사람답지 못하면 예의가 무슨 소용이며 기예는 또 무슨 소용이 있다는 말인가?

人而不仁⑴: 사람이 사람답지 않다면

♣ <禮記,儒行편>: 예절은 仁의 외적인 모습이며 歌樂은 仁의 내

적 조화다.

八佾 4

　　林放⑴問禮之本 子曰 大哉問
　　임 방　문 예 지 본　자 왈　대 재 문

　　禮 與其奢也 寧儉 喪與其易也 寧戚⑵
　　예　여 기 사 야　영 검　상 여 기 이 야　영 척

　임방이 법도의 근본을 물었다.
　공자가 대답했다. 훌륭한 질문이다.
　법도는 사치스럽기보다는 검소해야 하고 상례에는 격식보다는 고인에 대한 애도가 더 중요하다.

　　林放(1): 노나라 사람으로 공자의 제자라고 함
　　喪與其易也 寧戚(2): 장례에는 격식을 차리기보다는 차라리 슬퍼해야 한다.

　　＊ 매끈하고 깔끔해 막힘없는 것을 易라 한다.
　　禮에서 易는 능수능란한 것이다. 사람이 서툴러도 문제지만 너무 능수능란해도 성실성이 없다.

八佾 5

子曰 夷狄之有君(1) 不如諸夏之亡(2)也
자 왈 이 적 지 유 군 　불 여 제 하 지 무 　야

공자가 말했다. 오랑캐에게도 임금은 있지만 중국의 여러 나라들에 임금 없는 것보다 못하다.

夷狄之有君(1): 오랑캐에게도 임금은 있다.

不如諸夏之亡(2): 중국의 여러 나라에 임금 없는 것보다 못하다.

夷: 동쪽 오랑캐

狄: 북쪽 오랑캐

諸夏: 중국의 여러 제후국들

八佾 6

季氏旅(1)於泰山(2)子謂冉有曰 女弗能救與(3)對曰 不能
계 씨 여 　어 태 산 　자 위 염 유 왈 　여 불 능 구 여 　대 왈 불 능

子曰 嗚呼(4)曾謂泰山不如林放乎
자 왈 오 호 　증 위 태 산 불 여 임 방 호

계씨가 태산에서 여제사를 지냈다.

공자가 염유에게 말했다. 너는 그 제사를 제지할 수 없었느냐?

염유가 대답했다. 그럴 수 없었습니다.

공자가 말했다. 어허! 태산의 산신이 임방만도 못하단 말인가?

旅(1): 제후가 지내는 제사 이름(제후 밑의 대부가 旅를 지내는 것은 무례하고 건방진 일로 분수를 지키지 못하는 것)

泰山(2): 魯 나라에 있는 山

女弗能救與(3): 너는 그 제사를 막을 수 없었느냐.

嗚呼(4): 감탄사

＊ 季氏: 季康子. 魯나라 대부로 魯나라 실력자
冉有: 공자의 제자로 季康子의 가신
林放: 季康子의 제사를 담당하는 가신

八佾 7

子曰 君子無所爭 必也射乎(1)揖(2)讓(3)而升(4)下而飮(5)
자 왈 군 자 무 소 쟁 필 야 사 호 읍 양 이 승 하 이 음

其爭也君子
기 쟁 야 군 자

공자가 말했다. 건실한 인격자는 다투지 않는다. 있다면 활 쏠 때 뿐이다. 인사하며 겸손하게 올라가 활 쏘고 내려와서 술을 마신다. 이런 다툼이 건실한 인격자다운 것이다.

必也射乎(1): 틀림없이 활 쏠 때이다.

揖(2): 두 손을 마주 잡고 절함, 사양하다, 두 손을 가슴에 모았다가 앞으로 내미는 예

揖讓(3): 揖 하며 겸손의 뜻을 표시함

升(4): 堂에 오르는 것

下而飮(5): 堂에서 내려와 술을 마신다.

八佾 8

子夏問曰 巧笑倩兮(1)美目盼(2)兮 素以爲絢(3)兮 何謂也
자하문왈 교소천혜 미목반 혜 소이위현 혜 하위야

子曰 繪事後素(4)
자왈 회사후소

曰 禮後乎 子曰 起予者 商也 始可與言詩已矣
왈 예후호 자왈 기여자 상야 시가여언시이의

자하가 물었다. "어여쁜 미소 예쁜 보조개, 아름다운 눈 까만 눈동자, 흰 바탕에 색칠한 것 같구나"라고 하는 게 무슨 뜻인가요?

공자가 말했다. 그림은 흰 바탕이 있어야 그릴 수 있는 것이다.

자하가 말했다. 禮가 나중이라는 뜻이군요.

공자가 말했다. 나를 일깨우는 자는 상이로구나.

이제야 너와 함께 시를 말할 수 있겠구나

巧笑倩兮(1): 어여쁜 미소, 예쁜 보조개. (시경 위풍편 석인에 나오는 구절임)

盼(2): 눈의 검은색과 흰색이 분명해 예쁜 모습.

素以爲絢(3): 흰 바탕에 채색하다.

繪事後素(4): 그림 그릴 때 흰색을 제일 먼저 칠해 다른 색을 한층 돋보이게 하다. 지식을 쌓기보다 덕을 먼저 닦는다.

바탕이 중요하다는 것.

♧ 詩經 衛風 碩人	훌륭하고 고우신 님
碩人其頎 衣錦褧衣	늘씬하신 우리마님 비단옷 입으셨네
齊侯之子 衛侯之妻	제후의 딸이고 위후의 부인이며
東宮之妹 邢侯之姨	동궁의 누이요 형후의 처제이다
譚公維私	담나라 공자님을 형부라 하네
手如柔荑 膚如凝脂	새싹같이 고운 손에 눈 같은 살결
領如蝤蠐 齒如瓠犀	사슴같은 목덜미에 박씨같은 이
螓首蛾眉	매미같은 이마에 나비 눈썹
巧笑倩兮	어여쁜 웃음에 오목한 보조개
美目盼兮	아름다운 눈매에 검은 눈동자
碩人敖敖 說于農郊	의젓하신 우리 마님 근교에서 묵으셨네
四牡有驕 朱幩鑣鑣	네 필 말 늠름하고 붉은 재갈 듬직하니
翟茀以朝	꿩 깃 장식 포장하고 입성하시네
大夫夙退	대부여 대궐에서 어서 물러나
無使君勞	임금님 고단하게 하지 마소서

河水洋洋 北流活活	황하 물결 넘실넘실 북으로 흘러가고
施罛濊濊 鱣鮪發發	이리저리 그물 치면 잉어 붕어 팔딱이네
葭菼揭揭 庶姜孼孼	갈대 풀 무성하듯 여러 시녀 보기 좋고
庶士有朅	따르는 무사들도 씩씩하고 의젓하네

八佾 9

子曰 夏禮 吾能言之 杞(1)不足徵(2)也 殷禮 吾能言之
자 왈 하 례 오 능 언 지 기 부 족 징 야 은 례 오 능 언 지

宋(3)不足徵也 文獻(4)不足故也 足則吾能徵之矣(5)
송 부 족 징 야 문 헌 부 족 고 야 족 즉 오 능 징 지 의

공자가 말했다. 하나라 예는 내가 말할 수 있지만 기나라에 증명할 자료가 부족하다. 은나라 예는 내가 말할 수 있지만 송나라에 증명할 자료가 부족하다. 자료만 충분하다면 내가 증명할 수 있을 것이다.

杞(1): 夏 나라 후손.

徵(2): 실증 검증, 이룬다, 성취하다.

宋(3): 殷 나라 후손이다.

文獻(4): 典籍(사상과 지식에 관한 책)과 賢者

足則吾能徵之矣(5): 자료가 충분하다면 내가 증명할 수 있다.

八佾 10

子曰 禘(1)自旣灌(2)而往者 吾不欲觀之矣
자 왈 체 자 기 관   이 왕 자 오 불 욕 관 지 의

공자가 말했다. 체제사를 지낼 때 강신주를 붓고 난 후부터 난 보고 싶지도 않다.

禘(1): 천자가 조상에게 지내는 제사. 봄에는 禘祭 가을에는 嘗祭(상제)라고 함
灌(2): 獻酒의식. 제사 초기 의례. 제사 지낼 때 鬱鬯酒(울창주)를 땅에 붓는다. 鬱鬯酒는 降神하게 하는 술로 향기롭다고 함.

♧ 禘제사는 천자가 조상에게 지내는 제사로 魯나라 祖廟에서 행한 禘祭이다. 周 成王은 周公 旦의 공로를 기리기 위해 周公 旦의 제사 때에 체제를 지낼 수 있도록 허용했는데 노나라 文公 2년 체제를 지내면서 釐公(이공)의 신주를 潛公(민공) 신주 앞에 놓았다. 釐公은 潛公을 계위했지만 潛公의 형이었기 때문이다.
그러나 공자는 潛公의 신하였던 釐公을 潛公 앞에 둔 것은 君臣의 禮에 맞지 않기 때문에 灌(체제를 거행할 때 맨 처음 태조의 망령에게 헌주하는 의식) 이후는 보고 싶지 않다고 한 것이다.

(출처: 〈사기 서〉 사마천 지음, 김원중 옮김, 민음사)

♧ 郊祭: 하늘에 지내는 제사
社祭: 땅에 지내는 제사

禘祭: 종묘에 지내는 제사

八佾 11

或問 禘之說 子曰 不知也⑴知其說者之於天下也
혹 문 체 지 설 자 왈 부 지 야 지 기 설 자 지 어 천 하 야

其如示⑵諸斯乎⑶指其掌
기 여 시 저 사 호 지 기 장

어떤 사람이 체제사에 대해 물었다.
공자가 말했다. 난 모른다, 그 제사의 의미를 아는 자는 천하를 마치 여기에 놓고 보는 것과 같다고 하고 자기 손바닥을 가리켰다.

不知也⑴: 정말 모르는 게 아니라 불만스러워 말하고 싶지 않다는 것.
示⑵: 視
其如示諸斯乎⑶: 물건을 여기에 놓은 것과 같다. 쉽고 간단하다는 표현.

＊ 주공은 형 武王을 도와 周나라를 건국하고 그 공으로 曲阜를 봉토로 받았고 그 땅을 魯나라라고 칭했다.
그러니 노나라 군주로서는 체제사를 지낼 분명한 명분이 있었던 것이다. 그러나 체제사를 지낼 수 있는 명분은 있다고 하지만 체제사란 사실 천자만이 지낼 수 있는데 노나라 군주가 지내니 예가 아니라는 것이다. 또한 그 예식의 절차도 제대로 알지 못하면서 격식과 예법에도 맞

지 않는 제사를 지내는 것에 대한 불만스러움을 표한 것이다.

八佾 12

祭如在⑴祭神如神在⑵子曰 吾不與⑶祭 如不祭
제 여 재   제 신 여 신 재   자 왈 오 불 여   제 여 부 제

　제사에는 조상이 살아계신 듯이 지내고 신의 제사를 지낼 때도 신이 와 계신 듯이 제사 지내는 것이다.
　공자가 말했다. 내가 제사에 참여하지 않았다면 제사 지내지 않은 것이다.

　祭如在(1): 제사는 조상이 살아 계신 듯.
　祭神如神在(2): 신께 지내는 제사는 신이 와 계신 듯
　與(3): 참여하다, 허락하다, 함께하다, 돕다.

八佾 13

王孫賈問曰 與其媚⑴於奧⑵寧媚於竈⑶何謂也
왕 손 가 문 왈 여 기 미 어 오   영 미 어 조   하 위 야

子曰 不然 獲⑷罪於天⑸無所禱也
자 왈 불 연 획 죄 어 천   무 소 도 야

왕손가가 물었다. 아랫목 신에게 아첨하기보다 차라리 부엌 신에게 아첨하는 게 낫다고 하는데 무슨 뜻입니까?
공자가 말했다. 그렇지 않습니다. 하늘에 죄를 지으면 빌 곳도 없습니다.

媚(1): 아첨하다, 영합, 아양 떨다, 아름답다, 여성이 눈썹을 움직여 교태 부리는 뜻.
奧(2): 아랫목, 중국의 가옥에서 가장 깊숙한 곳, 여기에서 제사를 지냄, 깊숙해 가장 구석진 곳, 눈으로는 살필 수 없어 두 손으로 밖에는 자세히 살필 수 없는 구석진 곳의 뜻
竈(3): 부엌, 부엌 귀신, 부엌을 맡은 귀신, 네발에 힘을 주어 서 있는 개구리 모양의 부뚜막을 뜻함, 검은 부뚜막, 아궁이 뜻도 있음.
獲(4): 얻다, 사냥과 전쟁을 해 얻다, 새를 손으로 잡다의 뜻과 개로 새와 짐승을 잡는다의 뜻도 있다.
天(5): 理, 天理. 영원불변을 뜻함.

♣ 王孫賈: B.C.? ~ ?
춘추 시대 衛나라 사람.靈公 때 대부로 권력이 막강했고 지금의 군대를 다스리는 국방부 장관 정도의 직위.

＊ 아랫목 신(임금) 보다 서열은 낮지만 실권은 부엌 신(왕손가 자신)에게 있으니 부엌신에게 잘 보이는 게 공자에게 이롭다는 것을 완곡하게 표현한 것
이 말은 임금인 위령공보다 실권은 왕손가 자신에게 있으니 자신에게 잘 보이라는 말이다. 이에 공자는 즉각 반박한다.

"그렇게는 살 수 없다. 인간의 도리는 지키고 살아야 하지 않겠는가 왕손가여" 라고 말하는 듯하다.

八佾 14

子曰 周監於二代(1)郁郁乎文哉(2)吾從周
자 왈 주 감 어 이 대   욱 욱 호 문 재   오 종 주

공자가 말했다. 주나라는 하나라와 은나라를 본받아 문화가 찬란 하다. 나는 주나라를 따르겠다.

周監於二代(1): 주나라는 하나라와 은나라를 본받다.
郁郁乎文哉(2): 문화가 찬란하다.

八佾 15

子入大廟(1)每事問 或曰 孰謂鄹人之子(2)知禮乎
자 입 태 묘   매 사 문   혹 왈 숙 위 추 인 지 자   지 례 호

入大廟 每事問 子聞之曰 是禮也(3)
입 태 묘   매 사 문   자 문 지 왈   시 례 야

공자가 태묘에 들어가서 모든 걸 물었다.

어떤 이가 말했다. 누가 추읍 촌뜨기에게 예를 안다고 했는가? 태묘에 들어와 사사건건 묻기만 하는데!

공자가 이 말을 듣고 말했다. 그렇게 하는 것이 예절이다.

大廟(1): 나라를 세운 임금의 묘. 周公의 사당

鄹人之子(2): 추읍의 아들.

鄹: 魯나라 邑 이름으로 공자의 아버지 叔梁紇은 추읍의 대부였다.

是禮也(3): 이것이 예이다.

* 魯定公 때의 일로 당시 공자는 벼슬을 하고 있어서 魯 나라 시조인 周公의 大廟에서 제사를 지내던 중 宗祝(제사를 총괄하는 벼슬)에게 祭禮를 일일이 물으니 이를 보고 있던 어떤 이가 이렇게 비웃은 것이다. 공자가 祭禮를 몰라서 물은 게 아니고 宗祝을 무시하고 월권을 할 수 없었기 때문이었던 것이다. 그러니 공자는 이것이 바로 禮라고 말한 것이다.

八佾 16

子曰 射不主皮(1)爲力不同科(2)古之道也
자 왈 사 부 주 피 위 력 부 동 과   고 지 도 야

공자가 말했다. 활쏘기는 과녁을 관통하는 것은 중요하지 않다. 쏘는 사람의 힘이 같지 않기 때문이다. 이것이 옛날 활쏘기의 법도인 것이다.

主皮(1): 皮는 貫革(관혁) 가죽을 꿰뚫다, 과녁의 원말이다. 主는 가죽 뚫기를 으뜸으로 삼는다는 뜻이다.

爲力不同科(2): 힘이 같지 않기 때문이다.

＊ 옛날 鄕射(선비들의 활쏘기)에서는 자기 수양으로 정곡을 적중시키는 것이 목적이지 누구의 힘이 강해 화살이 가죽을 관통시키는 가는 중요치 않다는 것.

先禮後弓: 활쏘기보다 예가 먼저다.

八佾 17

子貢 欲去告朔(1)之餼羊(2) 子曰 賜也 爾愛(3)其羊 我愛其禮
자 공 욕 거 곡 삭 지 희 양 자 왈 사 야 이 애 기 양 아 애 기 례

자공이 초하룻날 바치는 희생양을 없애려 하자 공자가 말했다.
사야! 너는 그 양이 아까우냐? 나는 그 예법이 아깝구나.

告朔(1): 천자가 매년 겨울 다음 해 책력을 제후들에게 배포하면 제후들은 종묘에 보관하고 이것을 기초해 매월 초하룻날 제사를 지내며 희생양을 바친다. 魯文公에 이르러 이런 일은 없어지고 양만 바치는 관례만 남아서 쓸데없는 허례허식의 뜻으로 쓰인다.

告: 여기에서는 아뢸 곡으로 발음, 고하다, 알림, 찾다. 희생으로 쓰기 위해 잡힌 소를 바쳐 신과 조상의 靈에 고하다의 뜻을 나타낸다. 朔: 초하루, 처음, 시초,

북녘 완전히 이지러진 달이 다시 되돌아가는 초하루의 뜻.

餼羊(2): 희생양. 餼: (음식을) 보내다. 희생으로 쓰는 살아있는 소나 양 따위. 생기 있다는 뜻으로 살아있는 쌀, 벼의 뜻을 나타냈으나 그것이 선물로 쓰이게 되어 선물의 의미를 지닌다.

愛(3): 아끼다. 아까워하다.
여기서는 惜(아끼다)과 같은 뜻으로 쓰인다.

* 魯 나라 文公 때부터는 곡삭제를 지내지 않고 담당 관리가 양만 바치는 것을 보고 자공이 그렇게 하려면 양도 바치지 말자는 현실적인 태도를 보고 공자가 형식적이지만 그래도 예가 중요하다고 언급한 것.(명분과 실리의 문제)

八佾 18

子曰 事(1)君盡禮(2)人以爲諂(3)也
자 왈 사 군 진 례 인 이 위 첨 야

공자가 말했다. 예의를 다해 임금을 섬기는데 사람들은 아첨한다고 하는구나.

事(1): 섬기다, 부리다, 시키다, 일, 직업, 힘쓰다, 다스리다.

盡禮(2): 예를 다하다.

人以爲諂(3): 사람들은 아첨한다고 한다.

* 당시의 실권자 季桓子가 임금 昭公을 몰아내고 昭公의 동생 定公을 임금으로 세웠으나 말만 임금일 뿐 허수아비로 스스로의 신변도 불안해할 정도이니 군신 간의 예의는 찾아볼 수 없었다고 한다. 이때 임금에게 예의를 다하는 공자를 주위에서 아첨한다고 한 것을 말한다.

八佾 19

定公問 君使臣 臣事君 如之何 孔子對曰 君使臣以禮
정공문 군사신 신사군 여지하 공자대왈 군사신이례

臣事君以忠
신사군이충

정공이 물었다. 임금이 신하를 거느리고 신하가 임금을 섬길 때 어찌해야 합니까? 공자가 대답했다. 임금이라 할지라도 신하에게 예의를 지켜야 하며 신하는 임금 섬길 때 진심을 다해야 합니다.

* 定公은 노나라 23대 임금으로 15년간 노나라를 통치했으며 이름은 宋이다. 襄公의 아들이며 昭公의 아우이고 哀公의 아버지이다. 齊 景公과 夾谷에서 담판할 때 공자가 수행하며 도왔던 임금으로 이 내용은 B.C 500~498년경 定公과 공자의 대화로 추측된다.

八佾 20

子曰 關雎⑴樂而不淫⑵哀而不傷⑶
자 왈 관 저 낙 이 불 음 애 이 불 상

공자가 말했다. 시경의 관저는 즐겁지만 과하지 않고 애틋하면서도 상심케 하지 않는다.

關雎(1): 시경 國風, 周南의 첫 편이다.
樂而不淫(2): 즐겁지만 지나치지 않다.
傷(3): 다치다, 해치다, 근심, 걱정, 불쌍히 여기다, 화살에 맞은 상처의 뜻, 상처입다, 다치다의 뜻을 나타냄.

♣ 關雎
끼룩끼룩 노래하는 저 징경이는
황하 강가 모래톱에 놀고 있네요
그윽하고 아리따운 요조숙녀는
일편단심 기다리는 이 몸의 배필

들쭉날쭉 돋아 있는 마름 풀들을
이리저리 헤치면서 찾아가듯이
그윽하고 아리따운 요조숙녀를
자나 깨나 그리워서 찾아봅니다

아무리 찾아봐도 찾을 수 없어
자나 깨나 애태우며 생각합니다
잠 아니 오는 밤을 길고 긴 밤을
이리저리 뒤척이며 지새웁니다

들쭉날쭉 돋아 있는 저 마름 풀을
이리저리 헤치다가 뜯어오듯이
이제야 요조숙녀님을 만나서
금과 슬을 뜨면서 벗이 됩니다

들쭉날쭉 돋아 있는 저 마름 풀을
이리저리 다듬어서 담아 두듯이
아리따운 요조숙녀 님을 얻어서
즐거워서 종을 치고 북을 칩니다.

(출처: 〈시경강설〉 이기동 역해, 성균관대 출판사)

* 詩經의 시는 風160편. 雅 111편. 頌 40편.으로 모두 311편이지만 雅편에서 6편은 제목만 있고 시는 없어서 실제로 실려있는 시는 305편이다. 또한 頌 40편 중에서도 周頌 31편. 魯頌 4편. 商頌 5편으로 나뉘어 있다.
風은 민간에서 불리던 민요 모음이고 雅는 조정의 음악 가사이며 頌은 조정의 종묘 제사에 쓰이던 음악 가사이다.

八佾 21

哀公問社(1)於宰我 宰我對曰 夏后(2)氏以松 殷人以柏
애공문사   어재아 재아대왈 하후   씨이송 은인이백

周人 以栗 曰使民戰栗(3)
주인 이율 왈사민전률

子聞之曰 成事不說 遂事不諫 旣往不咎(4)
자문지왈 성사불설 수사불간 기왕불구

애공이 토지 신에 대해 물으니 재아가 대답했다.

하나라는 소나무를 심었고 은나라는 잣나무를 심었으며 주나라는 밤나무를 심었습니다. 그 이유는 밤나무로 하여금 백성들이 두려워 벌벌 떨게 하기 위해서입니다.

공자가 이 말을 듣고 말했다. 성사된 일이니 말할 필요 없고 끝난 일이니 왈가왈부하지 않을 것이고 지나간 일이니 탓하지도 않겠다.

社(1): 땅귀신, 토지신, 제사 지내다, 단체, 집단이 공동으로 제사 지내는 농토의 신.

后(2): 임금, 제후, 황후, 신령, 신명, 명령을 내리는 입, 명령하는 사람, 後와 통하여 뒤의 뜻으로도 쓰임.

曰使民戰栗(3): 백성을 떨게 만드는 것이다.

成事不說 遂事不諫 旣往不咎(4): 성사된 일은 말할 필요 없고 끝난 일이니 왈가왈부하지 않을 것이고 지나간 일이니 탓하지 않는다.

♣ 宰我: B.C. 522 ~ B.C. 458
춘추 시대 노나라 사람으로 이름은 宰予이고 字는 子我 또는 宰我라고 했다. 공자의 제자로 언어에 뛰어났다. 일찍이 제나라에서 벼슬하여 임치대부(臨淄大夫)가 되었다.
공자가 3년 상을 지내도록 한 것에 대해 이의를 제기해 공자로부터 불인하다는 비난을 들었다.

* 哀公은 노나라의 임금으로 성은 姬 이름은 將
三桓 씨의 세력이 강해 자신의 정치를 제대로 펼치지도 못하다 그들에게 왕위에서 밀려났다.
주나라가 밤나무를 심은 것은 토양과 기후에 알맞기 때문인데 터무니없게 백성들을 두렵게 하기 위해서라고 함부로 대답한 재아에게 일침을 가한 것.

八佾 22

子曰 管仲之器小哉
자 왈 관 중 지 기 소 재

或曰 管仲 儉乎 曰 管氏有三歸(1)官事 不攝(2)焉得儉(3)
혹 왈 관 중 검 호 왈 관 씨 유 삼 귀 관 사 불 섭 언 득 검

然則管仲 知禮乎 曰 邦君 樹塞門(4)管氏亦樹塞門
연 즉 관 중 지 례 호 왈 방 군 수 색 문 관 씨 역 수 색 문

邦君 爲兩君之好 有反坫(5)管氏亦有反坫
방 군 위 양 군 지 호 유 반 점 관 씨 역 유 반 점

管氏而知禮 孰不知禮
관 씨 이 지 례 숙 부 지 례

공자가 말했다. 관중은 그릇이 작았다.

어떤 이가 물었다. 관중은 검소했습니까?

공자가 대답했다. 관중은 부인이 세 명이나 있었고 식모, 정원사, 건물 관리인, 마부, 등등 일의 종류마다 따로 일하는 사람들을 두었으니 어찌 검소했다 할 수 있겠는가?

그러면 관중은 예법을 알았나요?

공자가 대답했다. 임금만이 병풍으로 문을 가릴 수 있는데 관중은 병풍으로 문을 가렸으며 임금만이 다른 나라 임금과 회담 자리에서 술잔 받침대를 쓸 수 있음에도 관중은 술잔 받침대를 두었으니 관중이 예법을 안다고 하면 세상에 예법 모르는 사람이 있겠는가?

三歸(1): 부인이 세 사람. 조정에서 퇴근해 돌아가는 집이 세 군데 있다는 뜻으로 성이 다른 세 명의 여자를 세 집에서 아내로 거느리고 있다는 것.

官事 不攝(2): 자신의 일 이외 다른 사람 일을 겸하지 않다.

焉得儉(3): 어찌 검소하다 할 수 있겠나

塞門(4): 집안이 보이지 않도록 대문 앞에 세우는 가림막으로 임금만이 사용할 수 있다.

反坫(5): 술을 마신 후 잔을 올려놓는 흙으로 만든 臺. 임금끼리 외교상 우호관계를 위해 만나는 자리에서 술잔을 놓는 곳. 임금 이외에 일반인이 소유할 수 없는 물건이다.

♣ 관중은 대부의 신분이면서도 열국의 왕들보다 부유해 삼귀를 가질 정도였다. 이리하여 제나라의 부강함은 威王과 宣王 대에까지 이르렀다. 공자가 관중에 대해 소인이라 하면서 폄하한 것은 관중이 자신의 신분을 벗어나게 행동하여 분수를 어그러뜨린 것을 비판한 것이다.

♣ 管鮑之交(관포지교)
管仲은 齊 나라 桓公 때의 대부 이름은 夷吾
관중은 공자보다 200년 전 제나라 환공 때의 대부.
젊었을 때 鮑叔牙(포숙아)와 교유했는데 포숙은 그의 현명함을 알고 있었다. 관중은 가난한 나머지 포숙을 속이길 자주 했는데 포숙은 언제까지나 그를 버리지 않았으며 그가 하는 일에 이러니 저러니 따지는 일도 없었다.
마침내 포숙은 제나라 공자인 小白을 섬기게 되었고 관중은 공자 糾(규:소백의 형)를 섬겼는데 소백이 아버지의 후사를 이어 桓公이 되자 경쟁자였던 공자 규는 싸움에 패해 죽고 관중은 붙잡힌 몸이 되었다. 그러나 포숙이 끝까지 관중을 천거했던 까닭에 관중은 등용되어 제나라 국정을 담당하게 되었다.
이 때문에 제나라 환공은 패자가 될 수 있었던 것이다. 제후를 규합하여 천하를 바로잡을 수 있었던 것은 관중의 계략에 의한 것이다.
관중이 말했다.
"지난날 내가 곤궁한 지경에 있었을 때 포숙과 같이 장사를 한 일이 있었는데 그 이익금을 나눌 때 내가 몫을 더 많이 갖곤 했으나 포숙은 나를 욕심쟁이라 하지 않았다. 내가 가난한 것을 알고 있었기 때문이다. 지난날 나는 포숙을 위해 사업을 경영하다 실패해 다시 곤궁하게 되었지만 포숙은 나를 어리석다고 하지 않았다.

時運에는 利와 不利가 있다는 것을 알았기 때문이다.

지난날 나는 벼슬길에 세 번 나갔다가 세 번 모두 임금에게 쫓겨났지만 포숙은 나를 무능하다고 하지 않았다. 내가 아직 때를 만나지 못했음을 알기 때문이다. 지난날 나는 세 번 싸워 세 번 모두 패하여 도망쳤지만 포숙은 나를 비겁하다고 하지 않았다.

나에게는 노모가 있는 것을 알기 때문이다. 공자 규가 왕의 자리를 놓고 벌인 싸움에서 졌을 때 친구인 召忽(소홀)은 스스로 목숨을 끊었으나 나는 붙잡혀서 욕된 몸이 되었건만 포숙은 나를 부끄러움을 모르는 사람이라고 하지 않았다. 내가 작은 일을 부끄러워하는 것보다 천하에 공명을 떨치지 못하는 것을 부끄러워함을 알고 있었기 때문이다. 나를 낳아준 이는 부모이지만 나를 알아준 이는 鮑子(포자)이다."

(출처: 〈사기열전 상편 관.안열전〉 이상옥 역, 명문당)

八佾 23

子語(1)魯大師(2)樂曰 樂其可知也(3)始作 翕如也(4)從之
자 어 노 태사   악 왈 악 기 가 지 야   시 작   흡 여 야   종 지

純如也 皦如(5)也 繹如(6)也 以成(7)
순 여 야 교 여   야 역 여   야 이 성

공자가 노나라 국립국악원장에게 음악에 대해 말했다.

음악은 알만합니다. 처음 시작할 때는 모든 소리가 합쳐서 일어나고 가락이 전개되며 명확히 곡 의도를 풀어내며 완성되는 것입니다.

語(1): 말해주다. 일러주다
大師(2)태사: 樂師長 지금의 국립 국악 단장 정도. (큰 스승)
樂其可知也(3): 음악을 알다.
翕如也(4): 모든 소리가 합해지다.
皦如(5): 분명하다. 명확하다. 희고 윤이 나는 보석이라는 뜻
繹如(6): 연주가 지속되다. 길다.
以成(7): 그렇게 완성되다.

  * 공자가 음악을 좋아했고 또한 조예도 깊어서 삼 개월 동안 음악에 취해 고기 맛도 모를 정도였다고 한다.
아무리 그렇다고 하더라도 음악 전문가에게 음악을 가르치듯 하는 모습은 공자가 입버릇처럼 말하는 禮에 맞는 것일까?

八佾 24

儀(1)封人(2)請見 曰 君子之至於斯也 吾未嘗不得見也(3)
의 봉인 청현 왈 군자지지어사야 오미상불득견야

從者見之 出曰 二三子(4)何患於喪(5)乎 天下之無道
종자현지 출왈 이삼자 하환어상 호 천하지무도

也久矣⑹天將以夫子爲木鐸⑺
야 구 의　천장 이 부 자 위 목 탁

儀 고을 출입관리 직원이 뵙기를 원하며 말했다.

훌륭한 인격자가 이곳에 오시면 난 만나보지 못한 적이 없었습니다. 그래서 제자들이 공자와 만남을 주선했다.

뵙고 나와서 말했다. 여러분은 공직에 나가지 못한 것을 걱정할 것 없습니다. 세상에 질서가 없어진 지 오래됐지만 하늘은 장차 선생을 민중의 인도자로 삼으실 것입니다.

儀(1): 衛 나라 邑

封人(2): 국경을 관리하는 관원. 朱子는 낮은 벼슬이지만 초야에 파묻혀 있는 어진 사람이라고 함.

吾未嘗不得見也(3): 난 만나보지 못한 적이 없다.

二三子(4): 여러분, 너희들

喪(5): 벼슬을 잃고 나라를 떠나는 것

天下之無道也久矣(6): 세상에 질서가 없어진 지 오래되다.

木鐸(7): 불교의 스님이 쓰는 목탁이 아니고 당시 관청에서 새로운 교시를 발표할 때 사람들의 이목을 끌기 위해 흔들어 소리를 내는 도구.

八佾 25

子謂韶⑴盡美矣⑵又盡善也⑶謂武⑷盡美矣 未盡善也
자 위 소　진 미 의　우 진 선 야　위 무　진 미 의　미 진 선 야 공자가 순임금의 음악을 평했다. "아름다움의 절정이며 훌륭함의 절정이다" 무왕의 음악을 평하길 "극히 아름답기는 하지만 훌륭하진 못하다"했다.

韶(1): 순임금의 음악
盡美矣(2): 아름다움의 절정
盡善也(3): 훌륭함의 절정
武(4): 무왕의 음악

八佾 26

子曰 居上不寬 爲禮不敬 臨喪不哀 吾何以觀之哉(1)
자 왈 거 상 불 관 위 례 불 경 임 상 불 애 오 하 이 관 지 재

　공자가 말했다. 높은 지위에 있으면서 너그럽지 못하고 예의를 갖출 때도 공손하지 못하며 상을 당해도 슬퍼하지 않는다면 내가 무엇으로 그를 살피겠는가?

吾何以觀之哉(1) : 내가 무엇으로 그를 살피겠나?

제 4 편

里仁 이인

里仁 1

子曰 里⑴仁爲美 擇不處仁 焉得知
자왈 이 인위미 택불처인 언득지

공자가 말했다. 인정 넘치는 마을이 좋은 곳이다. 그런 곳에서 살지 않는다면 어찌 지혜롭다고 하겠는가?

里(1): 마을, 이웃, 인근. 隣은 5가구가 모여 사는 곳을 隣이라 하고 隣이 5개가 모여 25가구가 되는 곳을 里라고 한다.

里仁 2

子曰 不仁者不可以久處約⑴不可以長處樂 仁者安仁
자왈 불인자불가이구처약 불가이장처락 인자안인

知者利仁
지자이인

공자가 말했다. 행실이 나쁜 사람은 고난을 오래 견디지도 못하고 즐거움도 오래 누리지 못한다.

참된 사람은 참다운 삶을 편히 즐기고 지혜로운 사람은 참다운 삶을 이롭게 생각한다.

不可以久處約(1): 곤경을 오래 견디지 못한다.

♣ 仁하면서 또한 智하다는 것은 바로 생명이 仁을 드러낼 수 있고 내외가 맑고 깨끗하여 조금도 어둠이 없음을 말한다.
인의 주된 표현은 사랑이지만 당연히 지나친 사랑은 아니다.
孟子는 직접 仁하고 智하니 성인께서는 이미 성인이다.(仁且智, 夫子旣聖矣. 公孫丑 上)고 했다.(중략)
지혜롭지 못한 사랑은 당연히 이상적이지 않다. 따라서 도덕적 생명의 발전은 한쪽으로는 인이 필요하고 다른 쪽으로는 이를 보조하고 지지하는 것이 필요하다.

(출처:〈중국철학 강의〉모종삼 저, 김병채 외 옮김, 예문서원)

♣ 禮記 表記: 어진 자는 仁에 편하고 지혜로운 자는 仁을 이롭게 여기고 죄를 두려워하는 자는 仁을 행하려 애쓴다.
仁은 오른쪽이며 道는 왼쪽이다. 仁은 사람이고 道는 의리이다.
어진 일이 세 가지가 있으니 仁과 功을 하나로 하고 情을 달리한다. 仁과 功을 한가지라 해도 그 仁을 알수 없다. 仁과 過失을 한가지로 한 후라야 그 仁을 알 수 있는 것이다. 어진 자는 仁에 편안하고 지혜 있는 자는 仁을 이롭게 여기고 죄를 두려워하는 자는 仁을 행하려 애를 쓴다.

(출처:〈예기〉이상옥 역저, 명문당)

里仁 3

子曰 惟仁者 能好人 能惡人
자 왈 유 인 자 능 호 인 능 오 인

공자가 말했다. 오직 참된 사람만이 사람을 좋아할 수 있고 사람을 미워할 수 있다.

里仁 4

子曰 苟(1)志(2)於仁矣 無惡(3)也
자 왈 구 지 어 인 의 무 악 야

공자가 말했다. 진정 참된 사람으로 살기로 했다면 악한 짓은 할 수 없다.

苟(1): 진실로, 참으로, 겨우, 조금, 다만, 적어도.
志(2): 뜻, 마음, 사사로운 생각, 마음이 가는바
惡(3): 타인이 싫어하는 것

♧ 오규 소라이(荻生徂徠): 仁은 모든 善의 으뜸이니 仁에 뜻을 두면 악할 수 없다는 것이다.

里仁 5

子曰 富與貴是人之所欲也⑴ 不以其道⑵ 得之 不處也⑶
자 왈 부 여 귀 시 인 지 소 욕 야   불 이 기 도   득 지 불 처 야

貧與賤 是人之所惡也 不以其道得之 不去也⑷
빈 여 천 시 인 지 소 오 야 불 이 기 도 득 지 불 거 야

君子去仁 惡乎成名⑸
군 자 거 인 오 호 성 명

君子無終食之間⑹違仁 造次⑺必於是⑻顚沛⑼必於是
군 자 무 종 식 지 간 위 인 조 차 필 어 시 전 패 필 어 시

  공자가 말했다. 부귀는 누구나 원하지만 정당하게 얻은 게 아니라면 누려서는 안 된다. 가난하고 천한 것은 누구나 싫어하는 것이지만 살다 자연스럽게 그리되면 벗어나려 해서는 안 된다.
  건실한 인격자로서 참다움을 버리고서 어찌 좋은 평판을 얻겠는가? 건실한 인격자는 밥 한 끼 먹는 짧은 순간일지라도 참다움에서 벗어나지 말아야 하고 아무리 다급하고 절박해도 잊어서는 안 된다.

富與貴是人之所欲也(1): 부귀는 어느 누구나 바라다.

道(2): 정당한 방법

不處也(3): 누려서는 안 된다

不以其道得之 不去也(4): 자연히 그렇게 되면 벗어나려 해서는 안된다.

惡乎成名(5): 어찌 명예를 얻을수 있겠는가

終食之間(6): 밥 한 끼 먹는 시간

造次(7): 창졸간, 갑자기, 다급함, 아주 짧은 시간, 별안간

必於是(8): 반드시

顚沛(9): 엎어지고 자빠지고 함, 꺾임, 좌절함, 짧은 시간

里仁 6

子曰 我未見好仁者 惡不仁者 好仁者 無以尙之(1)惡不仁者
자왈 아미견호인자 오불인자 호인자 무이상지 오불인자

其爲(2)仁矣 不使不仁者加乎其身
기위 인의 불사불인자가호기신

有能一日用其力(3)於仁矣乎 我未見力不足(4)者
유능일일용기력 어인의호 아미견력부족 자

蓋有之矣(5)我未之見也(6)
개유지의 아미지견야

공자가 말했다. 나는 참다움을 좋아하는 사람과 참답지 못한 것을 싫어하는 사람을 본 적이 없다. 참다움을 좋아하는 사람은 말할 것도 없고 참다움을 싫어하는 사람은 참답지 못함을 끊고 부정한 것이 자신의 삶에 작용하지 않도록 해야 한다.

단 하루라도 온 힘을 다해 참에 매진하는 사람이 있을까? 나는 아직 능력이 부족해 참에 다다르지 못한 사람은 보지 못했다. 아마 그런 사람이 있을지는 모르지만 난 보지 못했다.

無以尙之(1): 그를 넘어설 수 없다.

爲(2): 실천, 실행

其力(3): 자신의 힘

力不足(4): 不爲(할 수 있지만 하지 않는 것) 不能(할 수 없는 것)

蓋有之矣(5): 아마 그런 사람이 있을 테지만

我未之見也(6): 난 아직 보지 못했다.

♣ 인을 좋아하는 사람은 성품이 순박하고 온화한 사람이고 불인을 미워하는 사람은 성품이 굳세고 강직한 사람이다.
인을 좋아하는 사람은 무엇으로도 그 마음을 바꿀 수 없다는 것이다. 불인을 미워한다는 것은 불인한 일이 자신에게 미치지 못하게 한다는 뜻이다.

(출처: 〈논어집주〉 박성규 역주, 소나무)

* 진실을 좋아하던 진실하지 못한 것을 싫어하던 진실을 추구하는 일에서는 동일한 것이다.

里仁 7

子曰 人之過也(1) 各於其黨(2) 觀過(3) 斯(4) 知仁矣
자 왈 인 지 과 야   각 어 기 당   관 과   사   지 인 의

공자가 말했다. 사람의 허물은 그 부류마다 달라서

허물을 살펴보면 곧 그 사람의 됨됨이를 알 수 있다.

人之過也(1): 사람의 허물
其黨(2): 부류, 무리.
觀過(3): 잘못을 보다, 허물을 보다
斯(4): 곧

♣ 後漢書에 吳祐는 順帝 때 재상이었는데 어진 정치를 펴 사람들이 그를 존경했다. 그런데 그의 부하 孫性이 공금을 횡령해 자기 아버지에게 옷을 사다 드렸는데 그의 아버지가 이 사실을 알고 돌아가 吳祐에게 횡령한 사실을 고하고 용서를 청하라고 했다. 孫性이 물러 나와 吳祐에게 이 사실 전체를 낱낱이 실토하니 "孫性이 아버지 때문에 오명을 받았구나! 허물을 보면 그 인함을 안다고 하더니" 하며 돌아가 아버지에게 사죄하고 옷은 두고 오라고 했다.

里仁 8

子曰 朝聞道(1)夕死 可矣
자 왈 조 문 도 석 사 가 의

공자가 말했다. 아침에 진리를 깨닫는다면 저녁에 죽어도 좋다.

朝聞道(1): 아침에 도를 깨닫다.

道: 진리, 일상생활에서 추구하는 진리, 사물의 이치

里仁 9

子曰 士志於道 而恥惡(1)衣惡食者 未足與議也(2)
자 왈 사 지 어 도 이 치 악 의 악 식 자 미 족 여 의 야

공자가 말했다. 선비가 올바른 삶에 뜻을 두고도 허름한 옷과 변변치 못한 음식을 부끄러워 한다면 상대 할 가치가 없다.

惡(1): 나쁘다, 변변치 못하다.
여기서 惡= (粗)거칠다
未足與議也(2): 상대할 가치도 없다.
※惡衣惡食의 반대말 錦衣玉食

里仁 10

子曰 君子之於天下也(1)無適也(2)無莫(3)也 義之與比(4)
자 왈 군 자 지 어 천 하 야 무 적 야 무 막 야 의 지 여 비

공자가 말했다. 건실한 인격자는 세상일에 있어서 꼭 그렇다는 것도

없고 꼭 그렇지 않다고 하는 것도 없어서 바른 것을 따를 뿐이다.

天下也⑴: 天下之事 (천하의 일)

無適也⑵: 꼭 그렇다는 것이 없다.

莫⑶: 없다, 허무, 아득하다, 어둡다, 조용하다, 저물다, 태양이 초원에 지는 모양에서 해 질 무렵을 뜻하며 없다의 뜻으로도 쓴다.

義之與比⑷: 바른 것을 따르다.

里仁 11

子曰 君子懷德⑴小人懷土⑵君子懷刑⑶小人懷惠⑷
자 왈 군 자 회 덕   소 인 회 토   군 자 회 형   소 인 회 혜

공자가 말했다. 건실한 인격자는 덕을 생각하지만 백성들은 경제적 안정만을 생각한다. 건실한 인격자는 지켜야 할 법을 생각하고 민초들은 받을 혜택만 생각한다.

懷德⑴: 부모에 효도하고 형제 이웃들과 우애 있게 지내는 것.

懷: 품다, 따르다, 편안, 포위, 위로, 마음, 생각

小人懷土⑵: 농민들은 땅을 생각하다.(경제적 안정. 의식주 등등)

懷刑⑶: 올바르게 살지 못했을 때 받을 형벌

懷惠⑷: 능동적으로 자신의 일을 개척하기보다는 국가나 타인의 도움을 바라는 것

里仁 12

子曰 放於利而行⑴多怨
자 왈 방 어 리 이 행 다 원

공자가 말했다. 이익만 추구하면 원망이 많아진다.

放於利而行⑴: 이익을 추구하다.

里仁 13

子曰 能以禮讓 爲國乎⑴何有⑵不能以禮讓爲國 如禮何⑶
자 왈 능 이 예 양 위 국 호 하 유 불 능 이 례 양 위 국 여 례 하

공자가 말했다. 예의와 겸손으로 나라를 다스린다면 무슨 어려움이 있겠으며 예의와 겸손으로 나라를 다스리지 못한다면 예를 어디에 쓰겠는가?

能以禮讓 爲國乎國乎⑴: 예의와 겸손으로 나라를 다스리다.
何有⑵: 어려울 것 없다, 어렵지 않다.
如禮何⑶: 예를 무엇에 쓰겠나, 예는 쓸모가 없다.

　＊ 禮란 겉으로 드러나는 모습으로 형식을 말한다.

讓은 겉으로 나타나지 않아 볼 수 없지만 內在的인 禮의 실질.

里仁 14

子曰 不患無位⑴患所以立⑵不患莫己知 求爲可知⑶也
자 왈 불 환 무 위　환 소 이 립　불 환 막 기 지　구 위 가 지　 야

공자가 말했다. 지위 없음을 걱정하지 말고 지위에 걸맞은 실력을 갖추어야 한다. 자신을 알아주지 않는 것을 걱정하지 말고 남이 알아줄 수 있는 실력을 갖추어야 한다.

位(1): 조정 백관이 서 있는 자리, 벼슬자리, 中庭 좌우에 늘어선 것을 位라고 함.
患所以立(2) 지위에 맞는 능력을 걱정하다.
求爲可知(3): 남들이 알아줄 수 있도록 노력하다.

里仁 15

子曰 參⑴乎 吾道一以貫之⑵曾子曰 唯⑶
자 왈 삼　호 오 도 일 이 관 지　증 자 왈 유

子出 門人問曰 何謂也 曾子曰 夫子之道⑷忠恕而已矣⑸
자 출 문 인 문 왈 하 위 야 증 자 왈 부 자 지 도　충 서 이 이 의

공자가 말했다. 삼아 나의 삶은 하나로 일관된다.

증자가 예 하고 대답했다.

공자가 밖으로 나가자 다른 제자들이 물었다.

그게 무슨 뜻이오? 증자가 대답했다. 선생님의 삶은 진심으로 남을 사랑하는 것뿐이라고 하십니다.

參(1): 曾子의 이름

一以貫之(2): 처음부터 끝까지 꿰뚫다.= 通. 하나로 일관한다. 만사가 하나의 이치일 뿐이다.

唯(3): 그렇습니다, 네, 然

道(4): 사람의 道. 사람이 살아가며 지켜야 할 것들(도리)

忠恕而已矣(5): 충서일 뿐. 진심을 다해 남의 입장을 헤아리는 것, 忠은 거짓 없는 마음이며 恕는 忠(거짓 없는 마음)을 실행하는 것이다.

♣ 子曰 賜也 女以予爲多學而識之者與

對曰 然 非與 曰 非也 予一以貫之

공자가 말했다. 사야 너는 내가 많이 배워서 그것을 다 아는 사람이라 생각하느냐? 자공이 답했다. 그렇습니다, 아닌가요? 공자가 말했다. 아니다. 나는 하나의 이치로 모든 것을 꿰뚫는 것이다.

(論語 衛靈公 2)

♣ 孟子 曰 萬物 皆備於我矣 反身而誠 樂莫大焉 强恕而行

求仁 莫近焉.

맹자가 말했다. 만물의 이치가 모두 나에게 갖추어져 있다. 자신을 반성해 보아 성실하면 즐거움이 이보다 더 큰 것이 없고 자신의 마음을 미루어 남을 대하는 일에 힘써 나간다면 仁을 구하는 일이 이보다 더 가까운 것이 없다.

(孟子 盡心 上 4)

♧ 子貢問曰 有一言而可以終身行之者乎 子曰 其恕乎
己所不欲 勿施於人
자공이 물었다. 평생 지켜야 할 만한 말이 있을까요?
공자가 답했다. 그것은 아마도 恕일 것이다.
내가 하기 싫은 것은 남에게 미루지 말아라.

(論語 衛靈公 23)

♧ 仁을 실천한다는 것은 남을 위해 배려하는 데 있다. 자기가 서고 싶으면 남도 세워주고 자기가 어떤 목적을 이루고 싶으면 남도 이루어지게 하는 것은 仁을 실천하는 적극적인 면이다.
공자는 이것을 忠이라 했다. 그리고 소극적인 면을 恕라고 하는데 이것이 바로 자기가 하고 싶지 않은 일을 남에게 시키지 말라는 것이다. 이 양자를 합해 보통 忠恕의 도라고 하는데 이것이 곧 仁의 실천 방법이다.

(출처: 〈중국철학사〉펑유란 저, 정인채 옮김, 마루비)

里仁 16

子曰 君子 喩於義⑴ 小人 喩於利
자 왈 군 자 유 어 의   소 인 유 어 리

공자가 말했다. 건실한 인격자는 정의에 밝고 자잘한 사람은 잇속에 밝다.

喩於義(1): 정의에 대해 잘 안다.

里仁 17

子曰 見賢思齊⑴焉 見不賢而內自省也
자 왈 견 현 사 제   언 견 불 현 이 내 자 성 야

공자가 말했다. 슬기로운 사람을 보면 나도 그렇게 되기를 바라고 슬기롭지 못한 이를 보면 나 스스로를 반성한다.

見賢思齊(1): 어진 사람을 보면 나도 그 사람처럼 어진 사람이 되려고 노력한다.
齊: 위가 평평하게 고른 것

♧ 騰文公 上篇 1
등나라 문공이 세자였을 때 초나라로 가는 길에 송나라에 들러

맹자를 만났다. 맹자는 사람의 본성이 선함을 말해주되 말끝마다 요임금과 순임금을 들어서 이야기하였다.

세자가 초나라에서 돌아오는 길에 다시 맹자를 만났다.

맹자는 이렇게 말했다.

"세자께서는 내 말을 의심하십니까? 도는 하나뿐입니다." 成覸(성간)은 제나라 경공에게 말하길 "그도 장부이고 나도 장부인데 내가 어찌 그를 두려워하겠습니까?" 하였고 顔淵은 舜何人也 予何人也 有爲者 亦若是'(순임금은 어떤 사람이고 나는 어떤 사람인가? 뜻을 가지고 일을 하면 역시 마찬가지다.')

맹자는 고금의 성인과 어리석은 이의 본성은 원래 같은 것임을 밝히고 제나라 경공의 신하인 성간. 안연의 말을 인용해 옛 성현을 스승으로 삼게 했다.

♣ 離婁篇 10

맹자가 말했다.

"自暴(자포)하는 자와는 함께 이야기할 수 없으며 自棄(자기)하는 자와는 함께 일할 수 없다. 예의를 비난하는 것을 자포라 하고 내 몸이 인과 의에서 살 수 없다고 하는 것을 자기라고 한다.

인은 사람의 편안한 집이요 의는 사람의 바른길이다. 편안한 집을 비워 놓고 살지 않으며 바른길을 버리고 가지 않으니 슬프도다."

(자기를 스스로 해치고 버리는 사람과는 함께 이야기하고 일할 게 못 된다는 것이다. 예와 의를 비난하고 헐뜯는 것은 자기 스스로를 해치는 것이고 인이나 의로운 일에 따르지 못한다고 하는 것은 자기 스스로를 버리는 것이라 했다.

自暴自棄(자포자기) : 자기 스스로 해치고 버리는 사람

里仁 18

子曰 事⑴父母幾諫⑵見志不從⑶又敬不違 勞⑷而不怨
자 왈 사 부 모 기 간   견 지 부 종   우 경 불 위 노   이 불 원

 공자가 말했다. 부모님을 모실 때는 상냥하게 조언하고 그 말을 부모님이 받아들이지 않더라도 더 공손하게 모시고 힘들어도 원망하면 안된다.

>事(1): 섬기다, 모시다, 종사하다, 부리다, 일, 직업, 힘쓰다.
>幾諫(2): 幾는 완곡하게, 부드럽게, 조용히, 은근히, 조금
>諫은 윗사람에게 잘못된 점을 말씀드리다.
>幾諫이란 直諫하지 않고 생각을 조금 보일 정도 만 말해 깨닫게 하는 것
>志不從(3): 뜻을 받아들이지 않다.
>勞(4): 힘들더라도, 수고스러워도, 괴로워도, 일하다, 지치다, 고달프다, 애쓰다.

> ♣ 禮記 內則: 부모에게 과실이 있으면 애써 마음을 진정하고 안색을 온화하게 하며 목소리를 낮춰 간한다. 그래도 들어주지 않으면 더욱 정중하게 부모를 모시고 부모의 기분이 좋아진 후 다시 간한다. 만약 부모의 기분이 상해도 부모가 죄를 범하고 향당에서 비난받는 것보다 자꾸 간해 부모를 성나게 하는 편이 낫다.

부모가 성내어 지팡이나 회초리로 맞아 피가 나도 참고 견디며 미워하고 원망하지 않고 더 공손히 모시는 것이다.

里仁 19

子曰 父母在 不遠遊 遊必有方(1)
자 왈 부 모 재 불 원 유 유 필 유 방

공자가 말했다. 부모가 살아계실 때는 멀리 나다니지 말아야 하고 떠날 때는 행선지를 말씀드려야 한다.

遊必有方(1): 나갈 때 행선지를 알리다.

里仁 20

子曰 三年無改於父之道 可謂孝矣
자 왈 삼 년 무 개 어 부 지 도 가 위 효 의

공자가 말했다. 아버지가 돌아가신 후 삼 년 동안 아버지 살아온 방식을 고치지 않으면 효자라 할만하다

里仁 21

子曰 父母之年⑴不可不知也 一則以喜 一則以懼⑵
자 왈 부 모 지 년 불 가 부 지 야 일 즉 이 희 일 즉 이 구

공자가 말했다. 부모의 나이는 알고 있어야 한다. 한편으로는 오래 사시니 기쁘고 한편으로는 노쇠하시니 두렵다.

年⑴: 나이
一則以喜 一則以懼⑵: 한편은 기쁘고 한편은 두렵다.

里仁 22

子曰 古者言之不出⑴恥躬之不逮也⑵
자 왈 고 자 언 지 불 출 치 궁 지 불 체 야

공자가 말했다. 예전 사람들은 말을 함부로 하지 않았다. 말 한대로 실천하지 못할까 부끄러워했기 때문이다.

古者言之不出⑴: 예전 사람들은 말을 함부로 하지 않았다.
恥躬之不逮也⑵: 실천하지 못할까 부끄러워하다.

里仁 23

子曰 以約(1)失(2)之者鮮矣
자 왈 이 약　실　지 자 선 의

공자가 말했다. 자신을 절제해야 실수가 적어진다.

約(1): 동여 묶다. 꽁꽁 묶다.
失(2): 道를 잃다.

里仁 24

子曰 君子欲訥於言而敏於行
자 왈 군 자 욕 눌 어 언 이 민 어 행

공자가 말했다. 건실한 인격자는 말은 어눌해도 실행력은 빠르다.

里仁 25

子曰 德不孤(1)必有鄰(2)
자 왈 덕 불 고　필 유 린

공자가 말했다. 덕 있는 사람은 외롭지 않다. 반드시 이웃이 있기 때문이다.

德不孤(1): 덕은 외롭지 않다.
鄰(2): 親과 같다.

里仁 26

子遊曰 事君數(1)斯辱(2)矣 朋友數 斯疏矣(3)
자 유 왈 사 군 삭 사 욕 의 붕 우 삭 사 소 의

자유가 말했다. 임금을 모시면서 잘못을 자주 지적하면 봉변을 당하게 되고 친구에게 충고를 자주 하면 멀어지게 된다.

事君數(1): 임금에게 자주 간언하면.
辱(2): 더러워지고 부끄러워지는 것, 굴욕
朋友數 斯疏矣(3): 친구에게 충고를 자주 하면 멀어지게 된다.

제 5 편

公冶長 공야장

公冶長 1

子謂公冶長 可妻(1)也 雖在縲絏(2)之中 非其罪也 以其子妻之(3)
자 위 공 야 장 가 처 야 수 재 루 설 지 중 비 기 죄 야 이 기 자 처 지

子謂南容 邦有道不廢 邦無道免於刑戮(4)以其兄之子(5)妻之
자 위 남 용 방 유 도 불 폐 방 무 도 면 어 형 륙 이 기 형 지 자 처 지

공자가 공야장에 대해 말하기를 사위 삼을 만한 사람이다.
비록 오랏줄에 묶여 감옥에 있었지만 그의 죄가 아니다. 하고 자기 딸을 그에게 시집보냈다.
공자가 남용에 대해 말하기를 나라에 질서가 있을 때는 버려지지 않을 것이고 나라가 무질서할 때도 처벌받지는 않을 것이다. 하고 형의 딸을 그에게 시집보냈다.

妻(1): ~에게 시집 보내다.
縲絏(2): 포승줄, 죄인을 묶는 검은 줄, 묶다, 감옥에 있다.
以其子妻之(3): 딸을 그에게 시집 보내다.
戮(4): 죽이다, 욕보이다, 벌, 형벌, 욕, 치욕, 죽음
兄之子(5): 형의 딸.

♣公冶長: B.C. ?~ B.C. ?
춘추 시대 제나라 사람으로 성은 公冶 이름은 長, 字는 子長이다.
공자의 제자로 공자는 그의 능력을 인정해서 사위로 삼았다고 한다. 黃侃이 쓴 論語義疏에 보면 그에 관한 재미있는 이야기가

전해진다. 공야장이 위나라에서 노나라로 돌아오는 도중 二界란 곳에서 새들이 지껄이는 소리를 들었다. "淸溪로 죽은 사람 고기를 먹으러 가자"라는 소리였다. 한참 길을 가는데 어느 노파가 길에서 통곡을 하기에 까닭을 물었다. 노파는 우리 아이가 얼마 전 외출을 했는데 아직 돌아오지 않았으니 죽었을 게 틀림없다. 어디서 그 아이의 시신을 찾아야 할지 모르겠다는 것이었다. 공야장은 조금 전 들은 새소리가 생각나서 청계에 가면 찾을 수 있을 것이라 말해주었다. 노파가 가보니 실제로 아이의 시체가 있는지라 고을 원에게 알렸다. 고을 원이 어찌 알았냐고 물으니 노파가 공야장의 말을 전했다. 고을 원은 "그놈이 죽이지 않았다면 어찌 알았겠느냐"면서 잡아 가두었다. 공야장은 새소리를 듣고 알았다고 했지만 믿지 않고 옥에 가두면서 한번 시험해 보자고 했다. 60여 일이 되던 어느 날 공야장이 옥에서 참새 소리를 듣더니 빙그레 웃자 옥리가 이 사실을 원에게 알렸다. 원이 "참새가 뭐라 했기에 웃었느냐?"고 묻자 백련수 아래 수레가 뒤집혀서 곡식이 쏟아졌고 소들도 뿔이 부러져 꼼짝 못 하니 가서 다 쪼아 먹자"라고 했다고 대답했다. 과연 확인해 보니 그런지라 그를 석방했다는 것이다. 이 이야기에 따르면 공야장은 새소리를 알아듣는 재주가 있었다.

♣ 南容: B.C. ?~B.C.?
춘추 시대 말 노나라 사람이며 성은 南宮 이름은 适, 字는 子容, 南容 또는 南宮縚로 불렸다. 공자의 조카사위다. 평소 공자의 신망을 얻었는데 특히 시경의 白珪篇을 세 번 반복해 읽자 공자가 형님 딸을 아내로 삼게 했다.

孟僖子의 아들 南宮敬叔을 남궁괄이라고도 하지만 이는 옛사람들이 오인한 것이다.

송나라 진종 때 大中祥符 2년 (1009) 龔丘侯(공구후)에 추봉 되었다.

公冶長 2

子謂子賤 君子哉若人(1)魯無君子者(2)斯焉取斯
자 위 자 천 군 자 재 약 인 노 무 군 자 자   사 언 취 사

공자가 자천에 대해 말했다. 이 사람은 참 고매하구나.
노나라에 그런 사람이 없었다면 이 사람이 어디서 그런 인격을 갖추었겠는가?

若人(1): 이 사람, 이 같은 사람
魯無君子者(2): 노나라에 군자가 없었다면.

♣ 子賤: B.C 521~?
춘추 시대 말기 魯나라 사람으로 성은 宓 이름은 不齊 字는 子賤이다. 공자의 제자로 공자보다 30살 연하이다. 單父의 수령을 지냈다.

공자가 宓子賤에게 이렇게 물었다.
"너는 벼슬한 후 무엇을 얻었으며 무엇을 잃었느냐?"

복자천은 이렇게 대답했다.

"저는 벼슬한 후 잃은 것은 없으며 얻은 것이 세 가지 있습니다. 어려서 외웠던 것을 지금 와서 실행해 볼 수 있으니 이로써 학문이 더욱 밝아지게 되었고 봉록을 받은 것으로 친척들까지 돌봐줄 수 있으니 이로써 골육간 더욱 친해지게 되었고 비록 公事에 바쁘기는 하지만 죽은 사람도 조문하고 병든 사람도 위문할 수 있으니 친구 사이에 더욱 정이 두텁게 되었습니다."

공자는 감탄하며 복자천에게 일렀다.

"군자로구나, 이 사람은. 노나라에 군자가 없었다면 자천이 어디서 그런 것을 배웠겠는가?"

公冶長 3

子貢問曰 賜(1)也何如 子曰 女器也(2)曰 何器也 曰 瑚璉(3)也
자 공 문 왈 사 야 하 여 자 왈 여 기 야 왈 하 기 야 왈 호 련 야

자공이 물었다. 저는 어떻습니까?
공자가 말했다. 너는 그릇이다.
다시 물었다. 어떤 그릇인가요? 귀한 옥그릇이다.

賜(1): 자공의 이름

女器也(2): 너는 그릇이다.

女: 汝 이 당시에는 너 汝 자가 없어 계집 女를 사용

瑚璉(3): 종묘의 제사에 곡식을 담는 그릇(제기). 옥으로 장식한 귀한 그릇.

* 호련은 종묘 제사에 쓰이는 귀중한 옥그릇이지만 단지 종묘 제사 이외에는 사용할 수 없는 그릇이다.
쓰임새가 한정돼 있다는 것.

公冶長 4

或曰 雍也仁而不佞(1)
혹 왈 옹 야 인 이 불 녕

子曰 焉用佞(2) 禦人以口給(3) 屢憎(4)於人 不知其仁 焉用佞
자 왈 언 용 녕   어 인 이 구 급   루 증   어 인   부 지 기 인   언 용 녕

어떤 사람이 말했다. 옹은 참된 사람이지만 말재주는 없습니다. 공자가 말했다. 말재주를 부려 어디에 쓰겠는가! 남의 말을 가로채며 말재주나 부리면 남들에게 미움만 받으니 그가 참된 사람인지는 모르겠으나 말재주를 어디에 쓰겠는가?

佞(1): 아첨, 간사하다, 남의 비위를 맞추다, 말을 잘하다, 재능

焉用佞(2): 말재주를 부려 어디에 쓰겠는가

禦人以口給(3): 남의 말을 가로채다.

屢憎(4): 남에게 자주 미움을 받는 것

公冶長 5

子使漆雕開仕 對曰 吾斯之未能信(1) 子說(2)
자 사 칠 조 개 사 대 왈 오 사 지 미 능 신   자 열

공자가 칠조개에게 관직에 나가라 권하니 저는 아직 관직을 감당할 자신이 없습니다 하고 대답하니 공자가 기뻐했다.

能信(1): 정말 그러해서 조금도 의심하지 않는 것. 털끝만 한 의심도 없는, 확신하다.

子說(2): 공자가 기뻐하다.

♣ 漆雕開: B.C.540~?
노나라 사람으로 성은 漆雕 이름은 開
字는 子開, 子若이다. 공자의 제자 72인 중 한 사람으로 후한 明帝때인 永平 15년 공자 묘에 배향되었다.
저서에 [漆雕子]가 있었다고 하지만 전해지지는 않는다.

公冶長 6

子曰 道不行 乘桴浮于海(1) 從我者其由(2) 與 子路聞之喜
자 왈 도 불 행 승 부 부 우 해   종 아 자 기 유   여 자 로 문 지 희

子曰 由也好勇過(3)我 無所取材(4)
자 왈 유 야 호 용 과   아 무 소 취 재

공자가 말했다. 세상이 어지러우니 뗏목을 타고 바다로 나가려 하는데 나를 따라올 사람은 아마도 자로이겠지

자로가 이 말을 듣고 기뻐하자 공자가 말했다.

자로의 용기는 나를 능가하지만 사리 판단은 못 한다.

乘桴浮于海(1): 작은 뗏목을 타고 바다로 가다.

由(2): 子路

過(3): 능가, 초월

無所取材(4): 사리 판단 못 한다.

公冶長 7

孟武伯問 子路仁乎 子曰 不知也
맹 무 백 문 자 로 인 호 자 왈 부 지 야

又問 子曰 由也 千乘之國(1)可使治其賦(2)也 不知其仁也
우 문 자 왈 유 야 천 승 지 국　가 사 치 기 부　야 지 기 인 야 부

求(3)也 何如 子曰求也 千室(4)之邑 百乘之家(5)可使爲之宰(6)也
구　야 하 여 자 왈 구 야 천 실　지 읍 백 승 지 가　가 사 위 지 재　야

不知其仁也 赤(7)也何如 子曰 赤也 束帶(8)立於朝 可使與
부 지 기 인 야 적　야 하 여 자 왈 적 야 속 대　립 어 조 가 사 여

賓客(9)言也 不知其仁也
빈 객　언 야 부 지 기 인 야

맹무백이 물었다. 자로는 참된 사람인가요?

공자가 대답했다. 모르겠습니다.

다시 물으니 공자가 대답했다. 유는 전차 천 대를 소유한 큰 나라 군대를 통솔할 정도는 되지만 참된 사람인지는 모르겠습니다.

구는 어떻습니까? 하고 물으니 공자가 말했다. 구는 천 가구 정도되는 읍이나 전차 백 대를 소유한 고위 관료의 측근이 될 정도이지만 참된 사람인지는 모르겠습니다.

적은 어떻습니까? 하고 물으니 공자가 말했다. 적은 관복을 입고 조정에서 사절단을 맞아 외교를 담당할 실력은 되지만 참된 사람인지는 모르겠습니다.

千乘之國(1): 一乘은 步兵 72명 갑옷 입은 병사(甲士) 3명 車士 25명으로 합 백 명이니 천승이면 십만 명의 군사를 지닌 큰 제후의 나라

可使治其賦(2): 군대를 통솔하다.

求(3): 공자의 제자 冉求. 字는 子有

千室(4): 千戶 큰 읍

百乘之家(5): 周 나라 제도로 전시에 수레 백 대를 제공할 수 있는 집안, 즉 천승지국의 경대부

可使爲之宰(6): (읍장 정도 또는) 대부의 가신이 되다.

赤(7): 공자의 제자로 성은 公西 이름은 赤 字는 子華

束帶(8): 冠을 쓰고 띠를 차다, 威儀 있는 禮裝, 예복, 관복

賓客(9): 손님, 귀빈, 제후의 사신

♣ 赤: B.C.509~?

公冶長 공야장

노나라 사람으로 성은 公西이고 이름은 赤, 字는 子華이다. 공자의 제자로 예의와 외교에 재능이 있었다.

공자의 심부름으로 제나라에 가는데 염유가 그의 어머니에게 양식을 줄 것을 청한 것으로 보아 집안 형편은 넉넉지 않았던 듯하다.

♣ 孟武伯: 孟懿子의 아들로 이름은 彘 哀公 14년 아버지 맹의자의 대를 이어 魯 나라 大夫가 됨.

公冶長 8

子謂子貢曰 女(1)與回也孰愈(2)
자 위 자 공 왈 여   여 회 야 숙 유

對曰 賜也何敢望回 回也聞一以知十(3)賜也聞一以知二
대 왈 사 야 하 감 망 회 회 야 문 일 이 지 십   사 야 문 일 이 지 이

子曰 弗如也 吾與女弗如也(4)
자 왈 불 여 야 오 여 여 불 여 야

공자가 자공에게 말했다. 너와 회 중에서 누가 더 낫다고 생각하느냐? 자공이 대답했다. 제가 어찌 감히 회와 비교할 수 있겠습니까? 회는 하나를 들으면 열을 알고 저는 하나를 들으면 둘을 압니다. 공자가 말했다. 너는 그만 못하다. 나와 너는 그만 못하다.

女(1): 汝 당시에는 汝 자가 없어 女로 상용

愈(2): 낫다, 고치다, 더욱, 더하다, 즐기다, 병이 낫다

回也聞一以知十(3): 회는 하나를 들으면 열을 안다.

吾與女弗如也(4): 나와 너는 그만 못하다.

♣ 楚나라 昭王이 공자를 초빙하자 공자는 답례하기 위해 길을 나섰다. 그런데 가는 길은 陳나라와 蔡나라를 지나야만 갈 수 있었다. 진나라와 채나라 대부들이 모여 이렇게 모의했다.
"공자는 성현으로 그가 풍자하고 조소하는 것은 모두 제후들의 병통에 맞는 것들이다. 만약 초나라에서 그를 등용하여 쓴다면 우리 진나라, 채나라가 위험해질 것이다."
그리고는 보병을 보내 공자의 길을 가로막았다. 공자는 길을 더 이상 가지 못하고 갇혀 식량이 떨어진 지 7일이 되도록 바깥과 통할 수조차 없게 되었다. 나물조차 먹을 수 없게 되자 제자들은 모두 병이 나게 되었다.
그런데도 공자는 더욱 강개한 빛으로 글을 외우고 거문고 타기를 쉬지 않으며 자공을 불러 이렇게 물었다.
"詩에 '들소도 아니고 범도 아니면서 저 먼 들판을 쫓아다니네'라고 했는데 나의 도가 잘못된 것인가? 어찌 이 지경에 이른 것인가?" 그러자 자공이 이렇게 대답했다.
"선생님의 도는 지극히 커서 천하에 선생님을 충분히 이해하지 못하고 있는 것입니다. 선생님께서는 어찌 그 도를 조금 낮추지 않으십니까?"
공자가 말했다.

사야! 훌륭한 농부가 씨 뿌리기를 아무리 잘해도 가을걷이까지 잘 된다는 보장이 있는 것은 아니며 훌륭한 장인이 물건을 아무리 잘 만든다 해도 모든 것이 남의 마음에 꼭 맞을 수 있는 것은 아니다. 마찬가지로 군자가 아무리 그 도를 잘 닦아 기강을 세운다 해도 반드시 세상에서 꼭 이해되는 것은 아니다. 지금 그 도는 부지런히 닦지도 않으면서 자신이 이해되기를 바란다면 사야 이는 너의 뜻이 넓어질 수 없고 너의 사고가 원대해질 수 없는 것이다.

자공이 나가고 안회가 들어오자 똑같이 물어보았다.

안회는 이렇게 대답했다.

"선생님의 도는 지극히 크기 때문에 천하에 선생님을 온전히 이해할 수 없는 것입니다. 비록 그렇기는 하나 선생님께서는 이 도를 더욱 미루어 행하실 뿐입니다. 세상에서 쓰이지 못하는 것은 나라를 가진 자가 누추하여 그런 것이지 선생님께서 어찌 근심하실 일이겠습니까? 세상이 이해하지 못한 뒤에라야 비로서 군자의 면모를 드러낼 수 있는 것입니다."

공자는 기뻐하며 이렇게 감탄하며 말했다.

"그렇구나! 안씨 아들이여, 나 역시 네가 만일 재물이 많다면 나는 너의 집 가신 노릇을 하겠다고 생각했다."

公也長 9

宰予晝寢(1) 子曰 朽(2)木不可雕(3)也 糞土之墻(4)不可杇(5)也
재 여 주 침 자 왈 후 목 불 가 조 야 분 토 지 장 불 가 오 야

於予與何誅 子曰 始吾於人也(6)聽其言而信其行
어 여 여 하 주 자 왈 시 오 어 인 야   청 기 언 이 신 기 행

今吾於人也 聽其言而觀其行 於予與改是(7)
금 오 어 인 야 청 기 언 이 관 기 행 어 여 여 개 시

재여가 낮잠을 자자 공자가 말했다. 썩은 나무에는 조각할 수 없고 썩은 흙으로는 담장을 수리를 할 수가 없다. 재여를 꾸짖어 무엇하겠는가? 공자가 말했다. 처음에 나는 사람을 판단할 때 그의 말을 듣고 행실을 믿었는데 이젠 남의 말을 들으면 그 말대로 실천하는지 살펴보게 된다. 난 재여 때문에 이 점을 고치게 됐다.

晝寢(1): 낮잠

朽(2): 썩다, 부패, 썩은 냄새, 썩어서 굽은 나무의 뜻.

雕(3): 새기다, 조각하다, 수리, 맹조(수리의 일종), 시들다. 새기다의 뜻으로 시들다의 뜻으로도 쓰임.

墻(4): 담, 경계.

杇(5): 흙손, 흙칠하다, 손잡이가 굽은 흙손의 뜻.

始吾於人也(6): 처음에 나는 사람을 판단할 때

於予與改是(7): 재여로 인해 이점을 고치다.

公冶長 10

子曰 吾未見剛(1)者 或對曰 申棖 子曰 棖也慾 焉得剛(2)
자 왈 오 미 견 강 자 혹 대 왈 신 정 자 왈 정 야 욕 언 득 강

공자가 말했다. 나는 아직 강직한 사람을 보지 못했다.
어떤 사람이 대답했다. 신정은 어떤가요?
공자가 말했다. 신정은 욕심이 있는데 어찌 강직할 수 있겠는가?

剛(1): 굳세다, 꿋꿋함, 힘세다, 억세다.
焉得剛(2): 어찌 강직할 수 있겠는가.

♣ 申棖: ? ~ ?
춘추 시대 말기 노나라 사람. 이름은 黨이고 字는 周이다.
공자의 제자다. 논어에 나오는 申棖과 동일인이라고 하지만 자세하지 않다. 어떤이는 申棖은 공자 제자 申續이라 했고 史記에는 申棠으로 字는 周라 했고 孔子家語에서는 申續이라 했고 字는 周라 했다.
송나라 眞宗 大中祥符 2년(1009) 淄川侯(임천후)에 추봉 되었다.

公也長 11

子貢曰 我不欲(1)人之加(2)諸我也 吾亦欲無加諸人(3)
자공왈 아불욕　인지가　저아야　오역욕무가저인

子曰 賜也 非爾所及(4)也
자왈 사야 비이소급　야

자공이 말했다. 저는 다른 사람이 제게 하고 싶지 않은 일을 강요하는 것이 싫기 때문에 저 또한 다른 사람이 싫어하는 일을 강요하고 싶지 않습니다. 공자가 말했다. 사야 넌 그 수준가까지는 이르지 못했다.

不欲(1): 하고자 하지 않다. 하고 싶지 않다.

加(2): 남에게 억지로 떠맡기다.

吾亦欲無加諸人(3): 저 또한 다른 사람에게 강요하고 싶지 않다.

非爾所及(4): 너는 거기에 이르지 못했다, 너는 그 수준에 도달하지 못했다.

公冶長 12

子貢曰 夫子之文章(1)可得而聞也(2)夫子之言性(3)與天道(4)
자 공 왈 부 자 지 문 장　가 득 이 문 야　부 자 지 언 성　여 천 도

不可得而聞也
불 가 득 이 문 야

자공이 말했다. 선생님이 학문을 강론하시는 것은 늘 들었지만 본성이나 자연의 이치를 말씀하시는 것은 들어본 적이 없었다.

文章(1): 詩 書 禮 樂

可得而聞也(2): 들을 수 있다.

性(3): 本性, 사람이 타고난 성질, 만물이 가진 본바탕, 마음, 목숨, 타고난 마음의 천성이란 뜻.

天道(4): 자연의 이치, 천체의 운행, 천지자연의 도리.

公冶長 13

子路有聞 未之能行⑴唯恐有聞
자 로 유 문 미 지 능 행   유 공 유 문

자로는 가르침을 받고 미처 실천하지도 못했는데 또 다른 가르침을 받게 될까 두려워했다.

未之能行(1): 미처 실천하지 못하다.

公冶長 14

子貢問曰 孔文子何以謂之文也⑴子曰 敏而好學
자 공 문 왈 공 문 자 하 이 위 지 문 야   자 왈 민 이 호 학

不恥下問 是以⑵謂之文也
불 치 하 문 시 이   위 지 문 야

자공이 물었다. 공문자는 어떻게 文의 시호를 받을 수 있었습니까? 공자가 말했다. 총명하면서 배우기 좋아하고 아랫사람에게 묻는 것을 부끄럽게 생각하지 않았다. 그래서 文이라 한 것이다.

何以謂之文也(1): 어찌 문이라는 시호를 받았는가.
是以(2): 그래서 이 때문에.

♣ 孔文子: B.C.?~ B.C.480?
춘추 시대 위나라 사람으로 성은 孔 이름은 圉이다. 仲叔圉 또는 孔文子로도 불린다.
孔達의 4대손이다. 靈公을 섬겼고 出公 때 卿이 되었다.
孔文子는 친구 太叔疾의 부인을 쫓아내게 하고 자기의 딸인 孔姞을 그에게 시집보냈다. 그런데 그 후 太叔疾은 본부인의 여동생과 정을 통하니 孔文子가 노해 太叔疾을 공격할 준비를 하며 孔子에게 의견을 묻자 孔子는 제사나 예에 대해서는 배워 알지만 전쟁에 관해서는 알지 못한다고 하고 衛 나라를 떠났다.
태숙질은 공문자에게 쫓겨 송나라로 피신하고 공문자는 태숙질의 남동생 遺에게 딸 공길을 다시 시집보냈다.

公冶長 15

子謂子産 有君子之道四焉⑴其行己也恭⑵其事上也敬
자 위 자 산 유 군 자 지 도 사 언 기 행 기 야 공 기 사 상 야 경

其養民也惠 其使民也義
기 양 민 야 혜 기 사 민 야 의

공자가 자산에 대해 말했다. 그는 고매한 사람으로 네 가지 능력을 지녔다. 행실이 공손하고 윗사람을 잘 모셨고 백성들에게는 은혜를 베풀고 백성을 노역에 동원할 때도 그 명분이 확실했다.

有君子之道四焉(1): 군자의 인격 네 가지를 지녔다.

其行己也恭(2): 행실이 공손하다.

♣ 子産: B.C.580?~B.C.522?

춘추시대 정나라 사람으로 대부였다. 자는 子産,또는 子美였고 성은 국씨이며 이름은 교이다.

공손교는 공손성자로도 불린다. 자국의 아들이다.

정나라 목공의 후예로 태어나 기원전 543년 내란을 진압하고 재상이 되었다. 정간공 12년 정경이 되어 집정했다.

정치와 경제 개혁을 실시하고 북쪽의 진나라와 남쪽의 초나라 등 대국 사이에 끼어 어려운 처지에 있던 정나라를 외교적으로 성공을 거두었다.

내정에서도 중국 최초의 성문법을 정하여 인습적인 귀족정치를 배격하고 농지를 정리하여 전부를 설정 국가 재정을 강화했다.

또한 미신적 행사를 배척하고 합리적이고 인간주의적인 활동을 함으로써 공자사상의 선구가 되었다.

관맹상제를 정치의 요체로 삼아 천도는 멀고 인도는 가깝다는 관점을 제시했다. 시호는 성자다. 공자는 자산을 존경해 공자 60살 되던 해 자산을 만나러 정나라에 갔으나 자산은 이미 세상을 떠나 만나지 못했다.

자산이 정권을 맡고 있을 때 공자는 8세였고 자산이 죽었을 때 공자는 30세였다. 자산은 공자보다 한 세대 전 사람이다.

公冶長 16

子曰 晏平仲善也人交⑴久而敬之⑵
자 왈 안 평 중 선 야 인 교　구 이 경 지

공자가 말했다. 안평중은 인간관계가 원만했다.
오래 사귄 사람에게도 공손하게 대했다.

善也人交(1): 사람들과의 관계가 좋다. 사람들과 사이가 좋다.
久而敬之(2): 오래된 사람에게도 예의 바르게 대했다.

♣ 晏平仲: B.C.?~ B.C. 500 齊나라 사람으로 平仲은 字이고 이름은 嬰(영) 萊나라(산동 교동 지방) 夷維 사람이다. 齊 영공, 장공, 경공을 섬기며 나라를 부강케 했다. 재상이 된 다음에도 식탁에 두 가지 이상의 고기를 내놓지 않았고 아내에게는 비단옷을 입히지 않았으며 자신도 가죽옷 한 벌을 30년 넘게 입었다고 한다. 임금의 물음에는 직언으로 답했으며 나라에 질서가 있으면 임금의 명을 잘 따랐지만 나라에 질서가 없으면 임금의 명에 옳고 그름과 득실을 분별해 행할 일만 행했다.
기억력이 뛰어난 독서가였으며 합리주의적 성향이 강했다고 한다. [晏子春秋]가 저서로 전해지는데 후세 사람들이 그의 언행을 모아 편찬한 것이다.
안자가 어느 날 외출을 하는데 마부의 아내가 문틈으로 내다보니 그녀의 남편이 재상의 마부로 커다란 일산을 받쳐 들고 네 마리 말에 채찍질을 하며 의기양양한 모습이었다. 저녁에 남편이 돌아오자 아내는 남편에게 이혼하자고 했다. 남편이 이유를 물으니 아내가 말했다. 안자는 키가 6척도 안 되지만 그는 제나라 재상으로 제후 중에서도 이름이 높습니다. 그런데 아까 그가 외출할 때 모습을 보니 매우 침착하고 모든 사람에게 겸손합디다. 그런데 당신은 키가 8척이나 되면서 남의 마부가 되었고 또 거기에 만족하며 거드름까지 피웁디다. 당신과 이혼하려는 것은 이 때문입니다.

이 일이 있은 후 마부는 자신을 억제해 겸손한 사람이 되었다. 안자가 이상하게 여겨 이유를 물으니 마부는 사실대로 말했다. 안자는 이후 마부를 천거해 승진을 거듭해 대부가 되었다.

♣ 齊나라 景公이 蔓라는 곳에 여행을 갔다가 갑자기 晏子가 죽었다는 소식을 듣게 됐다. 이에 경공이 소복에 수레를 재촉해 돌아오면서 스스로 너무 더디다고 여겨지면 수레에서 내려뛰고 뛰는 것이 더디다고 생각되면 다시 수레에 올랐다.

이렇게 도성에 이르도록 네 번이나 수레에서 내려 뛰어오면서도 울음을 그치지 않았다. 그리고 안자의 주검에 이르자 그 주검에 엎드려 이렇게 號哭했다.

"그대 대부께서는 밤낮으로 나를 채찍질하여 촌척의 빠뜨림도 없이 살펴주었습니다. 그러나 과인은 오히려 淫泆하여 이를 충분히 받아들이지 못해 백성에게 원망과 큰 죄만 쌓아 놓았습니다. 지금 하늘이 이 제나라에 화를 내리면서 나에게 그 죄를 내리지 않고 대부에게 내렸으니 이 제나라 사직이 위험하게 되었습니다! 아, 백성들이 장차 누구를 믿고 하소연한단 말이오?"

(출처: 〈설원〉 유향 찬집, 임동석 옮김, 동문선)

公冶長 17

子曰 臧文仲居(1)蔡(2)山節(3)藻梲(4)何如其知也(5)
자 왈 장 문 중 거   채   산 절   조 절   하 여 기 지 야

공자가 말했다. 장문중은 오직 천자만이 소유할 수 있는 큰 거북의 등 딱지를 소유하고 사당 기둥에는 산도 조각하고 들보 위 기둥에는 수초를 그려 놓았으니 어찌 지혜롭다고 하겠는가?

居(1): 보관하다. 감추다. 藏과 같다.
蔡(2): 제후가 점치는 큰 거북 (임금만이 소유할 수 있는 물건)
山節(3): 기둥 위에 산을 조각하는 것 (천자만 할 수 있는 것)
藻梲(4): 동자기둥 위에 수초를 그리는 것 (천자만 할 수 있는 것)
何如其知也(5): 그 지혜가 어떠한가

♣ 臧文仲: B.C.?~B.C. 617
노나라 사람으로 성은 臧孫 이름은 辰 시호는 文 字는 仲이다. 臧孫達의 손자다. 正卿을 지냈다.
莊公,閔公,僖公,文公등 네 임금을 섬겼다.
莊公 28년 노나라에 큰 기근이 들었는데 齊나라에 사신으로 가

서 玉器를 주고 곡식을 청해 제나라 군주의 마음을 움직여 옥기도 돌려받고 곡식도 공급 받았다. 일찍이 晉나라 사람들에게 권해 衛成公을 석방하도록 했다. 공자보다 60년 앞선 사람으로 三桓의 세력이 커지기 전에 오랫동안 노나라를 잘 다스렸다.
공자가 그를 가리켜 三不仁과 三不知가 있다고 말했다.
"春秋左傳 文公 二年: 공자가 말했다.
臧文仲은 어질지 못한 것이 세 가지가 있고
지혜롭지 못한 것이 세 가지가 있다.
1, 下展禽 (展禽을 아랫자리에 두고)
展禽은 衛靈公 13편에 나오는 柳下惠이다.
"장문중은 그 지위를 도적질한 자이다.
유하혜의 현명함을 알고서도 그와 함께 조정에 서지 않았다."
라고 공자가 언급했듯 柳下惠의 어짐을 알고도 중용하지 않고 평가 절하한 것을 지적한 것이다.
2, 廢六關 (六關을 폐기했으며)
廢六關은 두 가지 해석이 있다. 塞關 陽關등 모두 6개 관문을 장사꾼들의 통행을 금지키 위해 폐쇄시켰다 라고 했는데 廢를 廢棄의 뜻으로 본 것이 있고 孔子家語에는 廢가 置로 되어 있어 六關은 관문의 이름으로 노나라에는 원래 관문이 없었으나 臧文仲이 설치하여 통행세를 부과해 어질지 못하다고 여겼다는 또 다른 설이 있다.
3, 妾織蒲 (첩이 베를 짜서 판 것)
첩이 베를 짜서 팔았다는 것은 대부의 신분으로 백성들과 이익을 다투었다는 것을 말한다.

이 세 가지가 어질지 못한 것이며

1, 作虛器 (헛된 기물을 만들고)

孔子家語에서는 作이 設로 되어 있다.

虛器는 장문중이 사사로이 큰 거북을 기르며 집을 지어 살게 한 것을 말한다. [襄公 23년 傳]에 大蔡를 들이는 기록이 있는데 또한 居蔡의 蔡이니 蔡龜는 장씨네 집에서 사적으로 대대로 지켜오던 물건이다.

襄公 23년 傳

臧武仲自邾使告臧賈 (장무중이 주나라에서 장가에게 알리게 하고) 臧賈는 臧武仲의 형이다.

且致大蔡焉 (또한 대채를 바치면서)

2, 縱逆祀 (거꾸로 지내는 제사를 함부로 따랐으며)

禮記에서 "공자가 말했다.

장문중이 어찌 예를 아는가? 하보불기가 거꾸로 제사를 지냈는데도 그것을 말리지 않았다."라고 했다. 장문중은 장공 때부터 노나라 조정에 서서 민공과 희공을 거쳐 문공까지 네 임금을 섬긴 노신이었으니 그의 언행은 당시 여론을 좌지우지할 수 있었다. 당시 집정자가 季孫行父였지만 장무중은 당시 예법에 의거해 이를 제지하지 않았기에 공자가 그를 책망한 것이다.

3, 祀爰居 (爰居에 제사를 지낸 것)

爰居는 바다새의 이름이다.

한나라 元帝때 낭야에 망아지만 한 큰 새가 있었는데 당시 사람들이 爰居라 불렀다. 육덕명의 [경전석문]에 봉황과 비슷하다고 했다. 이 세 가지가 지혜롭지 못한 것이다."

公冶長 18

子張問曰 令尹⑴子文三仕爲令尹 無喜色 三已之⑵
자장문왈 영윤 자문삼사위영윤 무희색 삼이지

無慍色 舊令尹之政 必以告新令尹 何如⑶子曰 忠矣 曰
무온색 구영윤지정 필이고신영윤 하여 자왈 충의 왈

仁矣乎 曰 未知⑷焉得仁
인의호 왈 미지 언득인

崔子殺齊君⑸陳文子有馬十乘⑹棄而違之⑺至於他邦 則曰
최자시제군 진문자유마십승 기이위지 지어타방 즉왈

猶吾大夫崔子也 違之 之一邦 則又曰 猶吾大夫崔子也
유오대부최자야 위지 지일방 즉우왈 유오대부최자야

違之 何如 子曰 淸矣 曰 仁矣乎 曰 未知 焉得仁
위지 하여 자왈 청의 왈 인의호 왈 미지 언득인

자장이 물었다. 子文은 세 번이나 재상이 되었지만 기뻐하는 모습이 없었고 세 번 파면되면서도 서운한 모습이 없었으며 자신이 맡아보던 업무를 후임자에게 인수인계를 철저히 했는데 이런 사람이라면 어떻습니까? 공자가 대답했다. 충성스럽구나.

자장이 다시 물었다. 참된 사람입니까? 공자가 답했다. 모르겠다, 어찌 참된 사람이라고까지야 할 수 있겠느냐?

崔子가 제나라 임금을 시해하자 진문자는 말 40마리를 갖고 있었는데 이것을 모두 버리고 떠났습니다. 다른 나라에 가서 말하길 이 사람도 우리나라 대부 최자와 같다 하고 그곳을 떠났습니다. 또 다른 나라에 가서 말하길 이 사람도 내 나라 대부 최자와 같다 하고 그곳을 떠났으니 이 사람은 어떻습니까? 공자가 대답했다. 깨끗한 사람이구나. 자장이 다시 물었다. 참된 사람입니까? 공자가 답했다. 모르겠구나, 어찌 그 정도로 참된 사람이라고까지 할 수 있겠느냐?

令尹(1): 楚 나라의 벼슬 이름으로 고위직의 벼슬

三已之(2): 세 번 그만 두다.(물러나다, 파면되다)

何如(3): 어떤가?

未知(4): 모른다.

崔子殺齊君(5): 최자가 제임금을 살해하다.

有馬十乘(6): 말40필이 있다.

棄而違之(7): 이것을 버리고 떠나다.

♣ 子文: ?~?

춘추시대 楚나라 사람으로 대부를 지냈다.

성은 鬪 이름은 穀於菟(누어도) 子는 子文

태어난 뒤 버려져서 호랑이의 젖을 먹고 자랐기에 이름을 누어도라고 했다. 세 번 벼슬을 했지만 기뻐하는 기색이 없었고 세 번 벼슬에서 쫓겨났어도 성내는 기색이 없어서 공자가 충성스럽다고 말했다.

♣ 崔子: B.C.?~ B.C 546년

제나라 대부이고 이름은 杼이다. 崔武子 또는 崔子로도 불리운다. 靈公때 鄭나라와 秦나라 정벌에 공을 세웠다.

자신의 처와 사통한 莊公을 시해하고 景公을 세워 전권을 휘둘렀지만 집안의 불화로 慶封에 의해 멸문을 당했다.
제나라 임금은 장공이고 이름은 光이다.
陳文子도 제나라 대부로 이름은 須無이다.

♧ 襄公 25년 최자가 棠姜(제나라 棠公의 부인이었는데 棠公이 죽고 최자의 아내가 되었다) 을 보고 반해 아내로 맞았다. 제나라 莊公이 棠姜과 연락해 최자 집에 들어가 문을 잠갔다. 이를 안 최자의 부하들이 莊公을 잡으려 하니 莊公이 담 넘어 도망치다 붙잡혀 살해당하고 말았다.

公冶長 19

季文子三思而後行 子聞之 曰 再斯可矣(1)
계 문 자 삼 사 이 후 행 자 문 지 왈 재 사 가 의

계문자는 세 번 생각한 뒤에야 행동했다. 공자가 이 말을 듣고 말했다. 두 번이면 충분하다.

再斯可矣(1): 두 번이면 된다.

♧ 季文子(季孫行父): B.C. ?~BC 568년
춘추시대 魯나라 사람으로 신중하면서도 검소한 재상이었다.

文公과 襄公 때 대부를 지냈다. 季行父로도 불렸다.

文公과 宣公 成公 襄公까지 4대를 섬기면서 깊은 신뢰를 쌓은 현인이다. 襄仲이 집정했을 때 公孫歸父가 三桓을 제거하려다 쫓겨났다. 魯成公 원년 齊나라의 침입을 막으려고 丘甲을 만들었다. 다음 해 齊나라가 魯나라를 공격하고 이어 衛나라를 공격하니 晉나라가 군사를 보내 구원했다.

鞍에서 전투를 벌여 제나라 군대를 격퇴하는 공을 올렸다.

집에는 비단옷을 입은 妾이 없고 마구간에는 곡식을 먹는 말이 없었으며 창고에는 金玉重器가 없어 사람들이 청렴하고 충직한 사람이라 칭송했다고 한다.

♣ 계문자는 노나라에서 선공과 성공 두 임금의 재상이었으면서도 비단을 입는 첩이 없었고 말에게는 곡식을 먹이는 법이 없었다. 이에 중손타가 이렇게 말했다.

"그대는 노나라의 상경으로써 두 임금을 도우셨습니다. 그런데 첩에게는 비단옷을 입히지 아니하고 말에게는 곡식도 먹이지 아니하시니 남들은 그대를 너무 아낀다고 여길 것이며 게다가 나라를 화려하게 하지 않는 것입니다!"

계문자가 말했다.

"나도 그렇게 하고 싶소. 그러나 내가 우리 백성을 보았더니 그 부형의 음식이 거칠기 그지없고 입은 옷 역시 조악하기 이루 말할 수 없는 자가 너무 많더이다. 내 이를 보고 감히 그렇게 하지 못하는 것이오. 백성의 부형들이 거친 밥에 거친 옷으로 살고 있는데 나만 아름다운 첩에 좋은 말을 가지고 있다면 이는 재상이 아닌 사람이나 할 수 있는 것 아니겠소? 그리고 내 듣기로 덕의 영예로 나라의 화려함을 삼는 것이라 하였지, 첩과 말로써 그렇게 한다는 말은 듣지 못하였소.

계문자가 이때 나눈 대화를 중손타의 아버지 맹헌자에게 고하자 맹헌자는 아들을 7일이나 가두어 버렸다.

이로부터 자복타, 중손타의 첩들은 칠승지포의 거친 옷감을 넘어서지 않았고 말먹이도 낭유의 거친 꼴을 넘지 않았다.

문자가 이를 듣고 말했다.

"허물을 짓고 능히 고칠 수 있었으니 백성의 윗사람이로다."

그리고 그를 상대부로 삼았다.

칠승지포: 매우 거친 옷감.
낭유: 강아지풀, 매우 거친 풀의 사료.

(출처: 〈국어〉 좌구명 찬, 임동석 역주, 동서문화사)

公冶長 20

子曰 甯武子邦有道則知 邦無道則愚 其知可及也
자 왈 영 무 자 방 유 도 즉 지 방 무 도 즉 우 기 지 가 급 야

其愚不可及也
기 우 불 가 급 야

공자가 말했다. 영무자는 나라가 평화로울 때는 지혜롭고 나라가 어지

러울 때는 어리석은 듯했으니 그 지혜로움은 따라갈 수 있지만 그 어리석음은 흉내 낼 수 없었다.

♣ 甯武子(영무자): ?~? 寧子 寧生 寧武 寧兪
춘추시대 위나라 사람으로 위문공과 성공때 대부를 지냈다.
이름은 유이고 무자는 시호이다.
성공이 무도해서 晉나라가 공격해 오자 나라를 잃고 초나라와 진나라로 달아났다가 결국 晉侯에게 사로 잡혔다.
그가 어려움을 무릅쓰고 여러 가지로 주선해 목숨을 보전할 수 있었다. 나라에 도가 행해질 때는 지혜를 발휘하고 어지러울 때는 어리석은 체하여 몸을 잘 보전했다고 공자가 평했다.
위나라 성공 3년에 나라가 어지러워 군주가 도망을 갔는데 그 후 3년간 나라가 혼란한 기간을 방무도라 한다 그 3년 동안 영무자는 자신을 돌보지 않고 어려움을 무릅쓰고 나라를 안정시켰는데 이것을 공자는 愚로 표현한 것이다. 그러니 愚는 지적이 아니라 오히려 긍정적인 평가인 칭찬을 한 것이다.
그렇게 해서 나라가 평안해졌을 때 영무자는 자취를 감추고 편안히 일생을 마쳤다.

公冶長 21

子在陳曰 歸與歸與⑴吾黨之小子⑵狂簡⑶斐然成章⑷
자 재 진 왈 귀 여 귀 여 오 당 지 소 자 광 간 비 연 성 장

不知所以裁之(5)
부 지 소 이 재 지

공자가 진나라에 있을 때 말했다. 돌아가자, 돌아가자!
우리 젊은이들의 뜻은 원대한데 치밀하지 못하고 학문은 빛나지만 그것을 마름질하지는 못하는구나.

歸與歸與(1): 돌아가자 돌아가자

吾黨小子(2): 노나라의 젊은 제자들

狂簡(3): 뜻은 크지만 일하는 것은 서툴다. 뜻이 커서 좋지만 실행이 미치지 못해 소홀하고 거칠다. 기상이 있고 뜻은 있지만 실천력이 없어 보잘 게 없다.

斐然成章(4): 학문이 아름답게 빛이 나다.

不知所以裁(5): 그것을 바르게 재단하지는 못하다.

公冶長 22

子曰 伯夷叔齊(1)不念舊惡 怨是用希(2)
자 왈 백 이 숙 제 불 념 구 악 원 시 용 희

공자가 말했다. 백이와 숙제는 지난 원한을 마음에 두지 않아 원망도 거의 하지 않았다.

伯夷叔齊(1): 孤竹國 임금의 두 아들

怨是用希(2): 원망도 거의 하지 않다

♣ 아버지는 막내인 숙제를 임금으로 내정하고 죽자 숙제는 큰형 백이에게 양보하려 했다. 백이는 아버지 명을 어길 수 없다고 다른 나라로 도망갔다. 동생 숙제도 형을 따라갔다.
할 수 없어 둘째 아들이 임금이 되었다.
그 후 무왕은 은나라를 정벌해 천하는 주나라가 주인이 됐는데 백이. 숙제는 이것이 옳지 못하다며 끝까지 신의를 지켜 주나라에서 주는 돈과 곡식을 받지 않고 수양산에 숨어서 나물을 캐 연명했다. 아사 직전 采薇歌를 지었다

采薇歌
저 서산에 올라 고사리를 캔다
모진 것으로 모진 것을 바꾸고도
그 잘못을 알지 못하는구나
신농, 우, 하의 시대는 갔으니
나는 장차 어디로 돌아갈 건가
아아 이젠 가리라
운명의 기박함이여

公冶長 23

子曰 孰謂微生高直 或乞醯焉 乞諸其隣而與之(1)
자 왈 숙 위 미 생 고 직 혹 걸 혜 언 걸 저 기 린 이 여 지

공자가 말했다. 누가 미생고를 정직하다 했는가? 어떤 사람이 식초를 빌리러 갔는데 이웃집에서 빌려다 주었다.

乞諸其隣而與之(1): 그 이웃집에서 빌려다 주다.

♣ 微生高: ?~?
노나라 사람으로 성은 微生 이름은 高, 당시 정직하다고 이름난 사람일 테지만 정확한 기록은 없다.
옳은 것은 옳다, 그른 것은 그르다 하고 있으면 있다, 없으면 없다, 하는 게 정직이다. 공자는 아주 작은 것을 유심히 관찰해 만 가지 일을 미루어 알 수 있다는 것이다.

公冶長 24

子曰 巧言令色足恭(1)左丘明(2)恥之 丘亦恥之 匿怨(3)而
자 왈 교언영색주공 좌구명 치지 구역치지 익원 이

友其人(4)左丘明恥之 丘亦恥之
우 기 인 좌구명치지 구역치지

공자가 말했다. 남의 비위를 맞추고 억지웃음을 지으며 지나치게 공손하게 하는 것을 좌구명은 부끄럽게 여겼는데 나 또한 부끄럽다. 원망을 감추고 그 사람과 사귀는 것을 좌구명은 부끄럽게 여겼는데 나 또한 부끄럽다.

足恭(1): 과하게 공손하다.

左丘明(2): 魯나라 太史로 春秋의 策書의 저자

匿怨(3): 마음속으로는 원한을 품고 있으면서 겉으로는 친한 척하는 것

友其人(4): 그 사람과 사귀다.

公冶長 25

顔淵季路侍(1)子曰 盍各言爾志(2)
안 연 계 로 시 자 왈 합 각 언 이 지

子路曰 願車馬衣輕裘 與朋友共 敝之而無憾(3)
자 로 왈 원 거 마 의 경 구 여 붕 우 공 폐 지 이 무 감

顔淵曰 願無伐(4)善 無施勞
안 연 왈 원 무 벌 선 무 시 로

子路曰 願聞子之志 子曰 老者安之(5)朋友信之(6)少者懷(7)之
자 로 왈 원 문 자 지 지 자 왈 노 자 안 지 붕 우 신 지 소 자 회   지

안연과 자로가 공자를 모시고 있을 때 공자가 말했다.

각자 너희 뜻을 말해 보아라.

자로가 말했다. 수레와 말, 가죽옷을 친구와 함께 쓰다가 망가져도 섭섭해하지 않을 것입니다.

안연이 말했다. 자신이 잘하는 것을 자랑하지 않고 힘든 일을 남에게 미루지 않겠습니다.

자로가 말했다. 선생님의 뜻을 듣고 싶습니다. 공자가 말했다.

노인을 편히 해드리고 친구에게는 믿음을 주고 젊은이는 감싸주고자 한다.

侍(1): 스승은 앉고 제자는 서 있는 것

盍各言爾志(2): 어찌 각자 너희 뜻을 말하지 않는가

憾(3): 원한, 섭섭함, 근심, 우려, 원망하다

衣는 입는 것, 裘는 가죽옷, 敝는 낡았다.

伐(4): 자신의 공을 자랑하는 것.

老者安之(5): 노인을 편히 해드리다.

朋友信之(6): 친구에게 믿음을 주다.

懷(7): 생각을 품다, 따르다, 어루만져 편안케 하다, 위로하다.

公冶長 26

子曰 已矣乎(1)吾未見能見其過而內自訟(2)者也
자 왈 이 의 호 오 미 견 능 견 기 과 이 내 자 송 자 야

공자가 말했다. 그만두자! 나는 아직 자신의 잘못을 깨닫고 스스로를 꾸짖어 뉘우치는 사람을 보지 못했다.

已矣乎(1): 그만두자, 끝났다.

訟(2): 꾸짖는다는 말

公冶長 27

子曰 十室之邑 必有忠信如丘者焉⑴ 不如丘之好學也
자 왈 십 실 지 읍 필 유 충 신 여 구 자 언　불 여 구 지 호 학 야

공자가 말했다. 10가구쯤 되는 조그만 마을에도 분명 나처럼 성실하고 믿음이 있는 사람은 있겠지만 나처럼 학문을 좋아하는 사람은 없을 것이다.

必有忠信如丘者焉(1): 분명 나처럼 성실하고 믿음이 있는 사람은 있을 것이다.

제 6 편

雍也 옹야

雍也 1

子曰 雍(1)也 可使南面(2)
자왈 옹 야 가사남면

仲弓問子桑伯子(3) 子曰 可也簡(4)
중궁문자상백자 자왈 가야간

仲弓曰 居敬(5)而行簡 以臨其民 不亦可乎 居簡而行(6)簡 無乃
중궁왈 거경 이행간 이림기민 불역가호 거간이행 간 무내

大(7)簡乎 子曰 雍之言然
대 간호 자왈 옹지언연

공자가 말했다. 옹은 임금을 해도 될 사람이다..

중궁이 자상백자에 대해 물으니 공자가 말했다. 무던해서 좋다. 중궁이 말했다. 평소 자신에게는 엄격하고 백성에게는 무던하게 대한다면 좋지 않을까요? 그러나 자신에게도 무던하고 백성에게도 무던하다면 너무 무던한 것이 아닐까요?

공자가 말했다. 옹의 말이 옳다.

雍(1): 노나라 사람으로 字는 仲弓, 성은 冉 이름은 雍

南面(2): 임금이 정사를 볼 때 앉는 자리로 남쪽을 향한다.

子桑伯子(3): 魯나라 사람이라 하고 당시 隱者인 桑戶. 莊子의 大宗師 편에 나온다

簡(4): 대나무 쪽, 편지, 문서, 간결, 단출, 소홀, 검소, 교만, 정성, 소탈, 까다롭지 않다. 너무 소탈해서 예를 따지지도 않으며 자질구레한 것들은 생략하는 것. 다

르게 표현하면 담대, 대담, 대범.

居敬(5): 사는 모습이 경건함, 자신의 몸가짐을 단속하며 마음이 향하는 것을 자제하는 것

行(6): 타인을 다스리는 것

無乃大(7): 너무 간결한 게 아닌가.

＊ 예라는 것은 번거롭고 자질구레하고 세세한 것을 따지는 것인데 그런 것을 따지지 않는다는 것은 예가 무너진다는 것을 의미한다.

♣ 공자가 "可하다. 그러나 簡하다"라고 했다.
여기서 簡이란 易野를 말하며 易野란 다시 禮文이 없다는 뜻이다. 공자가 자상백자를 만나자 자상백자는 의관도 갖추지 않고 있었다. 제자들이 "선생님께서는 어찌하여 이런 사람을 만나십니까?"라고 불평하자 공자가 "그는 바탕은 아름다우나 겉은 꾸미지 않는 사람이다. 나는 그에게 겉을 좀 꾸미라고 말하고자 한다"라고 하면서 떠났다.
한편 자상백자의 문인들도 불쾌히 여겨 이렇게 물었다.
"어찌하여 공자 같은 사람을 만나십니까?"
그러자 자상백자가 "그는 아름다운 사람이나 겉을 꾸미기를 좋아한다. 나는 그에게 그 꾸밈을 버리라고 말하고자 한다"라고 말했다. 그래서 겉과 바탕이 모두 닦인 자를 易野라고 한다. 자상백자는 易野한 사람으로 도리를 牛馬와 같이하려고 했다.
그때문에 중궁이 "너무 簡하다"라고 한 것이다.

(출처: 〈설원〉 유향 찬집, 임동석 옮김, 동문선)

♣ 雍: B.C. 522~ B.C.?

노나라 사람 字는 仲弓, 성은 冉 이름은 雍, 공자보다 29세 연하이며 孔門十哲 중 한 사람으로 안연, 민자건과 함께 덕행에 뛰어났다. 季孫氏의 가신을 지냈지만 자신을 낮추었고 정치적 수단이 있어 공자로부터 한 나라를 다스릴 만한 인물이라는 평가를 받았다. 공자에게 정치에 대해 묻기도 했다. 한미한 집안 출신이었으나 매우 어질어 공자에게 칭찬을 받았다.

冉耕(冉伯牛)과는 같은 집안 사람이다.

♣ 子桑伯子: B.C.?~B.C?

子桑戶, 孟子反과 子琴張과 서로 친했는데 세 사람이 서로 보며 웃어도 마음에 거슬릴 게 없었다. 공자가 方外에 노니는 사람이라 칭송했다.

雍也 2

哀公問 弟子孰爲好學⑴孔子對曰 有顔回者好學 不遷怒⑵
애 공 문 제 자 숙 위 호 학   공 자 대 왈 유 안 회 자 호 학 불 천 노

不貳過 不幸短命死矣 今也則亡⑶未聞好學者也
불 이 과 불 행 단 명 사 의 금 야 즉 무   미 문 호 학 자 야

애공이 물었다. 제자 중에 누가 학문을 좋아합니까?
공자가 대답했다. 안회라는 제자가 학문을 좋아했는데 남에게 분풀이

를 하지 않았고 같은 잘못을 두 번 저지르지 않았지만 불행히도 명이 짧아 죽고 지금은 없습니다. 그 뒤로는 학문을 좋아하는 제자는 없습니다.

弟子孰爲好學(1): 제자 중에 누가 학문을 좋아하는가.
不遷怒(2): 화풀이하지 않다.
今也則亡(3): 지금은 없다.

♣ 哀公: B.C.494~B.C.468 노나라의 임금으로 성은 姬 이름은 蔣이나 魯世家에는 將으로 되어 있다.
陸德明의 [釋文]에서는 "아마 부인 定姒 소생일 것이다"라고 했다. 三桓씨의 세력이 강해 자신의 정치를 제대로 펼치지도 못하다 그들에게 왕위에서 밀려났다.

雍也 3

子華(1)使於齊 冉子(2)爲其母請粟(3)子曰 與之釜(4)請益
자 화 시어제 염자 위기모청속 자왈 여지부 청익

曰 與之庾(5)冉子與之粟五秉(6)
왈 여지유 염자여지속오병

子曰 赤(7)之適齊也 乘肥馬 衣輕裘 吾聞之也(8)君子周急(9)
자왈 적 지적제야 승비마 의경구 오문지야 군자주급

不繼富 原思(10)爲之宰 與之粟九百 辭
불계부 원사 위지재 여지속구백 사

子曰 毋 以與爾隣里鄕黨乎
자 왈 무 이 여 이 린 리 향 당 호

   자화가 공자의 심부름으로 제나라로 가게 되었는데 염구가 자화 어머니에게 곡식을 보내 드리자고 했다. 공자가 6말 4되를 주라 했다. 더 드리자고 하니 16말을 주라 했는데 염구가 16섬을 주었다. 공자가 말했다. 적이 제나라에 갈 때 좋은 말을 타고 고급 털옷을 입고 갔다고 한다. 내가 듣기로 지도자는 어려운 자는 도와주지만 부유한 자에게는 보태주지 않는다고 했다.
   원사가 공자의 집사가 되어 공자가 곡식 900말을 주자 사양했다.
   공자가 말했다. 그러지 말고 너의 이웃과 나누면 되지 않겠느냐!

   子華(1): 공자의 제자로 魯 나라 사람 성은 公西 이름은 赤
   字는 子華, 公西華 공자보다 42살 아래
   冉子(2): 공자의 제자로 성은 冉 이름은 求, 字는 子有
   노나라 대부 季 씨의 가신이 됨
   粟(3): 조, 오곡, 껍질 벗기지 않은 곡식
   與之釜(4): 6斗(말) 4升(되), 1부를 주다.
   庾(5): 16斗(말)
   秉(6): 16斛(섬), 1곡은 10말
   赤(7): 子華, 公西赤
   吾聞之也(8): 내가 들었다.
   周急(9): 부족하고 궁핍한 것을 보충해 주는 것
   原思(10): 공자의 제자로 성은 原 이름은 憲, 字는 子思

안회 만큼이나 가난한 제자로 공자가 노나라 대부로 있을 때 공자가 가신으로 기용했었던 때의 일을 말함

♣ 子華: B.C.509 ~ ?
춘추시대 말기 노나라 사람으로 성은 公西 이름은 赤 字는 子華, 公西華, 공자의 제자로 禮와 외교에 재능이 있었다. 제나라로 공자의 심부름을 가자 염유가 그의 어머니에게 양식을 줄 것을 청한 것으로 보아 집안 형편이 넉넉하지는 않았던 듯하다. 송나라 眞宗 大中祥符 2년(1009) 鉅野侯에 추봉되었다.

♣ 原思: B.C.515~B.C.? 노나라 사람으로 성은 原 이름은 憲 字는 子思이다. 그는 올바른 길이 아닌 일을 하는 것을 부끄럽게 여기는 인물이었던 듯하다. 그가 수치에 대해 묻자 공자는 "나라에 도가 있는데도 하는 일 없이 녹봉이나 축내고 나라에 도가 없는데도 벼슬자리에 연연해 녹봉을 축내는 것이 수치다"라고 일러 주었다. 공자가 세상을 떠나자 궁벽한 땅에 가서 숨어 살았다. 위나라 재상으로 있던 子貢이 방문했을 때 그는 해진 의관이지만 단정하게 차려입고 그를 맞았다. 자공이 곤궁하게 사는 것을 걱정하자 도를 배우고 실천하지 못하는 것을 곤궁이라고 하지 나는 가난하지만 곤궁하지는 않아"라고 대답해서 자공을 부끄럽게 만들었다.

雍也 4

子謂仲弓曰 犁牛⑴之子騂⑵且角 雖欲勿用⑶山川其舍諸⑷
자 위 중 궁 왈 리 우 지 자 성 차 각 수 욕 물 용 신 천 기 사 저

공자가 중궁에 대해 말했다. 얼룩소 새끼가 털도 붉고 또 뿔도 반듯하니 비록 쓰지 않으려 해도 산천의 신이 어찌 그것을 놔두겠느냐?

犁牛(1): 얼룩소, 쟁기, 쟁기질하다.

騂(2): 적황색 말, 붉다, 적색.

雖欲勿用(3): 비록 쓰지 않으려 해도.

山川其舍諸(4): 산천의 神이 그것을 놔두겠는가.

* 중궁의 아버지는 행실이 악하고 집안도 좋지 못했지만 그런 집안 환경에서도 중궁은 훌륭한 인품과 능력을 겸비했으니 서슴없이 이런 인물을 가려 뽑아 국가를 위해 일 할 수 있게 해야 한다는 것.

雍也 5

子曰 回也 其心三月不違⑴仁 其餘⑵則日月至焉而已矣
자 왈 회 야 기 심 삼 월 불 위 인 기 여 즉 일 월 지 언 이 이 의

공자가 말했다. 안회는 오랫동안 참된 마음을 유지했지만 그 외 제자

들은 기껏해야 작심삼일이었다.

違(1): 떠날 離와 같은 뜻

其餘(2): 여러 제자들을 말함

三月이란 꼭 석 달이 아니라 오랜 기간을 말한다

雍也 6

季康子問 仲由可使從政也與 子曰 由也果 於從政乎 何有(1)
계 강 자 문 중 유 가 사 종 정 야 여 자 왈 유 야 과 어 종 정 호 하 유

曰 賜也可使從政也與 曰 賜也達(2)於從政乎 何有 曰
왈 사 야 가 사 종 정 야 여 왈 사 야 달 어 종 정 호 하 유 왈

求也可使從政也與(3)曰 求也藝(4)於從政乎 何有
구 야 가 사 종 정 야 여 왈 구 야 예 어 종 정 호 하 유

계강자가 물었다. 仲由에게 정치를 맡겨보면 어떨까요?

공자가 대답했다. 유는 결단력이 있어서 정치를 맡겨도 문제없을 것입니다. 다시 물었다. 賜는 어떻습니까?

공자가 대답했다. 賜는 사리에 밝아서 문제없이 잘해 낼 겁니다. 다시 물었다.

求는 어떨까요?

공자가 대답했다. 求는 다재다능해서 잘해 낼 수 있을 것입니다.

於從政乎 何有(1): 정치를 하는데 어려울 것 없다. 정치하는 데 문제 될게 없다.

達(2): 通 사리에 밝고 꿰뚫는다.

也與(3): 질문하는 말

藝(4): 다재다능, 재능이 많다.

♣ 공자가 계강자를 비난하다.

季康子가 토지에 따를 군역을 제정하려고 염유를 시켜 공자를 예방하여 여쭈어보도록 하였다.

공자는 아무런 대답도 하지 않다가 사사롭게 염유에게 이렇게 일러주었다.

"구야, 가까이 오너라! 너는 듣지 못하였느냐? 선왕께서 토지를 제정할 때 백성의 노동력에 따라 公田을 분배하되 그들 거주지의 원근까지 헤아렸단다. 그리고 상인들로부터 세금을 거둘 때도 그 유무에 따라 차등을 두었으며 장정에게 힘을 맡길 때도 그 老幼를 따져 달리하였단다. 이에 홀아비 과부 고아 질환자의 경우에도 軍役 대신 세금을 부과하되 전쟁이 없을 경우에는 면제해 주었다. 전쟁이 있는 해에는 토지 1井에 벼 1稯 말먹일 꼴 1秉 쌀 1缶였으며 이 양을 초과하지 않았다. 선왕은 이 정도로 족하게 여겼던 것이란다. 그런데 만약 네가 모시고 있는 계손씨가 새로 법을 정하고자 한다면 周公의 세법을 부활해야 할 것이다. 그러나 만약 법을 어기고자 한다면 그 하고 싶은 대로 하면 그만이지, 어찌 다시 나를 찾아온단 말이냐!"

(출처: 〈국어〉 좌구명 찬, 임동석 역주, 동서문화사)

雍也 7

季氏使閔子騫 爲費宰⑴閔子騫曰 善爲我辭焉⑵如有復我者⑶
계 씨 사 민 자 건 위 비 재   민 자 건 왈 선 위 아 사 언   여 유 부 아 자

則吾必在汶⑷上矣
즉 오 필 재 문   상 의

계씨가 민자건을 비 읍의 원님으로 삼으려 했다.

민자건이 이 소식을 전달하러 온 사람에게 말했다. 나를 위해 말을 잘 전해 주시오, 또다시 나를 부르러 온다면 나는 문강 기슭으로 가 숨어 버릴 것이오.

費宰⑴: 費는 魯 나라 동쪽의 지명으로 費 지방의 수령으로 해석함. 현재 도지사 정도로 볼 수 있음.

善爲我辭焉⑵: 나를 위해 말을 잘 전해 주시오.

如有復我者⑶: 또다시 나를 부르러 온다면.

汶⑷: 제나라와 노나라 사이에 있는 강 이름

♣ 閔子騫: ? ~ ?

춘추시대 말기 노나라 사람으로 이름은 損이고 字는 子騫이다.

공자의 제자였으며 공자보다 15살 연하였다.

孔門十哲 중 한 사람으로 안회, 민자건, 염옹 세 사람은 덕행으로 유명해서 덕행 삼인방으로 불린다.

효성과 덕행으로 유명하며 어려서 부모로부터 모진 학대를 받았

지만 효도를 극진히 하여 부모를 감동시켰다고 한다.

공자가 민자건을 이렇게 칭찬했다. "효성스럽구나 민자건이여! 부모 형제가 그의 효행을 자랑한다고 해도 누구 한 사람 잘못이라 말할 사람이 없구나",

권력 앞에서도 굽히지 않는 의지를 지녔었다. 송나라 眞宗 大中祥符 2년(1009) 琅邪公에 추봉되었다.

雍也 8

伯牛有疾 子問之 自牖(1)執其手曰 亡之(2)命矣夫(3)斯人也
백 우 유 질 자 문 지 자 유 집 기 수 왈 망 지 명 의 부 사 인 야

而有斯疾也(4)斯人也而有斯疾也
이 유 사 질 야   사 인 야 이 유 사 질 야

백우가 중병에 걸려 누워 있을 때 공자가 문병을 가 남쪽 창문에서 그의 손을 잡고 말했다. 이럴 수가 있는가, 운명이구나! 이 사람이 이런 몹쓸 병에 걸리다니! 이 사람이 이런 몹쓸 병에 걸리다니!

牖(1): 남쪽 벽을 뚫어 만든 창.

亡之(2): 장차 伯牛를 잃을 것을 말한 것.

命矣夫(3): 운명이구나.

斯人也而有斯疾也(4): 이런 사람이 이런 병에 걸리다니.

斯疾: 죽을 병.

♧ 伯牛: B.C.544~?

노나라 사람으로 이름은 冉耕 字는 伯牛다. 공문십철의 한사람이고 덕행으로 이름이 났다. 공자가 노나라 司寇로 있을 때 中都宰로 삼았다.

송나라 眞宗 大中祥符 2년(1009) 東平公에 추봉되었다.

雍也 9

子曰 賢哉 回也 一簞⑴食 一瓢⑵飮 在陋巷⑶人不堪其憂 回也
자 왈 현 재 회 야 일 단 사 일 표 음 재 누 항 인 불 감 기 우 회 야

不改其樂 賢哉 回也
불 개 기 락 현 재 회 야

공자가 말했다. 어질구나, 안회여!
　대그릇으로 밥을 먹고 바가지로 물 마시며 누추한 곳에 사는구나. 사람들은 그 괴로움을 견디지 못하는데 회는 여전히 즐거우니 어질구나, 안회여!

簞⑴: 밥그릇, 밥을 담는 그릇, 대나무로 만든 둥근 그릇, 대광주리, 납작하다는 뜻, 대나무로 만든 납작한 작은 상자.

簞食瓢飮: 대그릇에 담은 밥과 표주박에 담은 물이란 뜻으로 가난한 사람이 먹는 보잘것없는 음식

瓢⑵: 표주박, 바가지

陋巷(3): 좁고 더러운 마을 골목길

陋: 좁다, 협소, 못생기다, 작다, 추하다, 거칠다, 낮다, 비천하다. 산속 좁은 곳을 뜻한다.

♣ 마음이 義에 보조를 맞추지 못하면 삶이 즐거울 수 없다. 몸이 利를 수용하지 못하면 삶이 편안할 수 없다.

義는 마음을 기르고 利는 몸을 기른다. 몸은 마음만큼 가치가 없기 때문에 후천적 양생에는 義의 문제보다 긴요한 게 없다.

사람을 사람답게 길러주고 살게 하는데 義는 利보다 중요하다. 어떻게 그런 줄 아는가?

첫째 어떤 사람이 완전히 의에 맞게 살지만 단 한 푼의 재산이 없다고 하자. 그 사람은 비록 가난하고 비주류지만 오히려 자신의 행실을 떳떳하게 굴며 스스로 만족하고 즐겁게 생활한다.

둘째 어떤 사람이 수십 억대 재산을 가지고 있지만 완전히 의와 무관하게 산다고 하자. 그는 비록 큰 부자이고 사회 주류지만 공동체로부터 듣는 수치와 모욕은 너무도 많고 원망과 증오는 너무도 깊고 불행과 고통은 너무도 무겁다. 사정이 이러하니 선 채로 죽을죄에 걸리지 않으면 머지않아 다치거나 변고를 겪어 근심 걱정할 터이니 즐겁게 살면서 생애를 마감치 못한다. 죄를 저질러 사형되어 일찍 죽은 자들이 이들이다.

(출처: 〈춘추번로〉 동중서 저, 신정근 옮김, 태학사)

雍也 10

冉求曰 非不說子之道(1) 力不足也 子曰 力不足者 中道而廢(2)
염 구 왈 비 불 열 자 지 도   역 부 족 야 자 왈 역 부 족 자 중 도 이 폐

今女畫(3)
금 녀 획

염구가 말했다. 선생님의 가르침을 싫어하는 것이 아니고 힘이 부족합니다. 공자가 말했다. 힘이 부족한 사람은 중간에 쓰러지는데 너는 지금 해보지도 않고 못 한다고 하는구나.

非不說子之道(1): 선생님의 가르침을 싫어하는 것이 아니다.
中道而廢(2): 무거운 짐을 지고 가다 기운이 다해 더 이상 갈 수 없어 짐을 내려놓는 것과 같다. 도중에 그만두다. 앞으로 가려 하지만 힘에 부쳐 주저앉는 것.
畫(3): 선을 그어 한계를 만드는 것
力不足: 欲進不能(하려는 의욕은 있지만 능력이 따르지 못함.)
今女畫: 能進不欲(능력은 있는데 의욕이 없음.)

♣ 禮記. 表記: 공자가 말했다. 小雅에서 말하기를 높은 산은 우러러보아야 하고 道는 행해야 하는 것이라고 했다. 詩의 仁을 좋아하는 것이 이와 같다. 道를 행하다 몸이 노쇠해 중간에 쓰러져 죽음이 코앞에 다가와도 개의치 않는다. 오로지 온 마음으로 힘쓰다 죽은 뒤에야 그만두는 것이다.

公冶長 11

子謂子夏曰 女爲君子儒(1)無爲小人儒
자 위 자 하 왈 여 위 군 자 유   무 위 소 인 유

공자가 자하에게 말했다. 너는 고매한 선비가 되어야지 하찮은 선비가 되어서는 안 된다.

儒(1): 선비, 부드럽다, 너그럽다, 공자의 말씀을 따르는 자.
君子儒: 스스로 학문을 배우고 닦음.
小人儒: 잇속에 밝고 남과 시비한다.

雍也 12

子遊爲武城(1)宰 子曰 女得人焉爾乎(2)曰 有澹臺滅明(3)者
자 유 위 무 성   재 자 왈 여 득 인 언 이 호   왈 유 담 대 멸 명   자

行不由徑(4)非公事 未嘗至於偃(5)之室(6)也
행 불 유 경   비 공 사 미 상 지 어 언   지 실   야

자유가 무성의 원님으로 있을 때 공자가 말했다.
네 주위에 유능한 사람은 있느냐? 자유가 대답했다. 담대멸명이란 사람이 있는데 길을 갈 때도 샛길로 가지 않고 공적인 일이 아니면 제 방에 들어온 적도 없습니다.

武城(1): 魯 나라 下邑. (首都를 上이라 하고 邑을 下라고 하는데 수도 이외의 읍을 하읍이라 하고 변방의 읍 또한 下邑이라 한다.)
女得人焉爾乎(2): 네 주위에 유능한 사람은 있는가.
澹臺滅明(3): 澹臺는 성, 滅明은 이름이고 字는 子羽.
行不由徑(4): 길을 갈 때도 샛길로 가지 않는다.
偃(5): 子遊의 이름
室(6): 사무실

♣ 澹臺滅明: B.C.512 ~ ?

춘추시대 말기 노나라 사람. 성은 담대 이름은 멸명이며 字는 자우이다. 무성(산동성 平邑)사람이다. 공자보다 39세 연하로 공자의 제자이다. 자유가 무성 수령으로 있을 때 등용한 인물로 공명정대하다는 평을 받았다.

자유의 추천으로 공자에게 배웠는데 용모가 추해서 공자가 탐탁잖게 여겼다고 한다. 그러나 훗날 그가 무성에서 吳나라로 이주해 학문을 가르치자 모여든 제자만도 300명이 넘어 천하에 이름을 떨쳤다. 이에 공자가 "내가 말로 사람을 취했다가 재여에게 실수했고 용모로 사람을 취했다가 자우에게 실수했다"라고 말했다.

송나라 진종 대중상부 2년 (1009년) 金鄕侯로 추봉되었다.

雍也 13

子曰 孟之反(1)不伐(2)奔而殿(3)將入門 策(4)其馬曰 非敢後也
자 왈 맹 지 반 불 벌 분 이 전 장 입 문 책 기 마 왈 비 감 후 야

馬不進也
마 부 진 야

공자가 말했다. 맹지반은 자신의 공을 자랑하지 않았다.
싸움에 패해 후퇴할 때는 군대 뒤에 쳐져 적을 막고 성문에 들어설 때는 말채찍을 가하며 말했다."내가 뒤처지고 싶어 그러는 게 아니라 말이 빨리 달리지 못하는구나"라고 했다.

孟之反(1): 魯 나라 대부로 孟之側. 孟氏의 一族으로 字는 反

伐(2): 공로를 자랑하다, 치다, 베다, 공적, 자랑하다, 방패.

奔而殿(3): 패해서 도망가다 군대 후미를 지키는 것.

策(4): 채찍질, 대쪽, 책, 문서, 꾀, 지팡이, 잔가지, 竹+束, 束은 가시를 본뜬 모양으로 責과 통한다. 말을 책하는 대, 채찍의 뜻

또 冊과 통하여 글을 적는 대쪽의 뜻도 있다.

♧ 孟之反: ?~?
노나라 사람으로 대부를 지냈다. 이름은 측이며 字는 지반이다.
애공 11년 제나라와 싸움에 패하여 후퇴할 때의 이야기이다.
진정한 용사로 공자의 칭송을 받았다.
춘추좌전 애공 11년 맹지반이 제나라와의 전쟁 때

맹지반이 패하여 쫓겨 후퇴했다.

제나라 진관과 진장이 노 나라 북쪽 국경 인근의 泗水(江)를 건너 공격해 들어오자 맹지반이 패하여 후퇴를 했다.

맹지측이 군대 후미에 뒤처져서 성에 들어서며 화살을 뽑아 그의 말을 때리며 말했다. 내가 용맹해서 뒤에 있던 게 아니라 말이 나가지 않아서이다.라고 말했다

이는 전쟁에서 패해 후퇴를 하면서 제일 위험한 후미를 책임진 것인데 그 이유는 말이 빨리 달리지 못해서라고 자신의 공을 내세우지 않은 것이니 그의 사람 됨을 짐작할 만한 것이다.

雍也 14

子曰 不有祝(1)鮀(2)之佞 而有宋朝(3)之美
자왈 불유축 타 지녕 이유송조 지미

難乎免(4)於今之世(5)矣
난호면 어금지세 의

공자가 말했다. 축타의 말재주와 송조 같은 미남이 아니면
요즘 세상에서는 살기 힘들겠구나

祝(1): 宗廟 담당 관직

鮀(2): 衛 나라 대부로 字는 子魚

宋朝(3): 송나라 공자인데 미남이었다고 함.

難乎免(4): 어려움에서 벗어나기 힘들다.
今之世(5): 지금 같은 세상에

♧ 衛 영공은 아내가 셋 있었는데 한탕 속에서 목욕했다고 한다. 그중 南子라는 부인을 가장 총애했는데 南子는 송나라 여인이다. 朝는 송나라 공자로 南子와 오래전부터 정을 통하고 있다가 위 영공 부인이 되어 위나라로 시집을 간 후 송나라에 남아있던 朝를 끌어들였는데 이에 대해 공자가 언급한 것이다.

♧ 祝鮀: 위나라 대부로 字가 子魚이다.
子魚는 말재주가 좋아 衛靈公에게 차출되어 皐鼬(고유)의 盟約에서 靈公이 蔡나라 앞에 서게 했다.

雍也 15

子曰 雖能出不由戶(1)何莫(2)由斯道也
자 왈 수 능 출 불 유 호 하 막 유 사 도 야

공자가 말했다. 누가 밖으로 나갈 때 문을 통하지 않고 나갈 수 있겠는가? 그런데 어찌해서 이 길을 따르지 않는 것인가?

出不由戶(1): 밖으로 나갈 때 문을 통하지 않고 나갈 수 있는가?
何莫(2): 어찌해서~않는가 라는 뜻.

♧ 禮記 禮記: 방에 들어갈 때 문을 통하지 않고 들어가는 자는 없다.

雍也 16

子曰 質(1)勝文則野(2)文(3)勝質則史(4)文質彬彬(5)然後君子
자 왈 질 승 문 즉 야 문 승 질 즉 사 문 질 빈 빈 연 후 군 자

공자가 말했다. 내용물이 포장을 능가하면 촌스럽고 포장이 내용물을 능가하면 겉치레만 요란하니 내용물과 포장이 조화로워야 품격있다 할 수 있다.

質(1): 바탕, 내용, 모양, 맹세, 과녁, 정곡, 대답, 저당 잡히다, 덕이 바탕이다. 信과 통하여 진실 본바탕의 뜻.
野(2): 들, 문밖, 질박하다, 겉치레를 하지 않다, 촌스럽다, 거칠다
文(3): 글월, 문자, 법, 빛나다, 아름답다, 꾸미다, 겉모습, 외관, 외모, 형식, 예와 악으로 꾸미는 것, 무늬 문채의 뜻
史(4): 문서를 관리자, 史官, 화사하다(아름답게 꾸미다) 신에 대한 축문을 적어 나뭇가지에 붙들어 맨 것의 상형, 제사에 종사하는 사람의 뜻, 천자의 언행을 기록하는 벼슬아치의 뜻
彬彬(5): 조화롭게 섞여 어우러지다. 문채와 바탕이 함께 갖추어져 찬란한 모양.
彬: 빛나다, 장식의 뜻, 눈에 번쩍 띄는 장식의 뜻.

＊ 그림에 비유하자면 도화지는 質이고 그 위에 여러 가지 색칠해 그린 그림이 文이 되는 것이다. 그러니 도화지 없이 그림을 그릴 수 없고 또 아무런 채색이 없는 흰 도화지만으로는 아름다움이란 존재하지 않으니 도화지(質)에 여러 가지 색(文)을 입혀 아름다운 그림이 완성된다는 것이다.

雍也 17

子曰 人之生也直(1)罔(2)之生也幸而免(3)
자 왈 인 지 생 야 직   망   지 생 야 행 이 면

공자가 말했다. 사람은 정직하게 살아야 하는 것이다, 속이면서도 살아가는 것은 운 좋게 화를 면하는 것이다.

人之生也直(1): 사람은 정직하게 살아야 하는 것.(군자의 삶)
罔(2): 直과 반대로 속이다 欺나 誣와도 같다.
罔之生也幸而免(3): 속이면 사는 것은 운 좋게 화를 면하는 것이다.

雍也 18

子曰 知之者不如好(1)之者 好之者不如樂(2)之者
자 왈 지 지 자 불 여 호   지 자 호 지 자 불 여 낙   지 자

공자가 말했다. 아는 것은 좋아하는 것만 못하고 좋아하는 것은 즐기는 것만 못하다.

知之者不如好(1): 아는 것은 좋아하는 것만 못하다.
樂(2): 터득해서 즐거움을 누리는 경지에 이른 상태

雍也 19

子曰 中人以上 可以語上也(1)中人以下 不可以語上也
자 왈 중 인 이 상 가 이 어 상 야   중 인 이 하 불 가 이 어 상 야

공자가 말했다. 중간 이상의 사람에게는 수준 높은 말을 해줄 수 있지만 중간 이하의 사람에게는 수준 높은 말을 해줄 수 없다.

可以語上也(1): 수준 높은 말을 해주다.

♧ 漢書의 古今人表 (백성을 9등분 한 표)

상	중	하
상 상 상	상 중 하	중 중 중
상 중 하	하 하 하	상 중 하

공자가 말한 중인은 위 표의 중중으로 5등급이다. 위로 4등급이 있고 아래로 4등급이 있다.

雍也 20

樊遲問知 子曰 務民之義(1)敬鬼神而遠(2)之 可謂知矣
번지문지 자왈 무민지의 경귀신이원 지 가위지의

問仁 曰 仁者先難(3)而後獲(4)可謂仁矣
문인 왈 인자선난 이후획 가위인의

번지가 지혜에 대해 물으니 공자가 말했다. 사람이 지켜야 할 도리에 힘쓰고 귀신은 경외하되 멀리해야 지혜롭다고 할 수 있다.

다시 참된 삶에 대해 물으니 공자가 말했다. 참된 삶이란 어려운 일에 앞장서고 그 대가는 뒤로 미루는 것을 참된 삶이라 하는 것이다.

務民之義(1): 사람이 지켜야 할 도리에 힘쓰다.

敬鬼神而遠(2): 귀신을 공경하지만 지나치게 믿어 빠지지 말라.

難(3): 어렵고 힘든 것, 괴롭다, 근심, 막다, 물리치다, 재난을 당해 새를 희생으로 바치고 비는 모양으로 어렵다 재앙의 뜻.

獲(4): 얻다, 사냥이나 전쟁을 해서 얻다, 손에 넣다, 성취, 결과를 얻다, 쏘아맞힘, 개로 새와 짐승을 잡는다의 뜻.

♧ 진실한 사랑(仁)과 자기 규제(義)는 각기 적용되는 영역과 그 특성이 다르다. 인은 타자와 연결되므로 그 방향은 나를 넘어가는 데 있다. 의는 자기와 연관되므로 그 방향은 내게 오는 데 있다. 인은 인민을 상대하므로 적용의 범위가 최고로 멀어지는 반면 의는 자기를 상대하므로 적용 범위가 최고로 가깝다. 사랑은 타

자에게 적용되므로 그것을 인이라 하고 규제는 자신에게 적용되므로 그것을 의라 일컫는다.

(출처: 〈춘추번로〉 동중서, 신정근 옮김, 태학사)

雍也 21

子曰 知者樂水⑴ 仁者樂山 知者動 仁者靜
자 왈 지 자 요 수   인 자 요 산 지 자 동 인 자 정

知者樂⑵ 仁者壽
지 자 낙   인 자 수

공자가 말했다. 지혜로운 사람은 물을 좋아하고 참된 사람은 산을 좋아한다. 지혜로운 사람은 활동적이고 참된 사람은 조용하다. 지혜로운 사람은 즐겁게 살고 참된 사람은 오래 산다.

知者樂水(1): 지혜로운 자는 물을 좋아하다.

知者樂(2): 지혜로운 자는 즐겁게 산다.

♣ 공총자 (孔叢子)
자장이 물었다. 仁자는 왜 산을 좋아합니까? 공자가 대답했다. 산은 우뚝 높기 때문이다. 자장이 다시 물었다. 높은데 왜 좋아합니까? 공자가 대답했다. 산은 초목이 여기에 심어지고 새와 나무가 여기서 번식하고 財用이 여기서 나오니 정직해 사사로움

이 없고 바람을 일으키고 구름을 토해 천지를 통하게 하며 음양을 화합하게 하여 비와 이슬의 혜택이 만물을 이루게 하니 백성은 모두 그 혜택을 누리니 인자가 산을 좋아하는 것이다.

♣ 한시외전 (韓詩外傳)
仁자는 왜 물을 좋아하는가? 물이란 물길을 따라 흐르니 조그만 틈도 남기지 않으니 마치 지혜로운 자와 같고 움직여 아래로 흐르는 것은 마치 禮가 있는 자와 같고 깊은 곳에 뛰어들기를 주저하지 않는 것은 용맹한 자와 같고 제방으로 막아도 맑은 것은 命을 아는 자와 같고 험한 곳을 지나 먼 곳에 도착해도 훼손됨이 없으니 德 있는 자와 같다. 천지는 이것으로 이루어지고 만물은 이것으로 살아가고 국가는 이것으로 편안하고 만사는 이것으로 공평해지고 품물은 이것으로 바르게 되니 이것이 지혜로운 자가 물을 좋아하는 이유이다.

雍也 22

子曰 齊一變 至於魯 魯一變 至於道
자 왈 제 일 변 지 어 노 노 일 변 지 어 도

공자가 말했다. 제나라가 한번 변하면 노나라만큼 되고
노나라가 한번 변하면 더욱 훌륭한 나라가 될 것이다.

♣ 齊나라는 대국으로써 패도 정치로 도덕은 차치하고 공리만 우선하니 건국 시 태공의 좋은 유훈들은 모두 사라져 버려서 한 번 변화해야 노나라 정도가 될 수 있고 魯나라는 약소국이었지만 주나라의 훌륭한 제도와 문물을 이어받아 실행되고 있으니 좀 더 노력하면 현재보다 훨씬 좋은 나라가 될 수 있다는 것.

雍也 23

子曰 觚⑴不觚 觚哉觚哉
자 왈 고 불고 고 재 고 재

공자가 말했다. 고(모가 나 있는 술잔)에 모가 없다면 그게 술잔이라 할 수 있겠는가. 술잔이라 할 수 없다.

觚(1): 술잔, 네모, 사각형, 모서리, 규칙, 호리병 모양의 뿔로 만든 술잔의 뜻.

♣ 임금이 임금의 도를 잃으면 임금답지 못하고 신하가 신하의 직무를 상실하면 헛된 지위가 된다. (程子)

雍也 24

宰我問曰 仁者 雖告之曰 井有仁焉 其從之也 子曰
재 아 문 왈 인자 수 고 지 왈 정 유 인 언 기 종 지 야 자 왈

何謂其然也 君子可逝⑴也 不可陷⑵也 可欺⑶也 不可罔⑷也
하 위 기 연 야 군 자 가 서 야 불 가 함 야 가 기 야 불 가 망 야

재아가 물었다. 참된 사람은 다른 사람이 우물에 빠지면 따라 들어가 구해야 할까요?

공자가 말했다. 어찌 그렇게야 할 수 있겠느냐?

건실한 인격자는 우물까지 가게 할 수는 있으나 우물에 들어가게 할 수는 없다. 도리에 맞게 속일 수는 있지만 도리에 맞지 않게 속일 수는 없는 것이다.

逝⑴: 害를 멀리해 떠나는 것, 가다(세월이) 앞으로 가다, 떠나다, 죽다, 눈앞에서 떠나다의 뜻.

陷⑵: 빠지다, 빠뜨리다, 모함, 함정.

欺⑶: 이치 있는 말로 속이는 것, 속이다, 거짓, 깔보다, 탐하다, 큰 기대를 갖게 하면서 배반함, 속임의 뜻.

罔⑷: 역다, 얽다, 터무니없는 말로 도리에 어긋나게 정신을 못 차리게 하는 속임수, 그물, 엮다, 없다, 속이다, 어둡다, 무식하다, 근심

♣ 옛날에 어떤 사람이 산 물고기를 자산(鄭子産)에게 보내왔는데 자산이 연못지기를 시켜 연못에 기르도록 하였다.

그런데 연못지기는 물고기를 삶아서 먹고는 복명하기를 '처음 놓아주었을 때는 어릿어릿하더니 조금 뒤 힘차게 꼬리를 치며 물속으로 들어가 버렸습니다.'라고 하였다. 자산이 기뻐하며 말했다. '제자리를 찾아갔구나, 제자리를 찾아갔어.' 연못지기가

물러 나와서 사람들에게 '누가 자산이 지혜롭다고 말하였는가? 내가 벌써 삶아 먹어버렸는데 제자리를 찾아갔구나, 제자리를 찾아갔어! 하고 말을 하다니.'라고 하였다. 그러므로 군자는 도리에 맞는 말로 속일 수는 있어도 도리에 맞지 않는 말로는 속일 수는 없는 것이다.

(출처:〈孟子 萬章篇 萬章章句上〉이기원 감수, 홍신신서)

雍也 25

子曰 君子博學於文(1)約之以禮(2)亦可以弗畔矣夫(3)
자 왈 군 자 박 학 어 문 약 지 이 례 역 가 이 불 반 의 부

공자가 말했다. 건실한 인격자는 시와 서를 충분히 배우고 예로 몸단속을 하면 역시 바른길에서 벗어나진 않을 것이다.

博學於文(1): 문물을 많이 배우다. 대표적으로 詩와 書
約之以禮(2): 예로 몸단속을 하다.
亦可以弗畔矣夫(3): 역시 바른길에서 벗어나진 않을 것이다.

雍也 26

子見南子 子路不說 夫子矢(1)之曰 予所否者(2)天厭之 天厭之
자 견 남 자 자 로 불 열 부 자 시 지 왈 여 소 부 자 천 염 지 천 염 지

공자가 남자를 만나자 자로는 기분이 상했다.

공자가 맹세하며 말했다. 내가 못 할 짓을 했다면 하늘이 나를 버리시리라! 하늘이 나를 버리시리라!

矢(1): 맹세하다, 시행하다, 똑바르다, 똥, 화살
予所否者(2): 내가 못 할 짓을 했다면

* 雍也 14장에서 언급했던 南子가 다시 나왔다.

南子는 위 영공의 부인으로 총애를 받았다. 평소 宋朝와의 간통도 있고 행실이 나쁜 여자였다. 위나라 태자 괴외가 그 어머니의 음란한 행실이 부끄러워 남자를 죽이려 했지만 실패해 괴외는 송나라로 도주했다. 노나라 애공 2년 위영공이 죽자 남자는 공자 영(郢)을 왕위로 세우려 하지만 郢이 사양해 도망간 괴외의 아들 輒을 세우려 했다. 이때 공자는 위나라에 있었다. 윤리와 기강이 없어져 위나라가 어지러워질 것을 염려해 공자가 남자를 만난 것이다. 자로의 마음이 상했던 것은 괴외가 그의 어머니 남자를 죽이려다 아버지에게 추방당해 위나라 군주가 되기에는 부당하다고 생각했기 때문이다.

雍也 27

子曰 中庸(1)之爲德也 其至矣乎(2)民鮮久矣(3)
자 왈 중 용   지 위 덕 야 기 지 의 호   민 선 구 의 공자가 말했다. 어느 쪽으로도 치우치지 않는 공평함은 최고의 가치인데 이렇게 사는 사람이 드문 지 오래되었다.

中庸(1): 기준과 원칙, 넘치고 모자람이 없는

其至矣乎(2): 극진하다.

民鮮久矣(3): 백성들은 중용을 실천하는 이가 드문 지 오래됐다.

雍也 28

子貢曰 如有博施於民而能濟衆(1)何如 可謂仁乎
자 공 왈 여 유 박 시 어 민 이 능 제 중　하 여　가 위 인 호

子曰 何事於仁(2)必也聖乎 堯舜 其猶病諸(3)
자 왈 하 사 어 인　필 야 성 호 요 순 기 유 병 저

夫仁者 己欲立而立人 己欲達而達人(4)
부 인 자 기 욕 립 이 립 인 기 욕 달 이 달 인

能近取譬(5)可謂仁之方也已
능 근 취 비　가 위 인 지 방 야 이

자공이 말했다. 널리 백성들에게 은혜를 베풀어 민생을 해결할 수 있다면 참된 사람이라 할 수 있나요? 공자가 말했다. 그렇다 할 뿐이겠느냐? 그 정도면 성인이며 요, 순임금도 해결하지 못한 문제이다. 참된 사람은 자기가 서고자 하면 남도 세워주고 자기가 이루고자 하면 남도 이룰 수 있게 한다.

스스로를 미루어 남들의 형편을 헤아릴 수 있다면 그것이 참된 사람을 실현하는 방법인 것이다.

>如有博施於民而能濟衆(1): 널리 백성들에게 은혜를 베풀어 많은 사람들을 구제한다면.
>博施濟衆:박시제중이란 끝없는 경지로 요순 임금도 완료할 수 없다. 어진 사람의 마음은 끝이 없으나 어진 사람의 일은 한계가 있는 것이다.
>何事於仁(2): 사랑이 충만할 뿐이겠는가.
>堯舜其猶病諸(3): 요순도 힘들어했던 일이다.
>己欲達而達人(4): 자기가 이루고 싶으면 남도 이룰 수 있게 한다.
>能近取譬(5): 스스로를 미루어 남들의 형편을 깨닫다.

♣ 義는 형식적인데 비해 仁은 구체적이다. 인간사회에서 의무의 형식적 본질은 당위성에 있다. 왜냐면 모든 의무는 인간이 마땅히 행하여야만 되기 때문이다. 그런데 이 의무의 구체적 내용은 남을 사랑하는 것 즉 仁이다. (중략)

남을 정말로 사랑하는 사람은 사회에서 자기 의무를 다할 수 있는 사람을 말한다. 그러므로 仁이란 어느 특정한 덕목을 지칭할 뿐만 아니라 모든 덕목을 포함할 때도 사용한다.

그러므로 어진 사람이란 완전한 덕을 갖춘 인격자와 동의어로 쓰인다. 이러한 관계로 미루어 인을 완전한 德이라 칭해도 과언이 아니다.

(출처: 〈간명한 중국 철학사〉 펑유란 저, 정인채 옮김, 마루비)

제 7 편

述而 술이

述而 1

子曰 述而不作⑴ 信而好古 竊比於我老彭⑵
자왈 술이부작 신이호고 절비어아노팽

공자가 말했다. 옛것을 이어받아 기록했을 뿐 창작하지는 않았다. 옛것을 믿고 좋아했으니 나는 넌지시 노팽과 비교해 본다.

述而不作⑴: 계승했을 뿐 창작하지 않았다.

竊比於我老彭⑵: 넌지시 노팽과 비교하다.

竊: 훔치다, 몰래, 도둑질, 슬그머니, 마음속으로.

♣ 老彭: 老는 老聃이고 彭은 彭祖이다.
老子는 초나라 苦縣(고현) 厲鄕(여향) 曲仁里 사람이다.
성은 이씨이며 이름은 耳 字는 伯陽이며 시호는 聃으로 주나라 守藏室 史官이었다.
(이는 왕필이라는 위나라 학자의 주장이다. 노팽은 서로 다른 많은 설이 존재한다.)

述而 2

子曰 默而識之⑴ 學而不厭⑵ 誨人不倦 何有於我哉⑶
자왈 묵이지지 학이불염 회인불권 하유어아재

공자가 말했다. 묵묵히 기억하고 배우길 싫증 내지 않고 남 가르치는 데 게으르지 않았다. 그 밖에 내게 다른 무엇이 있겠는가?

默而識之(1): 묵묵히 기억하다.
學而不厭(2): 배우는데 싫증 내지 않다.
何有於我哉(3): 나에게 다른 게 있겠는가

述而 3

子曰 德之不修 學之不講(1) 聞義不能徙(2) 不善不能改
자 왈 덕 지 불 수 학 지 불 강   문 의 불 능 사   불 선 불 능 개

是吾憂也(3)
시 오 우 야

공자가 말했다. 덕을 갖추지 못하고 학문도 제대로 익히지 못하며 의로움을 듣고도 실천하지 못하고 나쁜 줄 알면서도 고치지 못하는 것이 내 걱정거리다.

學之不講(1): 학문을 제대로 익히지 못하다.
聞義不能徙(2): 의로움을 듣고도 실천하지 못하다.
是吾憂也(3): 이것이 내 걱정거리이다.

♣ 학문과 덕행의 수양 과정에서 합리적인 일을 보고서도 이를

바로 시행하지 못하고 올바르지 못한 행위를 하고서도 이를 바로 교정하지 못하는 것이 바로 군자가 근심해야 할 일이다.

憂는 憂患으로서 한사람이 자신의 생명을 남에게 의지할 수 없고 스스로 짊어져야 할 책임 의식이다.

(출처: 〈논어철학〉 왕방웅, 증소욱, 양조한 지음, 황갑연 옮김, 서광사)

述而 4

子之燕居(1) 申申(2)如也 夭夭(3)如也
자 지 연 거 신 신 여 야 요 요 여 야

공자가 한가할 때는 느긋하고 온화한 모습이었다.

燕居(1): 한가할 때.

申申(2): 한가로운 모양, 언행이 조용한 모양, 되풀이하는 모양, 삼가는 모양.

夭夭(3): 안색이 온화한 모습, 얼굴에 화색이 도는 모습, 나이가 젊고 예쁜 모습, 무성하게 잘 자라는 모습

述而 5

子曰 甚矣(1)吾衰也(2)久矣 吾不復夢見周公
자 왈 심 의 오 쇠 야 구 의 오 불 부 몽 견 주 공

공자가 말했다. 나도 이제 참으로 많이 늙었다.
내가 꿈에 주공을 못 뵌 지도 오래됐구나!

甚矣(1): 심하구나.

吾衰也(2): 나의 늙음이.

♣ 周公: ? ~ ?
周나라 문왕의 아들이며 무왕의 동생이다. 이름은 旦이다. 주공은 은나라를 쳐부순 공을 인정받아 땅을 하사받아 노나라 시조가 되었다. 얼마 후 무왕이 죽고 그의 아들 성왕은 아직 포대기에 싸인 어린아이였다. 주공은 조카 성왕을 대신해 섭정을 했지만 절대 모반하지 않았다. 성왕이 정사를 들을 수 있게 성장했을 때 정권을 돌려주고 자신은 신하 자리로 돌아갔다.
자신은 주나라에서 성왕을 돕고 대신 큰아들 백금을 노나라에 가도록 했다. 주공이 백금에게 훈계했다.
"나는 문왕의 아들이고 무왕의 동생이며 성왕의 숙부이니 신분이 낮지 않다. 그러나 머리 감을 때 손님이 찾아오면 세 번이나 머리카락을 움켜쥐며 나왔고 한번 밥 먹는데 세 번이나 뱉어내면서 선비들을 우대하고 있지만 천하의 어진 사람들을 잃을까 걱정했다.
"네가 노나라에 가서도 나라를 가졌다고 교만하지 말고 삼가라." 주공은 인재를 불러 모으기 위해 교만해서는 안 된다는 생각을 지녔다. 손님이 오면 귀천을 가리지 말고 문간에 세워두는 일이 없도록 하라고 일렀다.

周公은 周나라 무왕을 도와 상나라를 멸망시키고 주 왕조를 창업하는데 기여한 인물이다. 이후 주나라의 예악과 법도를 정비하고 봉건제도를 정착시켜 봉건국가로서의 기틀을 다졌다. 무왕이 죽은 후에는 어린 성왕을 대신해 약 7년간 섭정하면서 왕실 내외부의 반란을 진압했다.

유가학파는 주나라의 제도 대부분을 만든 그를 성인으로 존경한다. 주공의 성은 姬이고 이름은 旦, 또는 叔旦이다. 그는 주나라 문왕과 正妃 太姒의 넷째 아들이며 무왕은 그의 둘째 형이다. 어린 시절 그는 효심이 깊고 다재다능하여 아버지의 총애를 받으며 일찍부터 조정일을 맡아보았다. 문왕 사후 둘째 아들 發이 무왕으로 즉위했다. 주공은 문왕의 유지를 받들어 商나라 (상나라 후기의 수도로 상나라를 속칭 은나라로 부르기도 한다.)를 정벌하려는 무왕을 보좌하여 상나라를 멸망시키는 데 큰 공을 세웠다. 주공은 주 왕조를 개창한 공을 인정받아 노나라 지역의 제후로 봉해졌다. 그러나 그 후에도 봉지로 부임하지 않고 주 조정에 남아 무왕을 보좌했다. 대신 아들 伯禽을 대리 부임시켰다. 그리고 상나라의 마지막 왕인 주왕의 아들 武庚이 상나라 유민들을 다스리도록 했다.

기원전 1043년 상나라를 멸망시킨 지 2년 만에 무왕이 병사했다. 뒤를 이어 무왕의 아들인 열세 살의 姬誦이 성왕으로 즉위하자 주공은 어린 조카를 대신해 섭정을 맡아 국사를 돌보았다. 그로부터 얼마 지나지 않아 주공의 형제인 管叔鮮과 蔡叔度가 그의 섭정에 불만을 품고 무경과 결탁해 반란을 일으켰다. 그러나 이 반란은 단순한 집안싸움이 아니라 徐, 奄, 淮夷(회이) 등 여러 동방 부락들이 동조한 것으로 왕실의 기반을 흔들 위험이 있었다. 따라서 건국 초기였던 주 왕조의 정권을 안정적으로 확립하기 위해 반드시 난을 진압해야 했다. 이에 주공은 재상 강태공과 함께 아우 소공에게 내정을 맡기고 몸소 토벌군을 이끌고 출전했다. 3년에 걸친 동방의 반란은 주공이 관숙선과 무경을 죽이고 채숙도를 추방함으로써 평정됐다. 주공은 동방의 여러 나라를 토벌해 약 50개의 나라를 주나라에 편입시켰다. 주공은 이들을 다스리기 위해 믿을만한 주 왕족과 공신들을 제후에 봉해 통치하도록 하는 봉건제도를 실시했다.

주공은 아우 강숙을 위나라, 아들 백금은 노나라, 아우 소공은 연나라, 재상 강태공은 제나라, 성왕의 동생 당숙은 晉나라 제후로 봉했다. 상나라 주왕의 형 微子는 송나라 제후로 봉해 상나라 옛 땅을 그대로 다스리게 했다. 또한 서쪽에 치우쳐 있던 주나라 수도를 洛邑으로 옮겨 동쪽을 경계하고 통치할 수 있도록 했다. 주공은 광범위한 주나라를 안정적으로 통치하기 위해 국가 기구를 새롭게 정비했다. 중앙에 태사와 태보를 두어 왕을 보좌하게 했고 상백, 상임, 준인의 삼 사대부를 두어 각지의 민사 행정과 관리 임용법 집행을 담당케 했다.

주공은 성왕이 장성하자 그에게 정권을 돌려주고 7년간의 섭정을 끝냈다. 그러나 자리에서 물러나면서도 아직 어리고 경험이 부족한 성왕을 걱정해 多士, 母逸, 無逸 등의 글을 지어 올려 성왕을 권고했다.

주공은 한때 모함을 받아 초나라로 쫓겨나기도 했으나 곧 다시 돌아와 성왕을 성심으로 보필했다. 그는 임종의 순간까지 자신을 成周에 매장해 달라고 유언하며 죽어서도 성왕을 떠나지 않을 것이라는 의지를 보였다. 주공이 죽은 후 성왕은 과거 병석의 무왕을 대신해 자신이 병들게 해달라는 주공의 기원문을 보고 감동해 천자와 같은 형식으로 그의 장례를 치르도록 했다.

주공은 후세 정치가들의 전범이 되었다. 유가학파의 시조로 존경받고 있는 공자는 주공의 예악제도를 주창했으며 논어 술이편에서는 "아무래도 내가 기력이 약해진 모양이다. 꿈속에 주공을 만나 뵌 지 너무 오래됐구나."라는 말로 주공을 경애하는 마음을 표현하기도 했다.

述而 6

子曰 志(1)於道(2)據(3)於德(4)依(5)於仁(6)遊(7)於藝(8)
자 왈 지 어 도 거 어 덕 의 어 인 유 어 예

공자가 말했다. 삶의 바른길에 마음을 정하고 덕을 따르며 진실에 근거해서 육예에 노니련다.

志(1): 마음의 방향, 마음이 향해 가는 곳을 확실히 하다.
道(2): 사람이 살아가며 당연히 해야 할 것
據(3): 잡아 지키다. 執守
德(4): 덕행, 올 바른길, 도를 행하여 마음에 얻은 것
依(5): 의지. 떠나지 않는 것

仁(6): 타인에 대한 사랑

遊(7): 함양, 수양하다, 좋아서 즐기다.

藝(8): 禮(예절), 樂(음악), 射(활쏘기), 御(말타기), 書(글쓰기와 읽기), 數(수학, 과학)

♧ 모든 사람들이 가야 하는 길이 바로 위대한 大道이며 모든 사람들이 마땅히 가야만 하는 길이 바로 올바른 正道이다.

志는 마음의 지향이다. 공자는 인생의 이상은 모든 사람이 갈 수 있고 또 가야만 하는 길을 개발하는 것에 있다고 여겼다. 그것이 바로 道이다. 산다는 것은 사실이지만 이상적으로 산다는 것은 가치이다. 따라서 도는 진실하면서 장엄한 인생길인 것이다.

德은 덕행이다. 인생의 여정에서 올바른 길을 걷는 것이 바로 덕행이다. 어떤 사람을 막론하고 설사 명예와 재산이 없더라도 자기의 덕행으로써 수행하면 좋은 인격을 함양할 수 있다.

仁은 仁心이다. 仁心은 모든 사람이 갖추고 있는 것이기 때문에 덕행은 모든 사람이 실행할 수 있으며 인생의 이상도 그 근원을 확보할 수 있다.

"藝를 함양한다"라는 스스로 깨달음의 함양을 통해 원만한 인격을 실현하는 것이다. 종합적으로 말하면 인생의 이상은 모든 사람들이 실행할 수 있는 대도를 개발하는 것이다. 대도는 각자의 덕행 수양을 통해 전개되고 덕행 수양은 바로 모든 사람들에게 갖추어져 있는 仁心의 발용을 근거로 하며 仁心은 시서예악의 인문 교화를 통하여 원만 지극의 경지로 들어가게 된다.

(출처: 〈논어철학〉 왕방웅, 증소욱, 양조한 지음, 황갑연 옮김, 서광사)

述而 7

子曰 自行束脩(1)以上 吾未嘗無誨焉(2)
자 왈 자 행 속 수 이 상 오 미 상 무 회 언

공자가 말했다. 스스로 마른 포 열 묶음 이상을 가지고 오면 제자로 받아들여 가르쳐주지 않은 적이 없었다.

束脩(1): 묶은 포육, 옛날에 예물로 썼음, 스승을 처음 뵐 때 드리는 예물, 마른고기 10개를 묶은 것, 10개를 묶은 것을 束이라 함.
吾未嘗無誨焉(2): 난 가르치지 않은 적이 없다.

述而 8

子曰 不憤(1)不啓(2)不悱(3)不發(4)舉一隅(5)不以三隅反(6)
자 왈 불 분 불 계 불 비 불 발 거 일 우 불 이 삼 우 반

則不復也(7)
즉 불 복 야

공자가 말했다. 스스로 힘을 다해 노력하지 않으면 일깨워 주지 않고 애태우지 않으면 보여주지 않으며 한 귀퉁이를 열어 보여주었는데 세 귀퉁이를 깨닫지 못하면 깨달을 때까지 가르쳐 주지 않았다.

憤(1): 분노, 무엇인가가 마음속을 뛰돌아 다니다, 화를 내다, 깨닫지 못해 애태우는 것

啓(2): 열다, 문 같은 것을 열어주다, 입을 열어 여쭈다의 뜻, 막힌 것을 열어주는 것

悱(3): 말이 나오지 않다, 말하고 싶지만 말이 나오지 않아 애태우는 것

發(4): 쏘다, 떠나다, 보내다, 일어나다, 비로소, 밝히다, 드러내다, 들추다, 답답함을 풀어주는 것

隅(5): 구석, 귀퉁이, 모서리, 언덕의 똑똑히 보이지 않는 구석의 뜻.

反(6): 되돌리다, 돌이키다

不復也(7): 다시 반복하지 않는다.

述而 9

子食於有喪者(1)之側 未嘗飽也 子於是日(2)哭則不歌
자 식 어 유 상 자 지 측 미 상 포 야 자 어 시 일 곡 즉 불 가

공자는 상 당한 사람 곁에서는 배부르게 먹지 않았으며 곡을 한 그날에는 노래도 부르지 않았다.

有喪者(1): 장례를 치르지 않은 집의 상주

是日(2): 이날

述而 10

子謂顔淵曰 用⑴之則行 舍之則藏⑵ 惟我與爾有是夫
자 위 안 연 왈 용   지 즉 행 사 지 즉 장   유 아 여 이 유 시 부

子路曰 子行三軍⑶則誰與 子曰 暴虎憑河⑷死而無悔者
자 로 왈 자 행 삼 군   즉 수 여 자 왈 포 호 빙 하   사 이 무 회 자

吾不與也 必也臨事而懼好謀而成者也⑸
오 불 여 야 필 야 임 사 이 구 호 모 이 성 자 야

    공자가 안연에게 말했다. 임용되면 일하고 면직되면 물러나 숨어 사는 것은 오직 나와 너만이 그렇게 할 수 있을 거다.
    자로가 말했다. 선생님이 삼군을 지휘하신다면 누구와 함께하시겠습니까? 공자가 말했다. 맨손으로 범을 잡으려 하고 배 없이 강을 건너다 죽어도 후회하지 않을 사람과는 난 함께하지 않을 것이다. 반드시 일에 임할 때는 조심하고 계획을 잘 세워 성공하는 사람과 함께 할 것이다.

用(1): 등용, 임용

舍之則藏(2): 버려지면 물러나 숨는다.

子行三軍(3): 선생님이 삼군을 지휘한다면. (一軍은 12500명, 제후국은 三軍이며 천자는 六軍이다.)

暴虎憑河(4): 맨손으로 호랑이를 잡고 배 없이 강을 건너다.

好謀而成者也(5): 계획을 잘 세워 성공하는 사람

述而 11

子曰 富而可求⑴也 雖執鞭之士⑵吾亦爲之 如不可求⑶
자 왈 부 이 가 구 야 수 집 편 지 사 오 역 위 지 여 불 가 구

從吾所好
종 오 소 호

공자가 말했다. 부가 원해서 되는 것이라면 말채찍이라도 잡겠지만 해도 안 되는 것이라면 내가 좋아하는 것을 하겠다.

可求⑴: 구할 수 있다면
雖執鞭之士⑵: 말 채찍이라도 잡겠다.
不可求⑶: 구할 수 없다면

述而 12

子之所愼⑴齊⑵戰⑶疾⑷
자 지 소 신 재 전 질

공자가 조심한 것은 신에게 제사 지내는 일과 전쟁과 질병이었다.

子之所愼⑴: 공자가 조심한 것.
齊⑵: 神에게 제사 전에 몸과 마음을 깨끗하게 하고 부정한 것과 멀리하는 것.

戰(3): 전쟁

疾(4): 질병

述而 13

子在齊(1)聞韶(2)三月不知肉味(3)曰
자 재 제 문 소 삼 월 부 지 육 미 왈

不圖(4)爲樂之至於斯(5)也
부 도 위 락 지 지 어 사 야

  공자가 제나라에 있을 때 순임금의 음악을 듣고 석 달 동안 고기 맛도 모를 정도였다.
  그리고 말했다. 순임금의 음악이 이런 경지에 이를 줄은 생각지도 못했다.

在齊(1): "제나라에 있을 때"

韶(2): 순임금이 만든 곡

三月不知肉味(3): 석 달 동안 고기 맛을 모르다.

不圖(4): 생각하지 못하다.

至於斯(5): 이 경지까지 이르다니..

述而 14

冉有曰 夫子爲衛君乎(1) 子貢曰 諾(2) 吾將問之
염유왈 부자위위군호   자공왈 락   오장문지

入 曰 伯夷叔齊何入也 曰 古之賢人也 曰 怨乎
입 왈 백이숙제하입야 왈 고지현인야 왈 원호

曰 求仁而得仁 又何怨(3) 出 曰 夫子不爲也
왈 구인이득인 우하원   출 왈 부자불위야

염유가 말했다. 선생님이 위나라 임금을 도우실까?

자공이 말했다. 알았어, 내가 들어가서 여쭈어 보리다.

자공이 들어가서 물었다. 백이와 숙제는 어떤 이들입니까?

공자가 대답했다. 옛날의 현인이시다.

자공이 물었다. 원망했을까요?

공자가 답했다. 참된 인간을 추구하다 참된 인간을 실현했는데 무엇을 원망했겠는가? 자공이 나와서 말했다. 선생님은 위 임금을 돕지 않으실 거야.

夫子爲衛君乎(1): 선생님이 위 임금을 도울까?

衛君: 衛 나라 出公 蒯輒(괴첩.영공의 손자)을 말한다.

諾(2): 대답하다, 승낙, 허용하다, 따르다,

又何怨(3): 또 무엇을 원망하겠나.

♣ 위나라 靈公의 태자 蒯聵(괴외)가 그 어머니 南子의 不倫을 알

고 죽이려다 실패해 宋 나라로 도주했다. 그 후 영공이 죽고 南子가 공자 郢(영)을 왕으로 추대하려 했지만 영이 굳이 사양하니 괴외의 아들 괴첩(영공의 손자)을 왕으로 추대하니 송나라로 도망간 아버지 괴외에게 양보하지 않고 왕에 즉위했다.

이에 자공은 정반대 상황이었던 백이와 숙제의 일을 물어 공자의 의중을 떠본 것이다. 백이와 숙제는 서로 왕위를 양보하다 여의치 않자 수양산으로 도망쳐 결국 굶어 죽은 것은 어진 사람들만 할 수 있는 것이고 또 그들은 굶어 죽으면서도 누구도 원망도 후회도 없었을 것이라 말하는 공자의 대답을 듣고 자공은 공자가 결코 왕위를 두고 아버지를 밀치고 왕위에 오른 출공을 돕지 않을 것이라는 확신을 얻은 것이다.

述而 15

子曰 飯疏食(1)飮水 曲肱(2)而枕之 樂亦在其中矣
자 왈 반 소 사 음 수 곡 굉 이 침 지 낙 역 재 기 중 의

不義而富且貴 於我如浮雲(3)
불 의 이 부 차 귀 어 아 여 부 운

공자가 말했다. 거친 밥 먹고 물 마시고 팔베개를 해도 즐거움은 그 안에 있으니 옳지 못한 부귀는 내게 뜬구름 같다.

飯疏食(1): 거친 밥을 먹다.

曲肱(2): 팔을 굽히다

浮雲(3): 떠다니는 하늘의 구름. 멀리 떨어져 있어 아무 상관 없거나 뭐라 종잡을 수 없음을 비유. 뜬구름은 허공에 있으니 올려 봐도 내 것이 아니니 아무 소용이 없는 것이다.

述而 16

子曰 加我數年 五十以學易(1)可以無大過矣
자 왈 가 아 수 년 오 십 이 학 역   가 이 무 대 과 의

공자가 말했다. 내가 몇 년 더 살아서 오십에 주역을 배울 수 있다면 큰 허물은 없이 살 수 있을 것이다.

五十以學易(1): 오십에 주역을 배우다.

♧ 史記. 孔子世家: 공자는 늘그막에 易을 좋아해서 彖傳(단전), 繫辭傳(계사전), 象傳(상전), 設卦傳(설괘전), 文言傳(문언전)에 서문을 썼다. 그리고 易을 읽다가 가죽끈이 세 번이나 끊어졌다. 그리고 "만일 나에게 몇 년이 주어진다면 나는 易에 대해 모두 터득할 수 있을 것이다."라고 했다.

述而 17

子所⑴雅言⑵詩書⑶執禮⑷皆雅言也
자소 아언 시서 집례 개아언야

공자가 평소에 늘 하던 말은 시경, 서경과 법도를 지키는 것이었다. 이것은 평소에 늘 하던 말이었다.

所(1): ～하는바
雅言(2): 평소의 말, 바르고 우아한 말.
書(3): 역사, 고대 역사(尙書) 虞, 夏, 商, 周의 역사를 기록한 책으로 현재는 書經이라 한다.
執禮(4): 지켜 행할 예, 일에 임하여 집행하는 예.

♣ 禮에서만 執(지킨다)을 말한 것은 사람이 꼭 지켜야 하는 것을 강조한 것으로 禮는 말하고 외우는 것으로 그치는 것이 아니기 때문이다.

述而 18

葉公⑴問孔子於子路 子路不對
섭공 문공자어자로 자로부대

子曰 女⑵奚⑶不曰 其爲人也 發憤⑷忘食 樂以忘憂⑸
자왈 여 해 불왈 기위인야 발분 망식 낙이망우

不知老之將至云爾(6)
부 지 노 지 장 지 운 이

   섭공이 자로에게 공자에 관해 물었는데 자로가 대답하지 않았다.
   공자가 말했다. "너는 어찌 그 사람 됨이 학문을 향한 열정이 먹는 것도 잊고 즐거워서 근심도 잊어버려 늙는 것도 모른다고 말하지 않았는가?"

   葉公(1): 楚나라 대부로 성은 沈, 이름은 諸梁, 字는 子高
   대부이지만 스스로 높여 公이라 했다.
   女(2): 汝
   奚(3): 어찌해서
   發憤(4): 용감하게 앞으로 나아가는 것
   樂以忘憂(5): 즐거워서 근심을 잊어버리다.
   不知老之將至云爾(6): 곧 다가오는 늙음도 알지 못할 뿐이다.

   ♣ 葉公: ?~?
   초나라 沈諸梁(심제량)을 말한다. 字는 子高인데 초의 섭땅을 영유하고 있어서 이렇게 불렀다. 섭공호룡은 겉으로는 좋아하는 척하지만 진정으로 좋아하는 것이 아닌 것을 비유하는 말이다.
   춘추시대 초나라 섭공이 용을 아주 좋아해서 자신의 온갖 물품에 용을 그려 넣고 집의 벽에도 용을 새겨 넣었다.
   하늘의 용이 그 소식을 듣고 섭공 앞에 모습을 나타냈더니 섭공이 혼비백산하여 달아났다는 데서 나왔다.

이 당시 공자의 나이 60세 정도였고 섭공을 좋지 않게 생각했다.

述而 19

子曰 我非生而知之者(1)好古敏以求之(2)者也
자 왈 아 비 생 이 지 지 자   호 고 민 이 구 지   자 야

공자가 말했다. 나는 나면서부터 아는 사람이 아니라 옛것을 좋아해 부지런히 추구한 사람이다.

我非生而知之者(1): 나는 나면서부터 아는 자가 아니다.
敏以求之(2): 빠르게 추구하다.

♣ 공자가 말한 사람의 네 등급
生而知之者: 나면서부터 아는 자, 聖人
學而知之者: 배워서 아는 자
困而學之者: 어려움을 겪은 후 배우는 자
困而不學者: 어려움을 겪고도 배우지 않는 자

述而 20

子不語怪(1)力(2)亂(3)神(4)
자 불 어 괴   력   난   신

공자는 괴상한 일, 폭력, 반난, 귀신에 대해서는 말하지 않았다.

怪(1): 괴이한 일
力(2): 힘에 관한 일, 이르자면 산을 뽑는 사람, 육지에서 배를 끌고 다니는 사람 등 그리고 폭력에 관한 것을 말함
亂(3): 신하가 임금을 죽이고 아들이 아버지를 죽이는 것
神(4): 귀신

述而 21

子曰 三人行 必有我師焉 擇其善者而從之 其不善者而改之
자 왈 삼 인 행 필 유 아 사 언 택 기 선 자 이 종 지 기 불 선 자 이 개 지

공자가 말했다. 세 사람이 길을 가면 반드시 나의 스승이 있으니 그중 좋은 점은 배우고 나쁜 점은 보고 자신의 잘못을 고쳐야 한다.

述而 22

子曰 天生德於予 桓魋其如予何(1)
자 왈 천 생 덕 어 여 환 퇴 기 여 여 하

공자가 말했다. 하늘이 내게 기대하는 요구가 있어 이렇게 살아가는데

환퇴 따위가 나를 어찌하겠는가?

其如予何(1): 나를 어찌하겠는가?
予는 공자가 스스로를 칭하는 말이다.

♣ 공자가 송나라에 있을 때 환퇴가 자신의 石槨을 만드는데 3년이 되어도 완성되지 못하는 것을 보고 공자가 말했다. "이처럼 사치하게 한다면 죽어서 빨리 썩게 하는 것이 더 좋겠구나"
이 말을 전해 들은 환퇴가 공자에게 앙심을 품고 죽이려 했던 것이다.

(출처: 명문당 〈예기〉 이상옥 역)

♣ 桓魋(환퇴): ?~?
송나라 사람으로 司馬(지금의 국방장관)로 桓公의 후예이니 桓氏라고도 한다. 대대로 司馬 벼슬을 했기에 성을 司馬로 삼았다 司馬牛는 그의 아우이다.
B.C. 492년 공자 60살 때 송나라에서 큰 나무 아래에서 제자들에게 강의를 하고 있었는데 송나라의 司馬 桓魋가 공자를 죽이려고 나무를 부러뜨렸지만 공자와 제자 모두 피해 다치지는 않았다.

述而 23

子曰 二三子(1)以我爲隱乎 吾無隱乎爾(2)
자 왈 이 삼 자 이 아 위 은 호 오 무 은 호 이

吾無行(3)而不與二三子者 是丘(4)也
오 무 행 이 불 여 이 삼 자 자 시 구 야

공자가 말했다. 너희들은 내가 무엇을 숨긴다고 생각하는가? 나는 너희에게 숨기는 게 없다. 내가 무슨 일을 행하고 너희들에게 보여주지 않은 것이 없으니 이것이 바로 丘다.

二三子(1): 자네들, 그대들, 여러분
吾無隱乎爾(2): 나는 너희에게 숨기는 게 없다.
行(3): 말로 하지 않는 가르침
丘(4): 공자의 이름

述而 24

子以四敎 文行忠信
자 이 사 교 문 행 충 신

공자가 가르친 것은 네 가지로 학문과, 몸가짐, 진심, 믿음이었다.

文: 학문

行: 행동거지, 품행, 행실

忠: 마음에 숨김없이 자신을 다하는 것, 진심

信: 남을 속이지 않는 것, 남과 사귐에 배신하지 않는 것

茶山: 文과 行은 외적이고 忠과 信은 내적이다. 집에 들어오면 효도하고 나가서 공경하는 것을 行이라 하며 남에게 정성을 다하는 것이 忠이며 남과 사귐에 배신하지 않는 것을 信이라 한다.

述而 25

子曰 聖人 吾不得而見之矣⑴ 得見君子者 斯可矣
자 왈 성 인 오 부 득 이 견 지 의   득 견 군 자 자   사 가 의

子曰 善人 吾不得而見之矣 得見有恒者⑵斯可矣
자 왈 선 인 오 부 득 이 견 지 의   득 견 유 항 자   사 가 의

亡而爲有⑶虛⑷而爲盈 約⑸而爲泰 難乎有恒矣
무 이 위 유   허   이 위 영   약   이 위 태   난 호 유 항 의

공자가 말했다. 성인을 만나볼 수 없다면 고매한 인격자라도 만날 수 있으면 좋겠다. 또한 선한 사람을 만나볼 수 없다면 떳떳한 마음을 간직한 사람이라도 만날 수 있다면 좋겠다.

없으면서 있는 척하고 텅 비었으면서 가득 찬 척하며 적으면서 많은 척한다면 떳떳한 마음을 지닐 수 없다.

得而見之矣(1): 그를 만날 수 있다.

有恒者(2): 마음이 왔다 갔다 하지 않고 德은 善人보다는 못하지만 허세 부리지 않고 거짓말하지 않아 항상 떳떳한 사람

亡而爲有(3): 없으면서 있는 체하다.

虛(4): 그릇은 있으나 그 안이 비어있는 것

約(5): 적게 있는 것

述而 26

子 釣而不綱(1) 弋(2)不射(3)宿
자 조 이 불 강   익   불 석   숙

공자는 낚시질은 해도 그물질은 하지 않았고 화살은 쏘되
잠자는 새는 쏴서 잡지 않았다.

釣而不綱(1): 낚시, 하나의 낚싯대에 하나의 낚시를 매 물고기를 잡는 것

弋(2): 화살에 실을 매서 쏘는 것

射(3): 쏘다 射(사로 읽는다) 쏘아 맞히다 射(석으로 발음한다)

述而 27

子曰 蓋有不知而作(1)之者 我無是也(2)多聞 擇其善者而從之
자 왈 개 유 부 지 이 작 지 자 아 무 시 야   다 문 택 기 선 자 이 종 지

多見而識之(3) 知之次也
다 견 이 지 지　지 지 차 야

공자가 말했다. 잘 알지도 못하면서 창작하는 사람이 있겠지만 나는 그런 일이 없다. 많이 듣고 좋은 것을 골라 이것을 따르고 많이 보고 기억해 놓으면 이것도 지식의 일부가 된다.

不知而作(1): 알지 못하면서 지어내는 것
我無是也(2): 나는 이런 일이 없다.
多見而識之(3): 많이 보아서 그것을 기억한다.

述而 28

互鄕(1)難與言 童子見 門人或
호 향　난 여 언　동 자 현　문 인 혹

子曰 與其進也(2) 不與其退(3)也 唯何甚(4) 人潔己以進
자 왈 여 기 진 야　불 여 기 퇴　야 유 하 심　인 결 기 이 진

與其潔也 不保其往也(5)
여 기 결 야　불 보 기 왕 야

호향마을 사람들은 품성이 좋지 못해 함께 말도 나눌 수 없는 사람들인데 호향의 한 동자가 찾아오니 공자가 만나주었다. 제자들이 의아해했다.

공자가 말했다. 그가 찾아오면 함께하고 그가 돌아간 후 그의 행동까지 동의하는 것은 아닌데 어찌 그리 모질게 하는가? 품행을 바르게 하여 찾아오면 그 점을 인정해야 한다. 그렇다고 그의 과거까지 용인하는 것은 아니다.

互鄕(1): 고유명사로 고을 이름으로 좋지 못한 사람들이 모여 살던 고을이었다고 함.
與其進也(2): 이곳에 오는 것을 승낙하다.
不與其退(3): 돌아간 후 좋지 못한 행동을 하는 것까지 긍정하는 것은 아니다.
唯何甚(4): 어찌 그리 심하게 하겠는가.
不保其往也(5): 과거의 일들을 용납하는 것은 아니다.

述而 29

子曰 仁遠乎哉 我欲仁 斯仁至矣
자 왈 인 원 호 재 아 욕 인 사 인 지 의

공자가 말했다. 진실이 멀리있는가 내가 진실하고자 하면 진실은 이미 내게 와 있는 것이다.

♣ 仁은 모든 상황에서 수시로 드러나는 것이지 멀리 있어 미칠 수 없는 존재가 아니다. 仁은 하고자 함과 하지 않고자 함은 의지의 문제이다. 仁을 실현할 수도 있고 실현하지 않을 수도 있다.

이는 바로 의지가 자유임을 설명한 것이다. 내가 仁하고자 하면 그 仁은 바로 내게 다가온다는 말은 仁이 마음에 본래부터 있어서 내가 하고자 하면 바로 그곳에서 발현된다는 것을 말한 것이다. 仁은 仁하고자 하는 마음에 따라 결정될 뿐 본래부터 있고 없음과는 무관하다.

(출처: 〈논어철학〉왕방웅, 증소욱, 양조한 지음, 왕갑연 옮김, 서광사)

述而 30

陳司敗(1)問 昭公(2)知禮乎 孔子曰 知禮
진 사 패 문 소 공   지 례 호 공 자 왈 지 례

孔子退 揖巫馬期(3)而進之 曰 吾聞君子 不黨(4)
공 자 퇴 읍 무 마 기   이 진 지 왈 오 문 군 자 부 당

君子亦黨乎 君取於吳(5)爲同姓(6)謂之吳孟子(7)
군 자 역 당 호 군 취 어 오 위 동 성 위 지 오 맹 자

君而之禮 孰不知禮
군 이 지 례 숙 부 지 례

巫馬期以告 子曰 丘也幸 苟有過(8)人必知之
무 마 기 이 고 자 왈 구 야 행 구 유 과 인 필 지 지

진나라 사패가 물었다. 소공은 법도를 알까요? 공자가 답했다.
　물론 알지요. 공자가 나가자 사패가 무마기에게 읍하고 말했다. 내가 듣기로 고매한 지도자는 편을 가르지 않는다고 했는데 그런 지도자도 편

을 가릅니까? 소공께서 오나라에 장가를 드니 성이 같습니다. 그래서 이 사실을 숨기기 위해 오맹자로 부르니 임금께서 법도를 아신다면 누가 법도를 모른다고 하겠습니까? 무마기가 이 사실을 공자에게 고하자 공자가 말했다. 나는 다행이다. 만약 잘못이 있다면 남들이 반드시 아는구나

司敗(1): 관직명으로 지금의 검찰에 해당한다.

昭公(2): 魯나라 임금으로 이름은 稠

巫馬期(3): 魯나라 사람으로 공자의 제자로 공자보다 30세 아래로 字는 子期. 巫馬는 관직명으로 병든 말을 치료하는 직책이다.

대대로 관직을 역임해 巫馬가 姓이 되었다.

黨(4): 편벽되다 라는 뜻으로 서로 도와 잘못을 숨기는 것을 黨이라 한다.

君取於吳(5): 임금이 오나라 여자와 결혼하다.

同姓(6): 노나라는 주공의 후예로 성이 姬氏이고 吳나라도 오태백의 후예로 두 나라의 뿌리는 같은 조상으로 姬氏 姓이다.

吳孟子(7): 昭公은 아내가 같은 姓氏라는 것을 숨기기 위해 송나라 여인인 것처럼 子姓으로 행세했다

제대로 표기하려면 吳姬라고 해야 하지만 吳孟子라고 한 것이다.

苟有過(8): 만약 잘못이 있다면

♣ 昭公: 노나라 임금으로 이름은 稠(조)이다.

襄公을 이어 임금 자리에 올랐으며 28년간 재위했다. 文公 이후 季孫行父와 季孫宿 등이 정권을 농단하자 昭公이 견디다 못해 B.C.515년에 이들을 진압하려 했으나 오히려 季平子에게 패하여 昭公은 외국으로 도주해 乾侯(晉나라 당 지금의 河北 磁縣)에서 죽었

다. 죽은 뒤 노나라 공동묘지 함(闞, 지금의 山東 汶上縣)에 묻혔다.

* 다시 처음부터 정리를 하자면 사패는 소공이 예를 아는 사람이냐고 물었다. 공자는 소공께서는 예를 아는 분이라고 대답을 한다.
그 후 사패는 공자의 제자인 무마기를 만나 군자도 자기 편이면 잘못이 있어도 역성을 드는 것이 옳은 일이냐고 묻는 것이다.
원래 같은 성씨끼리는 혼인을 못 하는데도 노나라 임금인 소공은 같은 姬氏 姓의 여자와 혼인을 한 부당한 짓을 남들에게는 그렇지 않은 듯 꾸며 姓氏도 子씨로 바꿨는데 어째 당신 스승은 소공이 예를 안다고 할 수 있는가를 따져 물은 것이다
무마기는 이 사실을 공자에게 전하니 머쓱해 하며 하는 말이 "잘못한 일은 남의 눈을 피할 수가 없구나" 한 것이다.
공자는 자신의 임금인 소공의 역성을 들다 사패에게 망신을 당한 것이다.

♣ 巫馬期:(B.C.521~ ?)
노나라 사람으로 성은 巫馬 字는 子旗 이름은 施이다.
巫馬期는 복자천(宓子賤)과 마찬가지로 단보(單父, 지금의 산동성 河澤市)의 재상을 지냈다.
또한 공자의 가르침을 따라 부귀도 탐하지 않았다고 한다.
그가 임기중 굵은 베옷에 해진 갖옷을 입고서 任地를 둘러보러 다녔는데 밤에 물고기를 잡고 있는 사람을 보았는데 고기를 잡으면 그냥 놓아주었다. 巫馬期가 그에게 묻기를 "고기는 잡기 위한 것인데 그대는 잡으면 놓아주니 어찌 된 일이오?"라고 하니 어부가 대답하길 "복자께서는 사람들이 작은 물고기 잡는 것을

바라지 않으십니다. 제가 놓아주는 것은 작은 물고기들입니다."
라고 했다.

巫馬期는 별이 지기 전에 나와서 별이 뜨고 난 후 들어가며 밤낮으로 쉬지 않고 자신이 일을 처리했더니 단보땅이 잘 다스려졌다.

述而 31

子與人(1)歌而善 必使反之(2)以後和之(3)
자 여 인 가 이 선 필 사 반 지 이 후 화 지

공자는 남과 함께 노래 부를 때 남이 잘하면 반드시 반복해 부르게 하고 그런 뒤 화답해 불렀다.

與人(1): 다른 사람들과 함께
必使反之(2): 반드시 반복하도록 하다.
以後和之(3): 그런 뒤 화답해 부르다.

述而 32

子曰 文莫吾猶人也(1)躬行(2)君子 則吾未之有得(3)
자 왈 문 막 오 유 인 야 궁 행 군 자 즉 오 미 지 유 득 공자가 말했다. 학문은 내가 다른 사람 못지않지만 참된 도리를 실천하는 훌륭한 인격자다운 삶에는 도달하지 못했다.

文莫吾猶人也(1): 직역하면 "문학에 있어서는 남들만큼은 한다." 이지만 공자의 속뜻은 "문학엔 자신 있다."가 될 것이다.
躬行(2): 몸소 행하다.
未之有得(3): 아직 얻지 못했다. 아직 터득하지 못했다.

述而 33

子曰 若聖與仁 則吾豈敢(1) 抑爲之 不厭 誨人 不倦(2)
자왈 약성여인 즉오기감 억위지 불염 회인 불권

則可謂云爾已矣 公西華曰 正唯弟子不能學也(3)
즉가위운이이의 공서화왈 정유제자불능학야

공자가 말했다. 성인이나 참된 사람이라면 내가 어찌 이를 수 있겠는가? 그러나 배우기를 싫어하지 않고 남 가르치길 게을리하지 않는다고는 말할 수 있다. 공서화가 말했다. 바로 그것이 저희들이 따라 할 수 없는 점입니다.

若聖與仁 則吾豈敢(1): 성인이나 완성된 인간을 나 스스로 어찌 감당할 수 있는가?
抑爲之 不厭 誨人 不倦(2): 그러나 배우기를 싫어하지 않고 남 가르치길 게을리

하지 않는다.

正唯弟子不能學也(3): 바로 그것이 저희들이 따라 할 수 없는 점이다.

公西華: 魯나라 사람으로 공자의 제자이다. 성은 公西, 이름은 赤 字는 華 공자보다 42살 아래로 언변이 뛰어났다.

♣ 仁과 聖은 인생의 최고 경지이다. 현실 세계에서는 성인이 있을 수 없다. 왜냐하면 어떤 사람이 설사 현실 세계에서 가장 존경받는다고 하더라도 일단 그 스스로 성인이라 부르고 스스로 최고의 경지에 도달했다고 한다면 그의 경지는 최고가 아니며 따라서 그는 이미 성인이라 할 수 없다. 성인이 만들어지게 되는 것은 반드시 후대 사람들이 그를 추앙하여 받들어야 하는데 그 까닭은 바로 이러한 이치 때문이다. 공자는 仁을 도덕적 인격 발전의 최고 경지로 제기한다.

(출처: 〈중국철학 강의〉 모종삼 저, 김병채 외 옮김, 예문서원)

述而 34

子疾(1)病(2)子路請禱 子曰 有諸(3)子路對曰 有之 誄(4)曰
자 질   병   자 로 청 도   자 왈 유 저   자 로 대 왈 유 지   뢰   왈

禱爾于上下神祇(5)子曰 丘之禱久矣
도 이 우 상 하 신 기   자 왈 구 지 도 구 의

공자의 병이 심해지자 자로가 기도를 드리겠다고 했다.

공자가 말했다. 그런 게 있는가? 자로가 답했다. 있습니다.
기도문에 "천지신명께 빕니다"라고 했습니다.
공자가 말했다. 그런 기도라면 나도 한 지 오래됐다.

疾(1): 병, 괴로움, 앓다, 미움, 빠르다, 잔병, 사람이 화살을 맞아 다치다의 뜻에서 일반적으로 병의 뜻을 나타냄.

病(2): 병, 근심, 원망, 피로, 헐뜯다, 괴롭히다, 병이 심한것,중병. 병이 퍼지다 넓어지다의 뜻으로 병이 무거워진다는 뜻.

有諸(3): 그런 게 있었는가?

誄(4): 뢰(죽은 후에 그 사람의 공적을 적은 글), 제문, 빌다, 죽은 이의 명복을 비는 글.

上下神祇(5): 上下(하늘과 땅) 神祇(하늘의 신과 땅의 신) 천지신명

疾病: 중병을 뜻한다. 잔병치레를 疾이라 하고 중병은 病이라 한다.

述而 35

子曰 奢(1)則不孫(2)儉則固(3)與其不孫也 寧固
자 왈 사 즉 불 손 검 즉 고 여 기 불 손 야 영 고

공자가 말했다. 사치하면 겸손치 못하고 검소하면 쩨쩨하게 되니 겸손치 못한 것보다 차라리 쩨쩨한 편이 낫다.

奢(1):사치, 호사, 과분, 오만, 거만, 넉넉하다. 많은 것을 모으다의 뜻으로 사치를

나타냄.

孫(2): 손자, 자손, 겸손, 한 줄로 이어지는 실의 뜻. 아들에서 아들로 이어지는 손자의 뜻.

固(3): 견고, 변치 않다, 우기다, 수비가 엄하다, 고루하다, 나라의 도읍을 굳게 방비한다는 뜻으로 굳다의 뜻.

述而 36

子曰 君子 坦(1)蕩蕩(2)小人 長戚戚(3)
자 왈 군 자 탄 탕 탕   소 인 장 척 척

공자가 말했다. 고매한 인격자는 너그럽고 여유가 있으며 자잘한 자는 항상 걱정으로 가득하다.

坦(1): 평평하다,너그럽다. 旦은 지평선 위에 아침 해를 본떠 평평하다의 뜻으로 쓰이는데 여기에 土를 더해서 평평하다의 뜻을 강조한 글자임.

蕩(2): 쓸다, 쓸어버리다, 움직이다, 옮기다, 흐르게 하다, 넓다, 풀이 자유롭게 움직이는 뜻에서 제멋대로의 뜻을 나타냄.

蕩蕩: 넓은 모양, 광대한 모양, 水勢가 대단한 모양

小人 長戚戚:(3): 자잘한 자는 항상 걱정한다.

茶山: 군자는 군자라는 자부심이 바탕에 깔려있으니 마음이 너그럽고 즐겁지만 소인은 얻을 것과 잃을 것을 근심하니 항상 수심에 잠겨있다.

述而 37

　　子溫而厲(1)威而不猛(2)恭而安(3)
　　자 온 이 려　위 이 불 맹　공 이 안

　공자는 온화하면서도 엄하고 위엄 있으면서 사납지 않으며 공손하면서도 편안했다.

　　厲(1): 숫돌, 갈다, 엄하다, 사납다, 위태롭다, 힘쓰다, 떨치다
　　猛(2): 날래다, 사납다, 엄하다.
　　恭而安(3): 공손하며 편안하다.

제 8 편

泰伯 태백

泰伯 1

子曰 泰伯 其可謂至德也已矣 三以天下讓(1)民無得而稱(2)焉
자 왈 태 백 기 가 위 지 덕 야 이 의 삼 이 천 하 양 민 무 득 이 칭   언

공자가 말했다. 태백은 인격이 너무 훌륭해 세 번이나 왕위를 사양했지만 백성들은 이 사실을 알 수 없어 칭찬도 할 수 없었다.

三以天下讓(1): 세 번이나 천하를 사양하다.

無得而稱(2): 칭찬할 수 없었다.

♣ 周太王은 맏이 泰伯, 차남 仲雍, 막내 季歷, 이렇게 세 아들이 있었다. 당시 殷나라는 쇠퇴해 있고 周나라는 날로 강성해져 태왕은 상나라를 정벌하려 했는데 맏아들 태백이 따르지 않아 태왕은 왕위를 막내 계력에게 물려줄 생각을 했다.
태백이 이를 알고 동생 중옹과 함께 나라를 떠나 남쪽으로 가 吳나라를 세웠다.
태백은 끝내 주나라를 아우에게 양보하고도 양보한 내색과 그 기미를 전혀 보이지 않았다.
태왕이 병들었을 때 태백은 아버지를 위해 약초를 캐러 멀리 나간 것이 첫 번째 사양이고 태왕이 죽었다는 소식을 듣고도 돌아가지 않아 막내 계력이 상주가 된 것이 두 번째 사양이며 상이 끝난 후 태백은 머리를 자르고 몸에 문신을 해 왕위에 오를 수 없게 한 것이 세 번째 사양이었다.

♧ 泰伯: ? ~ ?

商나라 때 사람으로 성은 姬씨이고 周나라 古公亶父의 큰아들이다. 자기 대신 동생 季歷에게 지위를 넘기려는 아버지의 뜻을 알아차리고 동생 仲雍과 함께 강남으로 달아나 스스로 句吳라 불었다. 이곳에 정착해 살면서 강북의 경작과 축성법등 문화를 전파했다. 태백이 아들 없이 죽자 동생 중옹이 부족의 수령이 되어 뒷날 吳나라의 개창자가 일설에는 虞에 나라를 세웠다고도 한다.

♧ 仲雍: ? ~ ?

虞仲이라고도 한다. 商나라 때 사람. 周나라 古公亶父의 둘째 아들이다. 古公亶父가 막내 季歷에게 傳位할 의사가 있음을 알고 형 泰伯과 함께 자리를 양보하고 남쪽 荊蠻으로 피해 달아났다. 그곳의 풍속에 따라 머리를 깎고 문신을 한 뒤 吳나라를 세웠다. 泰伯이 죽자 자리를 이었다. 일설에 虞仲은 춘추시대 虞나라에서 처음 봉해진 군주라고도 한다.

♧ 季歷: ? ~ ?

王季, 商나라 말기 사람. 周太王 古公亶父의 셋째 아들이자 文王의 아버지이다. 형 泰伯과 虞仲이 아버지가 그를 세워 문왕에게 왕위를 넘기려는 것을 알고 荊蠻(형만)으로 달아났다.
君位를 잇고도 상나라에 신하로 복종했다.
은나라 황제 武乙때 상나라에 조공을 가서 상으로 토지와 옥과 말을 받았다. 은나라 황제 太丁 2년 燕京의 오랑캐를 정벌했지만 패했다. 4년 餘無의 오랑캐를 물리치고 은나라의 牧師가 되었다.

11년 翳徒(예도)의 오랑캐와 싸워 이겼다. 나중에 태정에게 살해 당했다.

泰伯 2

子曰 恭而無禮則勞 愼而無禮則葸 勇而無禮則亂
자 왈 공 이 무 례 즉 노 신 이 무 례 즉 시 용 이 무 례 즉 난

直而無禮則絞 君子篤於親 則民興於仁 故舊不遺
직 이 무 례 즉 교 군 자 독 어 친 즉 민 흥 어 인 고 구 불 유

則民不偸
즉 민 불 투

공자가 말했다. 공손도 예절이 없으면 피곤해지고 신중해도 예절을 모르면 조심스러워지며 용기도 예절을 모르면 난폭하게 된다. 강직함도 예절이 없으면 냉정해진다. 지도자가 인척들과 화목하면 백성들도 서로 깊은 정이 생기고 옛 친구를 버리지 않으면 백성도 야박해지지 않는다.

♣ 禮記, 仲尼燕居: 공자가 한가한 시간에 자장과 자공, 자유가 옆에 있었다. 여러 문답을 하다 화제가 禮에 이르렀다.
자공이 물었다. 예란 어떤 것입니까? 공자가 답했다.
공경하면서 예에 맞지 않으면 이것을 野라고 하고 공손하면서 예에 맞지 않으면 이를 給이라 하고(지나치게 공손한 것은 아첨이다) 용감하면서 예에 맞지 않으면 이를 逆이라고 하는 것이다.

給이란 慈仁(아랫사람에 대한 사랑, 인정이 많음)을 빼앗는 것이다.

泰伯 3

曾子有疾 召門弟子曰 啓⑴予足 啓予手 詩云⑵戰戰兢兢
증자유질 소문제자왈 계 여족 계여수 시운   전전긍긍

如臨深淵 如履薄氷 而今而後 吾知免夫⑶小子
여림심연 여리박빙 이금이후 오지면부   소자

증자가 병이 들어 제자들을 불러 말했다.
이불을 걷고 내 발과 손을 보아라. 시경에서 말하길
깊은 연못에서 무서워 조심하는 것처럼 하고
살얼음 밟듯 하라 했는데 (부모님이 이 몸을 온전하게 낳아 주셨으니 자식은 온전히 돌려 드려야 하는 것이다. 온몸이 온전한 것을 확인했으니) 이제 나는 그런 근심에서 벗어나게 됐구나. 제자들아

啓⑴: 열다, 이불을 걷어.

詩云⑵: 詩經 小旻篇 마지막 구절 戰戰兢兢 如臨深淵 如履薄氷을 인용해 말한 것이다.

吾知免夫⑶: 내가 환란을 모면하게 된 것을 알겠구나.

詩經 小旻 하늘의 분노
旻天疾威 敷于下違   하늘의 분노가 이 땅에 내렸다.

謀猶回遹 何日斯沮	잘못된 나쁜 정치 언제 그치려나
謀臧不從 不臧覆用	좋은 일 안 따르고 나쁜 일만 계속하네
我視謀猶 亦孔之邛	돌아가는 꼴을 보니 가슴이 터진다.

潝潝訿訿 亦孔之哀	어울렸다 헐뜯었다 서글프기 짝이 없다.
謀之其臧 則具是違	훌륭한 정책들은 모두 등 돌리고
謀之不臧 則具是依	잘못된 정책들만 골라 시행하네
我視謀猶 伊于胡底	돌아가는 꼴을 보니 어찌 될지 모르겠네

我龜旣厭 不我告猶	거북이도 싫은지 바른 점괘 안 나오고
謀不孔多 是用不集	사공 많은 배는 산으로 올라가니
發言盈庭 誰敢執其咎	말만 무성하고 책임질 이 하나 없다
如匪行邁謀	길가는 사람에게 물어보지 않는다면
	제 길 찾는건 애당초 무리구나

哀哉爲猶	슬프다 나라 정치 왜 이리 되었는가
匪先民是程 匪大猶是經	선민은 본받지 않고 도에서 벗어났네
維邇言是聽 維邇言是爭	시원찮은 말만 듣고 말다툼만 한다
如彼築室于道謀 是用不潰于成	길손에게 물어가며 집을 짓는 얼간이들

國雖靡止 或聖或否	나라가 흔들려도 옳고 그른 의견 있고
民雖靡膴 或哲或謀深淵	백성이 흩어져도 지혜 있고 슬기 있어
或肅或艾	저 흐르는 샘물처럼 신중한 사람 있고

如彼泉流 無淪胥以敗　　다스리는 이 있으니 패망하진 않을 거야

不敢暴虎 不敢憑河　　맨손으로 범 못 잡고 맨발로 강 못 건
　　　　　　　　　　너니
人知其一 莫知其他　　하나만 아는 것들 다른 것은 알지 못해
戰戰兢兢 如臨深淵　　전전긍긍 조심하자 절벽 위를 걸어가듯
如履薄冰　　　　　　살얼음을 밟고 가듯

(출처: 〈시경강설〉 이기동 역해, 성균관대출판부)

泰伯 4

曾子有疾 孟敬子問之
증 자 유 질 맹 경 자 문 지

曾子言曰 鳥之將死 其鳴也哀⑴人之將死 其言也善
증 자 언 왈 조 지 장 사 기 명 야 애 인 지 장 사 기 언 야 선

君子所貴乎道者三 動容貌 斯遠暴慢矣 正顔色 斯近信矣
군 자 소 귀 호 도 자 삼 동 용 모 사 원 포 만 의 정 안 색 사 근 신 의

出辭氣 斯遠鄙倍矣⑵籩⑶豆⑷之事則有司存⑸
출 사 기 사 원 비 배 의 변 두 지 사 즉 유 사 존

증자가 병이 났을 때 맹경자가 문병을 왔다.
　증자가 말했다. 새가 죽을 때 그 소리가 구슬퍼지고 사람이 죽을 때면 말이 착해집니다. 지도자로서 중요하게 여기는 것이 세 가지 있습니다.

몸가짐에 오만함을 멀리하고 표정은 신뢰를 줄 수 있어야 하며 말투는 상스러움을 멀리해야 합니다. 제사에 관한 일은 그 담당자에게 맡기면 됩니다.

鳥之將死 其鳴也哀(1): 새가 죽을 때 그 소리가 구슬프다.
出辭氣 斯遠鄙倍矣(2) 말은 예의를 지키며 사리에 틀리는 것을 멀리하다.
籩(3): 대나무로 된 과일을 담는 제기. 가장자리라는 뜻. 가장자리를 잘 꾸며 만든 제기.
豆(4): 나무로 된 식혜나 김치를 담는 제기
籩豆之事則有司存(5): 제사상에 올리는 음식은 그 일을 전문적으로 하는 사람에게 맡기면 된다.

* 孟敬子는 노나라 대부로 중손첩(仲孫捷), 字는 儀, 시호는 敬子. 孟武伯의 아들이다.

泰伯 5

曾子曰 以能問於不能 以多問於寡(1) 有若無 實若虛
증자왈 이능문어불능 이다문어과 유약무 실약허

犯而不校 昔者 吾友嘗從事於斯矣(2)
범이불교 석자 오우상종사어사의

증자가 말했다. 잘 알고있어도 잘 알지 못하는 사람에게 묻고 아는 게 많아도 아는 게 적은 이에게 물으며 있어도 없는 것처럼 하며 가득 찼어도 빈 듯이 하고 남에게 모욕을 당해도 보복하지 않는 사람이 있는데 예전 내 친구가 이렇게 살았다.

以多問於寡(1): 아는 것이 많은 사람이 아는 것이 적은 사람에게 묻다.
昔者吾友嘗從事於斯矣(2): 예전 내 친구가 이렇게 살았다.

泰伯 6

曾子曰 可以託六尺之孤(1)可以寄(2)百里之命(3)
증 자 왈 가 이 탁 육 척 지 고 가 이 기 백 리 지 명

臨大節(4)而不可奪(5)也 君子人與君子人也
임 대 절 이 불 가 탈 야 군 자 인 여 군 자 인 야

증자가 말했다. 어린 임금을 맡길 수 있고 사방 백 리 정도 되는 국가를 맡길 만하며 나라에 큰일을 당해서도 그 뜻을 굽히지 않는다면 훌륭한 지도자라 할 수 있을까? 훌륭한 지도자다.

六尺之孤(1): 키가 작은 어린 임금, 당시 1척은 22.4cm로 130~140cm 정도
寄(2): 위임하다. 命: 한 나라의 흥망
百里之命(3): 사방 백 리 정도 되는 국토의 제후국
大節(4): 국가에 큰일이 일어난 때.
奪(5): 강제로 빼앗는 것

泰伯 7

曾子曰 士不可以 不弘毅⑴任重而道遠
증자왈 사불가이 불홍의 임중이도원

仁以爲己任 不亦重乎 死而後已⑵不亦遠乎
인이위기임 불역중호 사이후이 불역원호

증자가 말했다. 선비는 관대하고 굳센 의지가 있어야 한다.
책임은 무겁고 길은 멀기 때문이다.
사랑을 실천하는 사명이 있으니 막중하지 않은가? 죽은 다음에야 끝나니 멀지 않은가?

弘毅(1): 도량이 넓고 의지가 굳음
死而後已(2): 죽은 후에야 끝이 나다.

泰伯 8

子曰 興於詩 立於禮 成於樂
자왈 홍어시 입어례 성어락

공자가 말했다. 詩로 감성을 일깨우고 예로 바르게 서고
음악으로 인품을 완성한다.

泰伯 9

子曰 民(1)可使(2)由(3)之 不可使知之(4)
자 왈 민 가 사 유 지 불 가 사 지 지

공자가 말했다. 백성이 따르게 할 수는 있어도 그 이치를 알게 할 수는 없다.

民(1): 백성, 農,工,商人
使(2): ~~하게하다.
由(3): 따르다, 행하다
不可使知之(4): 그 이치를 알게 할 수는 없다.

泰伯 10

子曰 好勇疾(1)貧(2)亂也 人而不仁 疾之已甚(3)亂也
자 왈 호 용 질 빈 난 야 인 이 불 인 질 지 이 심 난 야

공자가 말했다. 용감하지만 가난을 싫어하면 난을 일으키고 진실하지 못한 것을 지나치게 싫어해도 난을 일으킨다.

疾(1): 미워하다, 싫어하다.
疾貧(2): 가난을 싫어하다.

疾之已甚(3): 지나치게 싫어하다.

泰伯 11

子曰 如有周公之才之美(1) 使驕(2)且吝(3)其餘 不足觀也已(4)
자 왈 여 유 주 공 지 재 지 미   사 교   차 린   기 여 부 족 관 야 이

공자가 말했다. 만일 주공과 같은 훌륭한 재능이 있더라도 교만하고 인색하다면 나머지는 볼 필요도 없다.

如有周公之才之美(1): 만일 주공과 같은 훌륭한 재능이 있어도
驕(2): 씩씩하다, 뻣뻣하다, 교만,총애, 잘난 체하다, 자신을 사랑하는 것, 높이 6척의 큰 말의 뜻으로 사람 말을 듣지 않는 키가 큰 말이란 뜻으로 거만하다의 뜻이 있다.
吝(3): 아끼다, 인색, 주저하다, 베푸는 일에 인색하다,
其餘 不足觀也已(4): 그 나머지는 볼 필요도 없다.

泰伯 12

子曰 三年學 不至於穀(1)不易得也
자 왈 삼 년 학 부 지 어 곡   불 이 득 야

공자가 말했다. 삼 년을 공부하고도 공직에 나갈 생각 없는 사람은 쉽게 찾아볼 수 없다.

穀(1): 祿俸, 예전 나라에서 주던 곡식, 지금의 월급 개념

泰伯 13

子曰 篤信好學 守死善道(1)
자 왈 독 신 호 학 수 사 선 도

危邦不入 亂邦不居 天下有道則見(2) 無道則隱
위 방 불 입 난 방 불 거 천 하 유 도 즉 현 무 도 즉 은

邦有道 貧且賤焉 恥也 邦無道 富且貴焉 恥也
방 유 도 빈 차 천 언 치 야 방 무 도 부 차 귀 언 치 야

공자가 말했다. 강한 믿음으로 학문에 몰두하고 올바른 길을 죽음으로도 지킨다. 위험한 나라에는 가지 말고 어지러운 나라에는 살지 않는다. 세상에 질서가 있으면 나가고 혼란하면 숨는다. 질서 있는 나라에서 가난하게 살면 수치이며 혼란한 나라에서 부귀를 누리는 것도 수치이다.

守死善道(1): 죽을 각오로 바른길을 지킨다.
天下有道則見(2): 세상에 질서가 있으면 나가다.

泰伯 14

子曰 不在⑴其位⑵不謀其政⑶
자 왈 부재 기 위 불 모 기 정

공자가 말했다. 자기 소임이 아니면 참견하지 말아야 한다.

在(1): 任

位(2): 조정에 서는 지위.

不謀其政(3): 남의 일에 참견하지 않는다.

泰伯 15

子曰 師⑴摯⑵之始⑶關雎⑷之亂⑸洋洋乎盈耳哉⑹
자 왈 사 지 지시 관 저 지 란 양 양 호 영 이 재

공자가 말했다. 악사 지가 처음 부임해 연주한 물수리의 마지막 장은 너무도 아름다워 귀에 쟁쟁하구나!

師(1): 大師 음악을 관장하던 우두머리, 노나라의 음악가

摯(2): 大師의 이름이다.

始(3): 태사 지가 처음 부임해서 첫 번째 연주회

關雎(4): 詩經 첫 편의 시 제목으로 사지가 연주한 곡명도 이와 같다. 물수리, 징

경이

亂(5): 악장 끝부분

洋洋乎盈耳哉(6): 너무 아름다워 귀에 쟁쟁하다.

泰伯 16

子曰 狂(1)而不直 侗(2)而不愿(3)悾悾(4)而不信 吾不知之矣(5)
자 왈 광 이 부 직 동 이 불 원 공 공 이 불 신 오 부 지 지 의

공자가 말했다. 뜻은 높은데 정직하지도 않고 어리석으면서 공손하지도 않으며 무능하면서 성실하지 못한 사람은 나도 어찌할 수 없다.

狂(1): 미치다, 도리 시비를 구분 못함, 뜻이 커서 상식에 벗어난 일을 함, 경솔, 조급, 방자하다, 방정맞다.

侗(2): 미련함, 어리석음, 무지한 모양, 텅 비고 어리석다, 속이 비고 어리석은 사람의 뜻.

愿(3): 성실함, 삼가다, 성실 순진의 뜻.

悾悾(4): 어리석은 모양, 우매한 모양, 무능한 모습.

吾不知之矣(5): 나도 어찌할 수 없다.

泰伯 17

子曰 學如不及 猶恐失之(1)
자 왈 학 여 불 급 유 공 실 지

공자가 말했다. 배움은 도달하지 못할 듯이 하며 배운 후엔 그것을 잊을까 걱정해야 한다.

猶恐失之(1): 그것을 잃을까 걱정하다.

泰伯 18

子曰 巍巍(1)乎 舜禹之有天下也而不與焉(2)
자 왈 외 외 호 순 우 지 유 천 하 야 이 불 여 언

공자가 말했다. 높고도 찬란하다!
순임금과 우임금은 천하를 가지고도 간섭하지 않았다.

巍巍(1): 높고 큰 모양, 인물이 뛰어난 모양
舜禹之有天下也而不與焉(2): 순, 우임금은 천하를 가지고도 간섭하지 않았다.

泰伯 19

子曰 大哉 堯之爲君也(1)巍巍乎 唯天爲大(2)唯堯則之(3)
자 왈 대 재 요 지 위 군 야 외 외 호 유 천 위 대   유 요 즉 지

蕩蕩(4)乎 民無能名(5)焉 巍巍乎其有成功也 煥(6)乎其有文章
탕 탕 호 민 무 능 명 언 외 외 호 기 유 성 공 야 환 호 기 유 문 장

공자가 말했다. 위대하다! 요 임금이여! 높고도 찬란하다! 오직 하늘이 가장 존귀하지만 오직 요임금만이 이를 본받았으니
넓고도 넓다! 백성들도 무어라 칭송하지 못하는구나
높고 큰 그 성공이여! 찬란한 그 문화여!

大哉 堯之爲君也(1): 위대하다 요임금 성품이여

唯天爲大(2): 오직 하늘이 가장 존귀하다.

唯堯則之(3): 오직 요임금만이 이를 본받았다.

蕩蕩(4): 넓은 모양, 광대한 모양, 넓고 원대한 것

民無能名(5): 백성들이 말로 형언할 수 없다.

煥(6): 빛나다, 불꽃, 찬란히 빛나는, 광명, 넓게 퍼져 타는 불빛의 뜻.

泰伯 20

舜有臣五人(1)而天下治 武王曰 予有亂臣十人(2)
순 유 신 오 인 이 천 하 치 무 왕 왈 여 유 난 신 십 인

孔子曰 才難 不其然乎 唐虞(3)之際 於斯(4)爲盛 有婦人(5)焉
공자왈 재난 불기연호 당우 지제 어사 위성 유부인 언

九人而已 三分天下有其二 以服事殷 周之德
구인이이 삼분천하유기이 이복사은 주지덕

其可謂至德也已矣(6)
기 가 위 지 덕 야 이 의

순임금은 신하 다섯으로 천하를 다스렸다.

무왕이 말했다. 나는 능력 있는 신하 열 명을 두었다.

공자가 말했다. 인재 구하기 어렵다더니 그렇지 않은가?

요순 시절에는 무왕 때보다 많기는 했지만 부인도 끼어 있으니 아홉 사람뿐이었다. 천하의 삼분에 이를 차지하고도 은나라를 섬겼으니 주나라의 덕은 지극하다 할 것이다.

舜有臣五人(1): 禹后, 稷, 契, 皐陶, 伯益.

十人(2): 周公旦, 소공석(昭公奭), 태공망(太公望), 필공(畢公), 영공(榮公), 굉요(閎夭), 산의생(散宜生), 남궁괄(南宮适), 태전(太顚), 나머지 한 명은 武王의 妻, 읍강(邑姜).

唐虞(3): 唐은 요임금의 호, 虞는 순임금의 호. 堯와 舜, 二代를 같이 부를 때 사용한다.

唐虞之際 於斯爲盛이란 요, 순임금 때보다 주나라 무왕 시절에 신하가 더 많아졌다.

斯(4): 무왕 시절

婦人(5): 武王의 妻 邑姜

其可謂至德也已矣(6): 그(주나라) 덕은 지극하다 할 수 있다.

伯益: ? ~ ?

고대 전설상의 인물로 일명 益이다. 백예(伯翳) 또는 栢翳라고도 한다. 舜임금의 명으로 虞가 되어 草木鳥獸를 관장했다.
또 禹임금 밑에서 치수를 도와 영(嬴)씨 성을 하사받았다.
영씨 성을 가진 제후의 조상이 되었다.
우임금이 夏나라를 세운 뒤에는 재상으로 봉직했다. 우임금이 그를 선양할 사람으로 지목하자 우임금의 아들 啓에게 양보하고 箕山 남쪽에 숨어 살았다. 일설에는 왕위를 다투다 啓에게 살해되었다고도 한다. 우물파는 기술을 개발했다고 해서 井神으로 불린다.

太公望: ? ~ ?

周나라 때 東海사람으로 성은 姜이고 이름은 呂尙이며 字는 子牙이다. 집안이 가난해 渭水 강가에서 낚시를 하다 문왕을 만났다. 문왕이 이야기를 나눠보고는 크게 기뻐하며 "우리 태공이 그대를 기다린지 오래입니다.(吾太公望子久矣)"라고 말했다. 그리하여 太公望 또는 姜太公 呂望이라고도 부른다. 무왕과 문왕을 도와 은나라를 치고 주나라를 세운 공으로 齊나라에 봉해졌다.
무왕은 그를 높여 사상보(師尙父)라 했다. 도읍을 榮丘에 두었는데 제나라의 시조가 되었다. 정치를 잘해 많은 사람들이 귀의했다. 주나라에 머물면서 太師가 되었고 五侯九伯을 정벌할 권한을 가졌다. 兵書 六韜는 그가 지은 것이라 한다.

畢公: ? ~ ?

西周 때 사람으로 왕족이다. 이름은 高이고 문왕의 서자다.
무왕이 은나라를 정벌한 뒤 그를 畢에 봉했다.
성왕 때 太史가 되었고 성왕이 죽은 후 유촉을 받아 太保 昭公과 함께 康王을 보필했다. 강왕 때 그에게 東都成周를 관리하도록 하여 周郊를 안정시켰다. 書經 畢命에 자세한 이야기가 실려있다.

閎夭: ? ~ ?

주나라 문왕과 무왕 때의 명신.
은나라의 紂가 문왕을 가두었을 때 有辛氏의 미녀와 여융(驪戎)의 명마 기타 귀중한 물품을 구해 紂에게 헌납하고 무왕을 구해 냈다. 나중에 무왕을 따라 紂를 멸하는데 큰 공을 세웠다.

散宜生: ? ~ ?

주나라 때 사람으로 문왕이 노인을 잘 접대한다는 소리를 듣고 찾아가 그의 四友의 한사람이 되었다.
呂尚에게 배우고 문왕을 도왔는데 미녀와 보물을 紂王에게 주고 옥에 갇힌 문왕을 석방시켰다.

♣ 요순시절에 비하면 주나라 무왕 때에는 유능하고 현명한 신하가 많아지기는 했지만 다 해봐야 10명이고 거기다 한 명은 무왕의 부인이었으니 9명 밖에는 없었다. 현명한 신하를 두기가 그렇게 어렵다는 것이다.
성왕은 중국이 아홉 나라로 되어있을 때 그중 여섯 나라를 거느리고 나머지 세 나라를 은나라 주왕이 거느렸으니 천하의 삼분의 이를 가지고 있음에도 은나라 주왕에게 머리 숙이고 섬겼으니(服事殷) 그의 謙讓之德이 얼마나 지극한 것인가라는 이야기다. 아홉 나라 중 성왕이 거느린 나라는 梁州, 雍州, 豫州, 徐州, 揚州. 은나라 주왕이 거느린 나라는 靑州, 兗州(연주), 冀州(기주).
춘추좌전 양공 4년에 성왕이 주왕을 섬긴 내용이 있다.

泰伯 21

子曰 禹 吾無間然矣(1)菲飮食(2)而致孝(3)乎鬼神 惡衣服而致美
자 왈 우 오무간연의   비음식   이치효   호귀신 악의복이치미

乎黻(4)冕(5)卑宮室(6)而盡力乎溝洫(7)禹 吾無間然矣
호 불   면 비궁실 이진력호구혁 우 오무간연의

공자가 말했다. 우임금은 내가 탓할 곳이 없다. 보잘것없는 식사를 하면서도 제사에는 귀신에게 정성을 다하고 의복은 검소하게 하면서 제사 때의 예복은 훌륭했으며 집은 누추했지만 치수 사업엔 온 힘을 다했으니 우임금은 내가 흠잡을 데가 없다.

吾無間然矣(1): 내가 흠잡을 데가 없다.

菲飮食(2): 보잘것없는 음식, 형편없는 음식.

致孝(3): 제사 때 제수를 풍부하게 갖추고 깨끗하게 하는 것

黻冕(4,5): 黻은 무릎을 가리는 옷, 가죽으로 만든 제사에 입는 옷

冕은 冠(모자) 제사에 쓰는 모자

卑宮室(6): 낮은 집, 낮은 대궐

溝洫(7): 논밭 사이의 물길

제 9 편

子罕 자한

子罕 1

子 罕言利與命與仁
자 한 언 리 여 명 여 인

공자는 개인의 이익과 운명과 진실에 대해서는 드물게 말했다.

　※ 논어에 仁이란 글이 많지만 그것은 제자들이 묻고 답하는 과정에서 많이 사용되었지만 실제로 공자가 직접 仁을 거론한 적은 그리 많지 않다. 司馬牛가 仁을 물었을 때 공자는 행하기 어렵다. 고 말 했다.

子罕 2

達巷黨(1)人曰 大哉 孔子 博學而無所成名(2)
달 항 당　인 왈 대 재 공 자 박 학 이 무 소 성 명

子聞之 謂門弟子曰 吾何執(3)執御乎 執射乎 吾執御矣
자 문 지 위 문 제 자 왈 오 하 집　집 어 호 집 사 호 오 집 어 의

달항마을 사람이 말했다. 위대하구나 공자여!
아는 것은 그리도 많은데 세상은 그를 아는 사람이 몇이나 될까?
공자가 이 말을 듣고 제자들에게 말했다. 나는 무슨 일을 해볼까? 마차를 몰까? 활을 쏠까? 난 마차 모는 일을 해야겠다.

達巷黨(1): 달항은 마을 이름. 당은 마을

博學而無所成名(2): 박식하기만 했지, 그 이름을 아는 이는 없다.

吾何執(3): 내가 무엇을 전적으로 할까?

子罕 3

子曰 麻冕(1)禮也 今也純(2)儉 吾從眾
자 왈 마 면 예 야 금 야 순 검 오 종 중

拜下 禮也 今拜乎上 泰(3)也 雖違眾 吾從下(4)
배 하 예 야 금 배 호 상 태 야 수 위 중 오 종 하

 공자가 말했다. 베로 만든 예모를 쓰는 것이 예이지만 요즘은 명주실로 만드니 검소하다. 나는 대중을 따르겠다.
 마루 아래에서 절하는 것이 법도인데 요즘처럼 마루 위에서 절하는 것은 교만한 것이다. 비록 대중들과 어긋나더라도 나는 마루 아래서 절하겠다.

麻冕(1): 베로 만든 禮帽. 麻冕은 검은색 베로 만든 관으로 검정 베 관은 30升의 베로 만드는데 1升은 80올이라 그 날실은 2400올이 된다. 세밀해 만들기 어려우니 生絲로 수고를 생략하는 것만 못하다.

純(2): 순수, 천진함, 착하다, 돈독, 밝다, 명주실, 絲와 같음

泰(3): 크다, 풍요롭다, 편안하다, 너그럽다, 미끄럽다, 교만하다.

吾從下(4): 나는 마루 아래에서 절하겠다.

* 실로 만든 모자가 베로 만든 모자보다 제작하기 간편하고 가격도 저렴했다고 한다. 공자는 자기 스스로의 가치를 정해서 남들이 어떤 방향으로 가든 개의치 않고 자신의 가치를 따른다는 것이다.

또한 형식이란 것은 시대 흐름에 따라 가치가 변하지만 사람의 진심이란 말이 아닌 행동으로 나타나는 것으로 자신의 진심을 표하는데 부족하다면 그것이 소박하고 편하다 해도 전통적 형식을 따르는 것이 옳다는 것이다.

子罕 4

子絕四 毋意 毋必 毋固 毋我
자 절 사 무 의 무 필 무 고 무 아

공자는 네 가지를 절대 하지 않았다.
자기 마음대로 하는 일이 없었고 단정하지 않았고 고집하지 않았으며 자기 중심적이지 않았다.

子罕 5

子畏(1)於匡(2)曰 文王(3)旣沒 文不在玆乎(4)
자 외 어 광 왈 문 왕 기 몰 문 부 재 자 호

天之將喪斯文(5)也 後死者不得與於斯文也(6)
천 지 장 상 사 문 야 후 사 자 불 득 여 어 사 문 야

天之未喪斯文也 匡人 其如予何(7)
천 지 미 상 사 문 야 광 인 기 여 여 하

공자가 광 땅에서 고난을 당할 때 말했다.
문왕은 이미 돌아가셨지만 그 문화가 여기 있지 않은가?
하늘이 이 문화를 없애려 했다면 뒤에 죽을 우리가 이 문화를 알 수 없었을 것이다. 하늘이 아직 이 문화를 보존하려 할 텐데, 匡 땅 사람들이 나를 어찌하겠는가?

畏(1): 두려워하다. 삼가고 조심하다. 꺼리다. 경외하다.
匡(2): 鄭나라의 邑 (현재 河南省 長垣縣)
文王(3): 周나라를 세운 古公亶父의 손자, 武王과 周公의 父
成王의 祖父. 이름은 昌
文不在玆乎(4): 문화가 여기 있지 않은가?
斯文(5): 文王의 문화와 문물제도. 이 학문. 이 道
後死者不得與於斯文也(6): 뒤에 죽을 우리가 이 문화를 알수 없다.
匡人 其如予何(7): 匡 땅 사람들이 나를 어찌하겠는가?

♧ 孔子가 송나라로 가면서 광땅을 지나게 되었다.
그런데 때마침 광간자가 양호를 죽이려던 차에 공자가 양호를 닮아 병사들이 공자가 묵고 있던 집을 에워쌌다. 그러자 자로가 노하여 창을 들고 나가서 그들과 싸우려고 했다.
이에 공자가 이렇게 만류했다.
"仁義를 배웠다면 어찌 속됨을 벗지 못하느냐? 시서를 익혀두지 않고 예악을 잘 닦지 않은 것 이것이 나의 과실이다. 내가 만약 양호를 닮았다면 이는 나의 죄가 아니라 운명일 뿐이다. 유야 노래를 부르렴, 내가 너에게 화답하마!"

이리하여 자로가 노래를 부르고 공자가 답가를 했다. 세 곡을 마치자 병사들이 스스로 물러가고 말았다.

子罕 6

大宰(1)問於子貢曰 夫子聖者與 何其多能也(2)
태 재 문 어 자 공 왈 부 자 성 자 여 하 기 다 능 야

子貢曰 固(3)天縱(4)之將(5)聖 又多能也
자 공 왈 고 천 종 지 장 성 우 다 능 야

子聞之曰 大宰知我乎 吾少也賤(6)故多能鄙事 君子多乎哉
자 문 지 왈 태 재 지 아 호 오 소 야 천 고 다 능 비 사 군 자 다 호 재

不多也 牢(7)曰 子云 吾不試 故藝
불 다 야 뢰 왈 자 운 오 불 시 고 예

태재가 자공에게 물었다. 공자는 성인입니까? 어찌 그리 재주도 많습니까? 자공이 말했다. 선생님은 틀림없이 하늘이 내린 성인이고 또 재능도 많으십니다. 공자가 이 말을 듣고 말했다. 태재가 나를 알겠느냐? 난 젊었을 때 천해서 자질구레한 일을 많이 했지,

건실하게 살았다고 해서 재주가 많을까? 많지 않다.

뢰가 말했다. 선생님이 말씀하시길 나는 관직에 나가지 못했기 때문에

재주가 많다고 하셨다.

大宰(1): 벼슬 이름. 吳 나라 태재 백비(伯嚭), 字는 子餘

何其多能也(2): 웬 재주가 그리 많아?

固(3): 정말로, 진실로.

天縱(4): 하늘이 허락하다, 하늘이 내린.

將(5): 아마도, 거의, 장차, 막.

吾少也賤(6): 난 젊을 때 천했다.

牢(7): 공자의 제자로 성은 금, 이름은 뢰, 자는 자개, 혹은 자장이라고도 함

♣ 琴牢: ? ~ ?
춘추시대 말기 위나라 사람으로 성은 금, 이름은 뢰, 字는 자개 또는 자장이다. 공자의 제자로 [맹자]에서 증석 목피 등과 함께 광자로 일컬어졌다. 송나라 진종 대중상부 2년 (1009년) 돈구후로 추봉되었다.

子罕 7

子曰吾有知乎哉 無知也 有鄙夫(1)問於我 空空如也(2)
자 왈 오 유 지 호 재 무 지 야 유 비 부 문 어 아 공 공 여 야

我叩其兩端(3)而竭(4)焉
아 고 기 양 단 이 갈 언

공자가 말했다. 내가 아는 게 있을까? 아는 것이 없다.

그러나 천한 사람일지라도 내게 무엇을 물어오면 그가 아는 것이 없다고 해도 앞과 뒤까지 자세하게 정성을 다해 일러준다.

鄙夫(1): 비루한 남자, 固陋한 사람
空空如也(2): 아는 것이 없다.
兩端(3): 사물의 시종 본말
竭(4): 다하다.

子罕 8

子曰 鳳鳥不至(1) 河不出圖 吾已矣夫(2)
자 왈 봉 조 부 지   하 불 출 도   오 이 의 부

공자가 말했다. 봉황새도 오지 않고 황하에서는 그림도 나오지 않으니 나도 이제 그만이다.

鳳鳥不至(1): 봉황새도 오지 않는다.
吾已矣夫(2): 나도 이제 그만이다.

＊ 공자에게 봉황과 강의 그림이란 자신을 알아주는 임금을 뜻하는데 십수년 천하에 유세하며 다녔지만 그런 임금을 만나지 못했으니 그 실망스러운 심정을 토로한 것.

子罕 9

子見齊⑴衰⑵者 冕衣裳者⑶與瞽者 見之 雖少必作⑷
자 견 자 최   자 면 의 상 자   여 고 자   견 지 수 소 필 작

過之 必趨⑸
과 지 필 추

  공자는 상복 입은 사람, 관복을 입은 사람, 그리고 장님을 만나면 그들이 젊더라도 반드시 일어나고 그 앞을 지날 때는 방해되지 않도록 빠르게 걸었다.

齊(1): 옷자락 자. 상복의 아랫단. 상복
衰(2): 상복 최
冕衣裳(3): 벼슬한 사람이 조회 때 입는 公服
雖少必作(4): 그들이 젊더라도 반드시 일어나다.
趨(5): 종종걸음으로 빨리 걷다. 향하다. 재촉하다. 종종걸음을 쳐서 가다의 뜻

子罕 10

顔淵喟然歎⑴曰 仰之彌高⑵鑽之彌堅⑶瞻之在前 忽焉在後
안 연 위 연 탄   왈 앙 지 미 고   찬 지 미 견   첨 지 재 전 홀 언 재 후

夫子循循⑷然善誘人⑸博我以文⑹約⑺我以禮⑻
부 자 순 순   연 선 유 인   박 아 이 문   약   아 이 례

欲罷不能 其竭吾才 如有所立卓爾(9) 雖欲從之 末由(10)也已
욕 파 불 능 기 갈 오 재 여 유 소 립 탁 이   수 욕 종 지 말 유   야 이

안연이 탄식하며 말했다. 우러러볼수록 더욱 높고 파고들수록 더욱 견고하며 바라볼 때는 앞에 계시더니 어느새 뒤에 계신다.

선생님은 차근차근 사람을 잘 이끄시어 나의 지식을 넓혀주시고 법도로 나를 단속해 주시니 그만두려 해도 그만둘 수가 없다.

이미 나의 재주를 다해도 선생님은 우뚝 서 계시니 비록 이를 따르고자 하나 어찌 따라야 할지 모르겠다.

    顏淵喟然歎(1): 안연이 탄식하며 말했다.

    仰之彌高(2): 우러러볼수록 더욱 높다.

    鑽之彌堅(3): 뚫을수록 더 견고하다

    循循(4): 차례 있게, 순서가 있는 모양, 차근차근, 정연한 모양

    善誘人(5): 잘 인도하다, 잘 이끌다.

    文(6): 經書 (詩經, 書經, 禮記, 樂記, 易經, 春秋)

    約(7): 묶어서 작게 하는 것

    禮(8): 四勿 (非禮勿視, 非禮勿聽, 非禮勿言, 非禮勿動)

    如有所立卓爾(9): 우뚝 서 계시다.

    末由(10): 지름길이 없다.

子罕 11

子疾(1)病(2)子路使門人爲臣(3)
자 질 병 자 로 사 문 인 위 신

病間(4)曰 久矣哉(5)由之行詐也 無臣而爲有臣(6)吾誰欺 欺天乎
병 간 왈 구 의 재 유 지 행 사 야 무 신 이 위 유 신 오 수 기 기 천 호

且予與其死於臣之手也 無寧死於二三子之手乎 且予縱不得
차 여 여 기 사 어 신 지 수 야 무 녕 사 어 이 삼 자 지 수 호 차 여 종 부 득

大葬 予死於道路乎
대 장 여 사 어 도 로 호

공자가 병이 심해지자 자로가 제자들을 가신처럼 꾸몄다.

공자가 병에 차도가 있자 말했다.

오래됐구나, 유가 남을 속이는 간사한 꾀가! 나는 가신이 없는데 있는 듯 꾸미다니, 내가 누구를 속이겠느냐, 하늘을 속이겠느냐? 또 내가 있지도 않은 가신의 손에 죽느니 차라리 너희들 손에 죽는 게 낫지 않겠는가? 또 내가 비록 성대한 장례를 치르지 못하더라도 내가 설마 길에서 죽기야 하겠느냐?

疾(1): 병, 결점, 괴로움, 괴로움, 근심, 미워하다, 사람이 화살을 맞아 다치다의 뜻. 일반적으로 병의 뜻.

病(2): 병, 근심, 앓다, 원망, 피로함, 괴롭히다, 疾病: 병이 위중함

子路使門人爲臣(3): 자로가 제자들을 가신처럼 꾸미다.

間(4): 병에 조금 차도가 있는 것

久矣哉(5): 오래되었다.

無臣而爲有臣(6): 가신이 없는데 있는 듯이 꾸미다.

♧ 禮記 檀弓 上: 공자가 어느 날 아침 일찍 일어나 지팡이를 짚고 천천히 거닐며 노래했다. "태산이 무너지는구나, 대들보가 쓰러지는구나, 哲人이 시드는구나"(泰山 其頹乎 梁木 其壞乎 哲人 其萎乎) 노래를 마치고 방에 들어가 앉았다. 자공이 이 노래를 듣고 말했다. 태산이 무너지면 저는 이제 어디를 우러러보고 대들보가 쓰러지고 철인이 시들면 저는 무엇을 본받겠습니까? 이날 이후 7일 동안 병석에 누워있다가 몰했다.

♧ 春秋左傳: 哀公 16년 여름 4월 기축일(己丑) 孔丘가 죽었다. 公(哀公)이 뇌문을 지어 말했다. 하늘이 자비를 베풀지 않아 한나라의 원로 잠깐 남기지 않아 나 한사람 재위에 있도록 보살펴 주었는데 덩그러니 나만 슬픔에 남겨 놓았구나. 아아 슬프도다 이보(尼父)여! 내가 법으로 삼을 이 없어졌구나.

子罕 12

子貢曰 有美玉於斯 韞匵而藏諸(1)求善賈(2)而沽諸
자공왈 유미옥어사 온독이장저 구선고 이고저

子曰 沽之哉(3)沽之哉 我待賈者也
자왈 고지재 고지재 아대고자야

자공이 말했다. 아름다운 옥이 있다면 이것을 상자 속에 넣어 보관하시겠습니까? 아니면 좋은 값에 파시겠습니까?

공자가 답했다. 팔아야지, 팔아야 말고!

나는 좋은 값을 기다리는 사람이다.

韞匵而藏諸(1): 이것을 상자 속에 넣어 보관하시겠습니까?

善賈(2): 좋은 상인

沽之哉(3): 팔아야지

* 공자는 자신의 지식을 세상에 나가 활용하고 싶지만 아직은 자신을 불러주는 임금이 없다. 그러나 언젠가 자신을 알아주는 임금을 만난다면 세상에 나가 힘껏 일해 보고 싶다는 것.

子罕 13

子欲居九夷(1)
자 욕 거 구 이

或曰 陋如之何 子曰 君子居之 何陋之有(2)
혹 왈 누 여 지 하 자 왈 군 자 거 지 하 루 지 유

공자가 동쪽 오랑캐 땅에 가서 살고 싶어 했다.

어떤 이가 말했다.

누추할 텐데 어찌 살려 하십니까? 공자가 말했다.

건실한 인격자는 사는 곳을 문제 삼지 않는다.

欲居九夷(1): 동쪽 오랑캐 땅에서 살고 싶다.
何陋之有(2): 누추함이 무슨 문제인가?

♣ (후한서, 동이전) 東夷는 아홉 종류가 있는데 견이, 우이, 방이, 황이, 백이, 적이, 현이, 풍이, 양이이다

子罕 14

子曰 吾自衛反魯⑴然後樂正 雅頌⑵各得其所⑶
자 왈 오 자 위 반 노 연 후 악 정 아 송   각 득 기 소

공자가 말했다. 내가 위나라에서 노나라로 돌아온 후 음악이 바르게 되고 아송이 제자리를 잡았다.

吾自衛反魯(1): 내가 위나라에서 노나라로 돌아오다.
雅頌(2): 雅는 조정에서 외교 사절단을 맞을 때나 조회 때 연주하는 곡이며 頌은 종묘사직에 예를 드릴 때 연주하는 곡(宗廟樂歌)
風은 백성들이 부르는 민간 가요이다.
各得其所(3): 각기 제자리를 찾다.

＊ 공자는 54세부터 68세 되던 해까지 천하 유세를 했지만 소득 없

이 고국 노나라에 돌아온 것이 애공 11년 겨울 바로 이때이다. 오랫동안 외국을 돌아다니다 귀국한 공자가 고국의 음악을 들으니 음악이 너무나 손상되어 있어 이를 바로잡고 이때 삼천 편이 넘는 시를 편집해 305편으로 정리해 시경을 만들었다.

子罕 15

子曰 出則事公卿(1) 入則事父兄(2) 喪事(3) 不敢不勉 不爲酒困(4)
자 왈 출 즉 사 공 경   입 즉 사 부 형   상 사   불 감 불 면   불 위 주 곤

何有於我哉
하 유 어 아 재

공자가 말했다. 밖에 나가면 고위 관료를 모시고 집에 들어가서는 웃어른을 모시고 상례 때에는 정성을 다하며 술 마시고 실수하지 않는 것이라면 나도 할 수 있다.

公卿(1): 君大夫(천자의 대부), 上大夫라고도 함

父兄(2): 가족의 어른, 同姓의 어른

喪事(3): 장례, 초상

不爲酒困(4): 술 마시고 실수하지 않는다.

子罕 16

子在川上曰 逝者(1)如斯夫(2)不舍(3)晝夜
자 재 천 상 왈 서 자 여 사 부 불 사 주 야

공자가 시냇가에서 말했다. 가는 것이 이 물과 같구나 밤낮을 쉬지 않으니…

逝者(1): 인생
如斯夫(2): 이와 같다.
舍(3): 그쳐서 쉬다. 멈춘다.

子罕 17

子曰 吾未見好德如好色者也
자 왈 오 미 견 호 덕 여 호 색 자 야

공자가 말했다. 나는 여자 좋아하는 것만큼 자기 수양에 전력을 다하는 사람을 보지 못했다.

♧ 史記 孔子世家: 공자가 위나라에 있을 때 영공이 부인과 같은 수레에 타고 공자는 그 뒤 수레에 태우고 보란 듯이 사람들 앞을 지나갔다. 공자가 이를 추하게 여겨 이렇게 말한 것이다.

子罕 18

子曰 譬如爲山(1)未成一簣(2)止 吾止也 譬如平地
자왈 비여위산 미성일궤 지 오지야 비여평지

誰覆(3)一簣 進 吾往也
수복 일궤 진 오왕야

공자가 말했다. 산을 쌓을 때 한 삼태기 흙을 붓지 못해 산을 이루지 못하는 것도 내가 그만두는 것이고 평지에 흙 한 삼태기를 쏟아 부어 산을 만들기 시작하는 것도 내가 시작하는 것이다.

爲山(1): 흙을 쌓아 산을 만들다
一簣(2): 흙 삼태기
覆(3): 쏟아붓다.

子罕 19

子曰 語之而不惰者(1)其回也與
자왈 어지이불타자 기회야여

공자가 말했다. 가르쳐주면 게을리하지 않는 사람은 안회이구나.

語之而不惰者(1): 말해주면 게을리하지 않는 사람.

子罕 20

子謂顏淵曰 惜(1)乎 吾見其進也 未見其止也
자 위 안 연 왈 석   호 오 견 기 진 야 미 견 기 지 야

공자가 안연에 대해 말했다. 애석하다. 나는 그가 앞으로 나아가는 것은 보았으나 멈추는 것은 보지 못했다.

惜(1): 아끼다, 소중히 여기다, 애석하다, 아깝다, 가시 있는 장미의 뜻으로 마음을 찌르다, 아프다의 뜻을 지님.

子罕 21

子曰 苗(1)而不秀(2)者有矣夫 秀而不實(3)者有矣夫
자 왈 묘   이 불 수   자 유 의 부   수 이 부 실   자 유 의 부

공자가 말했다. 싹이 났어도 꽃을 피우지 못 하는 것도 있고
꽃은 피었어도 열매를 맺지 못 하는 것도 있다.

苗(1): 싹, 곡식과 풀들의 싹, 곡식, 논밭에 심은 가느다란 풀로 모를 말함.
秀(2): 벼 이삭이 나와 꽃이 핌, 꽃이 피어 번성하다, 빼어나다, 뛰어난 사람, 꽃피다.
實(3): 열매, 씨, 재물, 참으로, 진실로, 익다, 집안에 재화가 가득 차다의 뜻으로

가득 차다를 나타냄.

子罕 22

子曰 後生(1)可畏 焉知來者之不如今(2)也
자왈 후생 가외 언지래자지불여금 야

四十 五十而無聞(3)焉 斯亦不足畏也已
사십 오십이무문언 사 역 부 족 외 야 이

  공자가 말했다. 젊은이들이 두렵다. 어찌 훗날 그들이 우리만 못하다 하겠는가? 그러나 40~50이 돼서도 이름이 알려지지 않는다면 그 또한 두려울 것이 없다.

後生(1): 후배, 젊은이

今(2): 공자와 제자들이 만나 공부하던 당시

無聞(3): 이름이 알려지지 않다.

子罕 23

子曰 法語(1)之言 能無從乎 改之爲貴 巽與之言(2)能無說乎(3)
자 왈 법어 지언 능무종호 개지위귀 손여지언 능무열호

繹(4)之爲貴 說繹不繹 從而不改 吾末如之何也已矣
역 지위귀 열이불역 종이불개 오말여지하야이의

공자가 말했다. 본받을 만한 훌륭한 말을 따르지 않을 수 있겠는가? 그 말을 따라 자신의 잘못을 고치는 것이 중요하다.

듣기 좋게 타이르는 말을 기뻐하지 않을 수 있겠는가?

그러나 그 원인을 찾는 것이 중요하다.

기뻐하기만 하며 생각 없이 따르기만 하고 잘못을 고치지 않는다면 내가 그를 어찌할 수 있겠는가.

法語(1): 바르게 말해주다. 본받을 만한 말.

巽與之言(2): 완곡하게 충언하다. 부드럽게 말해주다. 타이르다. 유순해 남을 거스르지 않는 말. 巽은 柔 與는 和

能無說戶(3): 기뻐하지 않을 수 있나

繹(4): 당기다. 찾다. 실마리를 뽑아내다. 쭉 잇는다. 사리를 찾다. 손으로 번갈아 당기다의 뜻으로 실을 당긴다의 뜻이 있다.

子罕 24

子曰 主忠信(1)毋友不如己者 過則勿憚(2)改
자 왈 주 충 신　무 우 불 여 기 자　과 즉 물 탄　　개

공자가 말했다. 성실과 믿음을 최고의 가치로 정하고 내게 본보기가 될 사람들과 사귀며 허물이 있으면 즉시 고쳐야 한다.

忠信(1): 忠은 진심. 최선을 다함. 信은 믿음. 신의. 성실하고 거짓이 없음.

憚(2): 꺼리다, 싫어하다, 미워하다, 주저하다, 고달프다, 어려울 難으로도 해석, 곤란에 반발해 꺼려서 싫어하다의 뜻.

子罕 25

子曰 三軍(1)可奪帥也 匹夫(2)不可奪志也
자 왈 삼 군   가 탈 수 야 필 부   불 가 탈 지 야

공자가 말했다. 삼군의 장수는 빼앗을 수 있지만 필부의 뜻은 빼앗을 수 없다.

三軍(1): 一軍은 12,500명으로 三軍이면 37,500명 천자는 六軍을 거느리고 제후는 三軍을 거느린다.
匹夫(2): 신분이 낮은 남자, 한 사람의 남자, 서인.

* 많은 부하를 거느린 장수는 사대부와 임금 그리고 여러 사정으로 자신의 의지가 휘둘릴 수 있지만 신분이 낮은 남자는 스스로 자신의 뜻을 꺾지 않는 한 변하지 않는다.

子罕 26

子曰 衣敝縕袍(1)與衣狐貉(2)者立 而不恥者 其由(3)也與
자 왈 의 폐 온 포   여 의 호 학   자 립 이 불 치 자 기 유   야 여

不忮不求 何用不臧⑷子路終身⑸誦⑹之 子曰 是道也何足以臧
불 기 불 구 하 용 부 장 자 로 종 신   송   지 자 왈 시 도 야 하 족 이 장

공자가 말했다. 해진 솜옷을 입고 고급 모피 옷을 입은 자와 함께 서 있으면서도 부끄러워하지 않는 사람은 유일 것이다. 남을 해 하지 않으며 남의 것을 욕심내지 않으니 어찌 훌륭하다 하지 않겠는가? 자로가 죽을 때까지 이 시를 외우고 다니자 공자가 말했다.

그런 정도를 어찌 훌륭하다 할 수 있겠느냐?

衣敝縕袍(1): 해진 솜옷을 입다.

狐貉(2): 여우, 담비

由(3): 자로, 자로의 이름

不忮不求 何用不臧(4): 시경 웅치편 마지막 구절, 남을 해치지 않고 남의 것을 욕심내지 않으니 어찌 착하지 않은가?

終身(5): 늘, 항상

誦(6): 외우다, 읊다.

♧ 雄稚   장 끼

雄稚于飛 泄泄基羽	장끼가 날아가네 날개 퍼덕이며
我之懷矣 自詒伊阻	사무치는 그리움 내가 사서 하는 고통
雄稚于飛 下上其音	장끼가 날아가네 끼룩끼룩 날아가네
展矣君子 實勞我心	나를 두고 가시는 님 내 속을 태우네

瞻彼日月 悠悠我思　　해와 달을 바라보며 님 생각 그지없네
道之云遠 曷云能來　　천리만리 길이 멀어 우리 님 언제 오나

百爾君子 不知德行　　세상 남자들아 덕행을 모르는가
不忮不求 何用不臧　　욕심내지 않는다면 어찌 아니 좋으리오

(출처: 〈시경〉 이기동 역해, 성균관대 출판부)

子罕 27

子曰 歲寒(1)然後 知松柏(2)之後彫(3)也
자 왈 세 한　연 후 지 송 백　지 후 조　야

　공자가 말했다. 엄동설한이 온 뒤에야 소나무와 잣나무가 늦게 시드는 것을 알 수 있다.

歲寒(1): 겨울이 되어 나뭇잎이 모두 떨어질 때, 어려운 시기, 추운 계절이 됨, 노년을 달리 이르는 말, 역경 또는 난세를 이르는 말.
松柏(2): 소나무와 잣나무, 두 나무 모두 상록수로 굳은 절개를 비유함, 군자.
後彫(3): 늦게 시들다.

子罕 28

子曰 知者不惑 仁者不憂 勇者不懼
자 왈 지자불혹 인자불우 용자불구

공자가 말했다. 지혜로운 사람은 현혹되지 않고 참된 사람은 근심하지 않고 용기 있는 사람은 두려워하지 않는다.

子罕 29

子曰 可與共學 未可與適道(1)可與適道 未可與立 可與立
자 왈 가여공학 미가여적도 가여적도 미가여립 가여립

未可與權(2)
미 가 여 권

공자가 말했다. 함께 공부했다고 해도 가는 길이 같을 수 없고 가는 길이 같다고 해도 뜻은 같을 수 없으며 뜻은 같더라도 일을 처리하는 생각이 같을 수는 없다.

未可與適道(1): 함께 도로 갈 수 없다.
未可與權(2): 어떤 일을 맞이해 처리하는 생각이 다르다.

子罕 30

唐棣(1)之華 偏其反而(2) 豈不爾思(3) 室是遠而
당체   지화 편기번이   기불이사   실시원이

子曰 未之思也 夫何遠之有(4)
자왈 미지사야 부하원지유

　산앵두나무꽃이 바람에 나부낀다. 어찌 그대를 생각하지 않으랴만 집이 멀구나.
　공자가 말했다. 생각하지 않은 것이지 어찌 집이 멀다 하는가?

　唐棣(1) : 산앵두나무꽃(자두)
　偏偏其反(2) : 바람에 나부끼다.
　豈不爾思(3): 어찌 그대를 생각하지 않으랴
　夫何遠之有(4): 어찌 멀다 하는가?

제 10 편

鄕黨 향당

鄕黨 1

孔子於鄕黨(1)恂恂(2)如也 似不能言者
공 자 어 향 당　순 순　여 야 사 불 능 언 자

其在宗廟(3)朝廷 便便(4)言 唯謹爾
기 재 종 묘　조 정 변 변　언 유 근 이

　공자는 마을에서는 공손해 말도 잘못하는 사람인 듯했다. 그러나 종묘나 조정에서는 말에 막힘 없으면서도 삼가 했다.

鄕黨(1): 王城 내부를 아홉 등분해 중앙은 왕궁을 만들고 앞은 조정, 뒤쪽은 저자(시장), 종묘와 사직은 궁 내부에 있고, 좌우에는 각각 3鄕이 마주 보게 하였다. (모두 6鄕) 鄕이란 향한다는 뜻이고 黨은 鄕 중앙의 500가구를 구분해 黨이라 한다.
鄕은 약 12,500호가 모여 있고 黨은 약 500호 정도가 모여 있는 마을. 鄕里라고도 칭함.
恂恂(2): 온유하고 공손한 모습, 信實한 모습, 두려워하는 모습.
宗廟(3): 역대 왕과 왕비의 위패를 모시는 왕실의 사당.
便便(4): 분명히 말하다, 말 잘하다, 유창하게 변명하다.

鄕黨 2

朝 與下大夫言 侃侃(1)如也(2)與上大夫言 誾誾(3)如也
조　여 하 대 부 언 간 간　여 야　여 상 대 부 언　은 은　여 야

君在 踧踖(4)如也 與與(5)如也
군재 축척 여야 여여 여야

조정에서 차관들과 말할 때는 화평하고 즐겁게 했고
장관들과 말할 때는 차분하게 시비를 논했다.
통치권자 앞에서는 태도가 해이하지 않았고 엄숙했다.

侃侃(1): 화평하고 즐거운 모양

如也(2): …하는 모습

誾誾(3): 화기애애한 모습, 조용히 시비를 토론하는 모습.

踧踖(4): 조심해서 편안하지 않은 모습

與與(5): 무성한 모습, 威儀있는 모습.

鄉黨 3

君召使擯(1)色勃如(2)也 足躩(3)如也
군소사빈 색발여 야 족확 여야

揖所與立 左右手 衣前後襜如也 趨進(4)翼如也
읍소여립 좌우수 의전후첨여야 추진 익여야

賓退 必復命曰 賓不顧矣
빈퇴 필복명왈 빈불고의

임금이 불러 사신을 영접하게 하면 표정을 고치고 발걸음도 조심했다.

사신과 서로 읍할 때는 손을 좌우로 향했는데 옷 앞 뒷자락이 가지런했다. 빠른 걸음으로 나갈 때는 새가 날개를 편 듯했다.

손님이 물러가면 반드시 "손님이 뒤돌아보지 않고 잘 갔습니다."라고 보고했다.

君召使擯(1): 임금이 불러 사신을 영접하게 하다.

勃如(2): 얼굴빛을 고치다 (환하게).

躩如(3): 뛰다,빠르게 가는 모양.

趨進(4): 빠른 걸음으로 나가다. 종종걸음

趨: 종종걸음으로 빨리 걷다, 빨리 가다, 향하다, 재촉하다, 빠르다, 보폭을 줄여 달리다, 종종걸음을 쳐서 가다의 뜻을 지님.

鄕黨 4

入公門 鞠躬如也(1)如不容 立不中門(2)行不履閾(3)
입 공 문 국 궁 여 야   여 불 용   입 부 중 문   행 불 리 역

過位(4)色勃如也 足躩如也 其言 似不足者
과 위   색 발 여 야   족 각 여 야   기 언   사 부 족 자

攝齊(5)升堂 鞠躬如也 屛氣(6)似不息者
섭 자   승 당   국 궁 여 야   병 기   사 불 식 자

出降一等 逞顔色 怡怡(7)如也 沒階 趨進 翼如也
출 강 일 등   영 안 색   이 이   여 야   몰 계   추 진   익 여 야

復其位 踧踖 如也
복 기 위   축 적   여 야

대궐 문에 들어갈 때는 몸을 숙이고 상대에게 예의를 갖추고 출입을 허락받지 못하는 듯한 모습이었다. 서 있을 때는 문 한가운데 서지 않으며 다닐 때는 문지방을 밟지 않았다. 임금 앞을 지날 때는 표정을 고치고 발걸음을 조심하며 말을 삼가했다. 옷자락을 잡고 대청에 오를 때에는 몸을 굽히고 숨죽여 숨을 쉬지 않는 것처럼 했다.

  나와서 한 계단 내려서서는 표정을 펴 평온한 모습이었다.

  층계를 다 내려와서는 빠른 걸음으로 걷는 것이 마치 새가 날개를 편 듯했다. 자기 자리에 돌아와서는 공손하며 조심스러운 모습이었다.

> 鞠躬如也(1): 존경하는 뜻으로 몸을 굽히다. 몸을 굽혀 움츠리는 모습
> 中門(2): 문의 한가운데
> 閾(3): 문지방. 집 안팎의 경계가 되는 문지방의 뜻.
> 중문은 문의 한가운데로 문설주와 문지방 사이의 이름으로 임금이 출입하는 곳이다.
> 過位(4): 임금의 빈자리. 임금이 있던 자리.
> 攝齊(5): 옷자락을 잡아 올리다.
> 攝: 당기다, 끌어당기다, 쥐다, 잡다, 가지다, 소유, 걷어 올리다, 돕다, 거느리다, 성내다, 손으로 가지런히 추려 가지다의 뜻을 지님.
> 屛氣(6): 겁이 나서 숨을 죽이다. 두려워서 조심하다.
> 屛: 울타리, 병풍, 가리다, 변방, 물리치다, 물러나다, 두려워하다, 거둔다, 감추다
> 怡怡(7): 화평하고 기쁜, 기뻐하는 모습, 즐거워하는 모습.
> 怡: 기뻐하다, 온화하다, 마음의 평안.
> 踧踖(8): 조심하는 모습, 삼가는 모습, 공손한 모습, 공손하고 조심스러운 모습.
> 踧: 길이 평탄하다, 받들고 삼가는 모습, 놀라는 모습, 쪼들리다.

鄕黨 5

執圭(1)鞠躬如也 如不勝 上如揖 下如授 勃如戰色(2)
집 규　국 궁 여 야　여 불 승　상 여 읍　하 여 수　발 여 전 색

足蹜蹜(3)如有循(4)享禮(5)有容色 私覿(6)愉愉(7)如也
족 축 축　여 유 순　향 례　유 용 색　사 적　유 유　여 야

　신임장을 들고 있을 때는 몸을 굽혀 그 무게를 견디지 못하는 듯했고 위로 들어 올릴 때는 읍하듯 했으며 내릴 때는 물건을 줄 때처럼했다. 표정은 갑자기 변해 두려워하는 듯했고 걷는 모습은 종종걸음으로 순종하듯 걸었다.
　연회 때는 부드러운 모습이었고 사사로운 만남에는 화기애애했다.

圭(1): 홀(제후가 조회할 때 손으로 잡는 위가 둥글고 아래는 각진 길쭉한 옥, 천자가 제후를 봉할 때 줌, 모서리, 瑞玉으로 지금의 신임장과 같은 것

戰色(2): 두려워하는 모습, 무서워 떠는 얼굴빛.

蹜蹜(3): 좁은 발걸음, 종종걸음, 종종걸음으로 걷는 모양.

蹜: 종종걸음, 오그라들다, 수축, 보폭을 줄여서 걷다의 뜻.

循(4): 쫓다, 복종, 순종, 돌아다니다, 어루만지다, 미적미적하다, 차례 있다, 발꿈치를 끌듯, 따라가다의 뜻.

享禮(5): 享은 드린다(獻)의 뜻, 예를 갖춰 인사드릴 때 상대방에게 드리는 선물

覿(6): 보다, 만나다, 눈 붉다, 멀리 바라보다.

愉愉(7): 더욱 온화한, 화기애애, 즐거워하는 모습, 기뻐하는 모습.

鄉黨 6

君子 不以紺緅飾(1)紅紫不以爲褻服(2)
군자 불이감추식 홍자불이위설복

當暑 袗絺綌(3)必表而出之 緇衣(4)羔裘(5)素衣 麑裘(6)黃衣
당서 진치격 필표이출지 치의 고구 소의 예구 황의

狐裘(7) 褻裘長 短右袂(8)必有寢衣 長一身有半
호구 설구장 단우매 필유침의 장일신유반

狐貉(9)之厚 以居 去喪 無所不佩(10)非帷裳(11)必殺(12)之
호학 지후 이거 거상 무소불패 비유상 필쇄 지

羔裘玄冠(13)不以弔 吉月(14)必朝服而朝
고구현관 불이조 길월 필조복이조

고매한 인격자는 감색과 붉은색으로 장식을 하지 않고
다홍색과 자주색의 평상복을 입지 않았다.
더울 때는 베 홑옷을 겉에 입었다.
검은 옷은 새끼 양 가죽옷을 입고 흰옷은 사슴 가죽옷을 입고 황색 옷에는 여우 모피를 입었다.
평상시 모피 옷은 길게 입지만 오른 소매는 짧았다.(길게 하는 것은 따뜻하게 하기 위해서이고 오른 소매를 짧게 하는 것은 일할 때 편하기 위해서다.)
잘 때는 반드시 잠옷을 입었으며 길이가 몸길이의 한배 반이었다.
집에서는 여우와 담비의 두꺼운 털옷을 입었다.
탈상한 뒤에는 패물을 가리지 않고 찼다.
조례나 제례복이 아니면 반드시 접어 편하게 줄여 입었다.

검은 가죽옷과 검은 관을 쓰고는 조문하지 않았다.
초하룻날에는 반드시 조복을 입고 조례에 나갔다.

君子不以紺緅飾(1): 감색과 붉은색으로 장식을 하지 않는다.

紅紫不以爲褻服(2): 다홍색과 자주색의 평상복을 입지 않았다.

當暑 袗絺綌(3): 더울 때는 베 홑옷을 겉에 입었다.

緇衣(4): 검게 물을 들인 옷

羔裘(5): 새끼양 모피로 만든 옷.

麑裘(6): 새끼 사슴 가죽으로 만든 옷

狐裘(7): 여우 겨드랑이의 털로 만든 가죽옷

袂(8): 소매.

狐貉(9): 여우와 담비

佩(10): 노리개, 차다, 끈을 달아 몸에 차다, 마음속에 간직하다, 두르다, 패물(주로 옥을 찬다)

帷裳(11): 조례나 제례 때 입는 예복, 하의는 온폭으로 휘장같이 만들었기 때문, 부인이 수레에 치는 휘장.

帷: 휘장, 덮다, 사방을 둘러치다, 둘러친 천, 덮개의 뜻.

必殺(12): 반드시 줄인다.

玄冠(13): 검은색 관, 상례에는 반드시 흰색을 사용한다.

吉月(14): 매월 초하룻날

鄕黨 7

齊必有明衣(1)布 齊必變食(2)居必遷坐(3)
재 필 유 명 의   포 재 필 변 식 거 필 천 좌

재계할 때는 반드시 깨끗한 베옷을 입었다.
재계할 때는 반드시 술과 냄새나는 음식을 먹지 않고 자리도 옮겨 앉았다.

明衣(1): 齋戒하는 사람이 목욕 후 입는 속옷.
變食(2): 술, 마늘, 파, 부추 등 냄새가 강한 음식은 먹지 않는다.
遷坐(3): 평소 앉던 자리를 바꾼다. 여우 담비 가죽 방석에 앉지 않는다.
遷: 옮기다. 관직이 바뀌다. 이것을 버리고 저리로 가다. 고치다. 변명. 천도.

鄕黨 8

食(1)不厭精(2)膾(3)不厭細 食饐而餲(4)魚餒而肉敗(5)
사 불 염 정 회 불 염 세 사 의 이 애   어 뇌 이 육 패

不食 色惡不食 臭惡不食 失飪(6)不食 不時不食
불 식 색 악 불 식 취 악 불 식 실 임 불 식 불 시 불 식

割不正 不食 不得其醬(7)不食 肉雖多 不使勝食氣 唯酒無量
할 부 정 불 식 부 득 기 장 불 식 육 수 다 불 사 승 사 기 유 주 무 량

不及亂 沽酒市脯 不食(8)不撤薑食(9)不多食
불 급 난 고 주 시 포 불 식   불 철 강 식   부 다 식

祭於公 不宿肉 祭肉 不出三日 出三日 不食之矣
제 어 공 불 숙 육 제 육 불 출 삼 일 출 삼 일 불 식 지 의

食不語 寢不言 誰疏食菜羹 瓜(10)祭 必齊如也
식 불 어 침 불 언 수 소 사 채 갱 과 제 필 재 여 야

밥은 곱게 찧은 밥을 좋아하고 회는 가는 것을 좋아했다.
　밥이 쉬어 냄새나고 상한 생선과 부패한 고기는 먹지 않았다. 색이 나쁜 것과 냄새가 나쁜 것도 먹지 않았다. 설익은 것도 먹지 않았고 제철 음식 아닌 것도 먹지 않았다. 바르게 자르지 않으면 먹지 않았고 음식에 알맞은 간장이 없어도 먹지 않았다. 고기가 비록 많아도 밥보다 고기를 더 많이 먹지 않았다. 그러나 술에는 정량이 없었으나 취할 때까지 마시진 않았다. 시장에서 산 술과 육포는 먹지 않고 생강은 곁에 두고 먹기는 하되 많이 먹지는 않았다. 임금이 제사 지내고 받은 고기는 밤을 넘기지 않았고 집에서 제사 지낸 고기는 사흘을 넘기지 않았으니 사흘을 넘기면 먹을 수 없기 때문이다. 식사하면서 말하지 않았고 누워서 말하지 않았다. 비록 거친 밥과 나물국이라도 반드시 제를 지내되 경건하게 지냈다.

　　食(1): 사로 읽는다. 기르다, 먹이다, 먹여 살리다, 밥.
　　精(2): 찧다, 쌀을 곱게 찧다, 자세하다, 묘하다, 아름답다, 순수, 밝다, 깨끗하게 대낀 쌀의 뜻과 맑은 마음을 나타냄.
　　膾(3): 잘게 저민 날고기, 소, 양, 물고기의 날고기를 얇게 썬 것
　　食饐而餲(4): 밥이 쉬어 냄새가 나다.
　　魚餒而肉敗(5): 생선과 고기가 부패하다.
　　失飪(6): 날것이 알맞게 익지 못한 것

飪: 익히다, 꼼꼼하게 한 조리의 뜻.

不得其醬(7): 고기를 먹을 때 쓰는 간장은 고기의 종류마다 다르므로 먹는 고기에 맞는 간장이 없으면 먹지 않는다는 것

沽酒市脯 不食(8): 사온 술과 육포는 먹지 않다.

不撤薑食(9): 상에 반찬을 치우더라도 생강은 가져가지 못하게 하고 상에 남겨두었다.

瓜(10): 魯論에는 瓜가 必자로 되어있다. 瓜자는 齊論에 근거한 것임.

♣ 장은 요즘 말하는 간장이 아니라 <禮記. 內則>중에 나오는 여러 가지 장은 쓰임이 각기 다르다.

참조:禮記. 內則 중, 닭을 삶는 데에는 젓국을 쓰며 여뀌를 뱃속에 채운다. 또 물고기를 삶을 때에는 卵醬을 쓰는데 여뀌를 그 뱃속에 채우며 자라를 삶을 때에는 전국을 쓰되 여뀌를 그 뱃속에 채운다. 이것은 모두 그 냄새를 제거하고 맛을 좋게 하기 위해서다.

다음에 단수를 먹을 때에는 지해로써 이에 곁들이고 포해를 먹을 때에는 포해를 곁들이며 고라니 고기 껍질을 먹을 때에는 魚醯(어해) 즉 생선 젓국을 곁들이고 생선회를 먹을 때에는 겨자장을 곁들이고 고라니 날고기를 먹을 때에는 젓국을 복숭아와 매실로 담근 것을 먹을 때는 소금을 찍어 먹는다. 이렇게 하면 맛이 조화를 이룬다.

鄉黨 9

席不正 不坐
석 부 정 부 좌

자리가 바르지 않으면 앉지 않았다.

鄉黨 10

鄉人飮酒 杖者(1)出 斯出(2)矣 鄉人儺(3)朝服(4)而立於阼階(5)
향인음주 장자 출 사출   의 향인나   조복   이립어조계

마을 사람들과 술을 마실 때는 지팡이를 짚은 노인이 나간 후에야 따라 나갔다. 마을 사람들이 굿을 할 때는 예복을 입고 동쪽 돌계단에 서 있었다.

杖者(1): 마을에서 60세 이상이면 지팡이를 짚는다. 노인을 말함

斯出(2): 마을에서 술을 마시다 노인이 나가면 그 뒤를 따라 나가는 것.

儺(3): 굿, 푸닥거리, 사람의 손으로 재앙을 몰아내다의 뜻.

朝服(4): 祭服, 예복

阼階(5): 동쪽 섬돌, 동쪽의 돌계단.

♣ (方相氏: 周나라 관직 이름으로 역귀를 쫓는 일을 관장했다.)

阼階(조계)는 동쪽 계단이다. 儺란 옛날 예법으로 놀이에 가깝지만 반드시 조복을 입고 임한 것은 성실하고 경건을 다하기 때문이다.

어떤 이는 말하길 선조와 五祀(門, 庭, 戶, 竈(조), 中溜) 신이 놀랄까 염려되어 자신에게 의지해 편안하게 하려는 것이다.

이 구절은 공자가 마을에서의 생활을 기록한 것이다.

♧ <禮記 王制> 편에서 나이 50세 노인은 양식을 젊은이와는 달리하며 60세 노인이면 격일로 고기를 올린다. 70세 노인이면 항상 맛 좋은 반찬 두 가지를 올린다. 80세 노인이면 항상 맛있는 음식을 올리고 90세 노인이면 거처하는 곳에 항상 음식이 준비되어 있어야 하며 맛 좋은 음식과 마실 것을 준비해 가는 곳마다 따라다녀야 한다. 60세가 되면 관을 준비한다. 70세가 되면 수의와 기물 중에서 마련하기 힘든 것을 준비한다. 80세가 되면 수의와 기물 중 마련하기 쉬운 것을 준비한다. 90세가 되면 이미 준비한 것들을 손질하고 수리한다. 오직 絞(염할 때 쓰는 베) 紟(홑이불) 衾(이불) 冒(시신 위를 덮어 보이지 않게 하는 것)는 죽은 뒤에 만든다. 50세가 되면 집안에서 지팡이를 짚고 60세가 되면 고을에서 지팡이를 짚고 70세가 되면 나라 안에서 지팡이를 짚으며 80세가 되면 조정에서 지팡이를 짚으며 90세가 된 자에게 천자가 문의하고 싶은 일이 있으면 천자가 그의 집에 친히 가서 문의하되 갈 때는 진미를 가지고 존양한다.

鄕黨 11

問人於他邦⑴再拜⑵而送之 康子⑶饋藥⑷拜而受之曰
문인어타방 재배 이송지 강자 궤약 배이수지왈

丘未達⑸不敢嘗
구미달 불감상

　다른 나라로 사람을 보내 안부를 전할 때는 두 번 절하고 보냈다. 계강자가 약을 보내오자 절하고 받으며 말했다. 나는 이 약 성분을 모르기 때문에 감히 먹지는 못하겠다.

問人於他邦(1): 다른 나라로 사람을 보내 안부를 전하다.
再拜(2): 타국과의 교류에는 더욱 존경의 표시로 두 번 절한다
康子(3): 당시 魯나라 실력자인 季康子
饋藥(4): 안부 물으러 보낸 사람이 돌아올 때 계강자가 보낸 약
未達(5): 알지 못하다.

鄕黨 12

廐⑴焚 子退朝 曰 傷人乎⑵不問馬
구 분 자퇴조 왈 상인호 불문마

　마구간에 불이 났는데 공자가 퇴근해서 말했다. 사람이 다쳤느냐? 고

했을 뿐 말에 대해서는 묻지 않았다.

廐(1): 공자의 마구간

傷人乎(2): 사람이 다쳤는가?

鄕黨 13

君賜食⑴必正席先嘗之 君賜腥⑵必熟而薦之.
군 사 식   필 정 석 선 상 지 군 사 성   필 숙 이 천 지

君賜生 必畜之 侍食於君 君祭 先飯
군 사 생 필 휵 지 시 식 어 군 군 제 선 반

疾 君視之 東首 加朝服 拖⑶紳⑷君命召 不俟駕行矣
질 군 시 지 동 수 가 조 복 타   신   군 명 소 불 사 가 행 의

入 太廟 每事問
입 태 묘 매 사 문

임금이 음식을 보내면 자리에 바르게 앉아 먼저 맛보고
임금이 날고기를 보내면 익혀서 조상에게 바치고 임금이 산짐승을 보내면 반드시 길렀다. 임금을 모시고 식사할 때는 임금의 제사가 끝나는 대로 먼저 맛을 보았다. 병이 났을 때 임금이 문병을 오면 머리를 동쪽으로 두고 조복을 몸에 덮고 띠를 그 위에 놓았다. 임금이 부르면 수레에 멍에 맬 동안도 기다리지 않고 출발했다. 태묘에 들어가서는 모든 일을 물었다.

賜食(1): 음식을 보내주다

賜: 주다, 하사하다, 받다, 하사받다. 윗사람이 아랫사람에게 팔을 뻗어 재화를 주다의 뜻.

腥(2): 날고기, 비리다, 더럽다. 고기 속에 별같이 흰 지방이 박혀있는 차돌박이 고기의 뜻.

拖(3): 끌어당기다. 뱀이 꿈틀거리는 듯한 선을 그리는 것처럼 손으로 질질 끌다의 뜻

紳(4): 큰띠, 벼슬아치, 고귀한 사람, 묶다, 맨 끝을 길게 늘인 큰 띠의 뜻.

♣ <禮記.曲禮 上>: 남은 음식으로는 제사 지내지 않는다. 그런 것으로는 아버지가 아들의 제사를 지내지 않으며 남편이 아내의 제사를 지내지 않는다.

鄕黨 14

朋友死 無所歸(1)曰於我殯(2)朋友之饋 雖車馬 非祭肉 不拜
붕 우 사 무 소 귀   왈 어 아 빈   붕 우 지 궤 수 거 마 비 제 육 불 배

친구가 죽어 갈 곳이 없었다. 공자가 말했다. 내 집에 빈소를 차려라. 친구가 보낸 선물은 제사 지낸 고기가 아니면 비록 수레와 말이라도 절하지 않았다.

無所歸(1): 자식이나 가족 등 친한 주변이 없는 점을 말한다.

於我殯(2): 친구에게 자기 집에 빈소를 만들어 주고 상제가 되겠다는 뜻

鄉黨 15

寢不尸(1) 居不容(2) 見齊衰者(3) 誰狎(4) 必變
침 불 시 거 불 용 견 자 최 자 수 압 필 변

見冕(5)者與瞽者 誰褻(6)必以貌 凶服(7)者 式之 式負版(8)者
견 면 자 여 고 자 수 설 필 이 모 흉 복 자 식 지 식 부 판 자

有 盛饌(9) 必變色而作 迅雷風烈(10) 必變
유 성 찬   필 변 색 이 작 신 뢰 풍 열   필 변

  잠잘 때는 죽은 사람처럼 눕지 않았고 집에서는 엄숙한 모습을 보이지 않았다. 상복 입은 사람을 보면 비록 친한 사이라도 표정을 고쳤다. 공직자나 장님을 보면 비록 사사로운 자리라도 예모를 갖추었다. 상복 입은 사람에게는 머리 숙여 경의를 표하고 지도와 호적을 짊어진 사람에게도 경의를 표했다.
  잘 차린 음식상을 받으면 주인에게 예의를 표하려 표정을 고쳐 일어나고 천둥 치고 거센 바람이 불 때도 반드시 표정을 고쳤다.

  寢不尸(1): 잠잘 때 죽은 사람처럼 눕지 않는다.
  居不容(2): 집에 있을 때 엄숙한 모습이 아니다.
  齊衰者(3): 상복 입은 사람
  狎(4): 익숙, 허물없이 가깝다, 평소에 친한 사이, 업신여김, 희롱, 편하다.

冕(5): 대부의 관

褻(6): 속옷, 평상복, 더럽다, 버릇없다, 업신여기다, 오랫동안 입어 익숙해진 옷의 뜻.

凶服(7): 상복

版(8): 널빤지, 호적, 책, 홀(벼슬아치가 손에 쥐는 물건).

盛饌(9): 진귀하고 맛있는 음식을 많이 차린 상

迅雷風烈(10): 천둥 치고 거센 바람이 불다.

鄕黨 16

升車 必正立執綏(1) 車中 不內顧(2) 不疾言 不親指
승 거 필 정 립 집 수   거 중 불 내 고   부 질 언 불 친 지

마차에 오르면 반드시 똑바로 서서 줄을 잡았다.
수레 안에서는 돌아보지 않았고 말을 빨리하지 않았고
손가락질하지 않았다.

綏(1): 끈, 수레 위에서 잡는 끈, 갓끈, 마음 편함, 멈추다, 몸을 버티고 수레에 오르는 끈.

內顧(2): 뒤돌아보는 것, 생계를 돌봄.

鄕黨 17

色⑴斯擧⑵矣 翔⑶而後集⑷
색   사거   의 상 이후집

曰 山梁雌雉 時哉時哉 子路共⑸之 三嗅而作
왈 산량자치 시재시재 자로공   지 삼후이작

새가 놀라 날아올라 맴돌다 내려와 모여들었다.
공자가 말했다.
산골짜기 다리 위 까투리는 때를 아는구나! 때를 아는구나!
자로가 꿩을 잡아 스승에게 바치니 공자가 세 번 냄새 맡고 자리에서 일어났다.

色⑴: 놀란 모습

擧⑵: 새들이 날아오르다.

翔⑶: 날다, 돌아보다, 선회, 자세하다, 빙빙 돌며 날다, 날개로 올라가다의 뜻.

集⑷: 모이다, 이루다, 내려앉다, 새가 나무에 모여 앉은 모습에서 모이다의 뜻.

共⑸: 함께, 향하다, 공경하다, 이바지하다, 바친다는 뜻, 양손으로 큰 물건을 바치는 뜻을 나타냄.

제 11 편

先進 선진

先進 1

子曰 先進於禮樂 野人也 後進於禮樂 君子也
자 왈 선 진 어 예 악 야 인 야 후 진 어 예 악 군 자 야

如用之則吾從先進
여 용 지 즉 오 종 선 진

공자가 말했다. 선배들의 제도와 음악은 촌스럽고 후배들의 제도와 음악은 고상하지만 난 선배들을 따르겠다.

♣ 여기서 예악은 일상생활의 모든 예절과 음악이 다 해당한다. 선진은 벼슬에 나아간 선배들인데 예악에 엄정하여 시대에 맞게 가감하지 못했기 때문에 古風을 띠었다. 그래서 소박한 야인 같았다. 후진은 벼슬에 나아간 후배들인데 시대에 맞게 가감하여 예악을 적절히 운용했으므로 군자 같았다. 소박한 야인을 따르겠다고 한 공자의 뜻은 풍속을 순박하게 바꾸겠다는 것이다.

(출처: 〈논어집주 주자와 제자들의 토론〉 박성규 역주, 소나무)

先進 2

子曰 從我於陳蔡者皆不及門也(1)
자 왈 종 아 어 진 채 자 개 불 급 문 야

德行 顔淵 閔子騫 冉伯牛 仲弓 言語 宰我 子貢
덕 행 안 연 민 자 건 염 백 우 중 궁 언 어 재 아 자 공

政事 冉有 季路 文學 子遊 子夏
정사 염유 계로 문학 자유 자하

공자가 말했다. 진나라와 채나라에서 나를 따르던 제자들은 모두 내 문하에 없다.

덕행에는 안연, 민자건, 염백우, 중궁이 있고 언어에는 재아와 자공이고 정사에는 염유와 계로이며 문학에는 자유와 자하였다.

皆不及門也(1): 모두 문하에 없다.

先進 3

子曰 回也 非助(1)我者也 於吾言 無所不說(2)
자 왈 회 야 비 조 아 자 야 어 오 언 무 소 불 열

공자가 말했다. 안회는 내게 도움 되는 사람이 아니다.
내가 말하면 반론은 할 줄 모르고 항상 기뻐만 하니까

助(1): 유익하다
無所不說(2): 항상 기뻐하다.

先進 4

子曰 孝哉 閔子騫 人不間於其父母昆弟之言
자 왈 효 재 민 자 건 인 불 간 어 기 부 모 곤 제 지 언

공자가 말했다. "효자로구나, 민자건은!"
그의 부모 형제가 그를 칭찬하지만 아무도 흠잡는 사람이 없었다.

♣ 韓詩外傳: 민자건은 일찍 어머니를 여의고 아버지는 새 장가를 들어 두 아들을 더 낳았다. 계모는 유독 전실 자식 민자건에게 못되게 했다. 그 후 아버지가 이 사실을 알고 아내를 쫓아내려 하자 아버지를 말리며 말했다. "어머니가 그대로 있으면 한 아들만 고생하면 되지만 어머니가 없으면 우리 세 아들 모두 고생하게 됩니다." 이 말을 들은 아버지가 어머니를 쫓아내지 않았고 이 소리를 들은 어머니는 그 후 세 아들을 공평하게 대했으며 또한 좋은 어머니가 됐다.

先進 5

南容 三復白圭(1)孔子以其兄之子 妻之(2)
남 용 삼 복 백 규 공 자 이 기 형 지 자 처 지

남용이 詩 백규를 하루에 세 번 반복해 외우니 공자가 자기 형 딸을 그

에게 시집보냈다.

白圭(1): 옥으로 만든 신표(신임장)

以其兄之子妻之(2): 자기 형의 딸을 그에게 시집보냈다.

♣ 詩經 大雅 抑篇에 白圭가 나오는데 내용은 아래와 같다.
상략 : "백규에 흠이 생기면 갈아 없애면 되지만
뱉은 말에 흠이 있으면 돌이킬 수 없는 법
가벼이 말을 말고 구차하다 하지 말라
아무도 내 혀를 붙잡을 수 없으리니
입 밖으로 나간 말은 따라가서 못 붙잡지
말 한마디 잘못으로 원수 되는 수도 있고
덕을 잠깐 베풀어도 보답받는 수가 있지" 하략

♣ 孔子家語, 弟子行: 홀로 있으면 仁을 생각하고 여러 사람 앞에서는 仁義를 말하며 詩에 있어서는 하루에 白圭 흠이라는 구절을 세 번이나 거듭 읽으니 이는 南宮縚의 행실이다. 공자는 그를 능히 어진 일을 할 것이라 믿어 주며 기이한 선비라 여겼다.

先進 6

季康子問 弟子孰爲好學 孔子對曰 有顔回者好學
계 강 자 문　제 자 숙 위 호 학　공 자 대 왈　유 안 회 자 호 학

不幸短命死矣 今也則亡
불 행 단 명 사 의 금 야 즉 망

계강자가 물었다. 제자 중 누가 배우기를 좋아합니까?
공자가 대답했다. 안회라는 자가 학문을 좋아했는데 불행히도 명이 짧아 지금은 죽고 없습니다.

先進 7

顔淵死 顔路請子之車 以爲之槨(1)
안 연 사 안 로 청 자 지 거 이 위 지 곽

子曰才不才 亦各言其子也 鯉(2)也死 有棺而無槨
자 왈 재 부 재 역 각 언 기 자 야 리 야 사 유 관 이 무 곽

吾不徒行(3)以爲之槨 以吾從大夫之後(4)不可徒行也
오 부 도 행 이 위 지 곽 이 오 종 대 부 지 후 불 가 도 행 야

안연이 죽자 안로가 공자의 수레를 팔아 덧관을 해 주고자 부탁했다. 공자가 말했다. 능력이 있건 없건 자기 자식에 대한 사랑은 있는 것이다. 리가 죽었을 때도 관은 있었지만 덧관은 해 주지 못했다. 내가 수레를 팔고 걸어 다니면서까지 리의 덧관을 해줄 수는 없었다. 당시 고위 관료였던 내가 차마 걸어 다닐 수 없었기 때문이다.

顔路請子之車 以爲之槨(1): 안로가 공자의 수레를 팔아 덧관을 해 주자고 부탁

했다.

鯉(2): 공자의 아들 伯魚

徒行(3): 도보, 걸어 다니는 것

以吾從大夫之後(4): 내가 대부의 뒤를 따랐기에.

♧ 顔路: B.C. 545 ~ ?

성은 顔 이름은 無繇, 由라고도 한다.

춘추시대 말기 노나라 사람으로 字는 路이다.

공자의 제자 顔回의 아버지이다. 안회와 함께 공자 문하에서 수학한 것은 아니고 각기 다른 때 공자에게 배웠다.

아들 안회가 죽자 장례를 잘 치르기 위해 공자에게 수레를 팔자고 하다 무안을 당했다. 그리 유능한 인물은 아니었던 듯하다.

송나라 眞宗 大中祥符 2년 (1009) 曲阜侯에 추봉되었다.

♧ 孔鯉: B.C. 532 ~ B.C. 481

공자의 아들로 字는 伯魚이다. 공자가 20살 때 낳았는데 노 소공이 잉어를 보냈다. 이에 공자는 이름을 鯉로 지었다.

송나라 崇寧 원년인 1102년 泗水侯로 추봉되었고 咸淳 3년 (1267년)에 공자 묘에 배향되었다.

先進 8

顔淵死 子曰 噫⑴天喪予 天喪予
안 연 사 자 왈 희 천 상 여 천 상 여

안연이 죽자 공자가 말했다. 아아! 하늘이 나를 버렸구나, 하늘이 나를 버렸어.

噫(1): 통탄하는 소리

＊ 공자가 이토록 통탄하고 애통해하는 구절은 논어 전체를 통해서 볼 수 없는데 제자 안회를 얼마나 아꼈는가 미루어 짐작할 수 있다.

先進 9

顔淵死 子哭之慟(1)從者曰 子慟矣
안 연 사 자 곡 지 통　종 자 왈　자 통 의

曰 有慟乎 非夫人之爲慟 而誰爲(2)
왈　유 통 호　비 부 인 지 위 통　이 수 위

안연이 죽자 공자가 너무 애통해하며 울자 모시던 제자가 말했다. 선생님 너무 애통해하십니다.
공자가 말했다. 내가 너무 애통해한다고?
저 사람을 위해 애통해하지 않으면 누굴 위해 애통해하겠느냐?

子哭之慟(1): 慟은 痛과 같은 뜻, 공자가 너무 애통해하며 울다.
非夫人之爲慟 而誰爲(2): 저 사람을 위해 애통해하지 않으면 누굴 위해 애통해하겠느냐?

♧ 뛰어나고 자신을 쏙 닮은 안연이 죽었다. 스승인 공자가 말했다. "하늘이 나에게 상실의 고통을 주시는구나!"

가장 인간미 넘치던 제자 자로가 죽었다. 공자가 말했다. "하늘이 나의 믿을 곳을 잘라버리는구나!"

노나라 곡부 도성 서쪽으로 사냥을 나갔다가 기린을 붙잡았다. "나의 갈 길이 막혔구나, 나의 길이 막혔구나!" 이로부터 3년 되는 해 공자도 잇따라 생애를 마감했다. 이런 사건의 연쇄로 판단하건대 하늘이 내린 명령이 결실을 보느냐 그렇지 못하느냐를 공자는 알아차렸던 것이다. 공자 같은 성인조차 돌이켜서 해결할 수 없는 경우가 있으니 이것이 운명인가 보다.

(출처: 〈춘추번로〉 동중서 저, 신정근 옮김, 태학사)

先進 10

顏淵死 門人欲厚葬之 子曰 不可 門人 厚葬之
안 연 사 문 인 욕 후 장 지 자 왈 불 가 문 인 후 장 지

子曰 回也 視予猶父也 予不得視猶子也⑴非我也 夫二三者也
자 왈 회 야 시 여 유 부 야 여 부 득 시 유 자 야 비 아 야 부 이 삼 자 야

안연이 죽자 제자들이 후하게 장사 지내려 했다.

공자는 "안 된다"라고 했다. 그러나 제자들이 후하게 장사 지냈다.

공자가 말했다. 회는 나를 아버지처럼 생각했는데 나는 아들처럼 대하지 못했구나. 이것은 내 탓이 아니라 너희들 때문이다.

予不得視猶子也(1): 나는 아들처럼 대하지 못하다.

先進 11

季路問事鬼神 子曰 未能事人 焉能事鬼 曰 敢問死
계 로 문 사 귀 신 자 왈 미 능 사 인 언 능 사 귀 왈 감 문 사

曰 未知生 焉知死
왈 미 지 생 언 지 사

계로가 귀신 섬기는 것을 묻자 공자가 말했다.
사람도 섬기지 못하는데 어떻게 귀신을 섬기겠느냐?
감히 죽음에 대해 묻겠습니다 하자 공자가 말했다. 삶도 모르는데 어찌 죽음을 알겠느냐?

* 季路의 季는 집안에서의 서열을 가르킨다.
큰아들은 孟, 둘째 아들은 仲, 셋째 아들은 季
계로는 그의 집안에서 셋째 아들이다.

先進 12

閔子侍側 誾誾(1)如也 子路 行行(2)如也 冉有子貢
민 자 시 측 은 은 여 야 자 로 항 항 여 야 염 유 자 공

侃侃(3)如也 子樂 若由也 不得其死然
간간   여야 자락 약유야 부득기사연

민자가 공자를 옆에서 모실 때 온화했고 자로는 의기충천했으며 염유와 자공은 조용하고 편안했다. 공자가 흐뭇해했다.
由는 아마도 제명에 죽지 못할 것 같구나

誾誾(1): 지나치거나 모자람 없이 올바르게
行行(2): 의기양양한 모습. 의기충천.
侃侃(3): 성품이 꼿꼿함.화평하다.안온하다.조용하고 편안하다.

♧ 자로가 蒲의 대부가 되어 공자에게 작별 인사를 하러 오자 공자가 말했다.
"蒲에는 장사가 많고 또 다스리기 어려운 곳이다. 그래서 너에게 말해 두겠다.스스로 겸손을 잊지 말고 상대방을 존경하면 장사의 용기도 내 손에 넣을 수 있는 법이다.스스로 관대하고 정직하면 대중을 나와 친하게 만들 수 있는 법이다. 겸손하고 올바르며 백성을 안정시키면 위로 君恩에 보답할 수 있으리라."
이보다 앞서 위나라 靈公에게는 南子라는 寵妃가 있었다. 영공의 태자 蒯聵는 남자에게 죄를 범했었기 때문에 주살 당할 것을 무서워한 나머지 나라 밖으로 도망쳤다. 영공이 죽자 부인인 남자는 공자 郢을 위나라 군주로 앉히고 싶었으나 영은 받아들이지 않았다."망명한 태자의 아들 輒이 있지 않습니까?"
그래서 위나라에서는 첩을 세워 군주의 자리에 앉혔다.

이 사람이 出公이다. 출공이 즉위하고 나서 12년간 아버지인 괴외는 나라 밖에 있으면서 고국으로 들어올 수 없었다. 자로는 위나라 太夫 孔悝(공회:위나라 읍)의 영읍(領邑)의 宰가 되었다.

괴외는 공회와 함께 반란을 꾀하기로 합의하고 공회의 집으로 들어갔고 마침내 그들과 함께 출공을 습격했다. 출공은 노나라로 망명을 했고 괴외가 궁중으로 들어가 군주에 오르니 이 사람이 莊公이다. 공회가 반란을 일으켰을 때 마침 자로는 밖에 나가 있었는데 소문을 듣고 달려오던 중 같은 제자인 子羔가 성문에서 나오며 만나게 됐다. 자고가 자로에게 말했다.

"출공은 망명했고 성문은 이미 닫혀졌다네. 자네는 돌아가게. 쓸데없이 화 당하지 말고…"

자로가 말했다.

"봉록을 먹은 이상 주군의 환란을 못 본 체할 수는 없어"

자고는 그대로 떠났다. 알지 못하는 나라에서 온 사자가 성안에 들어가기 위해 성문이 열리자 자로도 그자를 따라서 들어갔다.

괴외 앞에 나아가니 괴외는 공회와 함께 臺 위에 있었다.

자로가 말했다.

"군주께서는 어찌하여 공회를 쓰시려 하십니까? 그 사람을 저에게 넘겨 죽이게 해 주십시오."

괴외는 듣지 않았다. 그래서 자로가 대를 불태우려고 하자 괴외는 겁을 먹고 石乞과 壺黶을 시켜 자로를 치라고 했다.

자로는 冠의 끈이 그들의 칼에 잘려 나갔는데도 "군자는 죽는 한이 있어도 관을 벗지 않는 법이다."하면서 끝내 잘려진 끈을 붙잡아 매고 죽어갔다. 공자는 위나라의 내란에 대한 이야기를 듣고 이렇게 말했다.

"아아, 由는 죽었을 것이다!"

과연 그의 말은 맞았다. 공자는 과거 일을 회상하면서 말했다.

"용기 있는 유를 제자로 삼은 다음부터 나를 욕하는 사람이 없었는데…"

(출처: 〈사기열전〉 사마천 지음, 이상옥 옮김, 명문당)

❁ 공자가 자로의 죽음을 슬퍼하여 가운데 뜰에서 곡하는데 어떤 이가 와서 조문하는 이가 있었다. 공자는 그에게 절하였다. 곡을 마치고 使者(衛의 知人이 보낸 사람)를 안으로 불러들여 자로의 죽은 까닭을 물으니 사자가 말하기를 衛君은 자로의 유해를 젓 담갔다고 하는 것이었다. 이에 공자는 즉시 집안 사람들에게 명하여 모두 버리게 하였다.

先進13

魯人爲長府(1)閔子騫曰 仍舊貫如之何(2)何必改作
노 인 위 장 부   민 자 건 왈   잉 구 관 여 지 하   하 필 개 작

子曰 夫人(3)不言 言必有中(4)
자 왈 부 인   불 언 언 필 유 중

노나라 사람이 재화 창고를 다시 고쳐 지었다.

민자건이 말했다. 옛것을 그대로 쓰는 것이 어떠한가?

어찌하여 꼭 새로 지어야 하는가?

공자가 말했다. 저 사람은 과묵하지만 말을 하면 반드시 옳은 말만 한다.

長府(1): 돈을 보관하는 창고

仍舊貫如之何(2): 옛것을 그대로 쓰는 것이 어떠한가

夫人(3): 저 사람

言必有中(4): 말을 하면 반드시 이치에 맞는 말을 한다.

先進 14

子曰 由之瑟(1)奚爲於丘之門
자 왈 유 지 슬   해 위 어 구 지 문

門人不敬子路 子曰 由也 升堂(2)矣 未入於室(3)也
문 인 불 경 자 로 자 왈 유 야 승 당   의 미 입 어 실   야

공자가 말했다. 유가 어찌해서 내 집 문 앞에서 거문고를 타는가? 이 말을 들은 제자들이 자로를 무시했다.

공자가 말했다. 유는 아직 방까지는 들어오지 못했지만 마루 위까지는 올라 온 것이다.

由之瑟(1): 자로의 거문고

堂(2): 마루, 대청, 사방에 벽이 없는 곳

室(3): 방, 사방에 벽이 있는 곳

♣ 升堂矣라는 것은 자로의 거문고 솜씨가 雅, 頌의 수준에는 이르렀다는 뜻이다. 雅, 頌은 마루 위(堂上)에서 연주하는 곡이고 未入於室也라는 것은 자로의 거문고 솜씨가 주남과 소남 (二南)을 연주하기에는 아직 부족하다는 뜻으로 주남과 소남은 방에서 연주하는 곡이다. 자로의 거문고 실력이 방에는 아직 들어가지 못했지만 마루 위까지는 오른 꽤 괜찮은 실력이라는 것.

先進 15

子貢問 師與商也孰賢⑴子曰 師也過 商也不及
자공문 사여상야숙현   자왈 사야과 상야불급

曰 然則師愈與⑵子曰 過猶不及
왈 연즉사유여   자왈 과유불급

자공이 물었다. 사와 상 중 누가 더 현명합니까?
공자가 말했다. 사는 지나치고 상은 부족하다.
자공이 말했다. 그러면 사가 낫습니까?
공자가 말했다. 지나치다는 것은 모자라는 것과 같은 것이다.

師與商也孰賢(1): 사와 상 중 누가 더 현명합니까?
然則師愈與(2): 그러면 사가 더 낫습니까?

先進 16

季氏富於周公(1)而求(2)也爲之聚斂而附益之
계씨부어주공　이구　야위지취렴이부익지

子曰 非吾徒也 小子 鳴鼓(3)而攻之 可也
자왈 비오도야 소자 명고　이공지 가야

　계씨가 주공보다 부유했는데 염유는 그를 위해 세금을 거두어서 재산을 더 늘려주었다.
　공자가 말했다. 구는 나의 제자가 아니니 너희들은 북을 쳐서 죄를 알려 꾸짖어도 좋다.

周公(1): 주 문왕의 아들이며 무왕의 동생 이름은 므
求(2): 공자의 제자로 冉求 자는 子有, 공자보다 29살 아래로 공문십철 중 한 사람
鳴鼓(3): 북을 치며 죄를 성토함

先進 17

柴(1)也愚(2)參(3)也魯(4) 師(5)也辟(6)由(7)也喭(8)
시　야우 삼　야노　사　야벽 유　야언

　시는 고지식하고 삼은 둔하고 사는 편협하고 유는 거칠다.

柴(1): 성은 高, 이름은 柴 字는 子羔, 柴는 衛나라 사람으로 공자보다 30세 아래이다.

愚(2): 愚라는 것은 지혜는 부족하지만 후덕하다는 뜻이다.

參(3): 曾參, 曾子.

魯(4): 우둔, 질박하고 둔하지만 성실하고 독실한 면이 있는 것

師(5): 子張

辟(6): 한쪽으로 치우치다, 공정하지 못하다.

由(7): 子路

喭(8): 강하지만 거칠다

♧ 高柴: B.C.521 ~ ?

춘추 시대 사람으로 字는 子羔 혹은 子高, 季皐이며 孔門 72賢중 한사람이다. 공자보다 30살 연하이다.

송나라 진종 大中祥符 2년(1009년) 공성 후에 추봉되었다.

키가 작고 못생겼지만 우직하고 효성이 지극했으며 獄官(옥관)이 되어 옥사를 공정히 처리했다고 한다. 신장이 5척에도 미치지 못했는데 공자는 그를 우직한 사람으로 보았다.

자로와 친분이 깊어 자로가 그를 費邑의 원으로 삼았다.

동면하고 나온 벌레는 죽이지 않았으며 한참 자라는 초목을 꺾지 않았고 부모상에 3년 동안 피눈물을 흘리고 이를 보이며 웃은 적도 없으며 난리를 피해 도망갈 때도 지름길이나 구멍으로 가지 않았다고 했으니 그의 인품을 알 수 있다.

♧ 子張: B.C.503 ~ ?

춘추 시대 말기 陳나라 사람. 이름은 顓孫師이며 字는 子張이다. 공자보다 48살 연하이다. 논어에 공자가 그를 다른 제자들과 견주면서 독특한 성격을 말하는 것으로 볼 때 특수한 위치에 있었음을 알 수 있다. 공자가 죽은 뒤 孔門은 8개 유파로 갈라지는데 자장을 중심으로 한 학파는 다른 유가 학파보다 義俠의 성격을 크게 띠어 맹자 이후부터는 정통학파와는 거리가 멀어지게 되었다.

先進 18

子曰 回也 其庶乎(1)屢空(2)
자 왈 회 야 기 서 호 누 공

賜 不受命(3)而貨殖(4)焉 億(5)則屢中
사 불 수 명 이 화 식 언 억 즉 누 중

공자가 말했다. 回의 학문은 완벽에 가까웠지만 끼니를 거를 때가 많았고 사는 천명을 받아들이지 않고 돈 버는데 열심이었는데 투자하는 족족 성공했다.

回也其庶乎(1): 회가 도에 가깝다.
屢空(2): 자주 양식이 떨어지다, 자주 끼니를 꿂다.
命(3): 천명, 하늘이 정해준 빈부귀천(귀한 신분이 아닌데도 부를 추구하는 것)
貨殖(4): 재산을 늘리는 것

億(5): 예측, 추측하는 것

♣ 子貢은 공자에게 배운 뒤 물러나 衛나라에서 벼슬하고 曹나라와 魯나라 사이에서 물자를 사두기도 하고 팔기도 하여 재산을 모았다. 공자의 70여 제자들 중에서 자공이 가장 부유했다.
동문인 原憲은 술지게미나 쌀겨조차도 제대로 먹지 못하면서 후미진 뒷골목에서 살았다. 자공은 駟馬를 타고 기마행렬을 거느리며 비단을 폐백으로 들고 제후들을 방문하여 가는 곳마다 그들이 몸소 뜰까지 내려와 대등한 예로 맞이하지 않는 자가 없었다. 대체로 공자의 이름이 천하에 알려지게 된 것도 자공이 공자를 모시고 다니며 도왔기 때문이다. 이것이 이른바 세력을 얻어 더욱 세상에 드러난다는 것이 아니겠는가.

(출처: 〈사기열전〉 사마천 지음, 이상옥 옮김, 명문당)

先進 19

子張問善人(1) 子曰 不踐迹(2) 亦不入於室(3)
자 장 문 선 인   자 왈 불 천 적   역 불 입 어 실

자장이 선한 사람의 도를 물으니 공자가 말했다. 옛 성현의 발자취를 따라가지 않으면 깊고 오묘한 경지에 들지 못한다. (타고난 성품이 착한 사람은 착하기는 해도 아직 배우지 못해서 최고의 경지까지는 이르지 못한다.)

善人(1): 착하기는 하지만 배우지는 못한 자

踐迹(2): 옛 성인의 자취를 따라서 따라가다.

室(3): 室(방)에 들어가려면 門을 통해 堂(마루)를 거쳐 비로소 室(방)에 들어갈 수 있는 것.

겉으로 드러나지 않고 너무 작아서 알 수 없는 것들의 심오한 뜻을 풀어내는 경지에 이른 것을 入室이라 한다.

先進 20

子曰 論篤是與(1)君子者乎 色莊(2)者乎
자 왈 논 독 시 어 군 자 자 호 색 장 자 호

공자가 말했다. 말이 믿음직하고 성실하다고 해서 품격있는 사람이라 할 수 있는가? 겉모습만 그럴듯한 사람인가?

論篤是與(1): 말을 잘해 믿을만하다.

色莊(2): 근엄한 얼굴로 소인을 멀리하는 것

先進 21

子路問 聞斯行諸(1)子曰 有父兄在 如之何其聞斯行之(2)
자 로 문 문 사 행 저 자 왈 유 부 형 재 여 지 하 기 문 사 행 지

冉有問 聞斯行諸 子曰 聞斯行之 公西華曰 由也問
염 유 문 문 사 행 저 자 왈 문 사 행 지 공 서 화 왈 유 야 문

聞斯行諸 子曰 有父兄在 求也問 聞斯行諸 子曰
문 사 행 저 자 왈 유 부 형 재 구 야 문 문 사 행 저 자 왈

聞斯行之 赤也惑 敢問 子曰 求也退 故進之
문 사 행 지 적 야 혹 감 문 자 왈 구 야 퇴 고 진 지

由也兼人(3)故退之
유 야 겸 인   고 퇴 지

자로가 물었다. 옳은 말을 들으면 바로 시행해야 하나요?

공자가 말했다. 아버지와 형님이 계신데 어찌 곧장 할 수 있겠는가? 염유가 물었다. 옳은 말을 들으면 바로 시행해야 하나요?

공자가 말했다. 들으면 바로 해야 한다.

공서화가 물었다. 유가 물을 때는 선생님이 "아버지와 형이 계신다"고 하셨고 구가 물을 때는 들으면 즉시 해야 한다고 하시니 저는 무슨 말인지 몰라서 감히 묻습니다.

공자가 말했다. 구는 수동적이기 때문에 독려한 것이고 유는 너무 서둘러서 자제시킨 것이다.

聞斯行諸(1): 義(옳음)을 듣는다면 바로 해야 하는가?
如之何其聞斯行之(2): 어찌 곧바로 할 수 있겠는가?
兼人(3): 한 사람이 두 사람의 짐을 드는 것

先進 22

子畏於匡 顏淵後 子曰 吾以女爲死矣⑴曰 子在 回何敢死
자 외 어 광 안 연 후 자 왈 오 이 여 위 사 의   왈 자 재 회 하 감 사

공자가 광 땅에서 난을 당할 때 뒤늦게 안연이 따라왔다.
공자가 말했다. 나는 네가 죽은 줄 알았다.
안연이 말했다. 선생님이 계시는데 회가 어찌 감히 죽을 수 있습니까?

吾以女爲死矣⑴: 나는 네가 죽은 줄 알았다.

♧ 공자가 위나라에 있을 때 위 영공에게 오해를 받아 위나라를 떠나 진나라로 가는 중 위나라 광 땅을 지나는데 사람들이 공자를 보고 陽虎로 착각했다. 양호라는 사람은 전에 광땅 사람들에게 포악하기 이를 데 없었기에 공자를 잡아 5일 동안 옥에 가두었다. 이때 안회가 뒤늦게 도착해 공자를 만나서 한 말이다.

先進 23

季子然⑴問 仲由冉求 可謂大臣與
계 자 연   문 중 유 염 구 가 위 대 신 여

子曰 吾以子爲異之問 曾由與求之問
자 왈 오 이 자 위 이 지 문 증 유 여 구 지 문

所謂大臣者 以道事君 不可則止 今由與求也 可謂具臣(2)矣
소 위 대 신 자 이 도 사 군 불 가 즉 지 금 유 여 구 야 가 위 구 신   의

曰 然則從之(3)者與 子曰 弑父與君 亦不從也
왈 연 즉 종 지   자 여   자 왈 시 부 여 군 역 부 종 야

계자연이 물었다. 중유와 염구는 고위 관료로 쓸만 합니까?

공자가 말했다. 나는 다른 질문을 하실 줄 알았는데 결국 유와 구에 대한 질문입니까?

소위 고위 관리는 옳게 군주를 섬기다 옳지 않으면 그만두는 것입니다. 지금 유와 구는 숫자만 채우는 공직자라 할 만합니다.

계자연이 물었다. 그렇다면 임금의 명에 따르기만 하는 자들입니까? 공자가 말했다. 아버지나 임금을 시해하는 일을 시킨다 해도 따르지 않을 겁니다.

季子然(1): 季氏의 자제, 魯나라 대부 季孫意如, 즉 季平子이다

具臣(2): 숫자만 채우는 신하

從之(3): 임금의 뜻에 순종하기만 하고 받드는 것

* 자로와 염구가 계씨의 읍재가 된 것은 좌전 정공 12년에 기록되어 있다.

♣ 季子然: B.C.?~ B.C.505

季孫意如 또는 季平子로도 불린다. 춘추시대 말 노나라 대부이다. 季孫宿의 손자이다. 일찍이 莒를 정벌하고 亳社(박사)에 제사

先進 선진 ◇ 303

지낼 때 산 사람을 제물로 썼다. 노나라 정치를 독점했다.

郈氏(후씨) 臧氏(장씨)와 불화하자 郈氏,臧氏가 昭公에게 고자질했다. 마침내 季氏를 공격해 宅에서 포위당했다.

叔孫, 孟孫과 연합해 三家가 소공을 공격하니 포위에서 풀려날 수 있었다. 소공이 달아나 齊나라와 晉나라에 원조를 청했다.

제나라에는 대항하고 진나라에는 뇌물을 먹여 소공을 乾侯에 머무르게 했다. 나중에 진나라 조정으로 진나라 사신 荀躒(순력)을 따라 건후에 가서 소공을 맞이했다.

소공은 돌아오지 않고 건후에서 죽으니 魯陵 墓道 남쪽에 장사지내 祖宗과 같은 반열에 들지 못하게 했다. 시호는 平이다.

先進 24

子路使子羔爲費宰(1)子曰 賊夫人之子(2)
자 로 사 자 고 위 비 재   자 왈 적 부 인 지 자

子路曰 有民(3)人(4)焉 有社(5)稷(6)焉 何必讀書然後爲學
자 로 왈 유 민   인   언 유 사   직   언 하 필 독 서 연 후 위 학

子曰 是故 惡夫佞者
자 왈 시 고 오 부 녕 자

자로가 자고를 비읍의 원님으로 삼으려 하자

공자가 말했다. 남의 집 아들을 해치려 하는구나.

자로가 말했다. 그곳에 백성이 있고 사직이 있습니다.

어찌하여 공부만 잘했다고 해서 똑똑하다고 할 수 있겠습니까?
공자가 말했다. 이래서 말재주 있는 자를 미워하는 것이다.

子羔爲費宰(1): 자고를 비읍 원님이 되다.
賊夫人之子(2): 남의 아들을 해치다.
民(3): 하층민
人(4): 선비 이상의 상류층
社(5): 토지신
稷(6): 오곡신

＊ 費라는 지역은 季氏 일족의 은신처로 자고가 자신의 임무를 잘 해내면 노나라에는 해롭고 잘못하면 자신의 가치에 미치지 못하는 것이다. 이런 이유로 민자건이 費 읍재를 강하게 거부했던 것이다. 이런 이유를 자로가 모르지 않음에도 이런저런 변명을 하자 말 잘하는 자를 미워한다고 한 것이다.

先進 25 上

子路曾晳(1)冉有公西華侍坐
자로증석 염유공서화시좌

子曰 以吾一日長乎爾(2)毋吾以也(3)
자왈 이오일일장호이 무오이야

居則曰不吾知也 如或知爾 則可以哉
거즉왈불오지야 여혹지이 즉가이재

子路率爾而對(4)曰 千乘之國 攝(5)乎大國之間 加之以師旅(6)
자 로 솔 이 이 대   왈 천 승 지 국 섭   호 대 국 지 간 가 지 이 사 려

因之以饑饉(7)由也爲之 比(8)及三年 可使有勇
인 지 이 기 근   유 야 위 지 비   급 삼 년 가 사 유 용

且知方也 夫子哂之
차 지 방 야 부 자 신 지

求 爾何如 對曰 方六七十 如五六十 求也爲之 比及三年
구 이 하 여 대 왈 방 육 칠 십 여 오 육 십 구 야 위 지 비 급 삼 년

可使足民(9)如其禮樂 以俟君子
가 사 족 민   여 기 예 악 이 사 군 자

赤 爾何如 對曰 非曰能之 願學焉 宗廟之事 如會同(10)
적 이 하 여 대 왈 비 왈 능 지 원 학 언 종 묘 지 사 여 회 동

端章甫(11)願爲小相焉(12)
단 장 보   원 위 소 상 언

자로, 증석, 염유, 공서화가 공자를 모시고 앉았다.

공자가 말했다. 내가 너희보다 나이가 조금 많으나 그것 때문에 어려워하지 말라.

평소 너희들이 말하기를 "나를 알아주는 사람이 없다"라고 하는데 만약 너희들을 알아준다고 하면 어찌하겠느냐?

자로가 경솔하게 대답했다. 천대의 전차를 보유한 나라가 강대국 사이에 끼어 전쟁으로 유린당하고 따라서 기근이 겹친다 해도 제가 다스리면 3년 만에 백성을 강하게 할 수 있고 살길을 찾도록 인도하겠습니다. 공자가 빙그레 웃었다.

구야 너는 어찌하겠느냐? 구가 대답했다. 사방 육칠십 리 혹은 오륙십 리 되는 지역을 제가 다스린다면 3년이면 백성들을 풍족하게 할 수 있고 제도와 문화는 전문가들에게 맡기겠습니다.

적아 너는 어찌하겠느냐

적이 대답했다. 저는 잘할 수 없으니 배우고 싶습니다. 종묘의 일과 제후들이 회동할 때 검은 예복과 예모를 하고 보좌하는 일을 하고 싶습니다.

曾晳(1): 증삼의 아버지. 이름은 點.

以吾一日長乎爾(2): 내가 너희보다 나이가 조금 많지만

毋吾以也(3): 어려워 말고 말해라

率爾而對(4): 경솔하게 답하다.

攝(5): 사이에 끼어있다.

師旅(6): 군사가 동원되는 것. 2500명이 師, 500명이 旅

因之以饑饉(7): 잇따라 기근이 겹치다.

比(8): 이르다. 至와 같다.

可使足民(9): 백성을 풍족하게 하다

會同(10): 나라에 일이 생기면 서로 만나 종주국의 왕을 알현하는 것.

端章甫(11): 검은색 예복과 장보관(예모)

願爲小相焉(12): 보좌하는 일을 하고 싶다.

先進 25 下

點(1)爾何如 鼓瑟希(2)鏗爾舍瑟而作(3)
점 이하여 고슬희 갱이사슬이작

對曰 異乎三子者之撰(4)子曰 何傷乎 亦各言其志也
대왈 이호삼자자지찬 자왈 하상호 역각언기지야

曰 莫春者(5)春服旣成(6)冠者五六人 童子六七人 浴(7)乎沂(8)
왈 모춘자 춘복기성 관자오육인 동자육칠인 욕 호기

風(9)乎舞雩(10)詠(11)而歸 夫子喟然嘆曰 吾與點也(12)
풍 호무우 영 이귀 부자위연탄왈 오여점야

三子者出 曾晳後 曾晳曰 夫三子者之言 何如
삼자자출 증석후 증석왈 부삼자자지언 하여

子曰 亦各言其志也已矣 曰 夫子何哂(13)由也
자왈 역각언기지야이의 왈 부자하신 유야

曰 爲國以禮 其言不讓 是故 哂之
왈 위국이례 기언불양 시고 신지

唯求則非邦也與 安見方六七十 如五六十而非邦也者(14)
유구즉비방야여 안견방육칠십 여오육십이비방야자

唯赤則非邦也與 宗廟會同 非諸侯而何 赤也爲之小
유적즉비방야여 종묘회동 비제후이하 적야위지소

孰能爲之大
숙능위지대

점아 너는 어찌하겠느냐? 거문고 연주 소리가 잦아들면서 쨍하고 거문고를 내려놓고 일어나 말했다.

　세 사람의 생각과 많이 다릅니다.

　공자가 말했다. 무슨 상관이냐? 각자 자기 뜻을 말하면 되는 것이다. 점이 대답했다. 늦은 봄 봄옷을 입고 어른 대여섯과 동자 예닐곱과 같이 기수에서 목욕하고 무우에서 바람 쐬고 노래하며 돌아오겠습니다. 공자가 감탄하며 말했다. 나도 점과 같은 생각이다. 세 사람이 나가고 증석이 남았는데 증석이 말했다.

　저 세 사람 말은 어떻습니까? 공자가 대답했다.

　각자 자기 뜻을 말한 것이다.

　증석이 말했다. 선생님은 왜 유의 말에 웃으셨습니까?

　공자가 대답했다. 나라를 다스리는 것은 예의가 있어야 하는데 말이 겸손치 못해 웃은 것이지. 구가 말한 것은 나라가 아니지요? 공자가 말했다. 사방 육칠십 리 나 오륙십 리라 해서 나라가 아닐 수 있겠느냐? 적이 말한 것도 나라가 아니지요?

　종묘와 회동하는 것이 제후의 일이 아니면 무엇이란 말이냐?

　적이 하는 일이 작다고 한다면 그 어느 누가 하는 일을 큰일이라 할 수 있겠느냐?

　點(1): 증삼의 아버지.

　鼓瑟希(2): 거문고 소리가 잦아들다.

　鏗爾舍瑟而作(3): 쨍하고 거문고를 내려놓고 일어서다.

　異乎三子者之撰(4): 세 사람 생각과 다르다.

　莫春者(5): 따스한 봄

　春服既成(6): 늦은 봄 봄옷을 입다.

浴(7): 목욕

沂(8): 노나라 남쪽에 있다.

風(9): 바람 쐬다

舞雩(10): 기우제 지낼 때 춤추는 곳

詠(11): 노래하다

吾與點也(12): 나도 점과 생각이 같다.

哂(13): 웃다.

安見方六七十 如五六十而非邦也者(14): 사방 육칠십 리 나 오륙십 리라 해서 나라가 아닐 수 있겠느냐?

제 12 편

顔淵 안연

顔淵 1

顔淵問仁 子曰 克己復禮爲仁⑴ 一日克己復禮
안연문인 자왈 극기복례위인 일일극기복례

天下歸仁焉⑵ 爲仁由己 而由人乎哉
천하귀인언 위인유기 이유인호재

顔淵曰 請問其目⑶ 子曰 非禮勿視 非禮勿聽 非禮勿言
안연왈 청문기목 자왈 비례물시 비례물청 비례물언

非禮勿動 顔淵曰 回雖不敏 請事斯語矣⑷
비례물동 안연왈 회수불민 청사사어의

안연이 仁이 무엇인지 물으니 공자가 말했다.

"사사로운 욕심에서 벗어나 사회규범을 지켜 참다운 사람이 되는 것이다. 하루만이라도 사사로운 욕심을 극복하고 사회규범을 존중한다면 세상은 참다운 사람이라 할것이다. 참된 사람으로 살아간다는 것은 내 의지에 달린 것이지 남이 시켜서 되는 것이 아니다."

안연이 말했다. "그 내용을 자세하게 말씀해 주십시오."

공자가 말했다. "예가 아니면 보지도 말고, 예가 아니면 듣지도 말고, 예가 아니면 말하지 말고, 예가 아니면 하지도 말라는 것이다." 안연이 말했다. "제가 어리석지만 이 말씀을 따르겠습니다."

克己復禮爲仁⑴: 스스로 자제하며 예의를 지키는 것이 참사람이다.

天下歸仁焉⑵: 세상이 참사람에게 의지할 것이다.

請問其目⑶: 그 부분을 자세히 가르쳐 주십시요

請事斯語矣(4): 이 말씀을 따르겠습니다.

♣ 仁이란? : 인이라는 덕목이 인간이 갖추어야 할 내적 심성의 속성을 지칭하는데 반해서 예라는 덕목은 인의 덕목에 어긋나지 않기 위해서 인간이 마땅히 갖추어야 할 관습화된 가시적 행동 양식이다. 그것은 말투를 비롯한 모든 종류의 몸가짐을 지칭한다. 인이 눈으로 볼 수 없는 심성의 내용이라면 예는 한 주체가 그것을 나타내고 그것이 구체적으로 밖에 나타나는 표현 형식이다. 인을 전제하지 않는 예가 있을 수 없는 것과 마찬가지로 예에 담기지 않는 인 즉 실천되지 않는 인은 공허하다.

이런 점에서 인은 마음에 비유할 수 있고 예는 몸의 표현에 비유될 수 있으며 인을 물건에 비유한다면 예는 그것을 담는 그릇에 해당한다.

(출처: 〈논어의 논리〉 박이문 지음, 문학과 지성사)

♣ 극기복례는 곧 인이다. 복례 바깥에 따로 인이 있지 않다.
그 사이에는 어떤 간격도 없다. 사욕이 없으면 곧 인이다.
즉 하루라도 극기복례하면 천하가 인을 인정할 것이다.
만약 하루라도 사욕을 깨끗이 쓸어 없애면 곧 인이다.
마치 어제는 병이 있었으나 오늘 나으면 곧 병이 없는 것과 같다.
하루를 극기복례하면 온 세상 사람이 와서 그를 점검하고 하루 동안의 모든 일이 인의 일이면 모두가 어질다고 인정한다.

(출처: 〈논어집주 주자와 제자들의 토론〉 박성규 역주, 소나무)

＊ 仁이 무엇이냐고 물었을 때 질문한 제자에 따라 공자의 답변이 달라진다.

司馬牛問仁 : 仁者 其言也認 (말을 함부로 하지 않는다.)

사마우의 성격이 조급하고 말이 많았기 때문에 공자가 말을 함부로 하지 말라는 가르침을 준 것이다.

仲弓問仁 : 己所不欲 勿施於人(자기가 싫어하는 일을 남에게 떠넘기지 말라.)

樊遲問仁 : 愛人(사람을 사랑하는 것이다.)

樊遲問仁 : 居處恭 執事敬 與人忠(집에서는 평상시 공손하고 공적인 일엔 엄숙하고 남과 사귈 때는 진심을 다해야 한다.)

顔淵問仁 : 克己復禮(스스로 자제하고 예를 지키는 것이다.)

顔淵 2

仲弓問仁 子曰 出門如見大賓 使民如承大祭 己所不欲(1)
중궁문인 자왈 출문여견대빈 사민여승대제 기소불욕

勿施於人(2) 在邦(3) 無怨 在家(4) 無怨 仲弓曰 雍(5) 誰不敏
물시어인 재방 무원 재가 무원 중궁왈 옹 수불민

請事斯語矣
청 사 사 어 의

중궁이 仁이 무엇인지 물으니 공자가 말했다.

집 밖에 나가면 큰 손님을 맞이하듯 하고 백성을 다스릴 때는 큰 제사 지내듯이 하고 자기가 싫어하는 일을 남에게 떠넘기지 말아야 한다. 이렇게 하면 나라에 대해 불평이 없고 집안에서도 불평하는 식구가 없다.
중궁이 말했다. 제가 비록 어리석지만 이 말씀을 따르겠습니다.

己所不欲(1): 자기가 하고 싶지 않은 것

勿施於人(2): 다른 사람에게 미루지 말라.

在邦(3): 벼슬하고 있을 때

在家(4): 집에 있을 때

雍(5): 仲弓

♣ 敬과 恕를 잘 행하면 인은 그 안에 있다.
세상에서 敬은 지녔으나 恕가 없는 사람이 있다. 자신을 다잡을 줄만 알았지 온화하게 사람을 사랑하는 기상이 없다.
또 恕는 있으되 敬이 없으면 그 恕를 잘 시행하지 못한다.
오직 자신을 다잡음에 敬할 수 있고 사람을 대함에 恕할 수 있으면 자연히 나라에서나 고을에서나 사람들의 원망이 없어진다.

(출처: 〈논어집주 주자와 제자들의 토론〉 박성규 역주, 소나무)

顔淵 3

司馬牛 問仁 子曰 仁者 其言也訒(1)
사 마 우 문 인 자 왈 인 자 기 언 야 인

曰 其言也訒 斯謂之仁矣乎 子曰 爲之難 言之得無訒乎
왈 기 언 야 인 사 위 지 인 의 호 자 왈 위 지 난 언 지 득 무 인 호 사마우가 참된 사람이란 어떤 사람인가 물으니 공자가 말했다.
말을 함부로 하지 않는다.
사마우가 말했다. 말을 함부로 하지 않으면 참된 사람이라 할 수 있을까요? 공자가 말했다. 그것이 실천하기 어려운 일이다. 하고 싶은 말을 참고하지 않을 수 있겠느냐?

訒(1): 말하기를 어렵게 하는 것, 말을 참으며 어려워하는 것.

♣ 司馬牛: B.C.? ~ B.C.481
춘추시대 宋나라 사람으로 字는 子牛이며(司馬耕) 공자의 제자다.
후에 司馬耕으로 이름과 성을 바꿨다.
성격은 조급했고 말이 많은 편이었다.
환퇴의 동생인데 환퇴가 송나라 司馬에 임명되자 사마로 성을 바꿨다. 뒷날 환퇴가 내란을 일으키자 이를 몹시 걱정했다.
이에 공자가 "마음을 살펴 허물이 없는데 어찌 걱정하고 두려워하겠느냐"라고 위로했다. 한번 일러주면 바로 믿지 못하고 거듭 확인하는 성격이었다. 송나라 眞宗 大中祥符 2년(1009년) 楚丘侯에 추봉되었다.

顔淵 4

司馬牛問君子 子曰 君子 不憂不懼
사 마 우 문 군 자 자 왈 군 자 불 우 불 구

曰 不憂不懼 斯謂之君子矣乎 子曰 內省不疚 夫何憂何懼
왈 불우불구 사위지군자의호 자왈 내성불구 부하우하구

사마우가 건실한 인격자에 대해 물으니 공자가 말했다.
건실한 인격자는 걱정하지 않으며 두려워하지도 않는다.
사마우가 말했다. 걱정하지 않고 두려워하지 않으면 건실한 인격자라 할 수 있습니까? 공자가 말했다. 나를 성찰해서 잘못이 없는데 무엇을 걱정을 하고 무엇을 두려워하겠느냐?

♣ 子路가 孔子에게 물었다.
[군자에게도 근심이 있습니까?]
그러자 공자가 대답했다.
[없다. 군자는 자기 행동을 잘 닦았으나 얻지 못해도 그렇게 뜻을 둔 것만으로도 즐겁게 여기며 얻게 되면 지혜롭다고 즐거워한다. 그래서 평생이 즐겁고 하루라도 근심스러운 날이 없다. 하지만 소인은 그렇지 않다. 얻지 못하면 못 얻은 것을 근심하고 얻고 나면 잃을 것을 근심한다. 그래서 평생 근심만 있고 하루도 즐거운 날이 없다.]

顔淵 5

司馬牛憂曰 人皆有兄弟 我獨亡⑴ 子夏曰 商聞之矣⑵
사 마 우 우 왈 인 개 유 형 제 아 독 무   자 하 왈 상 문 지 의

死生有命 富貴在天 君子敬而無失(3) 與(4) 人恭(5)
사 생 유 명 부 귀 재 천 군 자 경 이 무 실   여   인 공

而有禮 四海(6)之內 皆兄弟也 君子何患乎 無兄弟也
이 유 례 사 해   지 내 개 형 제 야 군 자 하 환 호 무 형 제 야

   사마우가 근심스럽게 말했다. 사람들은 모두 형제가 있는데 나만 없구나. 자하가 말했다. 내가 들은 게 있는데 생과 사는 운명에 달렸고 부귀는 하늘에 달렸다고 하네.

   건실한 인격자는 공손하며 소홀함이 없으며 남과 사귈 때 공손하고 예의를 지킨다. 온 세상 사람 모두 형제라 할 수 있는데 어찌 형제 없음을 걱정하겠나?

   我獨亡(1): 나만 없다.

   商聞之矣(2): 내가 들은 것이 있다.

   無失(3): 소홀함이 없다.

   與(4): 交(사귀다)와 같다

   恭(5): 공손하고 예를 갖추다

   四海(6): 온 세상

   ＊ 사마우는 모두 오 형제인데 위로 형이 둘이고 아래로 동생이 둘이다. 형 사마환태가 반란을 일으켰을 때 형제 중에 사마우만 반란에 가담하지 않았다.

顔淵 6

子張問明 子曰 浸潤之譖⑴膚受之愬⑵不行焉 可謂明也
자 장 문 명 자 왈 침 윤 지 참 　부 수 지 소 　불 행 언 가 위 명 야

已矣 浸潤之譖 膚受之愬 不行焉 可謂遠⑶也已矣
이 의 　침 윤 지 참 　부 수 지 소 　불 행 언 　가 위 원 　야 이 의

자장이 총명에 대해 물으니 공자가 대답했다.

물이 스며들듯 서서히 번져 오는 모함과 피부로 느껴지는 비방도 통하지 않는 사람이라면 총명하다 할 수 있다.

물이 스며들듯 서서히 번져 오는 모함과 피부로 느껴지는 비방도 통하지 않는 사람이라면 멀리까지 내다 볼 줄 아는 것이다.

浸潤之譖(1): 물이 천천히 스며들다.

膚受之愬(2): 피부로 느껴지는 비방

遠(3): 가까운 것에 가리어지지 않는다

顔淵 7

子貢問政子曰 足食 足兵 民信之矣⑴
자 공 문 정 자 왈 족 식 　족 병 　민 신 지 의

子貢曰 必不得已而去 於斯三者 何先⑵曰 去兵
자 공 왈 　필 부 득 이 이 거 　어 사 삼 자 　하 선 　왈 거 병

子貢曰 必不得已而去 於斯二者 何先 曰 去食
자공왈 필부득이이거 어사이자 하선 왈 거식

自(3)古皆有死 民無信不立
자　고개유사 민무신불립

자공이 정치에 대해 물으니 공자가 말했다.
식량이 충분하고 병력이 충분하며 백성의 신뢰가 있어야 한다.
자공이 다시 물었다.
만일 부득이하게 버린다면 이 세 가지 중 무엇을 먼저 버릴까요? 공자가 말했다. "병력을 버려라."
자공이 다시 물었다. 만약 그 두 가지 중에 또 버려야 한다면 무엇을 먼저 버릴까요?
공자가 말했다. "식량을 버려야 한다. 예로부터 사람은 모두 죽지만 백성의 믿음이 없다면 나라가 존속할 수 없다."

民信之矣(1): 백성의 신뢰가 있다.
於斯三者 何先(2): 세 가지 중 무엇을 먼저 버릴까요?
自(3): …로부터

顔淵 8

棘子成(1)曰 君子 質而已矣(2)何以文爲(3)
극자성 왈 군자 질이이의　하이문위

子貢曰 惜乎 夫子之說 君子也 駟(4)不及舌
자공왈 석호 부자지설 군자야 사 불급설

文猶質也 質猶文也 虎豹之鞟(5)猶犬羊之鞟
문유질야 질유문야 호표지곽 유견양지곽

극자성이 말했다. 품격있는 사람은 바탕이 중요하지 형식이 뭐 그리 중요합니까?

자공이 말했다. 애석하구려! 품격있는 사람에 대한 그대의 생각은 네 마리가 끄는 마차로도 혀를 따라잡을 수 없겠습니다.

형식이 바탕이고 바탕이 형식인데 호랑이나 표범의 가죽에서 털을 제거하면 개나 양의 가죽과 뭐가 다르겠습니까?

棘子成(1): 衛 나라 대부

質而已矣(2): 수수하다, 소박하다, 바탕, 본질.

何以文爲(3): 실속 없이 겉만 그럴듯하다, 겉 포장

駟(4): 네 마리가 끄는 수레

鞟(5): 털을 제거한 가죽

顔淵 9

哀公問於有若曰 年饑用不足 如之何 有若對曰 盍徹乎(1)
애공문어유약왈 연기용부족 여지하 유약대왈 합철호

曰 二 吾猶不足 如之何其徹也(2)對曰 百姓足
왈 이 오유부족 여지하기철야 대왈 백성족

君孰與不足(3) 百姓不足 君孰與足
군 숙 여 부 족   백 성 부 족   군 숙 여 족

애공이 유약에게 물었다.
흉년이 들어 나라의 재정이 부족한데 어찌해야 좋겠는가?
유약이 대답했다. 어찌 세금을 1할만 걷지 않으십니까?
애공이 말했다. 2할로도 부족한데 어찌 1할만 거두라는 건가?
유약이 대답했다. 백성이 풍족하면 임금이 어찌 가난할 수 있으며 백성이 가난한데 어찌 임금 혼자 풍족할 수 있습니까?

盍徹乎(1): 어찌 세금을 1할만 걷지 않는가?
徹: 수확의 10분에 1을 세금으로 징수하는 것,은 徹은 通이란 뜻으로 세상에 모두 통하는 법이라는 말이다.
如之何其徹也(2): 어찌 철법을 하란 말인가(2할도 부족한데)?
百姓足 君孰與不足(3): 백성이 풍족한데 임금이 어찌 가난할 수 있는가

顔淵 10

子張問崇德(1) 辨惑 子曰 主忠信 徙義崇德也
자 장 문 숭 덕   변 혹 자 왈 주 충 신 사 의 숭 덕 야

愛之 欲其生(2) 惡之 欲其死 旣欲其生 又欲其死 是惑也
애 지 욕 기 생   오 지 욕 기 사 기 욕 기 생 우 욕 기 사 시 혹 야

誠不以富 亦祇以異
성 불 이 부 역 지 이 이

자장이 어떻게 하면 인격을 높이고 바른 판단을 할 수 있는지 물었다. 공자가 말했다. 성실과 신의를 가장 중요하게 생각하고 바른길을 따르는 것이 인격을 높이는 것이다.

그를 사랑하면 살기를 바라고 미워하면 그가 죽기를 바라니 그가 살기를 바랐다가 또 죽기를 바라니 그것이 현혹되는 것이다. 실로 부도 이루지 못하고 다만 기이할 뿐이다.

崇德(1): 덕을 높이다.
愛之 欲其生(2): 그를 사랑하면 살기를 바라다.

♣ 마지막 밑줄 친 두 문장은 앞뒤 문장과 연결이 부자연스러운데 程子는 이부분이 16篇 季氏 12 제나라 경공 앞에 있어야 한다고 했다. 그러나 주석가 胡寅은 마지막 구절 其斯之謂與 앞에 와야 한다고 했다.

顏淵 11

齊景公(1)問政(2)於孔子
제 경 공　문 정　어 공 자

孔子對曰 君君 臣臣 父父 子子
공 자 대 왈　군 군　신 신　부 부　자 자

公曰 善哉 信如君不君 臣不臣 父不父 子不子
공 왈　선 재　신 여 군 불 군　신 불 신　부 불 부　자 불 자

誰有粟(3) 吾得而食諸(4)
수 유 속   오 득 이 식 저

제나라 경공이 공자에게 정치에 대해 물었다.

공자가 말했다. 임금은 임금답고 신하는 신하답고 아버지는 아버지답고 자식은 자식다워야 합니다.

경공이 말했다. 좋은 말씀입니다. 정말로 임금이 임금답지 못하고 신하가 신하답지 못하고 아버지가 아버지답지 못하고 자식이 자식답지 못하면 비록 곡식이 있더라도 내가 먹을 수 있겠습니까?

齊景公(1): 이름은 杵臼(저구) 靈公의 아들
政(2): 政은 正(바르게 하는 것)
粟(3): 조. 당시 주식은 조
吾得而食諸(4): 내가 먹을 수 있겠는가.

♧ 齊景公은 공자와 관계가 좋았던 임금이었다.

이 이야기는 魯나라의 昭公 20년 공자 나이 30세 때의 이야기이다. 齊景公이 다른 날 다시 공자에게 정치를 물으니 공자가 말했다. "정치의 관건은 재물을 절약하는 데 있습니다."

齊景公이 기뻐하며 尼谿라는 밭을 주어 공자를 봉하려 했다.

안영이 進言했다. "무릇 유학자는 해학으로 말재주를 부리지만 법으로 그를 규제할 수는 없습니다. 거만하고 스스로 멋대로 해도 그를 신하로 삼을 수 없으며 그는 상례를 숭상하고 슬픔을 다한다면 가업을 탕진하면서까지 장례를 후하게 치르니 그들의 예법을 습속으로 삼기 어렵고 유세 다니며 관직을 구하고 녹봉을 취하니 그에게 나라를 다스리게 할 수도 없습니다. 옛날의 어진 사람이 사라진 이래 주나라가 쇠해졌고 예악이 무너진지 오래됐습니다. 지금 공자는 용모와 복식을 추존하고 번잡스러운 예절만을 따지고 세세한 절차만 따르고 있으나 그것은 몇 세대를 지나도 아마 다 배울 수 없을 것이며 평생 그 예법을 다 마칠 수도 없습니다. 군주께서 그를 채용해 제나라 풍속을 바꾸려 하신다면 이것은 백성들을 먼저 인도하기엔 적합지 않은 것입니다. 그 뒤 景公은 공자를 만나고도 그에게 예를 묻지 않았다.

(출처: 〈사기세가〉 사마천 저, 김원중 역, 민음사)

♣ 君君 臣臣 父父 子子라는 공자의 말은 사회 갈등을 극복하고 질서를 갖추어 번영하려면 각 사회적 계층 그리고 각기 계층 안에서 개인들은 그에게 가장 적절한 고유의 특정한 역할 분담을 하고 자신의 신분 위치에 따라 그것에 걸맞은 행동을 해야 한다는 뜻이다.

(출처: 〈논어의 논리〉 박이문 저, 문학과지성사)

顔淵 12

子曰 片言(1)可以折獄(2)者 其由也與
자왈 편언 가 이 절 옥   자 기 유 야 여

子路 無宿(3)諾
자 로 무 숙   락

공자가 말했다. 한마디 말만 듣고 소송을 판결할 수 있는 사람은 유일 것이다. 자로는 약속한 것은 지체하지 않고 곧바로 실행했다.

片言(1): 한마디 말. 간단한 말.
可以折獄(2): 소송을 판결하다.
宿(3): 유예하다. 묵혀두다. 머무르다.

顔淵 13

子曰 聽訟 吾猶人也 必也使無訟乎(1)
자 왈 청 송 오 유 인 야 필 야 사 무 송 호

공자가 말했다. 소송에서 판결하는 것은 나도 남들처럼 할 수 있지만 결단코 소송하는 일이 생기지 않도록 하겠다.

必也使無訟乎(1): 결단코 소송하는 일이 생기지 않도록 하겠다.

顔淵 14

子張問政 子曰 居之無倦 行之以忠
자 장 문 정 자 왈 거 지 무 권 행 지 이 충

자장이 정치에 대해 물으니 공자가 말했다.

공무 수행할 때는 게으름피우지 말고 맡은 일은 전력을 다해야 한다.

顔淵 15

子曰 博學於文 約之以禮 亦可以弗畔⑴矣夫
자 왈 박 학 어 문 약 지 이 례 역 가 이 불 반 의 부

공자가 말했다. 학문을 많이 배우고 법과 제도로 자신을 절제한다면 바른길에서 벗어나지는 않을 것이다.

弗畔(1): 道를 어기지 않는 것

顔淵 16

子曰 君子成⑴人之美 不成人之惡 小人反是
자 왈 군 자 성 인 지 미 불 성 인 지 악 소 인 반 시

공자가 말했다. 건실한 인격자라면 남의 장점은 북돋아 주고 남의 단점은 감싸준다. 자잘한 사람은 이와 반대다.

成(1): 이끌어서 이루게 하다

♣ 상대의 악을 공격하지 않으니 이것이 인의 너그러움 아닌가! 자신의 악을 스스로 공격하니 이것은 義의 건전성 아닌가!

즉 인이 타자를 앞으로 나아가게 하고 의는 자신을 앞으로 나아가게 하므로 둘 사이에 어떤 차이점이 있을까! 따라서 스스로 자신의 악을 저울질하는 것을 솔직하다(情)고 일컫고 상대의 악을 저울질하는 것을 해친다(賊)고 일컫고 자기에게 원인을 찾는 것을 깊이 따진다(厚)고 일컫고 상대에게 원인을 찾는 것을 가볍게 넘긴다(薄)고 일컫고 스스로 책임을 지며 완전하게 하려는 것을 분명하다(明)고 일컫고 상대에게 책임을 넘기며 완전하게 하려는 것을 헷갈린다(惑)고 일컫는다.

(출처: 〈춘추번로〉 동중서 저, 신정근 옮김, 태학사)

顔淵 17

季康子問政於孔子 孔子對曰 政者 正也 子帥以正⑴
계 강 자 문 정 어 공 자 공 자 대 왈 정 자 정 야 자 솔 이 정

孰敢不正
숙 감 부 정

계강자가 공자에게 정치에 대해 물었다.

공자가 말했다. 정치란 바로잡는 것이니 선생이 솔선수범한다면 누가 감히 따르지 않겠습니까?

子帥以正(1): 당신이 솔선수범하다.

顏淵 18

季康子患盜 問於孔子 孔子對曰 苟子之不欲(1)
계 강 자 환 도 문 어 공 자 공 자 대 왈 구 자 지 불 욕

誰賞之 不竊
수 상 지 부 절

계강자가 도둑을 걱정하며 공자에게 물으니
공자가 대답했다. 선생이 욕심을 부리지 않는다면 비록 상을 주더라도 도둑질하지 않을 것입니다.

苟子之不欲(1): 정말로 당신이 욕심을 부리지 않으면

顏淵 19

季康子問政於孔子曰 如(1)殺無道 以就(2)有道 何如
계 강 자 문 정 어 공 자 왈 여   살 무 도 이 취   유 도 하 여

孔子對曰 子爲政 焉用殺 子欲善而民善矣 君子之德風
공 자 대 왈 자 위 정 언 용 살 자 욕 선 이 민 선 의 군 자 지 덕 풍

小人之德草 草上之風 必偃(3)
소 인 지 덕 초 초 상 지 풍 필 언

계강자가 정치에 대해 물으니 공자가 대답했다.

악한 자를 사형시켜 올바른 세상을 만드는 것은 어떻습니까? 공자가 대답했다.

선생은 정치를 하면서 어찌 살인을 하려 합니까? 선생이 선하게 살면 백성들도 선하게 될 것입니다. 지도자는 바람이고 백성들은 풀입니다. 바람이 불면 풀은 반드시 눕습니다.

如(1): 만일, 만약
就(2): 나아가다
偃(3): 쓰러지다(仆)의 뜻

顔淵 20

子張問 士何如斯可謂之達矣(1)
자 장 문 사 하 여 사 가 위 지 달 의

子曰 何哉 爾所謂達者(2)
자 왈 하 재 이 소 위 달 자

子張對曰 在邦必聞(3)在家必聞
자 장 대 왈 재 방 필 문 재 가 필 문

子曰 是聞也 非達也
자 왈 시 문 야 비 달 야

夫達也者 質直(4)而好義 察言而觀色 慮以下人(5)
부 달 야 자 질 직 이 호 의 찰 언 이 관 색 려 이 하 인

在邦必達 在家必達 夫聞也者 色取仁(6)而行違
재 방 필 달　재 가 필 달　부 문 야 자　색 취 인　　이 행 위

居之不疑 在邦必聞 在家必聞
거 지 불 의　재 방 필 문　재 가 필 문

자장이 물었다.

선비는 어찌해야 "달"했다 할 수 있습니까?

공자가 말했다. 네가 말하는 "달"이라는 것은 무슨 뜻이냐?

자장이 대답했다. 나라에 이름이 알려지고 가문에서도 이름이 알려지는 것입니다. 공자가 말했다. 그것은 명예이지 "달"이 아니다. 통달이라는 것은 성품이 곧고 정직해서 의로운 것을 좋아하며 남의 말과 표정을 살펴 스스로를 낮추는 것이니 나라에서도 평판이 좋고 가문에서도 평판이 좋아지는 것이다.

원래 명예란 표정은 온유하게 꾸미지만 행동은 그렇지 못하면서 자신의 행동에는 의심조차 하지 않으니 나라에서나 가문에서나 좋지 못한 입방아에 오르내리게 되는 것이다.

士何如斯可謂之達矣(1): 선비는 어떻게 해야 통달했다 할 수 있습니까?

何哉 爾所謂達者(2): 무슨 뜻이냐, 네가 말하는 통달이라는 것은

在邦必聞(3): 나라에 반드시 이름이 알려지다.

質直(4): 꾸밈없고 정직하다

慮以下人(5): 다른 사람에게 자신을 낮추다

色取仁(6): 質直과 반대의 개념, 겉모습을 仁 하게 보이도록 꾸밈

顔淵 21

樊遲從遊於舞雩⑴之下 曰 敢問崇德修慝⑵辨惑
번 지 종 유 어 무 우   지 하 왈 감 문 숭 덕 수 특   변 혹

子曰 善哉 問
자 왈 선 재 문

先事後得⑶非崇德與 攻其惡⑷無攻人之惡 非修慝與
선 사 후 득   비 숭 덕 여 공 기 악   무 공 인 지 악 비 수 특 여

一朝⑸之忿 忘其身 以及其親 非惑與
일 조   지 분 망 기 신 이 급 기 친 비 혹 여

번지가 공자를 따라 기우제 단 아래서 놀다가 물었다.

인격을 높이고 사악함을 물리치고 어리석지 않으려면 어찌해야 하나요? 공자가 말했다. 좋은 질문이구나.

일을 먼저 하고 이득은 나중으로 미루는 것이 인격을 높이는 게 아니겠느냐? 자기의 과오를 바로잡고 다른 사람의 잘못은 탓하지 않는 것이 악을 다스리는 게 아니겠느냐? 한순간의 분노를 절제하지 못해서 자신을 잊고 그 화가 부모에게까지 미치게 하는 게 어리석은 짓 아니겠느냐?

舞雩⑴: 기우제를 지내는 곳

修慝⑵: 慝은 惡의 뜻이니 악을 다스리다

先事後得⑶: 일을 먼저 하고 이득은 나중으로 미루다.

攻其惡⑷: 자신의 과오를 공격하다.

一朝⑸: 하루아침에, 한순간에

顔淵 22

樊遲問仁 子曰 愛人 問知⑴子曰 知人
번지문인 자왈 애인 문지 자왈 지인

樊遲未達 子曰 擧直錯諸枉⑵能使枉者直
번지미달 자왈 거직조저왕 능사왕자직

樊遲退 見子夏曰 鄕也⑶吾見於夫子而問知
번지퇴 견자하왈 향야 오견어부자이문지

子曰 擧直錯諸枉能使枉者直 何謂也 子夏曰 富哉 言乎
자왈 거직조저왕능사왕자직 하위야 자하왈 부재 언호

舜有天下 選於衆⑷居皐陶⑸不仁者遠矣 湯有天下
순유천하 선어중 고요거 불인자원의 탕유천하

選於衆擧伊尹 不仁者遠矣
선어중거이윤 불인자원의

번지가 인에 대해 물으니 공자가 말했다. 사람을 사랑하는 것이다. 知에 대해 묻자 공자가 말했다. 사람을 아는 것이다.

번지가 그 뜻을 이해하지 못했다.

공자가 말했다. 정직한 사람을 등용해서 정직하지 못한 사람 위에 두면 그를 바르게 할 수 있다.

번지가 물러가 자하를 만나서 말했다. 좀전에 선생님을 뵙고 知에 대해 물었더니 선생님이 정직한 사람을 등용해서 정직하지 못한 사람 위에 두면 그를 바르게 할 수 있다고 했는데 무슨 말씀이지? 자하가 말했다. 그 말씀은 의미가 깊은 말씀이네.

순임금이 천하를 다스릴 때 많은 사람들 중에서 고요를 등용하니 나쁜 사람들이 사라졌고 탕임금이 천하를 다스릴 때 많은 사람들 중에서 이윤을 등용하니 나쁜 사람들이 모두 사라졌다네.

問知(1): 知에 대해 묻다.
擧直錯諸枉(2): 정직한 사람을 등용해서 정직하지 못한 사람 위에 두다.
鄕也(3): 지난번, 얼마 전에
選於衆(4): 많은 사람 중에 한 사람을 뽑다
居皐陶(5): 고요를 등용하다.

　　♧ 皐陶: ? ~ ?
　　皐陶는 小昊金天氏(소호금천씨)의 후손이다. 순임금이 우임금에게 치수를 맡길 때 우가 거절하고 후직과 설 고요를 추천하였으나 순임금은 우에게 치수를 맡기고 고요는 士를 맡게 되어 순임금 때 법관이 되었다. 고요는 부임 후 형법과 교칙을 제정하여 오형, 오교를 시행했다. 이때부터 사회가 화합하고 천하가 크게 다스려졌다. 우임금은 다음 제위를 고요에게 선양하려 했는데 고요가 먼저 세상을 떠났다. 아들 伯益의 자손들이 英, 六, 許에 봉해졌다.
　　고요는 공자의 고향으로 알려진 산동성 곡부현에서 태어났고 묘지는 안휘성 수현에 있다고 한다.
　　당나라 玄宗이 고요를 德明皇帝로 추존했다.

　　♧ 伊尹: ? ~ ?

은나라 초기 사람. 이름이 伊이고 尹은 관직 이름이다.

일명 摯(지)라고도 한다. 노예였다가 有莘氏(유신씨)의 딸이 시집갈 때 媵臣(영신)으로 따라갔다. 탕왕의 인정을 받아 등용되었다. 夏나라를 멸하고 은나라를 건국하는데 큰 공을 세웠다. 이로 인해 은나라의 재상이 되었다. 탕왕이 죽은 뒤 外丙과 仲壬 두 임금을 보좌했다.

중임이 죽고 太甲이 왕위에 올라 정사를 돌보지 않고 탕왕의 법을 따르지 않자 그를 桐으로 축출하고 일시 섭정했다.

3년 뒤 태갑이 잘못을 뉘우치자 다시 왕위에 올렸다. 일설에는 태갑이 올라야 하는데 이윤이 찬탈하여 자립하면서 태갑을 쫓아냈는데 7년 뒤 몰래 돌아와 그를 죽였다고 한다.

후세에 고대의 명재상으로 전해진다.

顔淵 23

子貢問友 子曰 忠告而善道之 不可則止 無自辱焉(1)
자 공 문 우 자 왈 충 고 이 선 도 지 불 가 즉 지 무 자 욕 언

자공이 벗에 대해 물으니 공자가 말했다.
진심으로 말해주고 잘 이끌어 주되 안되면 그만해서 스스로 욕되지 않도록 한다.

無自辱焉(1): 스스로 욕되지 않게 하라.

顔淵 24

曾子曰 君子 以文會友⑴ 以友輔仁⑵
증자왈 군자 이문회우 이우보인

증자가 말했다. 건실한 인격자는 글을 통해 벗을 사귀고 벗을 통해 진리를 고취시킨다.

以文會友⑴: 글로 벗을 사귀다.
以友輔仁⑵: 벗을 통해 진리를 고취하다.

제 13 편

子路 자로

子路 1

子路問政 子曰 先之勞之⑴
자 로 문 정 자 왈 선 지 로 지

請益 曰 無倦⑵
청 익 왈 무 권

자로가 정치에 대해 물으니 공자가 말했다.
앞장서서 힘써 일해야 한다.
더 자세히 말씀해 달라고 하니 "게을리하지 말아라"라고 했다.

先之勞之⑴: 앞장서서 수고해야 한다.
倦⑵: 게으름, 쇠하다, 힘이나 세력이 점차 약해지다.

子路 2

仲弓⑴爲季氏宰 問政 子曰 先有司⑵赦小過⑶擧賢才
중 궁 위 계 씨 재 문 정 자 왈 선 유 사   사 소 과   거 현 재

曰 焉知賢才而擧之 曰 擧爾所知 爾所不知 人其舍諸
왈 언 지 현 재 이 거 지 왈 거 이 소 지 이 소 부 지 인 기 사 저

중궁이 계씨의 가신이 되어 정치에 대해 묻자 공자가 대답했다.
일은 먼저 실무자에게 맡기고 작은 실수는 용서하고 유능한 사람을 등

용해야 한다.

중궁이 말했다. 어떻게 인재인 줄 알고 등용할 수 있습니까?
공자가 말했다. 네가 알고 있는 유능한 사람을 등용하고
네가 모르는 인재는 남들이 추천해 주지 않겠느냐?.

仲弓(1): 冉雍

先有司(2): 일은 먼저 실무자에게 맡긴다.

赦小過(3): 사소한 실수는 덮어둔다.

♣ 한서-동방삭전: 물이 맑으면 고기가 없고(水至淸則無魚) 사람이 지나치게 깨끗하면 친구가 없다.(人至察則無徒) 임금의 면류관은 앞에 주옥을 꿴 줄을 드리워 눈을 약간 가리고 귀막이 솜으로 귀를 약간 막는다. 임금으로 하여금 보아도 보지 못한 부분이 있고 들어도 듣지 못한 부분이 있게 함으로써 작은 덕은 표창하고 작은 잘못은 용서하여 한 사람의 신하에게 완벽하기를 요구하지 않게 하려는 뜻이다.

子路 3

子路曰 衛君(1)待子而爲政 子將奚先(2)
자 로 왈 위 군 대 자 이 위 정 자 장 해 선

子曰 必也正名乎(3)
자 왈 필 야 정 명 호

子路曰 有是哉 子之迂也(4)奚其正
자로왈 유시재 자지우야　해기정

子曰 野(5)哉 由也 君子於其所不知 蓋闕(6)如也
자왈 야　재 유야 군자어기소부지 개궐　여야

名不正 則言不順 言不順(7) 則事不成
명부정 즉언불순 언불순　즉사불성

事不成 則禮樂(8)不興 禮樂不興則刑罰不中(9) 刑罰不中
사불성 즉례악　불흥 예악불흥즉형벌부중　형벌부중

則民無所措手足
즉민무소조수족

故君子名之 必可言也 言之必可行也 君子於其言
고군자명지 필가언야 언지필가행야 군자어기언

無所苟而已矣
무소구이이의

　자로가 말했다.
　위나라 군주가 선생님을 모셔서 정치를 맡긴다면 선생님은 무엇을 먼저 하시겠습니까?
　공자가 말했다. 반드시 명분을 바로 잡을 것이다.
　자로가 말했다. 답답합니다, 선생님은 뜬구름 잡겠다는 말씀 같습니다. 어찌 그리할 수 있겠습니까?
　공자가 말했다. 거칠구나, 유야. 품격 있는 사람이라면 알지도 못하는 일에 함부로 나서서 말하는 게 아니다.
　명분이 바르지 못하면 말이 이치에 맞지 않고 말이 이치에 맞지 않으면 일이 이루어지지 않는 것이다.

　일이 이루어지지 않으면 질서와 조화가 발전하지 못하고 질서와 조화가 발전하지 못하면 형벌이 바르지 못하고 형벌이 바르지 못하면 백성들은 어찌 행동해야 할지 분간조차 할 수 없게 된다.

　그래서 품격 있는 사람이라면 명분을 세우면 반드시 말할 수 있고 말했으면 반드시 실천할 수 있어야 한다. 건실한 인격자라면 자신이 한 말에 떳떳해야 한다.

　　衛君(1): 위나라 임금 出公 輒. 魯나라 哀公 10년으로 당시 공자는 위나라에 있었다.
　　子將奚先(2): 선생님은 무엇을 먼저 하시겠습니까?
　　必也正名乎(3): 반드시 명분을 바로 잡다.
　　子之迂也(4): 선생님은 세상 물정에 깜깜하다.
　　野(5): 비속하고 천하다, 거칠다
　　闕(6): 빼놓다, 알 수 없는 것은 말하지 않는다
　　言不順(7): 말에 순서가 없다.
　　禮樂(8): 질서 있는 상태를 禮라 하고 조화로움을 樂이라 한다.
　　刑罰不中(9): 형벌이 바르지 못하면

　　♣ 正名
　　공자는 질서 있고 안정된 사회를 이룩함에 있어서 가장 중요한 것은 이른바 정명의 확립이라 생각했다.
　　즉 우리가 실제 사물에 붙인 이름과 그 내실은 일치되어야 한다.(중략) 이름마다 모두 어떤 의미를 함축하고 있는데 이것이 그

집합된 사물의 본질이며 이것으로 집합의 사물에 이름이 적용되는 것이다. 그러므로 그러한 사물들은 이상적으로 본질과 일치되어야 한다. 통치자의 본질은 통치자가 이상적으로 마땅히 해야 할 것 즉 왕도의 실현이다. 만일 다스리는 이가 이 왕도에 따라 정치를 한다면 그는 참으로 명실상부한 통치자가 될 것이다. 그러나 통치자가 명실상부하지 못하면 비록 명목상 통치자 행세를 한다 해도 진정한 통치자라 할 수는 없다.

우리의 사회관계를 가리키는 이름들은 각기 그에 부합되는 책임과 의무를 뜻한다. (중략) 누구나 그 이름을 지녔으면 이에 상응하는 책임과 의무를 완수해야만 한다.

그것이 바로 정명론의 요체이다.

(출처: 〈중국 철학사〉 펑유란 저, 정인채 옮김, 마루비)

子路 4

樊遲請學稼⑴子曰 吾不如老農 請學爲圃⑵曰 吾不如老圃
번지청학가 자왈 오불여노농 청학위포 왈 오불여노포

樊遲出 子曰 小人哉 樊須⑶也
번지출 자왈 소인재 번수 야

上好禮 則民莫敢不敬 上好義 則民莫敢不服 上好信
상호례 즉민막감불경 상호의 즉민막감불복   상호신

則民莫敢不用情⑷夫如是 則四方之民 襁負其子而至矣
즉민막감불용정 부여시 즉사방지민 강부기자이지의

焉用稼
언 용 가

번지가 농사짓는 법을 배우고 싶다고 하자 공자가 말했다. 나는 늙은 농부만 못하다.
채소 가꾸는 법을 배우고 싶다고 하자 나는 채소 가꾸는 늙은이만 못하다.
번지가 나가자 공자가 말했다. 자잘하구나 번수는!
윗사람이 예의 바르면 백성들은 존경하지 않을 수 없고 윗사람이 바르면 백성들이 복종하지 않을 수 없고 윗사람이 믿음직하면 백성들은 마음을 다할 것이니 이렇게 되면 모든 외국 백성들이 그 나라에 살려고 처자식을 데리고 올 텐데 농사짓는 법을 어디에 쓰겠다는 것인가?

稼(1): 곡식을 심다, 곡식, 양식.

請學爲圃(2): 채소 가꾸는 법을 가르쳐 달라고 하다.

樊須(3): 樊遲의 이름

不用情(4): 마음을 다하지 않는다.

子路 5

子曰 誦(1)詩(2)三百 授之以政(3)不達 使於四方 不能專對
자 왈 송   시   삼 백 수 지 이 정   부 달 사 어 사 방 불 능 전 대

誰多 亦奚以爲(4)
수 다 역 해 이 위

공자가 말했다. 시 삼백 편을 외운다 해도 정치를 맡겼을 때 잘 해내지 못하고 외국 사신으로 보냈는데 혼자 일을 처리하지 못한다면 비록 많이 외우고 있다고 한들 무슨 소용이 있겠는가?

誦(1): 음률에 맞추어 보지 않고 외우는 것

詩(2): 시경의 시를 뜻함.

授之以政(3): 정치를 맡기다.

誰多亦奚以爲(4): 비록 많이 외우고 있다고 한들 무슨 소용이 있겠는가?

子路 6

子曰 其(1)身正(2)不令而行 其身不正 誰令不從
자 왈 기 신 정 불 령 이 행 기 신 부 정 수 령 부 종

공자가 말했다. 자신이 바르면 명령하지 않아도 이루어지고 자신이 바르지 못하면 명령한다 해도 따르지 않는다.

其(1): 君主나 爲政者

身正(2): 修身, 修己

子路 7

子曰 魯衛之政 兄弟也
자 왈 노 위 지 정 형 제 야

공자가 말했다. 노나라 와 위나라의 정치는 형제이다.

* 노나라는 周公이 시조였고 衛 나라는 周公의 동생 康叔이 시조여서 형제의 나라로 季孫이 昭公을 축출하고 세자를 폐위해 定公을 세우고 국정을 어지럽혔고 衛 나라는 石曼姑가 齊 나라의 힘을 배후로 세자 입국을 막고 出公을 위협해 국정 농단을 했다. 이런 점이 모두 형제같이 닮았다는 것이다.

子路 8

子謂衛公子荊(1)善居室(2)始有 曰 苟(3)合矣 少有
자 위 위 공 자 형 선 거 실 시 유 왈 구 합 의 소 유

曰 苟完矣 富有 曰 苟美矣
왈 구 완 의 부 유 왈 구 미 의

공자가 위나라 공자 荊에 관해 평했다.
그는 자기 가정을 잘 다스렸다. 처음에는 그런대로 적당하다 했고 재산이 좀 늘었을 때는 그런대로 이만하면 갖추어졌다 했고 부유해져서는

그런대로 이만하면 훌륭하다고 했다. (항상 만족과 긍정적이었다.)

公子荊(1): 위나라 대부, 춘추시대 위나라에 군자로 불리던 6인 중 한 명, 蘧瑗(거원), 史鰌(사추), 史狗(사구), 公叔發(공숙발), 公子朝(공자조), 公子荊(공자형).
善居室(2): 살림을 잘하다. 사치하지 않고 검소하게 살다.
苟(3): 그런대로

子路 9

子適衛 冉有僕⑴ 子曰 庶⑵矣哉
자 적 위 염 유 복   자 왈 서   의 재

冉有曰 旣庶矣 又何加焉⑶ 曰 富之
염 유 왈 기 서 의 우 하 가 언   왈 부 지

曰 旣富矣 又何加焉 曰 敎之
왈 기 부 의 우 하 가 언 왈 교 지

공자가 위나라에 갈 때 염유가 마차를 몰았다.
공자가 말했다. 백성들이 많구나!
염유가 말했다. 백성이 많으면 무엇을 해야 할까요?
공자가 말했다. 넉넉하게 살게 해야 한다.
넉넉해진 다음에는 또 무엇을 해야 합니까?
공자가 말했다. 가르쳐야 한다.

僕(1): 수레를 모는 것

庶(2): 무리, 여럿, 많다.

又何加焉(3): 거기에 또 무엇을 더해야 하는가?

子路 10

子曰 苟有用我者 朞月而已 可也(1) 三年有成
자 왈 구 유 용 아 자 기 월 이 이 가 야 삼 년 유 성

공자가 말했다. 만일 나를 등용해 주는 사람이 있다면 일 년이면 괜찮아질 것이고 삼 년이면 아주 좋아질 것이다.

朞月而已 可也(1): 1년이면 괜찮다.

子路 11

子曰 善人(1) 爲邦百年 亦可以勝殘(2) 去殺(3) 矣 誠哉 是言也
자 왈 선 인 위 방 백 년 역 가 이 승 잔   거 살   의 성 재 시 언 야

공자가 말했다. 훌륭한 사람이 백 년 동안 나라를 다스려야 포악한 세상을 순화시키고 사형도 없앨 수 있다 했는데 이 말은 참으로 그렇구나.

善人(1): 나라를 잘 다스리는 위정자

殘(2): 사람을 상하게 하는 것

殺(3): 사람을 해하는 것.

子路 12

子曰 如有王者(1)必世(2)而後仁
자 왈 여 유 왕 자 필 세 이 후 인

공자가 말했다. 만일 훌륭한 왕이 나오더라도 한 세대가 지난 후에야 참다운 삶을 사는 백성이 될 것이다.

如有王者(1): 만일 훌륭한 왕이 있더라도

世(2): 一世는 30년을 말한다.

子路 13

子曰 苟正其身矣(1)於從政乎 何有(2)不能正其身 如正人何(3)
자 왈 구 정 기 신 의 어 종 정 호 하 유 불 능 정 기 신 여 정 인 하

공자가 말했다. 자신을 바르게 하면 정치하는데 무슨 어려움이 있으며 자신이 바르지 못하면 어찌 남을 바로 잡을 수 있겠는가?

苟正其身矣(1); 진실로 자신을 바르게 하면

於從政乎 何有(2): 정치하는데 무슨 어려움이 있는가

如正人何(3): 남을 바로 잡을 수 있는가

子路 14

冉子(1)退朝(2)子曰 何晏(3)也 對曰 有政 子曰 其事也(4)
염 자 퇴 조 자 왈 하 안 야 대 왈 유 정 자 왈 기 사 야

如有政(5)誰不吾以(6)吾其與聞之(7)
여 유 정 수 불 오 이 오 기 여 문 지

염자가 조정에서 퇴근하고 오자 공자가 말했다.

어찌해서 늦었느냐?

염자가 대답했다. 국정이 바빠서 때문에 늦었습니다.

공자가 말했다. 그건 계씨 집안 일 이었겠지. 국정이었다면 비록 내가 현직은 아니어도 나도 참석해 들었을 것이다.

冉子(1): 염유

退朝(2): 조정에서 물러 나오다. 퇴청하다. 퇴근하다. 반대로 임금에게 가는 것은 進이라 한다.

晏(3): 늦다

其事也(4): 여기서 事의 뜻은 나라에 관계된 일이 아닌 대부의 사사롭거나 잡스러운 일을 뜻한다.

政(5): 국가의 일, 그야말로 국정을 말한다

以(6): 用와 같아서 등용, 임용의 뜻

吾其與聞之(7): 나도 참석해 들었을 것이다.

＊ 당시 염유는 계씨의 가신으로 있었고 계씨는 임금을 능가하는 권력을 갖고 국정도 여타 신하들과 조정에서 논하지 않고 사저에서 일방적으로 처리되는 것을 공자가 알고 한 이야기이다.

子路 15

定公問 一言而可以興邦 有諸 孔子對曰 言不可以若是其幾也
정공문 일언이가이흥방 유저 공자대왈 언불가이약시기기야

人之言曰 爲君難 爲臣不易
인지언왈 위군난 위신불이

如知爲君之難也 不幾乎一言而興邦乎(1)
여지위군지난야 불기호일언이흥방호

曰 一言而喪邦 有諸 孔子對曰 言不可以若是其幾也
왈 일언이상방 유저 공자대왈 언불가이약시기기야

人之言曰 予無樂乎爲君 唯其言而莫予違也(2)
인지언왈 여무락호위군 유기언이막여위야

如其善而莫之違也 不亦善乎 如不善而莫之違也
여기선이막지위야 불역선호 여불선이막지위야

不幾乎一言而喪邦乎
불기호일언이상방호

정공이 물었다. 한마디 말로 나라를 흥하게 할 수 있는 말이 있습니까? 공자가 말했다. 말 한마디로 그런 효과를 바랄 수는 없습니다. 임금도 제구실하기 어렵고 신하도 제구실하기 어렵다고 했습니다. 만약 임금이 제구실하기 어려운 줄 안다면 한마디 말이 나라를 융성하게 하는 것에 가깝지 않겠습니까?

정공이 말했다. 말 한마디로 나라를 망하게 할 수도 있다고 하니 그럴 수 있습니까?

공자가 말했다. 말만으로 그렇게 될 수야 없겠지만 사람들 말에 "나는 임금 된 것이 즐거운 것이 아니고 내 말에 아무도 거역하지 못하는 것은 즐겁다"라는 말이 있습니다.

임금의 말이 옳은 말이어서 아무도 거스르지 않는다면 좋지 않겠습니까? 그러나 임금의 말이 나쁜 말인데 아무도 반대하지 않는다면 말 한마디로 나라가 망하게 하는 말에 가깝지 않겠습니까?

不幾乎一言而興邦乎(1): 한마디 말로 나라를 흥하게 하는 것에 가깝지 않겠습니까?

唯其言而莫予違也(2): 내 말에 아무도 거역하지 못하는 것은 즐겁다

子路 16

葉公問政 子曰 近者說(1)遠者來(2)
섭 공 문 정 자 왈 근 자 열 　 원 자 래

섭공이 정치에 대해 물었다.

공자가 말했다. 가까이 있는 사람을 기쁘게 하고 먼 곳에 있는 사람은 찾아오게 해야 합니다.

近者說(1): 가까이 있는 사람을 기쁘게 하다.
遠者來(2): 먼 곳에 있는 사람을 오게하다.

* 당시 荊 땅(초나라)이 넓기는 하지만 도읍이 좁아 다른 곳으로 이주하고 싶어 했다. 그러나 어쩔 수 없이 살기는 하지만 살기에 편하지는 못했다고 한다. 이러한 사정을 알고 있는 공자가 살기 좋은 여건을 만들어 주면 살고 있는 사람들은 물론이고 먼 곳에서도 이주해 살기를 원할 것이라고 말한다.

子路 17

子夏爲莒父(1)宰 問政 子曰 無(2)欲速 無見小利
자 하 위 거 보 재 문 정 자 왈 무 욕 속 무 견 소 리

欲速則不達(3)見小利則大事不成
욕 속 즉 부 달   견 소 리 즉 대 사 불 성

자하가 거보 원님이 되어 정치에 대해 묻자 공자가 말했다.
서두르지 말고 작은 이익에 현혹되지 마라.
서두르면 제대로 하지 못하게 되고 작은 이익을 보려 하면 큰일을 이

루지 못한다.

莒父(1): 父가 명사일 때에는 보로 읽는다. 노나라 산동성의 읍

無(2): ...하지 말라

達(3): 이룬다. 遂와 같은 뜻

♧ 孔子가 이렇게 말했다.

"내가 죽은 후 商(자하)은 날로 그 학문이 늘어날 것이나 賜(자공)는 도리어 그 학문이 줄어들 것이다. 상은 자기보다 어진 이와 함께 처하기를 좋아하고 賜는 자기만 못한 자를 비평하기 좋아하기 때문이다."

子路 18

葉公語孔子曰 吾黨有直躬者(1)其父攘(2)羊 而子證之
섭 공 어 공 자 왈 오 당 유 직 궁 자 기 부 양 양 이 자 증 지

孔子曰 吾黨之直子 異於是(3)父爲子隱(4)子爲父隱
공 자 왈 오 당 지 직 자 이 여 시 부 위 자 은 자 위 부 은

直在其中矣
직 재 기 중 의

섭공이 공자에게 말했다.

우리 고을에는 정직한 사람이 있는데 그의 아버지가 양을 훔치자 아들

이 고발했습니다.

　공자가 말했다.

　우리 마을에 정직한 사람은 이와는 다릅니다.

　아버지가 자식을 위해 숨겨주고 자식이 아버지를 위해 숨기는데 이런 것을 정직이라 합니다.

吾黨有直躬者(1): 우리 고을에는 정직한 사람이 있다.

攘(2): 훔치는 것

異於是(3): 이와 다르다.

隱(4): 숨기는 것

♣ 瞽瞍殺人: 孟子 盡心 上 편에 나온다. 도응이 맹자에게 물었다. 순임금이 천자일 때 아버지 瞽瞍가 살인을 했다면 법관 皐陶는 어찌해야 합니까? 맹자가 답했다. 皐陶는 瞽瞍를 체포하려고 할 것이고 순임금은 天子 자리를 버리고 아버지를 업고 외진 바닷가로 도망가 살았을 것이다. 종신토록 기뻐하며 천하를 잊었을 것이다.

子路 19

樊遲問仁 子曰 居處恭(1)執事敬 與人忠(2)雖之夷狄
번 지 문 인 자 왈 거 처 공　집 사 경　여 인 충　수 지 이 적

不可棄也
불 가 기 야

번지가 仁이 무엇인지 묻자 공자가 말했다.

집에서는 평상시 공손하고 공적인 일엔 엄숙하고 남과 사귈 때에는 마음을 다해야 하는데 비록 오랑캐 땅에 가더라도 잊으면 안 된다.

居處恭(1): 평상시 공손하다.
與人忠(2): 남과 사귈 때 진실하다.

子路 20

子貢問曰 何如 斯可謂之士矣(1) 子曰 行己有恥(2)
자 공 문 왈 하 여 사 가 위 지 사 의   자 왈 행 기 유 치

使於四方 不辱(3) 君命 可謂士矣
사 어 사 방 불 욕   군 명 가 위 사 의

曰 敢問其次 曰 宗族稱孝焉 鄕黨稱弟焉
왈 감 문 기 차 왈 종 족 칭 효 언 향 당 칭 제 언

曰 敢問其次 曰 言必信 行必果 硜硜然小人哉
왈 감 문 기 차 왈 언 필 신 행 필 과 갱 갱 연 소 인 재

抑亦可以爲次矣(4)
억 역 가 이 위 차 의

曰 今之從政者 何如 子曰 噫 斗筲(5)之人 何足算也
왈 금 지 종 정 자 하 여 자 왈 희 두 소   지 인 하 족 산 야

자공이 물었다. 어떻게 해야 선비라 할 수 있습니까?

공자가 말했다. 자신의 행실을 부끄러워할 줄 알아야 하고 외국에 사신으로 가서 임금을 욕되게 하지 않으면 선비라고 할만하다.

자공이 말했다. 그다음은 어떤가요?

공자가 답했다. 일가친척들이 효성스럽다고 칭찬하고 마을에서는 공손하다고 칭찬하는 사람이다.

자공이 말했다. 그다음은 어떤가요?

공자가 답했다. 말에 신용이 있고 결단력 있게 행동한다면 자잘한 사람이라 해도 그다음은 될 수 있다.

자공이 물었다. 요즘 공직자들은 어떻습니까?

공자가 답했다. 밴댕이 소갈딱지 같은 조무래기들까지 따질 가치가 있겠느냐?

何如 斯可謂之士矣(1): 어떻게 해야 선비라 할 수 있나?

行己有恥(2): 자신의 행동을 부끄러워할 줄 알다.

辱(3): 굴욕, 수치

抑亦可以爲次矣(4): 그래도 그다음은 될 수 있다.

斗筲(5): 한 말이나 한 말 두 되들이 대그릇

♧ 孟子: 大人은 자신이 한 말이 반드시 옳다고 하지 않고 행동도 결과를 기대하지 않는다. 오직 義에 맞게 할 뿐이다.(사람이 한 말은 신의가 있어야 하고 행동에는 결과가 있어야 한다. 그러나 신의와 결과도 義에 부합되어야 한다. 만일 말한 것이 義에 어긋나면 그것은 신의를 지킬 수 없는 것이고 행동이 義에 어긋나면 결과를 기대할 수 없는 것이다.)

子路 21

子曰 不得中行⑴而與之 必也狂狷乎 狂者⑵進取
자 왈 부 득 중 행 이 여 지 필 야 광 견 호 광 자 진 취

狷者⑶有所不爲也
견 자 유 소 불 위 야

공자가 말했다. 中道를 지키는 사람과 함께 할 수 없다면
반드시 과격한 사람이나 고집 센 사람과 함께 하게 될 것이다.
과격한 사람은 진취적이고 고집 센 사람은 타협하지 않는다.

中行(1): 中道. 이쪽 저쪽에도 치우치지 않는..
狂者(2): 미친 사람이 아니라 어떤 일을 대할 때 이쪽 저쪽 눈치 보지 않고 전력 질주하는 자
狷者(3): 지식은 모자라지만 실천하는 사람이다. 자신의 능력을 알고 있어 그 한계를 넘어서려는 모험은 하지 않는 사람

子路 22

子曰 南人⑴有言曰 人而無恒⑵不可以作巫醫 善夫
자 왈 남 인 유 언 왈 인 이 무 항 불 가 이 작 무 의 선 부

不恒其德 或承之羞 子曰 不占而已矣
불 항 기 덕 혹 승 지 수 자 왈 불 점 이 이 의

공자가 말했다. 남쪽 사람들 말에 의하면 사람이 일관성이 없으면 무
당이나 의원도 될 수 없다고 했는데 좋은 말이다.
그 신념이 한결같지 않으면 수모를 당할 수 있다.
공자가 말했다. 그런 사람은 점칠 필요도 없다.

　　南人(1): 吳 나라, 越나라 같이 남쪽 나라에 사는 사람들
　　人而無恒(2): 사람이 일관성이 없다.

子路 23

　　　　子曰 君子 和(1)而不同(2)小人 同而不和
　　　　자 왈 군 자 화　이 부 동　소 인　동 이 불 화

공자가 말했다. 건실한 인격자는 화합하지만 주관은 확고하며
자잘한 사람은 타인의 의견에 쉽게 동조하지만 화합하지는 못한다.

　　和(1): 이견과 이의를 적절하게 만드는 것.
　　同(2): 이익을 전제로 줏대 없이 남의 의견에 이리저리 휩쓸리는 것

子路 24

　　　　子貢問曰 鄕人皆好之(1)何如 子曰 未可也 鄕人皆惡之
　　　　자 공 문 왈　향 인 개 호 지　하 여　자 왈　미 가 야　향 인 개 오 지

何如 子曰 未可也 不與鄕人之善者好之 其不善者惡之
하 여　자왈　미가야　불여향인지선자호지　기불선자오지

자공이 물었다. 마을 사람들이 모두 좋아하는 사람은 어떤가요?
공자가 말했다. 그 정도로는 부족하다.
마을 사람들이 모두 미워하는 사람이라면 어떤가요?
공자가 말했다. 그 정도로는 부족하다. 마을 사람 중에서 착한 사람이 좋아하고 착하지 못한 사람이 미워하는 것만 못하다.

鄕人皆好之(1): 마을 사람들이 모두 좋아하다.

子路 25

子曰 君子易事而難說也(1)說之不以道(2)不說也 及其使人也(3)
자왈　군자이사이난열야　　열지불이도　　불열야　급기사인야

器(4)之 小人 難事而易說也 說之誰不以道 說也
기　지 소인　난사이이열야　열지수불이도　열야

及其使人也 求備焉(5)
급기사인야　구비언

공자가 말했다. 건실한 인격자는 섬기기는 쉬워도 기쁘게 하기는 어렵다. 올바른 방법으로 기쁘게 하지 않으면 기뻐하지 않는다.
사람에게 일을 줄 때에는 그 사람의 그릇에 알맞는 일을 준다. 자잘한 사람은 모시기는 어려워도 기쁘게 하기는 쉬우니 마땅한 방법이 아니라도 기뻐한다. 사람에게 일을 시킬 때는 완벽하기를 요구한다.

易事而難說也(1): 섬기기는 쉬워도 기쁘게 하기는 어렵다.

不以道(2):올바르지 못하게 아첨하다.

及其使人也(3): 사람을 부릴 때

器(4): 용도에 맞게

求備焉(5): 완벽을 원한다.

子路 26

子曰 君子泰(1)而不驕(2)小人驕而不泰
자 왈 군 자 태 이 불 교   소 인 교 이 불 태

공자가 말했다. 건실한 인격자는 느긋하면서 오만하지 않고 자잘한 사람은 오만하면서 느긋하지 못하다.

泰(1): 안이 가득 차 있지만 밖으로 내보이지 않는 것

驕(2): 안이 텅 비어있어서 거짓으로 위세를 내보이는 것

子路 27

子曰 剛(1)毅(2)木(3)訥(4)近仁
자 왈 강 의 목 눌 근 인

공자가 말했다. 강직하고 굳세고 꾸밈없고 어눌한 사람이 참된 사람에 가깝다.

剛(1): 욕심이 없으며 자신에게 엄격함.
毅(2): 의지가 강하며 과감한 것
木(3): 질박함,소박함, 꾸민 모습이 없는 본모습 그대로
訥(4): 느리고 둔함, 巧言의 반대 개념

子路 28

子路問曰 何如死可謂之士矣 子曰 切切(1)偲偲(2)怡怡(3)如也
자 로 문 왈 하 여 사 가 위 지 사 의 자 왈 절 절 시 시 이 이 여 야

可謂士矣 朋友切切偲偲 兄弟怡怡
가 위 사 의 붕 우 절 절 시 시 형 제 이 이

자로가 물었다. 어찌해야 선비라 할 수 있습니까?
공자가 말했다. 간곡하게 조언하고 화목하면 선비라 할 수 있다. 친구에게는 은근하게 옳은 길로 서로 이끌고 형제와는 온화하며 즐겁게 지내

야 한다.

切切(1): 간절하고 간곡하게, 절절하게
偲偲(2): 격려하며 노력하게 하다
怡怡(3): 화합하며 즐기다

♣ 子路가 먼길을 떠나려고 仲尼에게 인사하러 오자 중니가 이렇게 물었다.
"너에게 수레를 주랴, 아니면 좋은 말을 주랴?"
이에 자로가 "좋은 말씀을 주십시오"라고 했다.
그러자 중니가 이렇게 말했다.
"스스로 강해지지 않으면 멀리까지 갈 수 없고 노력하지 않으면 공을 이룰 수 없으며 충성되이 굴지 않으면 남이 친해 오지 않는다. 또 믿음이 없으면 같은 일을 반복할 수 없으며 공경하지 않으면 예를 갖출 수 없다. 이 다섯 가지만 조심하면 장구히 갈 수 있을 것이다."

子路 29

子曰 善人敎民七年 亦可以即(1)戎(2)矣
자 왈 선 인 교 민 칠 년 역 가 이 즉   융   의

공자가 말했다. 훌륭한 사람이 백성을 7년을 가르치면 전쟁에 내보낼

수 있다.

即(1): 나아가다.

戎(2): 兵으로 전쟁을 뜻함

子路 30

子曰 以不教民戰 是謂棄之(1)
자 왈 이 불 교 민 전 시 위 기 지

공자가 말했다.
훈련되지 않은 백성들을 전쟁에 내보내는 것은 가서 죽으라는 것이다.

是謂棄之(1): 그들을 내버리는 것이다.

제 14 편

憲問 헌문

憲問 1

憲⑴問恥 子曰 邦有道 穀⑵邦無道 穀 恥也
헌 문치 자왈 방유도 곡　방무도 곡 치야

원헌이 수치스러운 일에 대해 물으니 공자가 말했다.
　나라에 질서가 바로 서 있을 때는 봉급을 받지만 나라에 질서가 무너졌을 때 봉급 받는 것은 수치스러운 일이다.

　　憲(1): 공자의 제자로 原思의 이름
　　穀(2): 祿, 祿俸, 지금의 월급

憲問 2

克⑴伐⑵怨⑶欲⑷不行焉 可以爲仁矣
극 벌 원 욕 불행언　가이위인의

子曰 可以爲難矣 仁則吾不知也
자왈 가이위난의　인즉오부지야

　남을 이기고 자랑하며 원망하고 탐욕스럽지 않으면 참된 사람이라 할 수 있습니까? 공자가 말했다. 그렇게 하기 어렵지만 참된 사람인지는 나도 모르겠다

克(1): 이기다. 이기기를 좋아하다.

伐(2): 스스로 자기 공을 자랑하는 것

怨(3): 분해서 원망하는 것. 내가 갖지 못한 것을 한탄하다.

欲(4): 탐욕

憲問 3

子曰 士而懷居(1)不足以爲士矣
자 왈 사 이 회 거 부 족 이 위 사 의

공자가 말했다. 선비가 안락한 삶을 바란다면 선비라 할 수 없다.

士而懷居(1): 선비가 편히 살기를 바라다.

憲問 4

子曰 邦有道 危(1)言危行 邦無道 危行言孫(2)
자 왈 방 유 도 위 언 위 행 방 무 도 위 행 언 손

공자가 말했다. 나라에 질서가 있을 때는 말을 엄정하게 하고 행동도 바르게 해야 한다. 나라가 어지러울 때는 행동은 엄정하게 하되 말은 공손하게 해야 한다.

危(1): 철저하고 바르다. 엄하다, 엄격하다.

孫(2): 낮추고 따르다.

憲問 5

子曰 有德者必有言(1)有言者不必有德 仁者 必有勇
자 왈 유 덕 자 필 유 언   유 언 자 불 필 유 덕 인 자 필 유 용

勇者不必有仁
용 자 불 필 유 인

공자가 말했다. 덕 있는 사람은 반드시 훌륭한 말을 하지만 훌륭한 말을 한다 해서 반드시 덕이 있는 것은 아니다.
참된 사람은 반드시 용기가 있지만 용기가 있다 해서 반드시 참된 사람은 아니다.

有言(1): 훌륭한 말, 후세에 전할 수 있는 교훈

♣ 사람으로 말을 잘하는 것은 큰 장점이지만 말을 잘하고 거기다 그럴싸한 훌륭한 말을 줄줄이 한다고 해서 덕 있는 사람이라고는 할 수 없다는 것이다. 또한 진실한 신하는 임금에게 목숨을 걸고 바른말로 직언하는 것이다. 비록 맨손으로 호랑이를 때려잡는 용기가 있더라도 진실한 것은 아니라는 것이다.
德 > 言, 仁 > 勇.

憲問 6

南宮适問於孔子曰 羿(1)善射 奡(2)盪舟俱不得其死然(3)
남 궁 괄 문 어 공 자 왈 예 선 사 오 탕 주 구 부 득 기 사 연

禹(4)稷(5)躬稼而有天下 夫子不答 南宮适出
우 직 궁 가 이 유 천 하 부 자 부 답 남 궁 괄 출

子曰 君子哉若人 尙德(6)哉若人
자 왈 군 자 재 약 인 상 덕 재 약 인

남궁괄이 공자에게 물었다.
예는 명사수였고 오는 힘이 장사라 육지에서 배를 끌고 다녔지만 모두 제명에 죽지 못했습니다.
그러나 우왕과 직은 스스로 농사를 지으면서도 임금이 되었습니다. 공자는 답하지 않았다. 남궁괄이 밖으로 나가자
공자가 말했다. 고매한 인격자답구나, 이 사람은! 사람이 됐어!

羿(1): 夏 나라의 제후국 有窮의 임금으로 명사수였다. 예는 반역을 해 夏 나라 임금 相을 죽이고 왕위에 올랐고 그의 신하 寒浞(한착)은 羿를 죽였다.

奡(2): 물이 없는 육지에서 배를 움직이게 하는 괴력의 소유자였지만 명대로 살지 못했다.

俱不得其死然(3): 모두 제명에 죽지 못하다.

禹(4): 치수를 위해 수로 만드는 일에 전력했다.

稷(5): 백곡을 파종해 농사를 지었다고 함.

尙德(6): 덕을 귀하게 여기다.

♣ 羿: ? ~ ?

後羿 또는 夷羿로도 쓴다. 有窮氏 부락의 수령으로 堯임금의 신하였다. 하나라 임금 太康을 내쫓고 그 땅을 점령했는데 나중에 한착(寒浞)에게 살해당했다.

활을 잘 쏘았다고 한다. 전설에 따르면 요임금 때 하늘에 해가 열 개가 나타나 곡식과 초목이 다 말라 죽어 사람들이 굶주리게 되었다. 게다가 맹수와 긴 뱀까지 나타나 해를 끼쳤다.

요임금이 그에게 활로 9개의 해를 떨어뜨리게 하고 맹수와 긴 뱀도 죽이게 하자 백성들이 모두 기뻐했다.

孟子 離婁下에 "방몽(逢蒙)이 羿에게 활 쏘는 법을 배워 羿의 기술을 다 배우고는 천하에 오직 羿만이 자기보다 낫다고 여겨 羿를 죽였다."라고 했다.

羿의 아내 항아(姮娥)가 남편이 먹던 불사약을 먹고 달로 달아났다고 한다.

憲問 7

子曰 君子而不仁者有矣夫⑴未有小人而仁者也
자 왈 군 자 이 불 인 자 유 의 부   미 유 소 인 이 인 자 야

공자가 말했다. 고위 관리라 할지라도 참되지 못한 사람은 있지만 자잘한 사람으로서 참된 사람은 없다.

君子而不仁者有矣夫(1): 군자라도 진실하지 못한 사람이 있다.

憲問 8

子曰 愛之 能勿勞(1)乎 忠(2)焉 能勿誨(3)乎
자 왈 애 지 능 물 로 호 충 언 능 물 회 호

공자가 말했다. 그를 사랑한다면 고된 어려움을 극복하도록 단련시켜야 하지 않겠는가. 진정 그를 아낀다면 가르쳐 일깨워 줘야 하지 않겠는가.

勞(1): 몸을 움직여 피로하게 하는 것
忠(2): 誠, 진심, 성심,
誨(3): 가르치다.교육시키다.

憲問 9

子曰 爲命(1)裨諶(2)草創之 世叔(3)討論之 行人(4)子羽(5)修飾(6)之
자 왈 위 명 비 심 초 창 지 세 숙 토 론 지 행 인 자 우 수 식 지

東里(7)子産(8)潤色(9)之
동 리 자 산 윤 색 지

공자가 말했다. 외교문서를 작성할 때 裨諶이 초고를 만들고
世叔이 검토하고 외교담당 子羽가 수정하고 동리 子産이 아름답게 가
다듬었다.

命(1): 임금이 이웃 나라 임금에게 전하는 친서

裨諶(2): 鄭 나라 대부

世叔(3): 鄭 나라 대부, 遊吉(子大叔으로도 불린다)

行人(4): 관직 이름, 사신으로 외국에 나가기도 하고 외국의 사신을 접대하는 직책

子羽(5): 鄭 나라 대부, 公孫揮의 字

修飾(6): 삭제하는 것을 修, 보충해 덧붙이는 것을 飾

東里(7): 子産이 살던 마을 이름

子産(8): 鄭 나라 대부, 公孫僑로 簡公, 定公, 獻公 세 임금을 20년간 보필한 명재상

潤色(9): 문장을 아름답게 꾸미는 것

♣ 遊吉 (世叔): B.C.?~ B.C.507

춘추시대 鄭나라 사람. 대부를 지냈다. 子大叔, 太叔으로도 불렸다. 簡公과 定公때 正卿을 지냈다.

典章에 밝았고 辭令에 뛰어나서 제후의 사신으로 가서 예에 맞게 직분을 온전히 수행해 허점이 없었다.

子産을 執政시켜 仁政을 베풀었다. 鄭 定公 8년 자산의 뒤를 이어 국정을 맡았다. 당시 정나라에 도둑이 많았는데 萑符(추부)의 澤邊에 모여 있었다. 그가 병사를 이끌고 가 이들을 토벌했다.

♣ 子産: B.C.580?~B.C.522?

춘추시대 鄭 나라 사람으로 대부였다. 자는 子産,또는 子美였고 성은 國씨이며 이름은 僑이다.

公孫僑는 公孫成子로도 불린다. 子國의 아들이다.

정나라 목공의 후예로 태어나 기원전 543년 내란을 진압하고 재상이 되었다. 鄭簡公12년 正卿이 되어 집정했다.

정치와 경제 개혁을 실시하고 북쪽의 晉나라와 남쪽의 楚나라 등 대국 사이에 끼어 어려운 처지에 있던 정나라를 외교적으로 성공을 거두었다.

내정에서도 중국 최초의 성문법을 정하여 인습적인 귀족정치를 배격하고 농지를 정리하여 田賦를 설정 국가 재정을 강화했다.

또한 미신적 행사를 배척하고 합리적이고 인간주의적인 활동을 함으로써 공자사상의 선구가 되었다.

寬猛相濟를 정치의 요체로 삼아 천도는 멀고 인도는 가깝다는 관점을 제시했다. 시호는 成子다. 공자는 자산을 존경해 공자 60살 되던 해 자산을 만나러 정나라에 갔으나 자산은 이미 세상을 떠나 만나지 못했다.

자산이 정권을 맡고 있을 때 공자는 8세였고 자산이 죽었을 때 공자는 30세였다. 자산은 공자보다 한 세대 전 사람이다.

憲問 10

或問子産 子曰 惠(1)人也 問子西(2)曰 彼哉彼哉
혹 문 자 산 자 왈 혜   인 야 문 자 서   왈 피 재 피 재

問管仲 曰 人也奪伯氏(3)騈邑(4)三百 飯疏食 沒齒無怨言(5)
문 관 중 왈 인 야 탈 백 씨   병 읍   삼 백   반 소 사 몰 치 무 원 언

어떤 사람이 자산에 대해 물으니
공자가 말했다. 은혜로운 사람이다.
자서에 대해 물으니 말했다. 그저 그런 사람이지, 그저 그래!
관중에 대해 물으니 공자가 대답했다. 이 사람은 伯氏의 영토 300호를 빼앗았는데 백씨는 평생 가난하게 살면서도 평생 그를 원망하지 않았다.

惠(1): 남에게 베풀기를 좋아하는 것
子西(2): 정나라 대부, 子駟의 아들 公孫夏
伯氏(3): 제나라 대부로 죄를 지어서 환공의 명으로 관중이 백씨의 병읍을 빼앗아 백씨는 궁색하게 살았다.
騈邑(4): 백씨 소유 지명으로 산동성에 있다.
沒齒無怨言(5): 늙어 이가 모두 빠질 때까지 원망하지 않다.

♣ 子西 ?~B.C.479
楚나라 사람으로 公子申으로도 불린다.
楚平王의 서자이다. 평왕이 죽자 令尹 子常이 그를 세워 왕으로 삼으려 했지만 子常을 배척해 나라를 어지럽힌다고 하자 이를 두려워해 평왕의 태자 昭王을 세웠다. 魯定公 郢이 吳나라 공격을 받아 점령되어 소왕이 달아나 隨에 이르자 자서가 왕의 여복(輿服)을 본떠 달아나고 흩어지는 사람들을 보호했다.
다음 해 오나라의 내란을 틈타 楚秦 구원병과 함께 오나라를 격

파해 소왕이 영으로 돌아오도록 했다. 6년 슈尹에 임명되고 약(鄀)으로 도읍을 옮겨 초나라의 정치를 개혁했다.

魯哀公 16년 白公勝이 반란을 일으켰을 때 피살되었다.

憲問 11

子曰 貧而無怨 難 富而無驕 易
자 왈 빈 이 무 원 난 부 이 무 교 이

공자가 말했다. 가난하게 살면서 원망하지 않는 것은 어렵고 부유하면서 교만하지 않기는 쉽다.

憲問 12

子曰 孟公綽 爲趙 魏老則優(1) 不可以爲滕薛(2)大夫
자 왈 맹 공 작 위 조 위 노 즉 우 불 가 이 위 등 설 대 부

공자가 말했다. 맹공작은 조씨나 위씨의 가신 우두머리가 되기에는 충분하지만 등나라나 설나라 같은 작은 나라 대부는 될 수는 없다.

孟公綽 爲趙 魏老則優(1): 맹공작은 조 씨나 위 씨의 가신 우두머리가 되기에는 충분하다.

滕薛(2): 지금의 산동성에 있었던 작은 제후국. 등나라, 설나라

孟公綽: 노나라 대부로 공자의 스승

趙魏: 晉나라의 두 세력가, 조 씨와 위 씨.

老: 가신의 우두머리를 老라 한다.

優: 넉넉하다, 충분하다.

♣ 趙魏는 晉나라 卿大夫 집안이다. 큰 집안은 세력이 크더라도 관직의 책임은 없다. 그러나 등과 설은 나라는 작지만 정치가 번거롭고 대부는 지위가 높고 책임이 크다. 그러나 공작은 청렴하고 조용해서 욕심이 적지만 재주는 짧기 때문이다. 남을 다스린다는 것은 사람 좋은 것이 오히려 부적합하다는 것을 대변하는 대목이다.

♣ 孟公綽: B.C.? ~ B.C.?

맹공작은 노나라 대부로 孟氏 일족이다.

[사기]<중니제자열전>에 따르면 공자가 스승으로 모신 사람이었고 공자가 찬양한 先賢에 속한다. 맹공작은 좌전 양공 25년 기원전 548년에 보이고 당시 공자는 4세였으며 맹공작과는 약 30년 정도 연상이었다.

맹공작은 晉나라 조 씨와 위 씨의 가신을 지냈다. 그러나 등나라와 설나라 대부를 지낼 수는 없었다. 진나라는 대국이고 등나라와 설나라는 노나라 근처의 작은 나라였다.

憲問 13

子路問成人⑴子曰 若藏武仲⑵之知 公綽⑶之不欲 卞莊子⑷之勇
자로문성인 자왈 약장무중 지지 공작 지불욕 변장자 지용

冉求之藝 文之以禮樂 亦可以爲成人矣
염구지예 문지이예악 역가이위성인의

曰 今之成人者 何必然 見利思義 見危授命⑸
왈 금지성인자 하필연 견리사의 견위수명

久要⑹不忘平生之言 亦可以爲成人矣
구요 불망평생지언 역가이위성인의

자로가 완벽한 사람에 대해 물으니 공자가 말했다.

장무중의 지혜와 공작의 무욕, 변장자의 용기, 염구의 재능을 질서와 문화로 다듬으면 완벽한 사람이라 할 수 있다.

그러나 요즘의 완벽한 사람들은 꼭 그럴 필요도 없다.

이득을 보면 의로운 것인가를 생각하며 난관에 닥치면 목숨을 바치며 오랜 어려움 속에서도 평소의 다짐을 잊지 않는다면 완벽한 사람이라 할 수 있다.

成人⑴: 全人(온전한 사람, 완전한 사람)

藏武仲⑵: 노나라 대부, 藏孫紇(장손흘),로 藏文仲의 손자이며 藏宣叔의 아들

公綽⑶: 孟公綽 윗장(12장)에 나오는 공자의 스승

卞莊子⑷: 卞은 노나라의 邑이고 莊子는 卞邑의 대부이다.

授命(5): 목숨을 아끼지 않고 남에게 바치다.
久要(6): 오래된 약속

♧ 장무중(臧武仲, ? ~ ?)은 중국 춘추 시대 노나라의 정치가다. 성은 姬고, 씨는 臧孫 혹은 臧이며, 이름은 紇(흘)이다. 그러므로 臧孫紇이나 臧紇이라고도 한다. 武仲은 시호다. 슬기롭기로 이름이 높아 聖人으로 불렸으나, 삼환의 후계자 분쟁에 개입했다가 제나라로 망명했다.

♧ 史記列傳 一擧兩得
卞莊子에 관한 이야기
혜왕이 말했다.
"좋소, 하나 지금 한나라와 위나라가 싸운 지 1년이 지났지만 아직 해결이 나지 않았소 어떤 사람은 구해 주는 것이 진나라에 득이 있다고 말하고 어떤 사람은 구해 주지 않는 것이 이익이라 하는데 어느 것도 결정을 내리지 못하고 있소 그대는 이 일을 생각하는 바를 말해 보시오"
"일찍이 卞莊子가 호랑이를 찌른 이야기를 대왕께 말씀드린 사람이 없었습니까? 卞莊子가 호랑이를 찔러 죽이려고 생각했는데 주막집 심부름하는 아이가 말리면서 말하길 "두 마리의 호랑이가 이제 소를 잡아 먹으려 합니다. 먹은 다음 맛이 있으면 틀림없이 다툴 것이고 다투게 되면 반드시 싸울 것입니다. 그리고 싸우게 되면 큰놈은 상처를 입을 것이고 작은놈은 죽겠지요. 그리고 상처입은 놈을 찔러 죽이면 한 번에 두 마리 호랑이를 잡았다는 명성을 얻을 수 있을 것입니다."라고 했습니다. 卞莊子는 그럴 것으로 생각되어 서서 기다렸습니다. 얼마 후 과연 두 마리 호랑이가 싸움을 했고 큰 호랑이는 상처를 입고 작은 호랑이는 죽었지요, 卞莊子는 상처 입은 호랑이가 지쳐있는 틈을 타 찔러 죽여 과연 한번에 두 마리 호랑이를 잡는 효과를 올리게 됐습니다.

지금 한나라와 위나라가 싸운 지 1년이 지나도 해결이 나지 않으니 틀림없이 큰 나라는 상처를 입고 작은 나라는 멸망하고 말 것입니다. 이렇게 되면 상처 입은 나라를 쳐서 일거양득의 효과를 볼 수 있게 됩니다. 이것은 마치 卞莊子가 호랑이를 찌르는 일과 비슷한 일로 제가 임금께 바치는 계교와 초나라 왕을 위해 바치는 계교가 어찌 다를 바 있겠습니까?

(출처: 〈사기열전 중 일거양득〉 사마천 지음, 이상옥옮김, 명문당)

憲問 14

子問公叔文子⑴於公明賈⑵曰 信乎⑶夫子不言不笑不取乎
자 문 공 숙 문 자   어 공 명 가   왈 신 호   부 자 불 언 불 소 불 취 호

公明賈對曰 以告者過也 夫子時然後言 人不厭其言
공 명 가 대 왈 이 고 자 과 야 부 자 시 연 후 언 인 불 염 기 언

樂然後笑 人不厭其笑 義然後取 人不厭其取 子曰
낙 연 후 소 인 불 염 기 소 의 연 후 취 인 불 염 기 취 자 왈

其然 豈其然乎
기 연 기 기 연 호

공자가 공숙문자의 인품에 대해 공명가에게 물었다.

그분은 말도 하지 않고 웃지도 않고 뇌물도 받지 않았다는데 사실인가요? 공명가가 대답했다.

잘못 전해진 것입니다. 단지 그분은 말할 때만 말을 하니 사람들이 그의 말을 싫어하지 않고 즐거울 때만 웃으니 사람들이 그의 웃음을 싫어하지 않고 합당할 때만 받으니 사람들이 그가 받는 것을 싫어하지 않습니다. 공자가 말했다. 그런가요? 어찌 그럴 수 있단 말입니까?

公叔文子(1): 衛 나라 대부, 公孫拔
公明賈(2): 衛 나라 사람
信乎(3): 정말로, 참으로

♧ 公叔文子: B.C.? ~ B.C.?
衛 나라 대부로 公孫拔이며 靈公때 대부를 지냈다.
가신으로 있던 僕을 대부로 추천하여 함께 朝班에 올랐다.
공자는 그의 특징에 대해 "말을 않고, 웃지 않고, 받지 않는다."라고 들었기 때문에 공명가에게 정말로 그런지를 물었다.
공명가가 그것은 말을 전하는 사람이 잘못 전했으며 공숙문자는 그저 행동거지가 항상 합당할 뿐이라고 말했다.
그는 말해야 할 때 말하고 말하지 말아야 할 때 말하지 않으며 즐거울 때만 웃고 즐겁지 않으면 웃지 않으며 받아야 할 것만 받고 받지 말아야 할 것은 받지 않았다는 것이다. 그 때문에 다른 사람들이 그의 말과 웃음과 받는 것에 대해 조금도 싫어하지 않는다고 했다. 공자는 "그런가, 정말 그렇단 말인가"라고 했다.

이 장의 이야기는 공자가 위나라에서 두 번에 걸쳐 벼슬을 한 기간, 즉 기원전 495년에서 기원전 493년 혹은 기원전 488년에서 기원전 485년 사이에 한 말일 것이다.

憲問 15

子曰 藏武仲以防(1)求爲後(2)於魯 誰曰不要(3)君 吾不信也
자 왈 장 무 중 이 방 구 위 후 어 노 수 왈 불 요 군 오 불 신 야

공자가 말했다. 장무중은 방읍을 점거하고 노나라에 자신의 후계자를 세워줄 것을 요구했으니 비록 임금을 협박하지 않았다고 하지만 나는 믿지 않는다.

防(1): 藏武仲의 본거지
爲後(2): 자신의 후손으로 대를 잇게 하다.
要(3): 강요해서 누르다, 겁박하다.

♧ 장무중은 죄를 짓고 邾로 달아났다가 다시 防으로 돌아와 자신의 아들을 후계로 세워주면 읍을 떠나겠다고 했다. 만약 청을 들어주지 않으면 防을 점거해 반란을 암시했으니 임금을 협박한 것이다.

(출처: 〈논어집주 주자와 제자들의 토론〉 박성규역주, 소나무)

憲問 16

子曰 晉文公⑴譎而不正 齊桓公⑵正而不譎
자 왈 진 문 공   휼 이 부 정   제 환 공   정 이 부 휼

공자가 말했다. 진나라 문공은 속이고 바르지 않았으며 제나라 환공은 바르고 속이지 않았다.

晉文公(1): 이름은 重耳, 獻公의 서자

齊桓公(2): 이름은 小白

♣ 晉文公: B.C.679 ~ B.C.628

춘추시대 진나라의 임금. 春秋五覇의 한사람으로 이름은 重耳이며 獻公의 둘째 아들이다. 아버지가 寵姬(총희) 驪姬(여희)의 참소를 믿고 태자 申生을 죽이자 망명하여 19년 동안 떠돌았다. 惠公이 죽고 懷公이 뒤를 이었지만 민심을 얻지 못했다. 마침내 秦穆公의 도움으로 귀국해 즉위했다. 狐偃(호언)과 趙衰(조쇠) 先軫(선진) 등 어진 신하를 등용해서 난국을 수습하고 국력을 강화시켰다. 周왕실의 왕자 帶의 반란을 평정하고 周襄王을 맞아 복위시키면서 尊王을 호소해 위신을 세웠다. 성복 전투에서 楚,陳,蔡 세나라의 군대를 대파하고 踐土에서 제후를 회합해 覇主로 자리했다. 齊桓公에 이어 제후의 맹주가 되었다. 9년 동안 재위했다.

♣ 齊桓公: ? ~ B.C. 643

춘추시대 제나라 임금. 성은 姜씨이며 이름은 小白이다. 襄公의 동생이다. 처음에 莒로 달아났다가 양공이 피살되자 거에서 귀국해 즉위했다. 관중을 재상에 등용하고 개혁해 부국강병을 시도했다. 尊王攘夷를 명분으로 삼아 북쪽의 戎狄(융적)을 정벌하고 그들이 중원을 넘보는 것을 막았다. 남쪽으로는 강대국 초나라를 억제하여 召陵에서 회맹했다. 주왕실을 안정시켜 周惠王이 죽자 태자 鄭을 받들어 즉위시키니 바로 周襄王이다. 여러 차례 제후들을 회합하여 맹약을 세우는 등 威望을 떨쳤다. 춘추시대 최초의 覇主이다. 재위 기간은 43년이고 시호는 桓이다.

♣ 두 公 모두 제후의 맹주로 오랑캐를 물리치고 주나라 왕실을 받들었다. 무력을 기반으로 仁을 가장했으니 모두 바르지 않았다. 환공은 초나라를 칠 때 대의명분을 세우고 속임수를 쓰지 않은 만큼 그래도 문공보다는 나았다. 문공은 (초나라 동맹인) 위나라를 침으로써 초나라를 도발해 전쟁을 하는 등 음모로써 승리를 쟁취했으니 매우 교활했다. 이 두 임금의 다른 일들 역시 대체로 이런 부류였다.

(출처: 〈논어집주 주자와 제자들의 토론〉 박성규 역주, 소나무)

憲問 17

子路曰 桓公(1)殺公子糾(2)召忽死之(3)管仲(4)不死 曰 未仁乎
자로왈 환공 살공자규 소홀사지 관중 불사 왈 미인호

子曰 桓公九合諸侯 不以兵車 管仲之力也 如其仁 如其仁
자왈 환공구합제후 불이병거 관중지력야 여기인 여기인

자로가 말했다. 환공이 공자 규를 죽였을 때 소홀은 따라 죽었는데 관중은 죽지 않으니 관중은 참되지 못해 보입니다.

공자가 말했다. 환공은 제후들을 규합하고도 무력을 쓰지 않은 것은 관중의 노력 덕분이었으니 참되다고 할수 있다. 그는 참된 사람이다.

桓公(1): 이름은 小白으로 齊나라 襄公의 동생
糾(2): 환공의 이복 형
召忽死之(3): 소홀이 따라 죽다.
管仲(4): 齊나라 재상, 환공의 신하로 부국강병으로 이끌었다.
또한 어릴 때부터 포숙아와의 변함없는 우정을 관포지교라 한다.

♣ 齊襄公은 小白과 糾 두 후계자가 있었는데 나라에서 내분이 일어나 양공이 살해되어 소백과 규는 국외로 망명했다.
소백에게는 포숙아가 따랐고 규에게는 관중이 따랐다.
그러던 중 제나라 국내 사정도 진정되어 임금을 정하려 하는데 소백과 규 두 왕자 중에서 먼저 국내에 돌아오는 사람에게 왕에 즉위토록 했다. 이 소식을 들은 규가 소백이 귀국하지 못하게 관중을 시켜 살해할 것을 지시했다. 이에 관중은 귀국하던 소백에게 활을 쏘아 명중했으나 허리띠쇠 걸쇠에 맞아 죽지 않았지만 죽은 체하고 쓰러져 있었다. 규와 관중은 소백이 죽은 것으로 확신하고 여유를 부리며 환도했지만 소백이 먼저 당도해 왕위에 올랐고 규는 동생 소백에게 목숨을 잃었다. 소백(제 환공)에게 관중은 자기를 죽이려던 원수이지만 관중의 절친한 친구 포숙아의 여러 번의 간청으로 대부로 발탁되어 제나라를 부흥시키는 일등

공신이 되었다.

♣ 管仲: ?~B.C.
제나라 사람으로 이름은 夷吾이고 字는 仲이다.
가난했던 소년 시절부터 평생 변함없었던 포숙아와의 깊은 우정을 나눈 관포지교로 유명하다.
처음에 公子糾를 섬겨 노나라로 달아났다. 제양공이 피살당하자 공자규와 공자 소백(桓公)이 자리를 두고 다투었는데 공자규가 살해되고 관중은 투옥되었다. 그때 포숙아는 소백의 편에 섰는데 그가 추천하자 환공이 지난날의 원한을 잊고 발탁해 노장공 9년 卿에 오르고 높여 仲父라 불렸다.
제도를 개혁하고 국토를 효율적으로 구분했다. 도성 또한 士鄕 15군데와 工商鄕 6군데로 나누고 지방을 五屬으로 구분해 五大夫가 나눠 다스리도록 했다. 鹽鐵官을 두어 소금을 생산하면서 돈을 제조케 했다. 이렇게 군사력을 강화하고 상업과 수공업을 육성해 부국강병을 꾀했다. 대외적으로 동방이나 중원의 제후와 아홉 번 회맹하여 환공에 대한 제후의 신뢰를 얻게 했고 남쪽에서 세력을 떨치기 시작한 초나라를 누르려 했다.
제환공은 春秋五覇의 한사람이 되었다.

憲問 18

子貢曰 管仲非仁者與 桓公殺公子糾 不能死 又相之
자 공 왈 관 중 비 인 자 여 환 공 살 공 자 규 불 능 사 우 상 지

子曰 管仲相桓公覇(1)諸侯 一匡(2)天下 民到于今(3)
자 왈 관중상환공패 제후 일광 천하 민도우금

受其賜 微(4)管仲 吾其被髮(5)左衽(6)矣
수 기 사 미 관중 오기피발 좌임 의

豈若匹夫匹婦之爲諒(7)也 自經(8)於溝瀆(9)而莫之知也
기 약 필 부 필 부 지 위 량 야 자 경 어 구 독 이 막 지 지 야

자공이 말했다. 관중은 참된 사람은 아닌 것 같습니다.
환공이 공자 규를 죽였는데 따라 죽지 않고 거기다 그를 돕기까지 했습니다. 공자가 말했다. 관중이 환공을 도와 제후의 패자가 되게 해서 천하를 바로잡았다. 백성들이 지금까지 그 혜택을 받고 있으니 관중이 없었다면 우리는 머리 풀고 옷깃을 왼편으로 하는 오랑캐가 되었을 것이다. 어찌 보통 사람들처럼 작은 신의를 지키기 위해 스스로 도랑에서 목매 죽어 남이 알아주는 이 없는 것과 같을 수 있겠는가?

覇(1): 우두머리, 諸侯의 長

匡(2): 바로 잡다.

民到于今(3): 백성들이 지금까지

微(4): 없다

被髮(5): 머리카락을 머리 꼭대기에서부터 길러 내려 끄트머리만 땋은 것

衽(6): 옷섶 옷섶을 왼쪽으로 향하게 하는 것을 左衽이라 한다.

諒(7): 작은 신의(信義)

經(8): 목을 매다

溝瀆(9): 도랑, 도랑 같은 구석진 곳, 사람 눈에 잘 뜨이지 않는 곳

♧ 자로가 공자에게 물었다.

관중은 어떤 사람입니까?

큰 인물이지!

옛날 양공에게 유세를 하였지만 양공이 즐거워하지 않았습니다. 이로 보면 관중은 달변은 아닌 것 같습니다. 또 공자 규를 세우려 했지만 뜻을 이루지 못했으니 이로 보면 능력이 없는 것입니다.

제나라 집들이 파괴되었을 때 슬픈 기색을 나타내지 않은 것을 보면 이는 인자하지 않았다는 뜻이고 질곡에 묶여 죄인을 호송하는 수레에 갇혀 있으면서도 부끄러워하지 않았으니 이는 부끄러움을 모르는 처사입니다.

그런가 하면 자기가 쏘아 죽이려던 임금을 섬겼으니 이는 정절이 없는 것이며 소홀은 죽었는데 따라 죽지 않았으니 이는 인을 저버린 행위입니다. 이런 인물을 선생님은 어찌 큰사람이라고 하십니까? 그러자 공자가 말했다.

관중이 양공에게 유세했을 때 양공이 기쁘게 받아주지 않은 것은 관중이 언변이 모자라서가 아니고 양공이 몰라서 그런 것이며 공자 규를 세우려다 실패한 것은 능력이 없어서가 아니라 때를 만나지 못하였기 때문이다.

또 제나라의 집들이 파괴되었을 때 근심의 표정을 짓지 않은 것은 그가 인자하지 않아서가 아니라 운명을 알았기 때문이며 질곡에 묶여 죄인을 호송하는 수레에 갇혀 있으면서도 부끄러워하는 기색이 없었던 것은 부끄러움을 몰라서가 아니고 스스로 판단력이 있었기 때문이다. 그런가 하면 자기가 쏘아 죽이려던 임금을 다시 섬긴 것은 정절이 없어서가 아니라 균형이 무엇인지

알았기 때문이며 소홀이 죽었는데도 자신은 죽지 않은 것은 어질지 못해서가 아니다. 소홀이라는 자는 남의 신하가 될 정도의 인물로 죽지 않으면 삼군의 포로밖에 되지 않지만 죽으면 그 이름이 천하에 남게되니 어찌 죽지 않았겠느냐?

그러나 관중은 천하를 돕는 보좌의 능력과 제후의 재상감이다. 죽으면 그저 구렁텅이에 버려지는 일개 시체에 불과하지만 죽지 않으면 천하에 그 공을 다시 세울 수 있는데 어찌 가벼이 죽겠느냐? 중유야, 네가 잘 몰라서 하는 말이다.

(출처: 〈설원〉 유향 찬집, 임동석 옮김, 동문선)

憲問 19

公叔文子之臣大夫僎 與文子同升諸公
공 숙 문 자 지 신 대 부 선 여 문 자 동 승 제 공

子聞之 曰 可以爲文矣
자 문 지 왈 가 이 위 문 의

공숙문자의 가신 대부 선이 문자와 함께 관직을 맡아 조정에 올랐다. 공자가 이 말을 듣고 말했다. 시호를 文이라 할만하구나

* 公叔文子: 憲問 14편 참조

憲問 20

子言衛靈公之無道也 康子曰 夫如是 奚而不喪(1)
자 언 위 영 공 지 무 도 야 강 자 왈 부 여 시 해 이 불 상

孔子曰 仲叔圉治賓客 祝鮀治宗廟 王孫賈治軍旅
공 자 왈 중 숙 어 치 빈 객 축 타 치 종 묘 왕 손 가 치 군 려

夫如是 奚其喪
부 여 시 해 기 상

공자가 위영공의 부도덕함을 말하니 계강자가 말했다.
그렇게 하는데도 왜 멸망하지 않을까요?
공자가 말했다. 중숙어가 외교를 맡고 축타가 종묘를 담당하고 왕손가는 군대를 다스리는데 어떻게 멸망하겠습니까?

喪(1): 지위를 잃다.

♣ 衛靈公: ? ~ B.C.493
춘추시대 위나라 제후로 이름은 元이며 獻公의 손자다.
영공 13년 齊豹와 北宮喜 등이 난을 일으키자 달아났는데 얼마 뒤 제표가 복궁희에게 죽음을 당한 뒤 돌아올 수 있었다.
33년 晉나라와 맹약을 맺으면서 수모를 당하자 마침내 진나라에 반기를 들었다. 39년 태자 괴외가 영공의 부인 南子를 죽이자 영공의 노여움을 두려워한 괴외가 宋나라로 달아나고 얼마 뒤 진나라로 들어갔다. 태자의 도주에 화가 난 영공이 少子 郢을 세우

려고 했는데 郢이 사양했다. 그 후 얼마 뒤 죽었다.
재위 기간은 42년이다.

♣ 仲叔圉: ?~B.C.480?
춘추시대 위나라 사람으로 孔圉 또는 孔文子라고도 한다.
孔達의 4대손이다. 영공을 섬겼고 出公때 卿이 되었다. 出公 9년 태숙질을 공격하려 했다. 공자를 찾아가 병사 쓰는 법을 묻자 공자는 대답하지 않고 노나라로 돌아가 버렸다.
공자가 그를 평하길 민첩하여 배우길 좋아하고 자기보다 낮은 사람에게 묻기를 부끄러워하지 않았다며 칭찬했다.

♣ 王孫賈: ?~?
춘추시대 위나라 사람으로 靈公때 대부를 지냈다. 공자가 위나라에 오자 아랫목 귀신에게 아첨하느니 차라리 부뚜막 귀신에게 아첨하는게 낫다고 하는데 그게 무슨 뜻이냐고 은근히 회유했다.
이에 대해 공자는 하늘에 죄를 지으면 용서를 빌 곳이 없다면서 거절했다.(논어.팔일편)

憲問 21

子曰 其言之不怍(1)則爲之也難
자 왈 기 언 지 부 작   즉 위 지 야 난

공자가 말했다. 자신의 말을 부끄러워하지 않는다면 그 말을 실천하기 어렵다.

其言之不怍(1): 자신이 한 말을 부끄러워하지 않다.

憲問 22

陳成子(1)弑簡公(2)
진 성 자　시 간 공

孔子沐浴而朝 告於哀公曰 陳恒弑其君 請討(3)之
공 자 목 욕 이 조　고 어 애 공 왈　진 항 시 기 군　청 토　　지

公曰 告夫三子(4)
공 왈　고 부 삼 자

孔子曰 以吾從大夫之後 不敢不告也 君曰 告夫三子者
공 자 왈　이 오 종 대 부 지 후　불 감 불 고 야　군 왈　고 부 삼 자 자

之三子告 不可 孔子曰 以吾從大夫之後 不敢不告也
지 삼 자 고　불 가　공 자 왈　이 오 종 대 부 지 후　불 감 불 고 야

진성자가 간공을 시해했다.
공자가 목욕 재계하고 조정에 나가 애공에게 고했다.
진항이 자신의 군주를 시해하였으니 그를 토벌하소서.
애공이 말했다. 저 세 사람에게 말하시오.
공자가 말했다. 제가 고위 관리에 있으니 감히 고하지 않을 수 없었던

것인데 임금께서는 "저 세 사람에게 말하라"고 하시는구나.

　세 사람에게 가서 말하니 안된다고 하자 공자가 말했다.

　내가 고위 관리에 있기 때문에 감히 아뢰지 않을 수 없었던 것입니다.

陳成子(1): 齊나라 대부 陳恒

簡公(2): 齊나라 임금. 이름은 任

討(3): 죄를 다스리다.

告夫三子(4): 저 세사람에게 말하라.

♧ 陳成子: B.C.? ~ B.C.?

춘추 시대 제나라 사람으로 陳恒, 田成子, 田常으로도 불린다. 田乞의 아들이다. 제간공 때 闞止(감지)와 함께 左右相을 맡았다. 선조들의 전통을 계승하여 大斗로 재어 양식을 대여하고 小斗로 재어 거두어 들여 민심을 얻었다. 제간공 4년 감지와 간공을 공격해 살해하고 간공의 동생 驁(오)를 세워 평공을 삼았다. 스스로 재상이 되어 제나라 국정을 장악하고 公族 가운데 강성한 이들은 모두 제거했다. 封邑을 확대하니 이때부터 제나라 권력은 田氏가 독차지하게 되었다.

이 내용은 좌전 애공 14년에 나오고 기원전 481년의 일이다.

憲問 23

子路問事君 子曰 勿欺(1)也 而犯(2)之
자 로 문 사 군 자 왈 물 기　　 야 이 범　 지

자로가 임금 섬기는 것에 대해 묻자 공자가 말했다.
숨기지 말고 기탄없이 말해야 한다.

欺(1): 사실을 감추고 은폐하다.
犯(2): 얼굴을 마주하고 말을 곧게 하다.

憲問 24

子曰 君子上達 小人下達
자 왈 군 자 상 달 소 인 하 달

공자가 말했다. 건실한 인격자는 수준 높은 식견에 정통하고 자잘한 사람은 잇속에 밝다.

憲問 25

子曰 古之學者 爲己 今之學者 爲人
자 왈 고 지 학 자 위 기 금 지 학 자 위 인

공자가 말했다. 옛 선비들은 자신을 위해 공부했는데 지금의 선비들은 남의 인정을 받기 위해 한다.

憲問 26

蘧伯玉(1)使人於孔子
거 백 옥 사 인 어 공 자

孔子與之坐而問焉 曰 夫子何爲
공 자 여 지 좌 이 문 언 왈 부 자 하 위

對曰 夫子欲寡其過而未能也 使者出 子曰 使乎使乎(2)
대 왈 부 자 욕 과 기 과 이 미 능 야 사 자 출 자 왈 사 호 사 호

거백옥이 공자에게 사람을 보냈다.

공자가 그와 함께 앉아 물었다. 선생은 무엇을 하고 계신가요? 그 사람이 대답했다. 선생께서는 과오를 줄이려 애쓰지만 잘되지 않는 것 같습니다.

심부름꾼이 나가자 말했다. 그 사람 참 훌륭하구나, 훌륭해.

蘧伯玉(1): 衛나라 대부 蘧瑗

使乎使乎(2): 칭찬하는 말을 거듭하다

♣ 蘧伯玉: ?~?

위나라 사람으로 蘧瑗 字는 伯玉이다. 靈公때 대부를 지냈다.

겉은 관대하지만 속은 강직한 성품으로 자신은 바르게 했지만 남을 바르게 하지는 못했다. 전해지는 말로 50살에 49년간의 잘못을 깨달았다고 한다. 잘못을 고치는데 늑장을 부리지 않았다.

오나라 季札이 위나라 贊許를 지나면서 君子라고 했다.

공자가 그의 행실을 칭찬하며 위나라에 갔을 때 그의 집에 머물렀다.

憲問 27

子曰 不在其位 不謀其政
자 왈 부 재 기 위 불 모 기 정

공자가 말했다. 자기 소임이 아니면 참견하지 말아야 한다.

* 태백 14장과 같은 말이다.

憲問 28

曾子曰 君子思不出其位
증 자 왈 군 자 사 불 출 기 위

증자가 말했다. 지도자는 그 직분에 맞는 역할에만 충실해야 한다.

憲問 29

子曰 君子恥其言而過其行
자 왈 군 자 치 기 언 이 과 기 행

공자가 말했다. 건실한 인격자는 자기 말이 행동보다 앞서는 것을 부끄러워 한다.

憲問 30

子曰 君子道者三(1)我無能焉 仁者不憂 知者不惑
자 왈 군 자 도 자 삼　아 무 능 언　인 자 불 우　지 자 불 혹

勇者不懼 子貢曰 夫子自道也(2)
용 자 불 구　자 공 왈　부 자 자 도 야

공자가 말했다. 건실한 인격자는 지켜야 할 세 가지가 있는데 나는 어떤 것에도 다다르지 못했다.
참된 사람은 근심하지 않고 슬기로운 사람은 현혹되지 않고 용기있는 사람은 두려워하지 않는다.
자공이 말했다. 선생님이 스스로를 말한 것이다.

君子道者三(1): 군자가 지켜야 할 세 가지
夫子自道也(2): 선생님이 스스로를 말한 것이다.

憲問 31

子貢方人⑴子曰 賜也賢乎哉⑵夫我則不暇
자 공 방 인   자 왈 사 야 현 호 재   부 아 즉 불 가

자공이 사람들의 인물평을 하니 공자가 말했다.
賜는 참 잘났구나. 나는 그럴 틈도 없다.

方人(1): 사람을 비교하며 장단점을 논하는 것
賢乎哉(2): 칭찬하는 말이지만 여기서는 비웃는 것이다.

憲問 32

子曰 不患人之不己知 患其不能也
자 왈 불 환 인 지 불 기 지 환 기 불 능 야

공자가 말했다. 남이 나를 알아주지 않는 것을 걱정하지 말고 자신의 능력이 부족함을 걱정하라.

憲問 33

子曰 不逆⑴詐 不億不信⑵抑亦先覺者是賢乎⑶
자 왈 불 역   사 불 억 불 신   억 역 선 각 자 시 현 호

공자가 말했다. 남이 나를 속일까 미리 짐작하지 말고
남이 나를 믿지 않을까 추측하지 말라. 그러나 먼저 실체를 꿰뚫어 간파하는 자가 현명한 것이다.

逆(1): 미리 짐작하는 것
不億不信(2): 남이 나를 믿지 않을까 추측하지 말라
抑亦先覺者是賢乎(3): 그러나 먼저 알아차리는 자가 현명하다.

♧ 미리 짐작하지 않고 억측하지 않지만 타인의 진실과 거짓에 대해 자연스럽게 깨달아야 현명하다는 것이다. (朱子)

憲問 34

微生畝(1)謂孔子曰 丘 何爲是栖栖(2)者與 無乃爲佞(3)乎
미 생 무   위 공 자 왈 구 하 위 시 서 서   자 여 무 내 위 녕   호

孔子曰 非敢爲佞也 疾(4)固(5)也
공 자 왈 비 감 위 녕 야 질   고   야

미생무가 공자에게 말했다. 丘는 어찌 그리 분주한가?
말재주를 부리며 남의 비위나 맞추는 것 아닌가?
공자가 말했다. 말재주를 부리는 것이 아니라 완고함을 미워하는 것이다.

微生畝(1): 노나라 사람, 隱士, 성은 微生, 이름은 畝

栖栖(2): 허둥대며 바쁘게 돌아다니는 것

爲佞(3): 상대방의 기분이 좋게 말로 비위를 맞추다.

疾(4): 미워하다

固(5): 막히다, 고루하다, 고집불통.

憲問 35

子曰 驥(1)不稱其力 稱其德也
자 왈 기 불 칭 기 력 칭 기 덕 야

공자가 말했다. 천리마는 그 힘을 말하는 것이 아니라 주인의 훈련을 잘 따른 결과를 칭찬하는 것이다.

驥(1): 천리마

憲問 36

或曰 以德報怨(1)何如 子曰 何以報德
혹 왈 이 덕 보 원 하 여 자 왈 하 이 보 덕

以直(2)報怨 以德報德
이 직 보 원 이 덕 보 덕

어떤 이가 말했다. 덕으로 원한을 갚는다면 어떤가요?

공자가 말했다. 그러면 덕은 무엇으로 갚을 건가?

원한은 그에 상응하는 원한으로 갚고 은덕은 은덕으로 갚아야 한다.

以德報怨(1): 덕으로 원한을 갚다.

直(2): 정직

憲問 37

子曰 莫我知也夫(1)
자 왈 막 아 지 야 부

子貢曰 何爲其莫知子也 子曰 不怨天 不尤人
자 공 왈 하 위 기 막 지 자 야   자 왈 불 원 천 불 우 인

下學而上達 知我者 其天乎(2)
하 학 이 상 달 지 아 자   기 천 호

공자가 말했다. 아무도 나를 알아주는 사람이 없구나

자공이 말했다. 어찌 선생님을 알아주는 사람이 없다 하십니까?

공자가 말했다. 하늘을 원망하지 않고 사람도 탓하지 않는다. 아래부터 배워서 위에 도달했지만 나를 알아주는 것은 하늘밖에 없다.

莫我知也夫(1): 나를 알아주는 사람이 없다.(등용되지 못함을 한탄하는 내용)

知我者 其天乎(2): 나를 알아주는 것은 하늘뿐이다.

♣ 공자는 하늘을 원망하거나 다른 사람을 탓하지 말아야 한다고 생각했는데 즉 고통과 잘못의 책임을 자신 밖으로 전가하지 말아야 하며 마땅히 게으름 피우지 않고 노력하여 꾸준히 자신의 下學하는 실천 공부를 하여 上達의 효과를 기대하여야 한다고 여겼다.

上達은 무엇인가? 천명 천도임에 분명하다. 上達은 바로 옛말의 위로 천덕에 이른단란 뜻이다. 천덕 천명 천도는 사실 큰 차이가 없다. 下學이라 말하는 學은 공자가 말한 學而時習之의 學이다.

(중략) 下學而上達의 학은 당연히 일상생활의 실천 경험으로부터 시작하며 그것은 위로 천덕에 도달하는(上達天德) 것을 최종 목표로 한다.(중략) 그러므로 공자는 知我者 其天乎라는 감탄을 뱉어냈다. 知我 其天은 만약 사람이 인을 실천하는 것을 통하여 천도에 관해 이해할 수 있을 때 하늘은 또한 거꾸로 사람을 이해하게 되고 이때 하늘과 사람의 생명은 서로 감통하게 되어 상당한 정도 서로 이해를 이루게 된다.

옛말에 "사람이 살아가면서 자기를 알아주는 한 사람만 있어도 아무런 유감이 없다."고 한다. 이 말은 사람들이 상호 감통을 매우 소중히 여겼음을 보여주고 있다. 사람은 수십 년을 살아가며 항상 자신을 알아주는 사람을 얻지 못함을 괴로워한다. 사람과 사람 사이가 이런데 사람과 하늘의 감통은 더욱 어렵다. 공자의 하학하여 상달하는 일은 바로 하늘과 知己가 되기를 희구하는 것이다.

(출처: 〈중국철학 강의〉 모종삼 저, 김병채 외 옮김, 예문서원)

憲問 38

公伯寮(1)愬(2)子路於季孫(3) 子服景伯(4)以告曰 夫子(5)固有惑志
공백료 소 자로어계손 자복경백 이고왈 부자 고유혹지

於公伯寮 吾力猶能肆(6)諸市朝(7)
어공백료 오력유능사 저시조

子曰 道之將行也與(8)命也 道之將廢也與 命也
자왈 도지장행야여 명야 도지장폐야여 명야

公伯寮其如命何
공백료기여명하

공백료가 계손에게 자로를 모함했다.
자복경백이 공자에게 이 사실을 말했다. 계손씨는 정말 공백료의모함을 믿고 있습니다. 공백료를 내가 죽여 저잣거리에 내걸까 합니다. 공자가 말했다. 바른 세상이 되는 것도 천명이고 바른 세상이 없어지는 것도 천명인데 공백료가 그 천명을 어찌하겠는가!

公伯寮(1): 노나라 사람

愬(2): 참소, 모함

季孫(3): 당시 노나라의 실력자

子服景伯(4): 子服은 성 景은 시호, 伯은 字 노나라 대부

夫子(5): 季孫氏

肆(6): 사형이 되면 3일 동안 시체를 시조에 내다 거는 것

市朝(7): 대부 벼슬 이상이 사형에 처해지면 그 시체를 조정에 내걸고 선비(士)

이하는 저자에 내거는 것

道之將行也與(8): 바른 세상이 되는 것도 천명이다.

♣ 공자는 최선을 다해 노력하고 나머지 문제점은 명에 남겨 두었다. 명은 대개 운명 또는 명령으로 번역된다. 그러나 공자의 명은 천명을 의미한다. 바꿔 말하면 공자는 명을 어떤 목적 또는 의도를 가진 힘으로 생각했다.(중략)
우리가 해야 할 최선의 일은 성공과 실패에 상관 없이 단지 자기가 마땅히 해야 할 바를 하는 것이다. 이렇게 하는 것이 知命이다. 命을 안다는 것은 유가적인 의미에서 군자가 되는 요건이다. 그래서 공자는 명을 알지 못하는 사람은 군자라 할 수 없다고 堯曰에서 말했다. 그러므로 명을 안다는 것은 현존하는 세계에 불가피성을 인정하고 자기의 외적인 성공이나 실패를 상관하지 않는 것을 뜻한다.

(출처: 〈간명한 중국사〉펑유란 저, 정인채 옮김, 마루비)

♣ 子服景伯: ?~?
춘추 시대 말 노나라 사람으로 성은 子服이고 이름은 何이고 字가 景伯이다. 청나라 朱彝尊(주이존)은 孔子弟子考에서 공자 제자로 추정했다.

♣ 公伯寮: ? ~ ?
춘추 시대 노나라 사람. 字는 子周로 공자의 제자로 전해 지지만 제자가 아니라는 사람도 있다. 계손씨에게 자로를 참소한 인물이다. 사기 중니제자열전에는 공자의 제자로 되어있다.

憲問 39

子曰 賢者(1)辟世(2)其次辟地(3)
자 왈 현 자 피 세   기 차 피 지

其次辟色(4)其次辟言(5)
기 차 피 색   기 차 피 언

공자가 말했다. 현명한 사람은 세상을 피해 숨고
그 다음은 어지러운 지역을 피하고 그 다음은 군주의 표정을 보고 피하고 그 다음은 군주의 말을 듣고 피한다.

賢者(1): 여기의 현자는 일반적 어진 이와는 다르다. 隱遁者
辟世(2): 세상에 살면서도 세상이 알지 못하게 하는 것
辟地(3): 어지러운 나라를 떠나 잘 다스려지는 나라로 가는 것
辟色(4): 안색을 보고 떠나는 것, 군주의 안색을 보고 싫어하는 느낌이 있다면 떠나는 것
辟言(5): 한마디 말을 들어보고 장차 난이 일어날 것을 짐작하고 그곳을 떠나는 것

憲問 40

子曰 作₍₁₎者七人矣
자 왈 작   자 칠 인 의

공자가 말했다. 이렇게 떠난 사람이 일곱 명이다.

作(1): 爲 (이렇게 하다, 이렇게 실천하다.)

♣ 七人: 伯夷, 叔齊, 虞仲, 夷逸, 朱張, 柳下惠, 少連

憲問 41

子路宿於石門₍₁₎晨門₍₂₎曰 奚自 子路曰 自孔氏₍₃₎
자 로 숙 어 석 문   신 문   왈 해 자 자 로 왈 자 공 씨

曰 是知其不可而爲之者與₍₄₎
왈 시 지 기 불 가 이 위 지 자 여

자로가 석문 밖에서 잤다.
문지기가 물었다.
어디서 왔소?
자로가 대답했다.
공씨 댁에서 왔소.

문지기가 말했다.

안 될 줄 알면서도 포기하지 않고 하려는 사람 말이오?

石門(1): 지명.

晨門(2): 성곽의 문지기

自孔氏(3): 공씨로 부터

是知其不可而爲之者與(4): 안 될 줄 알면서도 포기하지 않고 하려는 사람 말인가

♧ 공자에게 義라는 관념은 보상을 바라지 않는 행위다. 이것은 곧 우리가 마땅히 해야 할 바를 행할 뿐이며 그것은 단지 도덕적으로도 옳고 또한 도덕적 충동 이외에 어떤 것도 고려하지 않는 행위다. (중략) 인간은 자기가 한 일에 어떤 대가도 바라지 말라는 것이다. 인간이 마땅히 해야 할 행위의 가치는 행위 그 자체에 있는 것이지 외적인 결과에 있는 것이 아니다.

공자 생애 자체가 좋은 본보기이다. 공자는 천하를 개혁하려고 최선을 다해 노력했다. 그렇기 때문에 그는 사방을 편력했고 소크라테스처럼 누구와도 대화를 아끼지 않았다.

자기의 노력이 수포로 돌아갔지만 그는 결코 실망하지 않았다. 공자는 성공할 수 없음을 알면서도 계속 노력했다.

憲問 42

子擊磬(1)於衛 有荷蕢(2)而過孔氏之門者曰 有心哉 擊磬乎
자 격 경   어 위 유 하 궤   이 과 공 씨 지 문 자 왈 유 심 재 격 경 호

既而曰 鄙(3)哉 硜硜(4)乎 莫己知也 斯已而已矣(5)
기 이 왈 비   재 갱 갱   호 막 기 지 야 사 이 이 이 의

深則厲(6) 淺則揭(7)子曰 果哉 末之難矣
심 즉 려   천 즉 게 자 왈 과 재 말 지 난 의

  공자가 위나라에서 경쇠를 연주하고 있는데 삼태기를 메고 공자 집 앞을 지나가던 사람이 말했다. 마음이 담겨 있구나 경쇠 치는 소리가. 조금 있다가 말했다. 비루하구나, 쨍쨍거리는 소리가!
  자기를 알아주는 사람이 없으면 그만두면 되는데, 물이 깊으면 옷을 벗고 건너고 얕으면 옷을 걷고 건너면 되는 것이다.
  공자가 말했다. 과연 그렇구나! 어려울것도 없겠다.

擊磬(1): 磬(악기의 일종,타악기)를 치다.

荷蕢(2): 삼태기를 어깨에 메다

鄙(3): 비루하다

硜硜(4): 경쇠치는 소리

莫己知也 斯已而已矣(5): 자기를 알아주는 사람이 없으면 그만두면 된다.

厲(6): 옷을 벗고 물을 건너는 것

揭(7): 옷을 걷고 물을 건너는 것

憲問 43

子張曰 書(1)云 高宗(2)諒陰(3)三年不言(4)何謂也
자장왈 서 운 고종 양음 삼년불언 하위야

子曰 何必高宗 古之人(5)皆然 君薨(6)百官總己(7)
자왈 하필고종 고지인 개연 군훙 백관총기

以聽於冢宰(8)三年
이청어총재 삼년

  자장이 말했다. 서경에 이르길 고종이 부왕의 3년 상 중에 말을 하지 않았다고 하는데 무슨 뜻입니까?
  공자가 말했다. 어찌 고종뿐이겠는가? 옛날 사람들은 모두 그랬다. 임금이 돌아가시면 모든 고위 관리들은 직무를 수행하고 3년 동안 총리에게 명령을 듣고 따랐다.

書(1): 서경

高宗(2): 殷나라 武丁, 은나라를 중흥시킨 임금.

諒陰(3): 天子가 喪을 당했을 때를 말한다.

不言(4): 말을 하지 않는다 라는 뜻이 아니라 조령을 내리지 않는다라는 뜻이다.

古之人(5): 夏나라와 殷나라

君薨(6): 임금이 죽다

總己(7): 맡아 다스리다

冢宰(8): 대부의 우두머리, 지금의 총리

憲問 44

子曰 上好禮則民易使(1)也
자왈 상호례즉민이사 야

공자가 말했다 . 윗사람이 예의를 존중하면 백성들은 순응한다.

易使(1): 부리기 쉽다.

憲問 45

子路問君子 子曰 脩己以敬 曰 如斯而已乎(1)曰 脩己以安人
자로문군자 자왈 수기이경 왈 여사이이호 왈 수기이안인

曰 如斯而已乎 曰 脩己以安百姓 脩己以安百姓
왈 여사이이호 왈 수기이안백성 수기이안백성

堯舜其猶病諸(2)
요 순 기 유 병 저

자로가 건실한 인격자에 대해 물으니 공자가 말했다.
마음을 경건하게 해서 자신을 수양하는 것이다.
자로가 물었다. 그렇게만 하면 됩니까?
자신을 수양해서 남을 편하게 해주는 것이다.
자로가 말했다. 그렇게만 하면 됩니까?

자신을 수양해서 백성을 편안케 하는 일은 요,순임금도 어려워했던 것이다.

如斯而已乎(1): 그렇게만 하면 됩니까?

堯舜其猶病諸(2): 요,순임금도 그것을 어려워했던 것이다.

憲問 46

原壤(1)夷俟(2)子曰 幼而不孫弟 長而無述焉 老而不死
원 양   이 사   자 왈 유 이 불 손 제 장 이 무 술 언 노 이 불 사

是爲賊 以杖叩(3)其脛
시 위 적 이 장 고   기 경

원양이 걸터앉아서 공자를 기다렸다.

공자가 말했다. 어려서는 공손하지 못하고 커서는 칭찬할 만한 것도 없고 늙어서는 죽지도 않으니 너는 도적이다. 하며 지팡이로 그의 정강이를 두드렸다.

原壤(1): 노나라 사람으로 공자의 옛 친구

夷俟(2): 夷는 걸터 앉는다 라는 뜻이고 俟는 기다린다는 뜻.

叩(3): 살짝 치는 것.

♣ 원양의 어머니가 죽었을 때 공자가 덧관 만드는 것을 돕고 있

었다. 이때 원양이 덧관 위에 올라가 "내가 풍악을 가까이 한지 오래되었구나"하며 덧관을 두드리며 "너구리 머리처럼 나뭇결 무늬는 아름답고 여인의 손을 잡은 것처럼 나무는 부드럽구나" 하며 노래 불렀다. 이에 공자는 듣지 못한 체하고 밖으로 나갔다.

憲問 47

闕黨童子將命(1)或問之曰 益者與(2)
궐 당 동 자 장 명   혹 문 지 왈   익 자 여

子曰 吾見其居於位也 見其與先生並行(3)也
자 왈 오 견 기 거 어 위 야   견 기 여 선 생 병 행   야

非求益者也 欲速成者也
비 구 익 자 야 욕 속 성 자 야

궐 마을의 동자가 손님들의 심부름을 하는데
　어떤 사람이 동자에 대해 물었다. 학업에 장래성이 있는 자입니까? 공자가 말했다. 나는 그가 어른 자리에 버젓이 앉아 있고 손 윗사람과 어깨를 나란히 하고 걷는 것을 보았으니 배우려는 생각은 없고 빨리 이루고 싶어 하는 아이입니다.

闕黨童子將命(1): 궐 마을의 동자가 손님의 심부름을 맡아 하다.
益者與(2): 학업에 장래성이 있는가?
並行(3): 조금 뒤처져 걷지 않고 나란히 걷는 것

제 15 편

衛靈公 위령공

衛靈公 1

衛靈公(1)問陳(2)於孔子 孔子對曰 俎豆(3)之事 則嘗聞之矣
위령공 문진 어공자 공자대왈 조두 지사 즉상문지의

軍旅(4)之事 未之學也(5)明日遂(6)行
군려 지사 미지학야 명일수 행

在陳絶糧 從者(7)病(8)莫能興
재진절량 종자 병 막능흥

子路慍見曰 君子亦有窮乎 子曰 君子固窮 小人窮斯濫(9)矣
자로온현왈 군자역유궁호 자왈 군자고궁 소인궁사람 의

위나라 영공이 공자에게 병법을 묻자 공자가 대답했다.
제사에 관한 일은 배워서 알고 있지만 군대에 관한 일은 배우지 못했습니다. 하고 다음날 위나라를 떠났다.
진나라에 있을 때 양식이 떨어져 제자들이 지치고 굶주려 일어나지 못했다.
자로가 화를 내면서 공자를 뵙고 말했다.
고매하신 분도 이렇게 구차하게 빈곤할 수 있습니까? 공자가 말했다. 품격 있는 사람은 궁지에 몰려도 참아내지만 자잘한 사람은 함부로 행동한다.

衛靈公(1): 헌문20 참조

陳(2): 군사의 行軍과 列과 伍에 관한 것

俎豆(3): 제기(祭器)

軍旅(4): 군은 12500명이고 旅는 500명 단위다.

未之學也(5): 그것을 배우지 못하다.

遂(6): 가다, 떠나가다, 끝나다.

從者(7): 제자와 시종들

病(8): 굶주려 힘이 없이 늘어진 모습

濫(9): 넘치다.

衛靈公 2

子曰 賜也 女以予爲多學(1)而識(2)之者與
자 왈 사 야 여 이 여 위 다 학 이 지 지 자 여

對曰 然 非與 曰 非也 予一以貫之(3)
대 왈 연 비 여 왈 비 야 여 일 이 관 지

공자가 말했다. 사야 너는 내가 많이 배워서 그것을 다 아는 사람이라 생각하느냐? 자공이 답했다. 그렇습니다, 아닌가요?

공자가 말했다. 아니다. 나는 하나의 이치로 모든것을 꿰뚫는 것이다.

多學(1): 博學

識(2): 기억하다.

一以貫之(3): 하나로 꿰뚫다.

衛靈公 3

子曰 由 知德者鮮矣
자 왈 유 지 덕 자 선 의

공자가 말했다. 유야, 덕을 아는 사람이 드물구나.

衛靈公 4

子曰 無爲而治(1)者 其舜也與 夫何爲哉(2)
자 왈 무 위 이 치 자 기 순 야 여 부 하 위 재

恭己(3)正南面(4)已而矣(5)
공 기 정 남 면 이 이 의

공자가 말했다. 아무것도 하지 않고도 다스린 사람은 순임금이었다. 무엇을 했을 것 같으냐? 품행을 공손히 하고 남쪽을 향해 앉아 있었을 따름이다.

無爲而治(1): 적재적소에 맞는 인재를 등용해 일을 맡기니 꼭 자신이 나서지 않아도 나라가 다스려지는 것이다.

夫何爲哉(2): 그는 무엇을 했는가?

恭己(3): 공손하고 단정하게 앉아 있는 모습

正南面(4): 임금은 남쪽을 향해 앉아 천하를 다스린다.

已而矣(5): … 했을 뿐이다.

衛靈公 5

子張問行 子曰 言忠信 行篤敬 雖蠻貊之邦 行矣
자 장 문 행 자 왈 언 충 신 행 독 경 수 만 맥 지 방 행 의

言不忠信 行不篤敬 雖州里 行乎哉
언 불 충 신 행 불 독 경 수 주 리 행 호 재

立則見其參於前也(1) 在輿則見其倚於衡也 夫然後行(2)
입 즉 견 기 참 어 전 야 재 여 즉 견 기 의 어 형 야 부 연 후 행

子張 書諸紳
자 장 서 저 신

자장이 처신에 대해 물었다.

공자가 말했다. 말을 정직하게 하고 행동은 믿음직하며 성실하고 공손하면 오랑캐 나라에서도 인정받겠지만 말에 믿음이 없고 처신도 바르지 못하고 행동도 성실하지 못하고 공손하지 못하면 마을에서도 인정받을 수 없다. 서 있으면 그 말(忠, 信, 篤, 敬)이 눈에서 보이는 듯하고 마차를 탔을 때도 그 말이 멍에에 걸려 있다고 생각해야 한다. 그렇게 해야 인정받을 수 있다. 자장이 이 말을 허리띠에 적어 두었다.

立則見其參於前也(1): 서 있으면 그것이(忠,信,篤,敬) 눈에 보이는 듯이

夫然後行(2): 그런 후에야 인정을 받는다.

衛靈公 6

子曰 直哉 史魚⑴邦有道 如矢 邦無道 如矢
자왈 직재 사어 방유도 여시 방무도 여시

君子哉 蘧伯玉⑵邦有道 則仕 邦無道 則可卷而懷之⑶
군자재 거백옥 방유도 즉사 방무도 즉가권이회지

공자가 말했다. 올곧은 사람이구나, 사어는!
 나라에 질서가 있을 때 화살처럼 곧고 나라에 도가 없을 때도 화살처럼 곧구나, 품격 있다, 거백옥은!
 나라에 질서가 있으면 공직에 나가고 나라에 질서가 없으면 뜻을 거두고 스스로 물러나는구나!

史魚⑴: 衛나라 대부로 字는 伯魚, 이름은 鰌, 史는 관직명

蘧伯玉⑵: 衛나라 대부

則可卷而懷之⑶: 뜻을 거두고 물러나다.

♣ 史魚: ? ~ ?
 춘추 시대 衛나라 사람으로 大夫를 지냈다. 字는 伯魚, 이름은 鰌(추), 史는 관직명이다. 史官을 지냈다. 靈公이 彌子瑕(미자하)를 총애하자 여러 번 충고했지만 듣지 않았다. 임종하는 자리에서 아들에게 염을 하지 말고 시체를 창문 밖에 내놓으라고 명했는데 영공이 문상을 와서 보고 괴이하게 여겨 물었다.
 아들이 "살아서 임금을 바르게 이끌지 못했으니 죽어서도 예를

갖출 필요가 없다."는 유언을 전했다. 영공이 깨닫고 이에 蘧伯玉을 등용하고 미자하를 내쫓았다. 이를 屍諫이라 한다. 공자로부터 直臣이라는 칭찬을 받았다.

衛靈公 7

子曰 可與言(1)而不與之言 失人 不可與言而與之言 失言
자 왈 가 여 언 이 불 여 지 언 실 인 불 가 여 언 이 여 지 언 실 언

知者不失人 亦不失言
지 자 부 실 인 역 불 실 언

공자가 말했다. 함께 이야기할 만한데도 이야기하지 않는다면 사람을 잃는 것이고 함께 이야기할 수 없는데도 이야기한다면 말을 잃게 되는 것이다. 지혜로운 사람은 사람도 잃지 않고 말도 잃지 않는다.

可與言(1): 함께 말할 만하다.

衛靈公 8

子曰 志士(1)仁人(2)無求生而害仁 有殺身以成仁
자 왈 지 사   인 인   무 구 생 이 해 인 유 살 신 이 성 인

공자가 말했다. 뜻을 지닌 선비와 참된 사람은 자신의 목숨을 위해 참다움을 버리지 않고 목숨을 바쳐서라도 참다움을 성취한다.

志士(1): 뜻을 둔 선비

仁人(2): 仁한 마음을 가진 사람.

衛靈公 9

子貢問爲仁⑴子曰 工⑵欲善其事 必善利其器⑶居是邦也
자 공 문 위 인   자 왈 공   욕 선 기 사   필 선 리 기 기   거 시 방 야

事其大夫之賢者 友其士之仁者
사 기 대 부 지 현 자   우 기 사 지 인 자

자공이 참된 사람이 되려면 어떻게 살아야 하는지 물으니 공자가 말했다. 장인이 그 일을 잘 하려면 먼저 자신의 연장이 예리해야 하는 것처럼 어디에 살던 지혜로운 공직자를 모시고 선비 중에서도 참다운 사람과 벗해야 한다.

爲仁(1): 仁을 실천하다.

工(2): 장인, 기술자

利其器(3): 자신의 연장을 예리하게 하다.

衛靈公 10

顏淵問爲邦⑴子曰 行夏之時⑵乘殷之輅⑶服周之冕⑷
안 연 문 위 방　자 왈　행 하 지 시　승 은 지 로　복 주 지 면

樂則韶⑸舞 放⑹鄭聲⑺遠佞人 鄭聲 淫 佞人 殆
악 즉 소　무　방　정 성　원 녕 인 정 성 음 녕 인 태

　안연이 나라 다스리는 법을 물으니 공자가 말했다. 夏나라 달력을 쓰고 殷나라 마차를 타며 周나라 면류관을 쓰고 음악은 소무를 해야 한다. 정나라 음악을 버리고 말 잘하는 사람을 멀리해야 한다. 정나라 음악은 음란하고 말 잘하는 사람은 위험하다.

　爲邦⑴: 治國과 같은 뜻.

　夏之時⑵: 夏나라에서 쓰는 달력으로 夏時란 초저녁 북두칠성 자루가 寅(동북동) 방향을 가리키는 달을 正月로 삼았다. 농사 짓는데 유용한 달력이다

　殷之輅⑶: 은나라 마차로 치장하지 않아 검소한 모습이었다.

　周之冕⑷: 주나라 면류관으로 대부 이상이 썼는데 오색의 주옥을 줄에 꽂아 천자는 12줄 제후는 9줄 상대부는 7줄 하대부는 5줄을 달았다.

　韶⑸: 舜임금의 음악

　放⑹: 물리치다. 버리다.

　鄭聲⑺: 정나라 음악 시경의 정풍은 사랑을 주제로 한 것이 많아 예로부터 음란하다고 평가됐다.

　♣ 주나라에서는 마차를 금과 옥으로 치장해서 사치가 심했고

쉽게 망가지기도 했지만 은나라 마차는 소박하면서도 튼튼했다. 면류관은 작지만 신체의 가장 위에 쓰이는 것이니 화려하고 비용이 들어도 사치는 아니다.

衛靈公 11

子曰 人無遠慮 必有近憂
자 왈 인 무 원 려 필 유 근 우

공자가 말했다. 사람은 먼 앞날을 생각지 않으면 반드시 가까운 앞날에 근심이 생긴다.

衛靈公 12

子曰 已矣乎 吾未見好德如好色者也
자 왈 이 의 호 오 미 견 호 덕 여 호 색 자 야

공자가 말했다. 글이구나! 나는 아직 여자 좋아하듯 덕을 좋아하는 사람은 보지 못했다.

衛靈公 13

子曰 臧文仲(1)其竊位(2)者與 知柳下惠(3)之賢而不與立(4)也
자왈 장문중 기절위 자여 지유하혜 지현이불여립 야

공자가 말했다. 장문중은 그 지위를 도둑질한 자이다.
유하혜가 현명한 줄 알면서도 그를 등용하지 않았다.

臧文仲(1): 노나라 대부 성은 臧孫, 이름은 辰
竊位(2): 지위에 어울리지 않아 마치 도둑질해 차지한 것 같다
柳下惠(3): 노나라 대부 성은 展, 이름은 獲 字는 禽
柳下는 그의 領地이고 惠는 시호이다.
與立(4): 함께 조정에 서는 것

♧ 柳下惠: ? ~ ?

성은 展 이름은 獲이다. 춘추시대 노나라 사람으로 대부를 지냈다. 字는 禽이다. 柳下는 그의 食邑 이름이고 惠는 시호이다.
柳下季 혹은 柳士師 등으로 불린다. 일찍이 士師라는 관직을 지내며 刑獄을 맡았는데 세 번 쫓겨나자 사람들이 떠나기를 권했다.
그러자 바른 도리로 남을 섬긴다면 어디 간들 쫓겨나지 않겠으며 도를 굽혀 남을 섬길 바에는 부모님 나라를 떠나겠다고 대답했다.
노나라 僖公26년 제나라가 노나라를 공격하자 僖公이 展喜를 보내 犒軍(호군)을 명분 삼아 제나라에 철군을 설득하라고 했다.

전희가 먼저 그에게 어떻게 말해야 할지 물어보았다.

어질고 덕이 있어 공자로 부터 칭송을 받았다.

동생이 유명한 도적 盜跖이었다. 낯선 여자와 하룻밤을 지내고도 음란하지 않아 지조 있는 남자로 불린다.

衛靈公 14

子曰 躬自厚⑴而薄責於人 則遠怨矣
자 왈 궁 자 후   이 박 책 어 인 즉 원 원 의

공자가 말했다. 자신에게는 엄격하고 남의 허물은 가볍게 대한다면 원망을 사지 않는다.

躬自厚(1): 자신에게 엄격하다

衛靈公 15

子曰 不曰如之何 如之何⑴者 吾末如之何也已矣⑵
자 왈 불 왈 여 지 하 여 지 하 자 오 말 여 지 하 야 이 의

공자가 말했다. "어걸 어쩌지? 이걸 어쩌지? 하고 말하지 않는 자는 나도 어찌할 수 없다."

如之何如之何(1): 근심하고 상심하는 말

吾末如之何也已矣(2): 나도 어찌할 수 없다.

衛靈公 16

子曰 君居終日⑴言不及義 好行小慧⑵難矣哉⑶
자 왈 군 거 종 일   언 불 급 의   호 행 소 혜   난 의 재

공자가 말했다. 하루 종일 여럿이 모여 있으면서도 삶의 바른길은 말하지 않고 하찮은 재주만 자랑하니 한심하구나

君居終日(1): 하루 종일 여럿이 모여있다.
小慧(2): 작은 지혜와 재능
難矣哉(3): 아무런 성공이 없다.

衛靈公 17

子曰 君子 義以爲質⑴禮以行之 孫以出之⑵
자 왈 군 자   의 이 위 질   예 이 행 지   손 이 출 지

信以成之 君子哉
신 이 성 지   군 자 재

공자가 말했다. 건실한 인격자는 정의를 근본으로 삼고 예의를 지키며

겸손하게 말하고 신의로 완성한다면 건실한 인격자라 할 수 있다.

義以爲質(1): 정의를 근본으로 하다.
孫以出之(2): 겸손, 남을 존중하며 자신이 나서지 않는 태도

衛靈公 18

子曰 君子 病無能焉 不病人之不己知也
자 왈 군 자 병 무 능 언 불 병 인 지 불 기 지 야

공자가 말했다. 건실한 인격자는 자신의 무능을 걱정하지 남들이 자기를 알아주지 않는 것은 걱정하지 않는다.

衛靈公 19

子曰 君子 疾(1)沒世(2)而名不稱焉
자 왈 군 자 질 몰 세 이 명 불 칭 언

공자가 말했다. 건실한 인격자는 죽은 후 이름을 남기지 못하는 것을 걱정한다.

疾(1): 미워하다

沒世(2): 죽는 것, 세상을 떠나다.

衛靈公 20

子曰 君子求⑴諸己 小人求諸人
자 왈 군 자 구　저 기　소 인 구 저 인

공자가 말했다. 참다운 인격자는 잘못을 자신에게 찾고 하찮은 사람은 타인에게 찾는다.

求(1) : 찾다, 힘쓰다, 요구, 책망.

衛靈公 21

子曰 君子矜⑴而不爭 群而不黨⑵
자 왈 군 자 긍　이 부 쟁　군 이 부 당

공자가 말했다. 건실한 인격자는 긍지가 있지만 다투지 않고 여럿이 어울려도 파벌 짓지 않는다.

矜(1): 자긍심, 긍지.
群而不黨(2): 여럿이 어울려도 파벌 짓지 않는다.

衛靈公 22

子曰 君子 不以言擧人 不以人廢言(1)
자 왈 군 자 불 이 언 거 인 불 이 인 폐 언

공자가 말했다. 건실한 인격자는 말만 듣고 등용하지 않으며 부족한 사람이라 해서 그의 좋은 의견까지 무시하지 않는다.

不以人廢言(1): 부족한 사람이라 해서 그의 좋은 의견까지 무시하지 않는다.

衛靈公 23

子貢問曰 有一言而可以終身行之者乎 子曰 其恕(1)乎
자 공 문 왈 유 일 언 이 가 이 종 신 행 지 자 호 자 왈 기 서   호

己所不欲 勿施於人
기 소 불 욕 물 시 어 인

자공이 물었다. 평생 지켜야 할 말이 있을까요?
공자가 답했다. 그것은 아마도 恕일 것이다.
내가 하기 싫은 것은 남에게 미루지 말아라.

恕(1): 타인에 대한 존중과 배려

衛靈公 24

子曰 吾之於人也(1)誰毁誰譽(2)如有所譽者 其有所試矣(3)
자왈 오지어인야 수훼수예 여유소예자 기유소시의

斯民也(4)三代(5)之所以直道(6)而行也
사민야 삼대 지소이직도 이행야

　공자가 말했다. 내가 다른 사람에 대해 누구를 헐뜯고 누구를 칭찬한 적이 있는가. 만일 칭찬한 사람이 있다면 그 사람을 시험한 적이 있었기 때문이다. 이 백성들은 하,은,주 때부터 바르게 다스려져 온 사람들인 것이다.

　　吾之於人也(1): 내가 다른 사람에 대해
　　誰毁誰譽(2): 누구를 헐뜯고 누구를 칭찬하는가(헐뜯고 칭찬해도 진실한 것은 아니라는 것)
　　其有所試矣(3): 그를 시험한 적이 있다.
　　斯民也(4): 이 백성들은
　　三代(5): 夏, 殷, 周, 세 나라
　　直道(6): 善을 좋아하고 惡을 싫어함

衛靈公 25

子曰 吾猶及史之闕文(1)也 有馬者借人乘之 今亡矣夫(2)
자왈 오유급사지궐문 야 유마자차인승지 금무의부

공자가 말했다. 나는 사관들이 확실하지 않은 내용은 기록하지 않은 것도 보았고 말을 가진 자가 남에게 빌려주어 타게 하는 것도 보았는데 지금은 그런 일도 없어졌구나.

闕文(1): 기록할 때 빼놓고 쓰지 않은 글
今亡矣夫(2): 지금은 그런 일도 없어졌구나.

* 사관이 역사를 집필할 때 확실하지 않은 사실에 대해서는 자신의 상상한 대로 쓰지 않고 공란으로 비워놓아 후대에 그 일이 확실하게 증명되었을 때 후대의 사관이 그 공란에 기록할 수 있도록 한 것. 사관은 역사를 기록할 때 사실을 있는 대로 정직하게 기록해야 한다.

衛靈公 26

子曰 巧言亂德 小不忍則亂大謨
자 왈 교 언 난 덕 소 불 인 즉 난 대 모

공자가 말했다. 교묘한 말은 마음을 혼란케 하고 작은 일을 참지 못하면 큰일을 그르친다.

衛靈公 27

子曰 衆惡之 必察焉 衆好之 必察焉
자 왈 중 오 지 필 찰 언 중 호 지 필 찰 언

공자가 말했다. 많은 사람들이 그를 미워해도 그 이유를 확인하고 많은 사람들이 그를 좋아해도 그 이유를 확인해야 한다.

衛靈公 28

子曰 人能弘道 非道弘人
자 왈 인 능 홍 도 비 도 홍 인

공자가 말했다. 사람이 도를 넓히는 것이지 도가 사람을 넓히는 것이 아니다.

♣ 도는 올바르고 위대한 것이다. 도의 진실함과 장엄함이 바로 도의 가치이다. 도덕 인격은 자신 스스로 그 길을 열고 장엄함을 정립하는 것이지 외적인 표준으로 자신을 끌어당겨 세우는 것이 아니기 때문에 "도가 사람을 밝혀 드러내는 것이 아니다"라고 한 것이다. 가치는 자신의 자각을 통하여 실현하는 것이지 부여되는 것이 아니다. "부여 받았다"면 그것은 진정한 가치가 아니다. 도는 오직 仁心의 발용과 덕행의 실천을 통해서만 도출될 수

있기 때문에 "사람이 도를 밝혀 드러낼 수 있는 것이지 도가 사람을 밝혀 드러내는 것이 아니다"라고 한 것이다.

(출처: 〈논어철학〉 왕방웅, 증소욱, 양조한 지음, 황갑연 옮김 서광사)

♧ 이 말은 도의 주관성과 객관성을 동시에 나타낸다. 먼저 이 글에서 도는 객관적이며 이미 만들어진 세계에 놓여있는 것으로 즉 도가 스스로 존재하는 상태인 것이다. 도는 오직 스스로 존재해 있을 뿐 도가 사람을 넓고 크게 할 수는 없다. 그런데 이런 상태의 도는 마치 어떤 물건이나 사건같이 객관적으로 이 세계 사이에 존재하게 되는데 이것이 바로 도의 객관성이다. 그렇지만 바로 도가 이와 같이 단지 스스로 존재해 있기 때문에 도는 사람이 충실히 하고 넓히는 것에 의지하게 된다. 즉 다시 말하자면 도는 반드시 사람의 인을 실천하는 노력으로 충분히 밝혀지고 웅대하여지게 하여야 한다. 그렇지 않으면 그것은 단지 잠재적인 존재의 상태로 머물러있게 된다. 사람이 넓혀주는 것에 의지하는 것이 바로 도의 주관성이다. 유가의 도덕관에서는 "사람이 도를 넓힐 수 있다"(人能弘道)는 것은 비단 그렇게 설명할 수 있을 뿐만 아니라 또한 매우 깊고 풍부한 의의를 가진다.

(출처: 〈중국철학 강의〉 모종삼 저, 김병채 외 옮김, 예문서원)

衛靈公 29

子曰 過而不改 是謂過矣(1)
자 왈 과 이 불 개 시 위 과 의

공자가 말했다. 잘못인 줄 알면서 고치지 않는 것 이것이 잘못이다.

是謂過矣(1): 이것이 잘못이다.

衛靈公 30

子曰 吾嘗終日不食 終夜不寢 以思 無益 不如學也
자 왈 오 상 종 일 불 식 종 야 불 침 이 사 무 익 불 여 학 야

공자가 말했다. 나는 하루 종일 먹지도 않고 밤새 자지도 않고 생각을 했지만 얻는 것이 없었으니 그러는 시간에 배우도록 하라.

衛靈公 31

子曰 君子謀道不謀食 耕也 餒在其中矣(1)
자 왈 군 자 모 도 불 모 식 경 야 뇌 재 기 중 의

學也 祿在其中矣 君子憂道不憂貧
학 야 녹 재 기 중 의 군 자 우 도 불 우 빈

공자가 말했다. 건실한 인격자는 자기 수행에 힘쓸 뿐 집안 걱정을 하지 않는다. 농사를 지어도 굶주릴 수 있지만 공부를 하면 공직에 나갈 수 있는 것이다. 건실한 인격자는 자기 수행을 걱정할 뿐 가난을 걱정하지

않는다.

耕也 餒在其中矣(1): 농사를 진다 해도 굶주릴 수 있다.

衛靈公 32

子曰 知及之 仁不能守之 雖得之(1)必失之 知及之
자왈 지급지 인불능수지 수득지 필실지 지급지

仁能守之 不莊以涖(2)之 則民不敬 知及之 仁能守之
인능수지 부장이리 지 즉민불경 지급지 인능수지

莊而涖之 動之不以禮 未善也
장이리지 동지불이례 미선야

공자가 말했다. 슬기로워서 그것을 얻었다해도 인품으로 그것을 지켜낼 수 없다면 반드시 잃게 된다. 슬기롭고 참다운 성품이라도 근엄하게 다스리지 않는다면 백성은 존경하지 않는다. 슬기롭고 참다운 성품으로 근엄하게 다스린다 하더라도 백성에 대한 예의가 없다면 좋다고할 수 없다.

雖得之(1): 그것을 얻었다 해도
涖(2) : 임하다, 살펴보다, 다스리다.

❧ 통치자나 고위관리자가 아무리 머리가 좋고 총명하더라도 법과 도덕적 관습을 어기며 부정하게 재물을 축재한다면 아무 소

용이 없다는 것.

衛靈公 33

子曰 君子 不可小知而可大受也 小人 不可大受而可小知也
자 왈 군 자 불 가 소 지 이 가 대 수 야 소 인 불 가 대 수 이 가 소 지 야

공자가 말했다. 지도자는 작은 일은 잘 모르지만 큰일은 잘 해낼수 있고 자잘한 사람은 큰일을 할 수 없어도 작은 일은 잘할 수 있다.

衛靈公 34

子曰 民之於仁也⑴甚於水火 水火 吾見蹈而死者矣
자 왈 민 지 어 인 야   심 어 수 화 수 화 오 견 도 이 사 자 의

未見蹈仁而死者也
미 견 도 인 이 사 자 야

공자가 말했다. 백성들에게 진정한 사랑은 물과 불보다 더 간절한데 물, 불에 뛰어들어 죽은 사람은 봤지만 사랑을 실천하다 죽은 사람은 보지 못했다.

民之於仁也(1): 백성들에게는 사랑이 요구되다.

衛靈公 35

子曰 當仁 不讓於師
자 왈 당 인 불 양 어 사

공자가 말했다. 사랑을 실천하는 문제에 있어서는 스승에게도 양보하지 않는다.

衛靈公 36

子曰 君子 貞而不諒(1)
자 왈 군 자 정 이 불 량

공자가 말했다. 건실한 인격자는 올 곧지만 고집 불통은 아니다.

諒(1): 고집스럽다.

衛靈公 37

子曰 事君 敬其事而後其食
자 왈 사 군 경 기 사 이 후 기 식

공자가 말했다. 임금을 모실 때는 맡은 직무를 성실하게 하고 봉급은 그 후의 일이다.

衛靈公 38

子曰 有敎 無類
자 왈 유 교 무 류

공자가 말했다. 교육에 있어서는 차별이 없어야 한다.

衛靈公 39

子曰 道不同 不相爲謀(1)
자 왈 도 부 동 불 상 위 모

공자가 말했다. 길이 다르면 같이 일을 계획할 수 없다.

不相爲謀(1): 같이 일할 수 없다.

衛靈公 40

子曰 辭 達而已矣(1)
자 왈 사 달 이 이 의

공자가 말했다. 말은 뜻을 정확하게 전달하면 된다.

達而已矣(1): 뜻을 정확하게 전달하면 된다.

衛靈公 41

師(1)冕見 及階 子曰階也 及席 子曰席也 皆坐
사 면현 급계 자왈계야 급석 자왈석야 개좌

子告之曰 某在斯 某在斯
자 고 지 왈 모 재 사 모 재 사

師冕出 子張問曰 與師言之道與
사 면 출 자 장 문 왈 여 사 언 지 도 여

子曰 然 固相師之道也(2)
자 왈 연 고 상 사 지 도 야

악사 면이 공자를 보러 왔을 때 계단에 이르자 공자가 계단입니다 했다. 자리에 이르자 공자가 자리입니다 하였고 모두 자리에 앉자 공자는 그에게 알려주기를 누구는 여기에 있고 누구는 여기에 있습니다 했다.

악사 면이 나가자 자장이 물었다. 그렇게 하는 것이 악사와 말하는 도리인가요? 공자가 말했다. 그렇다. 그것이 악사를 돕는 도리인 것이다.

　師(1) : 악사이고 장님이다. 冕은 그의 이름이다.
　固相師之道也(2): 그것이 악사를 돕는 도리이다.

제 16 편

季氏 계씨

季氏 1

季氏將伐顓臾⑴冉有季路見於孔子曰
계 씨 장 벌 전 유 염 유 계 로 현 어 공 자 왈

季氏將有事⑵於顓臾 孔子曰 求 無乃爾是過與⑶
계 씨 장 유 사 어 전 유 공 자 왈 구 무 내 이 시 과 여

夫顓臾⑷昔者 先王以爲東蒙⑸主 且在邦域之中矣
부 전 유 석 자 선 왕 이 위 동 몽 주 차 재 방 역 지 중 의

是社稷之臣也 何以伐爲
시 사 직 지 신 야 하 이 벌 위

冉有曰 夫子欲之 吾二臣者 皆不欲也
염 유 왈 부 자 욕 지 오 이 신 자 개 불 욕 야

孔子曰 求 周任⑹有言曰陳力就列⑺不能者止 危⑻而不持
공 자 왈 구 주 임 유 언 왈 진 력 취 열 불 능 자 지 위 이 부 지

顚而不扶 則將焉用彼相⑼矣
전 이 불 부 즉 장 언 용 피 상   의

且爾言 過矣 虎兕出於柙⑽龜玉⑾毁於櫝中 是誰之過與
차 이 언 과 의 호 시 출 어 합   귀 옥 훼 어 독 중 시 수 지 과 여

冉有曰 今夫顓臾固⑿而近於費⒀今不取 後世 必爲子孫憂
염 유 왈 금 부 전 유 고   이 근 어 비   금 불 취 후 세 필 위 자 손 우

孔子曰 求 君子 疾夫舍曰欲之 而必爲之辭
공 자 왈 구 군 자 질 부 사 왈 욕 지 이 필 위 지 사

丘也聞 有國有家者 不患寡⒁而患不均
구 야 문 유 국 유 가 자 불 환 과   이 환 불 균

442　◇　제 15 편

不患貧(15)而患不安(16)蓋均無貧 和 無寡 安 無傾
불환빈   이환불안   개균무빈 화 무과 안 무경

夫如是故 遠人(17)不服 則修文德以來之(18)旣來之 則安之
부여시고 원인   불복 즉수문덕이래지   기래지 즉안지

今由與求也 相夫子 遠人不服而不能來也
금유여구야 상부자 원인불복이불능래야

邦分崩(19)離析(20)而不能守也 而謀動干戈於邦內
방분붕   리석   이불능수야 이모동간과어방내

吾恐季孫之憂不在顓臾而在蕭墻(21)之內也
오공계손지우부재전유이재소장   지내야

계씨가 전유를 정벌하려고 했다. 염유와 계로가 공자를 뵙고 말했다. 계씨가 전유를 정벌하려 합니다. 공자가 말했다. 구야! 이건 바로 너의 잘못 아니냐?

전유는 옛날 선왕께서 동몽 제사를 주제하는 곳으로 삼았고 또한 우리 노나라 안에 있으니 우리 노나라 신하이다.

어째서 정벌하려 하느냐? 염유가 말했다. 계씨가 하려고 하는 것이지 저희 두 신하가 하려는 것이 아닙니다.

공자가 말했다. 구야! 주임(역사를 기록하는 사관의 이름)이 말하길 최선을 다하되 자신의 능력으로 할 수 없으면 그만두라고 했다. 위급할 때 돕지 못하고 넘어지는데도 부축해 주지 못한다면 그런 신하를 어디에 쓰겠느냐? 그뿐만 아니라 네 말도 잘못되었다. 호랑이와 들소가 우리에서 뛰쳐나오고 거북 껍질과 옥이 상자 속에서 깨진다면 이게 누구의 잘못이겠느냐?

염유가 말했다. 지금 전유는 성곽이 튼튼하고 우리 비읍에서 가까우니 지금 빼앗지 않으면 후세에 반드시 자손에게 근심거리가 될 것입니다.

공자가 말했다. 구야! 제대로 된 사람이라면 자기가 하고 싶어서 하려고 한다고 말하지 않고 변명하는 것을 혐오한다. 내가 듣기에 나라를 가진 사람은 백성이 적은 것을 걱정하지 않고 재산이 고르지 못한 것을 걱정하며 가난을 걱정하지 않고 나라가 편안치 못함을 걱정한다고 했다. 공평하면 가난한 사람이 없고 나라가 평화로우면 백성이 적어지지 않고 나라가 편안하면 나라가 기울지 않는다.

그렇기 때문에 먼 곳의 사람들이 복종하지 않는다면 문물과 제도를 정비해 그들을 오게 하고 이미 왔다면 편안하게 해줘야 한다. 지금 유와 구는 계씨를 돕지만 먼 곳의 사람들이 복종하지 않는데도 오게 하지도 못하고 나라가 무너지고 쪼개져도 지키지 못한다.

이런데도 나라 안에서 전쟁할 생각을 하니 나는 계손의 진짜 문젯거리는 전유가 아니라 담장 안에 있을까 두렵구나.

顓臾(1): 산동성 費縣 서북쪽에 위치한 노나라 속국

有事(2): 정벌이나 제사를 지내려 한다는 말인데 여기 맥락상 전쟁이라는 뜻이다.

無乃爾是過與(3): 이건 바로 너의 잘못 아니냐?

夫顓臾(4): 전유라는 나라는

東蒙(5): 산 이름으로 몽산

周任(6): 周나라의 대부로 후세 교훈이 될 말을 남긴 어진 사람이라 함

陳力就列(7): 陳은 진을 치다와 같이 군대를 배치 시키는 것, 列은 군대를 편성한 대열. 군대의 포진 법을 뜻하는 말이다. 여기서는 선비가 자기의 능력에 맞게 각기 배치되어 벼슬하는 것을 말한다.

危(8): 기울어지지만 넘어지기 전 단계.

相(9): 장님을 돕는 사람

柙(10): 짐승을 가두어 두는 우리

龜玉(11): 귀중한 물건, 보물

固(12): 성곽이 튼튼한 것

費(13): 季氏의 읍

寡(14): 백성이 적음

貧(15): 재물이 궁핍함

安(16): 상하가 서로 편한 것

遠人(17): 국경 밖의 여러 나라들

修文德以來之(18): 문물과 제도를 정비해 그들을 오게 하다.

分崩(19): 무너지다.

離析(20): 쪼개져 갈라지다

蕭墻(21): 집의 담장

季氏 2

孔子曰 天下有道 則禮樂征伐(1)自天子出 天下無道
공 자 왈 천 하 유 도 즉 예 악 정 벌 자 천 자 출 천 하 무 도

則禮樂征伐自諸侯(2)出 自諸侯出蓋十世希不失矣 自大夫出
즉 예 악 정 벌 자 제 후 출 자 제 후 출 개 십 세 희 불 실 의 자 대 부 출

五世希(3)不失矣 陪臣(4)執國命(5)三世希不失矣 天下有道
오 세 희   불 실 의 배 신   집 국 명   삼 세 희 불 실 의 천 하 유 도

則政不在大夫⑹ 天下有道 則庶人⑺ 不議⑻
즉 정 부 재 대 부　천 하 유 도 즉 서 인　불 의

　공자가 말했다. 질서가 바로 선 세상에서는 법규와 문화 그리고 군 통수권이 천자에게 있고 무질서한 세상에서는 법규와 문화 그리고 군 통수권이 임금에게 있다. 이 권한이 임금에게 있으면 10대를 유지하기 어렵고 고위 관리에게 있으면 5대를 유지하기 어렵다. 고위 관리의 가신이 권력을 휘두르게 되면 3대를 유지하기 어렵다. 질서가 유지되는 나라는 권력이 고위 관리에 있지 않고 질서가 유지되는 나라에서는 백성들이 정치에 대해 비난하지 않는다.

征伐(1): 군사를 동원해 적을 토벌하는 것.

諸侯(2): 천자의 신하

希(3): 드물다, 적다.

陪臣(4): 대부의 신하, 家臣을 뜻함

執國命(5): 권력을 멋대로 휘두르다

大夫(6): 諸侯의 신하

庶人(7): 서민, 일반인, 백성, 국민

不議(8): 비방하면서 이러니저러니 하지 않는 것

　♧ 무엇이 禮樂의 정신인가? 禮樂은 주 왕실의 혈연과 사랑의 감정에 있다. 가족 간 서로 사랑하는 감정을 근거로 존중하고 귀하게 대해야 할 순서를 정한다. 혈연이 가까우면 가까울수록 직위의 명칭과 위치도 더욱 존귀하다. 이런 宗法사회를 중심으로 봉

건정치가 수립되었으며 小宗인 제후국들은 적장자인 大宗의 왕실을 추존했다. 이렇게 통일적 체계를 갖춘 제도가 바로 禮樂이다. 정벌의 권한이 천자에게 있고 천자가 주동적으로 이 권한을 행사하는 것 자체가 바로 천하가 하나로 통일되어 있음을 나타낸 것이다. 적장자가 왕위를 계승하는 종법의 봉건제도는 본래 아무런 쟁론의 여지가 없는 것이기 때문에 장구한 세월 동안 유지될 수 있었다. 그러나 무력이란 본래 강약의 변화가 있을 수밖에 없기 대문에 패권으로 서로 대항하면 찬탈이 끝이 없어 10대를 유지하기 어렵다.

춘추시대에는 많은 會盟이 있었다. 경대부들도 서로 회맹해 열국의 대세를 결정하기도 했기 때문에 때로는 그들의 권력이 제후를 능가하여 점차 제후의 역할을 대체하였다.

천하의 세력 판도는 지리멸렬하게 되었다. 예를 들어 6명의 卿이 晉나라를 분할했고 田成子는 齊 왕위를 찬탈했으며 3명의 가신이 魯나라 정치를 전횡하기도 했다. 때문에 5대를 유지하는 나라가 아주 적었다. 경대부의 권세가 가신들로 전이되었을 때는 3대를 유지하기 어려웠다.

(출처: 〈논어 철학〉 왕방웅, 증소욱, 양조한공저, 황갑연옮김, 서광사)

季氏 3

孔子曰 祿(1)之去公室(2)五世(3)矣 政逮於大夫四世(4)矣
공 자 왈 녹 지 거 공 실 오 세 의 정 체 어 대 부 사 세 의

故夫三桓之子孫 微矣(5)
고 부 삼 환 지 자 손 미 의

공자가 말했다. 관직을 임명하는 권력이 노나라에서 없어진 지 5대가 되었고 정권이 고위 관료의 손에 넘어간 지 4대가 되었다.
그러니 삼환의 자손도 쇠락해 가는 것이다.

祿(1): 벼슬과 녹봉.

公室(2): 魯나라 군주

五世(3): 魯文公이 후 宣公, 成公, 襄公, 昭公, 定公.

四世(4): 季文子, 季武子, 季悼子, 季平子

故夫三桓之子孫 微矣(5): 그러니 삼환의 자손도 쇠락해 가는 것이다. 仲孫, 叔孫, 季孫. 셋 모두 桓公에서 나왔기에 삼환이라고 부름.

♧ 노나라는 文公이 죽은 후 문공의 숙부 公子 遂가 태자 子赤을 죽이고 宣公을 세웠는데 임금이 권력을 잃었다. 선공부터 成公 襄公 昭公 定公을 거쳤으니 모두 다섯 세대다.

♧ 季武子가 국정을 농락한 이래 悼子 平子 桓子를 거쳐 모두 네 세대이다.

季氏 4

孔子曰 益者三友 損者三友 友直(1) 友諒(2) 友多聞(3) 益矣
공자왈 익자삼우 손자삼우 우직 우량 우다문 익의

友便辟(4) 友善柔(5) 友便佞(6) 損矣
우편벽 우선유 우편녕 손의

공자가 말했다. 이로운 벗이 세 부류가 있고 해로운 벗이 세 부류가 있다. 정직한 사람, 성실한 사람, 박식한 사람을 사귀면 이롭다. 아첨하는 사람, 줏대 없는 사람, 말만 잘하는 사람과 사귀면 해롭다.

直(1): 언행이 곧다.

諒(2): 믿을만하다, 미더운 사람, 변치 않는다.

多聞(3): 박학, 박식, 널리 배우다.

便辟(4); 간사하고, 아첨 잘하는 것.

善柔(5): 속으로는 불만스러워도 겉으로는 좋은 듯이 행동하는 것

便佞(6): 말재주에 능한 것

季氏 5

孔子曰 益者三樂 損者三樂 樂節(1)禮樂 樂道人之善
공자왈 익자삼락 손자삼락 악절 예악 낙도인지선

樂多賢友 益矣 樂驕樂(2) 樂佚游(3) 樂宴樂(4) 損矣
낙다현우 익의 낙교락 낙일유 낙연낙 손의

공자가 말했다. 이로운 즐거움이 세 가지가 있고 해로운 즐거움이 세 가지가 있다. 예악을 알맞게 절제하고 다른 이의 좋은 점을 즐겨 말하고 현명한 친구를 많이 사귀기 좋아하면 이롭다.

오만방자하고 방탕하게 놀며 잔치의 즐거움에 빠지면 해롭다.

節(1): 예와 제도 음성과 용모를 절도 있게 하는 것
驕樂(2): 오만방자함
佚游(3): 방탕하게 노는 것을 즐기다
宴樂(4): 잔치를 열어 즐기다.

季氏 6

孔子曰 侍於君子有三愆(1)言未及之(2)而言 謂之躁(3)
공 자 왈 시 어 군 자 유 삼 건 언 미 급 지 이 언 위 지 조

言及之而不言 謂之隱(4)未見顏色而言 謂之瞽(5)
언 급 지 이 불 언 위 지 은 미 견 안 색 이 언 위 지 고

공자가 말했다. 군주를 모실 때 조심할 세 가지가 있다.
군주가 말하려 할 때 가로막고 말한다면 경망스러운 것이고 말해야 할 때 말하지 않는 것은 음흉한 것이다. 군주의 기분을 살피지 않고 말한다면 눈뜬장님이다.

愆(1): 잘못을 저지르다.

言未及之(2): 말할 때가 아니다.

躁(3): 경망스럽다

隱(4): 사실을 말하지 않는다

瞽(5): 상대의 안색을 살피지 않는 것. 맹인. 어리석다.

季氏 7

孔子曰 君子有三戒 少之時 血氣未定 戒之在色(1)及其壯也(2)
공자왈 군자유삼계 소지시 혈기미정 계지재색 급기장야

血氣方剛 戒之在鬪 及其老也 血氣旣衰 戒之在得
혈기방강 계지재투 급기노야 혈기기쇠 계지재득

공자가 말했다. 인격자는 세 가지를 조심해야 한다.

젊을 때는 혈기가 넘치니 여자를 조심해야 하고 중년에는 원기가 왕성하니 싸움을 조심해야 하며 노년에는 기운이 약해지니 탐욕을 조심해야 한다.

戒之在色(1): 여자를 조심하라.

及其壯也(2): 젊을 때에는

季氏 8

孔子曰 君子有三畏(1)畏天命 畏大人(2)畏聖人之言(3)
공 자 왈 군 자 유 삼 외   외 천 명   외 대 인   외 성 인 지 언

小人不知天命(4)而不畏也 狎(5)大人 侮(6)聖人之言
소 인 부 지 천 명   이 불 외 야   압   대 인 모   성 인 지 언

공자가 말했다. 건실한 인격자는 두려워해야 할 세 가지가 있다. 운명을 두려워해야 하고 덕망 높은 어른을 두려워해야 하고 성인의 말씀을 두려워해야 한다. 자잘한 사람은 운명을 모르니 두려워하지도 않고 덕망 높은 어른을 함부로 대하며 성인의 말씀을 업신여긴다.

畏(1): 두려워서 꺼려진다.

大人(2): 군주, 임금. 덕이 성대해 그 덕이 천하에 미치는 사람.

聖人之言(3): 六經에 쓰여 진 훈계

不知天命(4): 천명은 겉으로 드러나지 않아 자세히 살피지 않으면 알 수 없다.

狎(5): 임금이 특별히 사랑하니 그에 익숙해진 상태

侮(6): 狎을 넘어서서 업신여기는 상태

♣ 孟子 盡心 上 : "大人이라고 하는 자가 있으니 자신을 바르게 하고 남을 바르게 하는 자이다."

♣ 畏는 공경해서 나오게 되는 두려움이지 단순히 무서워서 두려워하는 그런 두려움이 아니다.

경외함 경건함 혹은 경건하고 정성스러움은 모두 종교의식으로서 초월자에 대한 귀의를 의미한다. 서양에서는 god이고 중국 유가에서는 천명이나 천도로 규정한다. 공자의 세 가지를 경외해야 한다는 사상이 뜻하는 것은 바로 건강한 인격을 가졌다고 여길 수 있는 사람은 먼저 반드시 천명을 경외하여야 한다는 것이다.

바꿔 말하자면 만약 초월감이 결핍되어 초월자에 대하여 정성스런 경건과 신념이 없게 되면 그 사람은 위대한 인격을 성취할 수 없다는 것이다.

(출처: 〈중국철학 강의〉 모종삼 저, 김병채 외 옮김, 예문서원)

季氏 9

孔子曰 生而知之(1)者 上也 學而知之(2)者 次也
공 자 왈 생 이 지 지 자 상 야 학 이 지 지 자 차 야

困而學之(3)又其次也 困而不學 民斯爲下矣(4)
곤 이 학 지 우 기 차 야 곤 이 불 학 민 사 위 하 의

공자가 말했다. 태어나면서 아는 사람은 최상이며 배워서 아는 사람은 그다음이고 어려움을 겪고 배우는 사람은 또 그다음이다. 어려움을 겪고도 배우지 않으면 사람 중에서 최하이다.

生而知之(1): 태어나면서부터 안다.

學而知之(2): 어려서부터 바른 것을 배워 이어 나가는 것

困而學之(3): 어려서는 배우지 않다가 중년이 되어 배우기 시작하는 것

民斯爲下矣(4): 사람 중에 하급이다. 하급 인생이다.

季氏 10

孔子曰 君子有九思 視思明(1)聽思聰(2)色(3)思溫 貌(4)思恭
공자왈 군자유구사 시사명 청사총 색 사온 모 사공

言思忠(5)事思敬(6)疑思問 忿思難(7)見(8)得思義
언사충 사사경 의사문 분사난 견 득사의

공자가 말했다. 건실한 인격자라면 아홉 가지를 생각해야 한다.
볼 때는 명확하게 보고, 들을 때는 분명하게 듣고, 얼굴은 온화하게 하며, 용모는 공손하고, 말은 성실하게 한다. 일은 게으르지 않게 하며, 의심스러운 것은 묻고, 분노할 때는 후환을 생각하며, 이득을 볼 때는 정당한가를 생각한다.

明(1): 확실하게 본다

聰(2): 잘못 듣지 않는다

色(3): 얼굴에 나타나는 것

貌(4): 용모

忠(5): 진심

敬(6): 게으르지 않는 것

難(7): 후환

見(8): 만나다

季氏 11

孔子曰 見善如不及(1)見不善如探湯(2)吾見其人矣
공 자 왈 견 선 여 불 급   견 불 선 여 탐 탕   오 견 기 인 의

吾聞其語矣
오 문 기 어 의

隱居以求其志 行義以達其道 吾聞其語矣 未見其人也
은 거 이 구 기 지 행 의 이 달 기 도 오 문 기 어 의 미 견 기 인 야

공자가 말했다. 착한 것을 보면 그것을 뒤쫓듯 하고 착하지 못한 것을 보면 끓는 물에 손을 데이 듯 피한다. 나는 그런 사람을 보았고 그런 말을 들었다. 숨어 살면서 그 뜻을 지키고 정의롭게 살며 자아의 길을 완성한다는 말을 듣기는 했어도 그런 사람은 아직 보지 못했다.

見善如不及(1): 선한 것을 보면 그것을 뒤쫓듯 한다.
探湯(2): 끓는 물에 손을 대다.

季氏 12

齊景公有馬千駟(1)死之日 民無德而稱焉(2)伯夷叔齊
제 경 공 유 마 천 사　사 지 일　민 무 덕 이 칭 언　백 이 숙 제

餓于首陽之下 民到于今稱之 其斯之謂與(3)
아 우 수 양 지 하　민 도 우 금 칭 지　기 사 지 위 여

　제나라 경공은 말 4천 필이나 가지고 있었지만 죽었을 때 백성들은 아무도 그를 칭송하지 않았다.
　백이와 숙제는 수양산 아래에서 굶어 죽었지만 백성들은 지금까지 칭송하는데 아마 이것을 두고 말하는 것이다.

千駟(1): 말 4천 필
民無德而稱焉(2): 백성들은 아무도 그를 칭송하지 않았다.
其斯之謂與(3): 아마 이것을 두고 말하는 것이다.

♣ 많은 학자들은 顔淵篇 10 마지막 두문장 誠不以富 亦祇以異은 이 장 제일 앞에 있어야 한다고 했다. 문장을 살펴보면 맞는 말 같다. 그러면 이 문장 서두의 齊景公이 아니라 孔子曰이 되어야 할 것이다.

♣ 齊 景公: 춘추시대 말기 제나라 군주로 이름은 저구(杵臼) 崔杼와 慶封을 재상으로 삼고 말과 사치를 좋아했으며 晏子가 보필하여 겨우 나라를 이끌었다. B.C.547~490년까지 58년간 재위했다.

季氏 13

陳亢⑴問於伯魚⑵曰 子亦有異聞乎⑶對曰 未也 嘗獨立
진 항 문어백어 왈 자역유이문호 대왈 미야 상독립

鯉趨而過庭⑷曰 學詩乎 對曰 未也 不學詩 無以言
리 추 이 과 정 왈 학 시 호 대 왈 미 야 불 학 시 무 이 언

鯉退而學詩 他日 又獨立 鯉趨而過庭 曰 學禮乎
리 퇴 이 학 시 타 일 우 독 립 리 추 이 과 정 왈 학 례 호

對曰 未也 不學禮 無以立 鯉退而學禮 聞斯二者
대 왈 미 야 불 학 례 무 이 립 리 퇴 이 학 례 문 사 이 자

陳亢 退而喜曰 問一得三 聞詩聞禮 又聞君子之遠其子也
진 항 퇴 이 희 왈 문 일 득 삼 문 시 문 례 우 문 군 자 지 원 기 자 야

　진항이 백어에게 물었다. 당신은 선생님께 무슨 특별한 말을 들은게 있겠지요?
　백어가 답했다. 없습니다. 전에 홀로 서 계실 때 내가 빨리 걸어 뜰을 지나는데 시를 배웠느냐? 하고 물으셔서 아직 배우지 못했습니다 하고 대답하니 시를 배우지 않으면 이야기할 것이 없다고 하셔서 물러가 시를 배웠습니다. 다른 날 또 홀로 계실 때 내가 빨리 걸어 뜰을 지나는데 예를 배웠느냐 하고 물으셔서 아직 배우지 못했습니다 하고 대답하니 예를 배우지 않으면 사람 구실을 할 수 없다고 하셔서 물러나 예를 배웠습니다. 이 두 가지 말씀을 들었습니다.
　전항이 물러 나와 기뻐하며 말했다.
　하나를 물어서 세 가지를 배웠다. 시를 배우라는 말과 예를 배우라는

말을 들었으며 또한 선생님은 자기 자식을 특별히 우대해서 가르치지 않는다는 것도 알았다.

陳亢(1): 子禽, 공자의 제자
伯魚(2): 공자의 아들, 이름은 鯉
子亦有異聞乎(3): 당신은 특별한 말을 들은 게 있지요?
鯉趨而過庭(4): 내가 빨리 걸어 뜰을 지나다.

季氏 14

邦君(1)之妻 君稱之曰夫人 夫人自稱曰小童(2)
방 군   지 처 군 칭 지 왈 부 인 부 인 자 칭 왈 소 동

邦人稱之曰君夫人(3)稱諸異邦(4)曰寡小君(5)異邦人稱之
방 인 칭 지 왈 군 부 인   칭 제 이 방   왈 과 소 군   이 방 인 칭 지

亦曰君夫人
역 왈 군 부 인

임금의 아내를 부를 때는 부인이라 하고 부인이 스스로 일컫기를 소동이라 하고 그 나라 사람들이 부를 때는 군부인이라 하고 다른 나라 사람에게 말하기를 과소군이라 하며 다른 나라의 사람들이 부를 때도 역시 군부인이라 한다.

邦君(1) : 마라의 임금, 제후

小童(2) : 남의 집에서 심부름하는 아이, 아직 어려서 사리에 어두운 아이

君夫人(3) : 제후의 부인

稱諸異邦(4): 다른 나라 사람에게 칭할 때.

寡小君(5) : 임금이 스스로를 寡君이라 하듯 스스로를 겸손하게 표현한 것.

제 17 편

陽貨 양화

陽貨 1

陽貨(1)欲見孔子 孔子不見 歸孔子豚(2)孔子時其亡也
양화 욕견공자 공자불견 귀공자돈 공자시기무야

而往拜之 遇諸塗(3)謂孔子曰 來 予與爾言(4)曰 懷其寶而
이왕배지 우저도 위공자왈 래 여여이언 왈 회기보이

迷其邦 可謂仁乎 曰不可 好從事而亟失時 可謂知乎
미기방 가위인호 왈불가 호종사이기실시 가위지호

曰 不可 日月逝矣 歲不我與(5)孔子曰 諾(6)吾將仕矣(7)
왈 불가 일월서의 세불아여 공자왈 낙 오장사의

　양화가 공자를 만나려 했지만 공자가 만나주지 않자 양화가 공자에게 돼지를 선물로 보냈다.
　공자는 그가 없는 틈을 타서 사례하고 오는 길에 그를 만났다.
　양화가 공자에게 말했다. 이리 오시지요 내가 할 말이 있습니다.
　보물 같은 능력을 가지고도 나라가 어지러워지게 놔두는 것을 참된 사람이라 할 수 있을까요?
　공자가 말했다.그렇지 않지요
　양화가 말했다 일하고 싶어 하면서 자꾸 때를 놓치는 것을 지혜롭다 할 수 있을까요?
　공자가 말했다. 그렇지 않습니다.
　양화가 말했다. 시간은 흘러가고 세월은 우리를 기다리지 않습니다.
공자가 말했다. 그렇습니다. 이제 공직에 나가야지요.

陽貨(1): 魯나라 계씨의 가신 이름은 虎

歸孔子豚(2): 공자에게 돼지를 보내다.

遇諸塗(3): 길에서 그를 만나다.

予與爾言(4): 내가 당신에게 할 말이 있다.

歲不我與(5): 세월은 우리를 기다리지 않는다.

諾(6): 예 하고 대답하다,허락하다, 대답하다, 따르다, 허용하다.

吾將仕矣(7): 이제 벼슬을 하겠다.

♣ 陽虎: ? ~ ?
춘추 시대 말기 노나라 사람. 字는 貨이고 얼굴이 공자와 닮았다고 한다. 계씨의 가신으로 季平子를 섬겼다. 季平子가 죽자 권력을 장악했다. 일찍 季桓子를 잡아 강제로 동맹을 맺게했다.
魯定公 8년에 三桓을 제거하고 삼환의 적자들을 모두 죽이려다 실패하고 陽關으로 달아났다. 다음 해 삼환이 양관을 공격하자 제나라로 달아났고 다시 晉나라로 달아났다.
趙盾(조순)에게 귀의하여 趙簡子의 謀臣이 되었다.

♣ 陽虎가 위나라에 죄를 짓고 북쪽으로 가서 趙簡子를 만나 한탄했다. "이제 다시는 사람을 심어 놓지 않겠습니다."
이에 簡子가 물었다. "무슨 뜻입니까?"
그러자 양화가 대답했다.
"무릇 堂上의 벼슬을 하는 자는 그 중 과반수가 제가 심어준 자들 입니다. 또 조정의 관리 중에서도 제가 심어준 자가 역시 과반수가 넘으며 변경의 군사도 반 이상이 제가 심어준 자들 입니다. 그런데 지금 보니 그 중 당상 벼슬하는 자들은 오히려 나서서 임금에게 나를 물러나도록 하고 조정의 관리들은 스스로 나서서 많은 무리 앞에 나를 위험스럽게 하며 변경의 군사들은 스스로 나서서 무력으로 나를 위협하고 있습니다."
이에 간자가 이렇게 비유를 들어 설명했다.
"오직 어진 자라야 그 은혜를 갚을 줄 압니다. 불초한 자는 그 은혜를 갚을 줄 모르는 것입니다. 비유 컨데 무릇 복숭아와 자두를 심으면 여름에 그 그늘에서 쉴 수 있을 뿐 아니라 가을엔 그 과일까지 먹을 수 있게 되지요. 그러나 찔레를 심으면 여름에 그 그늘에서 쉴 수 없을 뿐 아니라 가을엔 그 가시밖에 더 얻겠습니까? 지금 그대가 심었다는 것은 모두 찔레일 뿐입니다. 지금부터는 사람을 골라 심어야지 이미 심어놓고 이를 선택하겠다는 생각을 버리십시오!"

陽貨 2

子曰 性⑴相近也 習相遠也⑵
자 왈 성   상 근 야 습 상 원 야

공자가 말했다. 타고난 본성은 서로 비슷하지만 습관에 의해 서로 멀어지는 것이다.

性(1): 본성, 본바탕

習相遠也(2): 듣고 보는 것이 거듭되며 고착되는 것, 습관에 의해 서로 멀어지다.

陽貨 3

子曰 唯上知與下愚 不移(1)
자 왈 유 상 지 여 하 우 불 이

공자가 말했다. 매우 영리한 사람과 매우 어리석은 사람은 변하지 않는다.

移(1): 장소를 옮기다, 위치를 바꾸다, 사물을 변화 시키다.

陽貨 4

子之武城(1) 聞弦歌之聲(2)夫子莞爾而笑(3)曰 割鷄焉用牛刀(4)
자 지 무 성   문 현 가 지 성 부 자 완 이 이 소   왈 할 계 언 용 우 도

子遊對曰 昔者(5)偃也聞諸夫子(6)曰 君子學道則愛人
자 유 대 왈 석 자   언 야 문 저 부 자   왈 군 자 학 도 즉 애 인

小人學道則易使也
소 인 학 도 즉 이 사 야

子曰 二三子 偃之言是也 前言戲之耳(7)
자 왈 이 삼 자 언 지 언 시 야 전 언 희 지 이

공자가 무성에 갔을 때 현악에 맞추어 부르는 노래를 들었다.

공자가 빙긋이 웃으며 말했다. 닭 잡는데 어찌 소 잡는 칼을 쓰는가? 자유가 대답했다. 전에 제가 선생님께 들으니 지도자가 예악을 배우면 남을 사랑하고 자잘한 자가 예악을 배우면 윗사람 말을 잘 따른다고 하셨습니다. 공자가 말했다. 애들아 언의 말이 옳다. 아까 내가 한 말은 농담이다.

武城(1): 노나라 남쪽의 시골 읍. 공자의 제자 子游가 당시에 현령이었다.

聞弦歌之聲(2): 현악에 맞추어 부르는 노래를 듣다.

夫子莞爾而笑(3): 선생이 빙그레 웃다.

割鷄焉用牛刀(4): 닭 잡는데 어찌 소 잡는 칼을 쓰는가?

昔者(5): 이전에, 예전에.

偃也聞諸夫子(6): 제가 선생님께 들었다.

前言戲之耳(7): 아까 내가 한 말은 농담이다.

陽貨 5

公山弗擾(1)以費畔(2)召 子欲往
공 산 불 요 이 비 반 소 자 욕 왕

子路不說曰末之也已 何必公山氏之之也(3)
자 로 불 열 왈 말 지 야 이 하 필 공 산 씨 지 지 야

子曰 夫召我者 而豈徒哉(4)如有用我者 吾其爲東周乎(5)
자 왈 부 소 아 자 이 기 도 재 여 유 용 아 자 오 기 위 동 주 호

공산불요가 비읍에서 반란을 일으키고 공자를 부르니 공자가 가려고 했다. 자로가 퉁명스럽게 말했다. 가실 곳이 없으면 그만이지 하필이면 공산에게 가시려 합니까?

공자가 말했다. 나를 부르는 사람이 어찌 쓸데없이 불렀겠느냐?

나를 써주는 이가 있다면 나는 그 나라를 동주처럼 부흥시킬 것이다.

公山弗擾(1): 季氏의 家臣.

畔(2): 季氏에게 반란을 일으킴

何必公山氏之之也(3): 하필이면 공산에게 가시려 합니까?

夫召我者 而豈徒哉(4): 나를 부르는 사람이 어찌 쓸데없이 불렀겠느냐?

吾其爲東周乎(5): 나는 그 나라를 동주처럼 부흥시킬 것이다.

陽貨 6

子張問仁於孔子 孔子曰 能行五者於天下 爲仁矣
자 장 문 인 어 공 자 공 자 왈 능 행 오 자 어 천 하 위 인 의

請問之 曰 恭寬信敏惠 恭則不侮(1) 寬則得衆
청 문 지 왈 공 관 신 민 혜 공 즉 불 모 관 즉 득 중

信則人任焉 敏則有功 惠則足以使人(2)
신 즉 인 임 언 민 즉 유 공 혜 즉 족 이 사 인

자장이 공자에게 仁에 대해 물었다.

공자가 말했다.

세상에 다섯 가지를 실천할 수 있다면 참된 사람이다.

그것이 무엇인지를 물으니 대답했다.

공손하고 관대하고 신용이 있고 일이 민첩하고 은혜로움이다

공손하면 모욕당하지 않고 관대하면 대중의 마음을 얻고 신용이 있으면 사람들의 의지가 되고 일에 민첩하면 업적이 있고 은혜를 베푸는 사람은 남을 움직일 수 있다.

不侮(1): 모멸 받지 않다.

惠則足以使人(2): 은혜를 베푸는 사람은 남을 움직일 수 있다.

陽貨 7

佛肸(1)召 子欲往 子路曰 昔者 由也聞諸夫子 曰
필 힐 소 자 욕 왕 자 로 왈 석 자 유 야 문 저 부 자 왈

親於其身 爲不善者 君子不入也 佛肸以中牟畔(2)
친 어 기 신 위 불 선 자 군 자 불 입 야 필 힐 이 중 모 반

子之往也 如之何(3)子曰 然 有是言也 不曰堅乎
자 지 왕 야 여 지 하 자 왈 연 유 시 언 야 불 왈 견 호

磨而不磷(4)不曰白乎 涅而不緇(5)吾豈匏瓜(6)也哉
마 이 불 린 불 왈 백 호 날 이 불 치 오 기 포 과 야 재

焉能繫而不食
언 능 계 이 불 식

필힐이 공자를 부르니 가려고 했다.

자로가 말했다.

전에 제가 선생님께 들었는데 스스로 나서서 악한 짓을 한 자에게 건실한 인격자는 함께하지 않는다 하셨습니다. 필힐이 중모에서 반역을 했는데 선생님이 가시려 하니 어찌 된 일입니까?

공자가 말했다. 그렇지 그런 말을 했지. 그러나 견고해서 갈아도 얇아지지 않는다면 견고한 것 아니겠느냐? 검게 물들여도 검어지지 않으면 희다고 할 수 있지 않겠느냐? 내가 무슨 조롱박이 드냐? 어찌 매달려만 있고 먹지도 못하는 것이겠느냐?

佛肸(1): 魯나라 대부, 趙簡子의 신하로 中牟의 大夫. 중모를 거점으로 반란을 일으키고 사람을 보내 공자를 초청했지만 공자가 가지 않았다.

以中牟畔(2): 중모에서 반역을 하다.

子之往也 如之何(3): 선생님이 가시려 하니 어찌 된 일입니까?

堅乎磨而不磷(4): 견고해서 갈아도 얇아지지 않는다.

緇(5): 검은색

匏瓜(6): 조롱박

♣ 佛肸이 中牟현을 근거지로 반란을 일으켰다.

그는 먼저 祿邑을 적은 푯말과 큰솥을 걸어 놓고 그곳 선비들을 모아 이렇게 선포했다.

"나에게 동조하는 자는 여기에 적힌 녹읍을 나누어 줄 것이고 나에게 반대하는 자는 이 솥에 넣어 삶으리라!"

이에 중모 땅의 많은 선비들이 그에게 동조하고 나섰다. 그때 城北에 사는 나머지 사람들 가운데 田基라는 자가 가장 뒤늦게 도착해서는 소매를 걷고 그 솥에 뛰어들 기세로 이렇게 말했다.
"내가 들건데 옳은 선비는 그 앞에 온갖 관직의 유혹이 있다 해도 옳지 않으면 받지 않으며 그 뒤에 刀를 들이대고 위협을 해도 옳은 일이라면 죽음도 불사하고 뜻대로 행한다고 했습니다."
그리고는 드디어 소매를 걷어붙이고 뛰어들 자세를 취했다.
이에 기가 죽은 필힐은 모든 것을 내던지고 趙나라로 도망쳐 버리고 말았다. 趙簡子는 중모의 선비를 모두 죽이고 그 땅을 다시 수복했다. 그리고 나서 논공행상을 베풀면서 田基를 제일로 꼽았다.
그러자 田基가 "제가 들으니 청렴 강직한 선비는 남을 부끄럽게 하지 않는다 하였습니다. 제가 이처럼 중모의 공을 받는다면 중모의 선비들이 종신토록 부끄러움 속에서 고통을 당할 것입니다."하고 어머니를 업고 남쪽 楚나라로 가버렸다. 초나라 임금이 그를 높이 사서 司馬의 직위로 그를 대접해 주었다.

祿邑: 功이나 혈연에 따라 주는 토지

(출처: 〈설원〉 유향 찬집, 임동석 옮김, 동문선)

陽貨 8

子曰 由也 女聞六言六蔽矣乎⑴對曰 未也 居 吾語女⑵
자 왈 유 야 여 문 육 언 육 폐 의 호   대 왈 미 야 거 오 어 녀

好仁不好學 其蔽也愚(3) 好知不好學 其蔽也蕩(4) 好信不好學
호인불호학　기폐야우　　호지불호학　기폐야탕　　호신불호학

其蔽也賊(5) 好直不好學 其蔽也絞(6) 好勇不好學 其蔽也亂(7)
기폐야적　호직불호학　기폐야교　　호용불호학　기폐야난

好剛不好學 其蔽也狂(8)
호강불호학　기폐야광

공자가 말했다. 유야! 너는 여섯 가지 말 속에 여섯 가지 해로움이 있다는 말을 들어봤느냐? 자로가 대답했다. 듣지 못했습니다.

공자가 말했다. 앉아라 너에게 말해 주마

불쌍한 사람을 보고 도우려는 착한 마음도 배움을 멀리하면 그 해로움은 어리석게 되는 것이다. 지혜를 좋아하지만 배움을 멀리하면 그 해로움은 방자하게 되는 것이다. 신의를 좋아하지만 해로움을 멀리하면 그 해로움은 자신을 해치게 되는 것이다.(상대방을 너무 믿어 때로 자신이 상처 받는 문제) 정직을 좋아하고 배움을 멀리하면 그 해로움은 각박하게 되는 것이다. 용맹을 좋아하고 배움을 멀리하면 그 해로움은 난을 일으키게 되는 것이다. 강인함을 좋아하고 배움을 멀리하면 그 해로움은 교만하게 되는 것이다.

　　女聞六言六蔽矣乎(1): 너는 여섯 가지 말 속에 여섯 가지 폐단이 있다는 말을 들었는가?

　　吾語女(2): 내가 너에게 말해주마.

　　其蔽也愚(3): 그 폐단은 어리석게 되다.

　　其蔽也蕩(4): 그 폐단은 방자하게 되다.

其蔽也賊(5): 그 폐단은 자신을 해치다.

其蔽也絞(6): 그 폐단을 각박하게 되다.

其蔽也亂(7): 그 폐단은 난을 일으킨다.

其蔽也狂(8): 그 폐단은 교만하게 되다.

♧ 直을 좋아한다는 것은 그 덕목을 실천하기 좋아하거나 찬미한다는 말이다. 자기 아버지가 양을 훔친 사실을 관가에 고발한 사람은 그 행위를 정직으로 여겼기 때문에 그 일을 감행했다. 이것이 好直의 맥락이다. 이때 "이 일이 直이다."는 주장이 言이고 直은 名이다. 그런데 이것은 그 사람의 생각일 뿐이다.

일반적인 관점에서 그 일은 정직이 아니라 패륜(絞:각박함)이다.

(출처: 〈논어집주 주자와 제자들의 토론〉 박성규 역주, 소나무)

陽貨 9

子曰 小子 何莫學夫詩 詩 可以興(1)可以觀 可以群
자 왈 소 자 하 막 학 부 시 시 가 이 흥 가 이 관 가 이 군

可以怨 邇之事父(2)遠之事君 多識於鳥獸草木之名
가 이 원 이 지 사 부 원 지 사 군 다 식 어 조 수 초 목 지 명

공자가 말했다. 너희들은 어찌 시를 배우지 않느냐?

시는 정감을 일으키며 세상을 살필 수 있으며 사람들과 어울릴 수 있으며 불의를 탓할 수 있게 한다. 가까이로는 어버이를 섬길 수 있게 하며

멀리는 임금을 섬길 수 있게 하고 새와 짐승과 초목의 이름을 많이 알 수 있게 한다.

詩可以興(1): 시는 정감을 일으킨다.
邇之事父(2): 가까이로는 어버이를 섬길 수 있다.

陽貨 10

子謂伯魚曰 女爲周南召南矣乎 人而不爲周南召南
자 위 백 어 왈 여 위 주 남 소 남 의 호 인 이 불 위 주 남 소 남

其猶正牆面而立也與(1)
기 유 정 장 면 이 립 야 여

공자가 백어에게 말했다. 너는 주남과 소남을 배웠느냐?
사람이 주남과 소남을 배우지 않으면 마치 담장을 마주하고 서 있는 것 같다.

其猶正牆面而立也與(1): 마치 담장을 마주하고 서 있는 것같다.

♣周南: 詩經의 國風 첫 번째 편명으로 총 11편의 시가 있다.
周南의 명칭에는 여러 설이 있는데 朱子는 周公이 주나라에서 모은 시가 섞여 있어 周南이라 했다고 하고 또 다른 설로는 周왕실에서 직할하던 남쪽 나라들을 가르킨다는 설도 있다.

♣ 召南 : 詩經의 國風 두 번째 편명으로 14편의 시가 있다.
陝西省(섬서성)에 있는 위수 북쪽 召라는 땅이 있었는데 이곳을 무왕의 친척이며 공이 많은 姬奭(희석)에게 다스리게 했다.
그가 召公奭이다. 소공의 덕이 높아 그의 교화를 받은 백성들이 이런 시들을 지은 것으로 보인다.

陽貨 11

子曰 禮云禮云 玉帛云乎哉⑴ 樂云樂云 鐘鼓云乎哉
자왈 예운예운 옥백운호재 악운악운 종고운호재

공자가 말했다. 예절, 예절 하지만 옥과 비단을 말하는 것이겠는가?
음악, 음악 하지만 종과 북을 이르는 것이겠는가?

玉帛云乎哉(1) : 옥과 비단을 이르는 것이겠는가

♣ 공자는 八佾 3장에서 人而不仁 如禮何 人而不仁 如樂何
"사람이 인하지 않으면 예법은 어디에 쓰고 사람이 인하지 못하면 음악은 어디에 쓰겠는가" 했다.
또한 맹자는 禮樂의 근본은 윤리와 도덕에서 기인하고 玉帛과 鐘鼓는 예악이라 할 수 없는 것이다. 禮樂을 남발하면서 스스로 禮樂이라 여기는 자들을 군자가 비웃었다.

陽貨 12

子曰 色厲而內荏 譬諸小人⑴其猶穿窬之盜也與
자 왈 색 려 이 내 임 비 저 소 인   기 유 천 유 지 도 야 여

공자가 말했다. 겉으로는 위엄있는 모습이지만 마음은 나약한 것을 자잘한 사람에 비유하자면 벽을 뚫고 담을 넘는 도둑과 같은 것이다.

譬諸小人(1): 소인에 비유하다.

陽貨 13

子曰 鄕原⑴德之賊也
자 왈 향 원   덕 지 적 야

공자가 말했다. 겉으로는 점잖은 척하지만 마을 이권에 개입해 이득을 취하면서 못된 짓을 서슴없이 하는 시골 토박이는 정의를 해치는 도둑이다.

鄕原(1): 鄕愿과 같은 말로 국어사전에서는 (마을 사람들로부터 신망(信望)을 얻기 위하여 여론에 영합하는 사람. 덕이 있다고 칭송을 받기는 하지만 실제로는 그렇지 못하다.)라고 되어있다.

♣ 孟子盡心章句 下 37

공자께서 말씀하시길 내 집 문앞을 지나면서 내 집에 들어오지 않아도 내가 유감스럽지 않은 사람은 오직 鄕原뿐이다.
향원은 德의 적이다.라고 하셨습니다. 감히 묻습니다.
어떤 자를 가르켜 鄕原이라고 하는 것입니까?
무엇 때문에 그처럼 뜻이 큰 것은 자랑하면서 말은 행동을 돌아보지 않고 행동은 말을 돌아보지 않는가. 그러면서도 (옛 사람이여, 옛 사람이여) 하며 옛 사람만 되뇌이는가 라고 견자를 비방하며 무엇 때문에 사람이 친근할 수 없도록 그처럼 행동이 차가운가. 이 세상에 태어났으면 마땅히 이 세상 사람이 되어 이 세상 사람들로부터 착하다는 말을 들으면 되는 것이다. 라고 하여 자기의 잘못을 감추며 세상 사람들에 아부하는 자가 바로 향원이다.(중략)

그를 비난하려 해도 비난거리가 없고 그를 공격하려 해도 공격거리가 없다. 퇴폐한 풍속에 동조하며 더러운 세상과 영합하여 처세하는 것이 충성되고 신의 있는 것 같고 행동하는 것이 청렴한 것 같아서 사람들이 다들 좋아한다. 스스로 이것을 옳다고 생각하나 그런 사람과는 요순의 도로 들어갈 수 없는 것이다.
그러므로 덕의 적이라고 하는 것이다.
공자께서는 "비슷하면서도 같지 않은 것을 미워한다. 가라지를 미워하는 것은 그것이 쌀을 어지럽힐까 두려워하기 때문이요, 재주가 있는 것을 미워하는 것은 의리를 어지럽힐까 두려워하기 대문이요, 말솜씨 좋은 것을 미워하는 것은 믿음을 어지럽힐까 두려워하기 때문이요, 鄭나라 음악을 미워하는 것은 그것이 바른 음악을 어지럽힐까 두려워하기 때문이요, 자줏빛을 미워하는 것은 붉은빛을 어지럽힐까 두려워하기 때문이요, 향원을 미워하는 것은 그것이 덕을 어지럽힐까 두렵기 때문이다." 라고 하셨다.
군자는 正道로 돌아갈 따름이다. 도가 바르면 백성들이 선에 일어나고 백성들이 선에 일어나면 사특한 것이 없어질 것이다.

(출처: 〈孟子〉 이가원 감수, 홍신문화사)

陽貨 14

子曰 道聽而塗說⑴德之棄也
자 왈 도 청 이 도 설 덕 지 기 야

공자가 말했다. 남에게 들은 얘기를 자기 의견인 양 말하는 것은 자신의 성장을 포기하는 것이다.

道聽塗說(1): 길에서 들은 것을 길에서 남에게 말하다.

陽貨 15

子曰 鄙夫可與事君也與哉 其未得之也⑴患得之⑵
자 왈 비 부 가 여 사 군 야 여 재 기 미 득 지 야 환 득 지

旣得之 患失之 苟患失之 無所不至⑶矣
기 득 지 환 실 지 구 환 실 지 무 소 부 지 의

공자가 말했다. 야비한 사람과는 함께 임금을 모실 수 없다.

관직을 받기 전에는 어찌하면 관직을 받을까 애태우다 받은 후에는 놓칠까를 걱정하니 놓칠까를 걱정하면 그것을 지키기 위해 못하는 짓이 없어진다.

其未得之也(1): 그것을 얻기 전에는 (벼슬하기 전에는)
患得之(2): 얻지 못해서 안달하는 것
無所不至(3): 자신의 벼슬을 지키기 위해 아첨은 물론 무슨짓이건 한다는 것.

陽貨 16

子曰 古者民有三疾(1)今也或是之亡也(2)古之狂(3)也肆(4)
자 왈 고 자 민 유 삼 질　금 야 혹 시 지 무 야　고 지 광　야 사

今之狂也蕩(5)古之矜(6)也廉(7)今之矜也忿戾(8)古之愚也直
금 지 광 야 탕　고 지 긍　야 렴　금 지 긍 야 분 려　고 지 우 야 직

今之愚也詐而已矣(9)
금 지 우 야 사 이 이 의

공자가 말했다. 옛날에는 사람들에게 세 가지 폐해가 있었는데 지금은 이것마저도 없어졌다. 옛날 큰 뜻이 있는 사람은 거리낌 없었는데 지금의 큰 뜻있는 사람은 방탕하다. 옛날의 지조 있는 사람은 스스로를 믿는 당당함이 있었는데 지금의 지조 있는 사람은 사납기만 하다. 옛날의 어리석은 사람은 정직했는데 지금의 어리석은 사람은 속이기만

한다.

三疾(1): 狂, 矜, 愚

是之亡也(2): 이것이 없어지다.

狂(3): 큰 뜻을 지닌 사람, 이상적인 사람

肆(4): 자잘한 것들을 신경 쓰지 않는다.

蕩(5): 행동이 난잡하다

矜(6): 고집 세고 지조가 곧다.

廉(7): 행동이 바르며 모가 난 모습

忿戾(8): 도리에 맞지 않고 거칠고 다투다

今之愚也詐而已矣(9): 지금의 어리석은 사람은 속이기만 한다.

陽貨 17

子曰 巧言令色 鮮矣仁
자 왈 교 언 영 색 선 의 인

공자가 말했다. 솔깃한 말로 남의 기분이나 맞추는 사람 중에 제대로 된 사람은 없다.

陽貨 18

子曰 惡紫之奪朱也(1)惡鄭聲之亂雅樂也
자 왈 오 자 지 탈 주 야 오 정 성 지 난 아 악 야

惡利口之覆邦家者
오 리 구 지 복 방 가 자

공자가 말했다. 자주색이 붉은색을 옅게 하는 것을 싫어하고 정나라 음악이 아악을 어지럽히는 것을 싫어하며 말재주로 나라를 전복시키는 것을 싫어한다.

惡紫之奪朱也(1): 자주색이 붉은색을 옅게 하는 것을 싫어하다.(가짜가 진짜를 유린하는 것을 싫어하다)

陽貨 19

子曰 予欲無言(1)子貢曰 子如不言 則小子何述焉
자 왈 여 욕 무 언 자 공 왈 자 여 불 언 즉 소 자 하 술 언

子曰 天何言哉 四時行焉 百物生焉 天何言哉
자 왈 천 하 언 재 사 시 행 언 백 물 생 언 천 하 언 재

공자가 말했다. 난 말하고 싶지 않다.
자공이 말했다. 선생님이 말씀하지 않으시면 저희들이 세상에 무엇을

전하겠습니까?

　공자가 말했다. 하늘이 무슨 말을 하더냐? 사계절이 오가고 만물이 자라는데 하늘이 무슨 말을 하더냐?

予欲無言(1): 난 말하지 않겠다.

♣ 말을 추구하지 말고 본질에 깊이 힘쓰길 바란 것이다. 본질이 있고 말이 없는 경우는 걱정할 것이 없다. 말이 없어도 반드시 실행하기 때문이다. 말은 있는데 본질이 없다면 글이 매끄럽고 말도 아름다워 온 세상에서 가장 훌륭한 말이라도 아무 보탬이 되지 않는다.

(출처: 〈논어고의〉 이토 진사이 지음, 최경영 옮김, 그린비출판사)

陽貨 20

孺悲欲見(1)孔子 孔子辭以疾 將命者(2)出戶 取瑟而歌
유 비 욕 현　공 자　공 자 사 이 질　장 명 자　출 호　취 슬 이 가

使之聞之
사 지 문 지

　유비가 공자를 만나려 했지만 공자는 병을 이유로 거절했다.
　말을 전하러 온 사람이 문을 나가자 비파를 타며 노래를 불러 그가 들을 수 있게 했다.

見(1): 뵙다, 만나다, 보이다.

將命者(2): 將은 奉(받들다)와 같은 뜻으로 주인의 명을 전하는 사람.

♣ 孺悲: ? ~ ?
춘추시대 말기 사람. 예기, 잡기에 공자에게 士喪禮를 배웠다는 기록이 있어 청나라 주이존(朱彛尊)은 공자의 제자로 보았다.

♣ 禮記, 雜記 下 : 공자가 말씀하시길 "흉년의 해에는 군자는 수레에 못난 말을 사용하고 제사에는 하급의 牲을 사용한다."라고 했다. 恤由(휼류)의 초상에 哀公은 孺悲를 공자에게 보내어 士 신분의 喪禮를 묻게 했다.

陽貨 21

宰我問 三年之喪 期已久矣 君子三年不爲禮
재 아 문 삼 년 지 상 기 이 구 의 군 자 삼 년 불 위 례

禮必壞 三年不爲樂 樂必崩 舊穀旣沒(1)新穀旣升(2)
예 필 괴 삼 년 불 위 악 악 필 붕 구 곡 기 몰 신 곡 기 승

鑽(3)燧(4)改火(5)期可已矣(6)子曰 食夫稻(7)衣夫錦 於女安乎
찬 수 개 화 기 가 이 의 자 왈 식 부 도 의 부 금 어 여 안 호

曰 安 女安則爲之(8)夫君子之居喪 食旨不甘 聞樂不樂
왈 안 여 안 즉 위 지 부 군 자 지 거 상 식 지 불 감 문 악 불 락

居處不安 故 不爲也 今女安則爲之
거 처 불 안 고 불 위 야 금 녀 안 즉 위 지

482 ◇ 제 17 편

宰我出 子曰 予之不仁也⑼子生三年然後 免於父母之懷
재 아 출 자 왈 여 지 불 인 야　　자 생 삼 년 연 후　면 어 부 모 지 회

夫三年之喪 天下之通喪也 予也有三年之愛於其父母乎
부 삼 년 지 상　천 하 지 통 상 야　여 야 유 삼 년 지 애 어 기 부 모 호

　재아가 물었다. 삼년상을 치르는 것은 너무 깁니다. 지도자가 3년이나 질서를 등한시하면 질서가 무너지고 3년 동안 문화를 버려두면 문화도 허물어질 것입니다. 묵은 곡식이 다 없어질 때 쯤이면 햇곡식이 나오며 불씨도 새로 바꾸니 1년이면 충분하다 생각합니다.
　공자가 말했다. 너는 부모가 돌아가신 지 1년이면 쌀밥 먹고 비단옷을 입어도 편안하단 말이냐?
　재아가 말했다. 편안합니다.
　네가 편하다면 그렇게 해라. 제대로 된 사람이라면 상중에 맛있는 것을 먹어도 맛이 없고 음악을 들어도 즐겁지 않으며 집에 있어도 편하지 않아 그렇게 하는 것인데 네가 편하다면 그렇게 해라.
　재아가 밖으로 나가자 공자가 말했다. 재아는 사람답지 못하구나, 자식은 태어나 3년이 지나서야 부모 품에서 벗어나게 된다. 3년 상은 세상 사람 모두가 그렇게 하는 것인데, 재아도 3년 동안 부모의 사랑을 받았을 것 아닌가!

　　沒(1): 다하다, 끝나다, 마치다.
　　升(2): 오르다, 떠오르다, 곡식이 익다
　　鑽(3): 끌, 나무에 구멍을 파는 연장, 송곳으로 나무를 뚫음, 꿰뚫다, 金+贊 贊은 穿과 같아서 뚫다의 뜻이다. 구멍을 뚫기 위한 연장, 끌이나 송곳의 뜻을 나타냄.

燧(4): 부싯돌, 불을 일으킬 수 있는 돌이나 나무 또는 금속. 신성한 장소에서 불을 만들어 내는 뜻을 나타냄.

改火(5): 1년에 한 번씩 불을 바꾸는 것.

期可已矣(6): 1년이면 충분하다.

食夫稻(7): 쌀밥을 먹다.

女安則爲之(8): 네가 편하다면 그렇게 해라.

予之不仁也(9): 재아는 인간이 못돼 먹었구나.

陽貨 22

子曰 飽食終日 無所用心 難矣哉(1)不有博奕子(2)乎
자 왈 포 식 종 일 무 소 용 심 난 의 재 불 유 박 혁 자   호

爲之猶賢乎已(3)
위 지 유 현 호 이

공자가 말했다. 배불리 먹고 종일토록 아무런 생각 없이 산다면 한심하다. 장기와 바둑이라도 있지 않은가 그것을 하는 게 가만있는 것보다 낫다.

難矣哉(1): 한심하다.

博奕子(2): 장기, 바둑

猶賢乎已(3): 가만있는 것보다 낫다.

陽貨 23

子路曰 君子尙勇乎 子曰 君子義以爲上(1)
자로왈 군자상용호 자왈 군자의이위상

君子有勇而無義爲亂 小人有勇而無義爲盜
군자유용이무의위란 소인유용이무의위도

자로가 말했다. 건실한 인격자도 용기를 소중하게 생각하나요?

공자가 말했다. 건실한 인격자는 정의를 가장 소중한 가치로 생각한다. 건실한 인격자가 용기만 있고 정의가 없으면 반난을 일으키고 자잘한 자가 용기만 있고 정의가 없으면 도둑이 된다.

義以爲上(1): 정의를 최상으로 생각하다.

陽貨 24

子貢曰 君子亦有惡乎 子曰 有惡 惡稱人之惡者
자공왈 군자역유오호 자왈 유오 오칭인지악자

惡居下流而訕上(1)者 惡勇而無禮者 惡果敢而窒(2)者
오거하류이산상 자 오용이무례자 오과감이질 자

曰 賜也亦有惡乎(3)惡徼以爲知(4)者 惡不孫以爲勇者
왈 사야역유오호 오요이위지 자 오불손이위용자

惡訐以爲直者
오알이위직자

자공이 말했다. 건실한 인격자도 싫어하는 것이 있습니까?

공자가 말했다. 있다. 남의 단점을 말하는 자를 싫어하고 아랫사람이 윗사람을 비방하는 것을 싫어하며 용감하지만 무례한 자를 싫어하고 과감하지만 융통성 없는 자를 싫어한다.

공자가 말했다. 사야 너도 싫어하는 게 있느냐?

남의 생각을 자신의 지식인 체하는 자를 싫어하고 불손한 것을 용기로 여기는 자를 싫어하고 남의 비밀을 들추어내는 것을 정직한 것으로 여기는 자를 싫어합니다.

居下流而訕上(1): 아랫사람이 윗사람을 비방하다.

窒(2): 틀어막다, 통하지 않다, 막히다, 머물다, 穴+至 잔뜩 처넣다, 구멍속에 무엇이 처넣어지다, 막히다의 뜻.

賜也亦有惡乎(3): 사야 너도 싫어하는 게 있느냐?

徼以爲知(4): 남의 생각을 자신의 지식인 체하다.

陽貨 25

子曰 唯女子與小人 爲難養也⑴近之則不孫 遠之則怨
자 왈 유 여 자 여 소 인 위 난 양 야 근 지 즉 불 손 원 지 즉 원

공자가 말했다. 여자와 자잘한 자는 상대하기 어렵다. 잘해주면 버릇없게 굴고 멀리하면 원망한다.

爲難養也(1): 상대하기 어렵다.

陽貨 26

子曰 年四十而見惡焉(1)其終也已(2)
자 왈 연 사 십 이 견 오 언   기 종 야 이

공자가 말했다. 나이 마흔이 되어서도 남의 미움을 받는다면 그걸로 끝이다.

見惡焉(1): 미움 받다.

其終也已(2): 그것으로 끝이다.

제 18 편

微子 미자

微子 1

微子⑴去之 箕子⑵爲之奴 比干⑶諫而死 孔子曰 殷有三仁焉
미자 거지 기자 위지노 비간 간이사 공자왈 은유삼인언

미자는 떠나고 기자는 종이 되고 비간은 바른말 하다 죽었다.
공자가 말했다. 은나라에 훌륭한 인격자 세 사람이 있었다.

微子(1): 紂王의 배다른 형
箕子(2): 紂王의 숙부
比干(3): 紂王의 숙부

♣ 微子: ? ~ ?
송나라의 1대 國君. 殷나라 紂임금과 同母庶兄이다.
微는 畿內의 나라 이름으로 봉작을 받았다.
본명은 啓이고 卿士가 되었다. 주임금이 음락에 빠져 폭정을 일삼자 여러차례 간절하게 간했지만 듣지 않자 결국 떠났다. 周武王이 商을 멸망시키자 입에 구슬(璧)을 물고 와 항복을 청했다. 周公旦이 武庚을 죽인 뒤 商丘에 봉했고 나라 이름을 송이라 했다. 三仁으로 불리던 세 왕족(微子, 箕子, 比干)의 한 사람이다.

♣ 箕子: ? ~ ?

商나라 사람. 紂임금의 諸父 또는 庶兄이라 한다. 子爵에 봉해지고 箕에 봉국을 받았다. 주임금이 폭정을 행하자 충간했지만 듣지 않았다. 나중에 比干이 살해당하는 것을 보고 두려워 머리를 풀어 헤치고 거짓으로 미친 척하다 감옥에 갇혔다. 周武王이 상나라를 멸망시킨 뒤 석방되었다. 周武王이 기자를 방문하여 대화를 나눈 내용이 서경 洪範이라 한다.

한편 箕子朝鮮 시조라고도 한다. 이름은 胥餘(서여), 또는 須臾(수유)라고도 한다. 주무왕이 상나라를 멸망시키자 동쪽으로 도망해 고조선에 들어가 예의와 베 짜는법 八條禁法을 가르쳤다고 한다. 나중에 한무제에 의해 조선왕에 봉해졌다고 하지만 이것은 후세 사람들의 사대주의에서 나온 것으로 확실한 것이 아니다.

중국의 옛 기록에 따르면 기자의 묘는 梁나라 몽현에 있다고 한다. 한국 평양에 남아있는 기자 묘나 사당등은 모두 고려와 조선 시대에 만들어진 것으로 이때부터 기자에 대한 숭배 사상이 강해진 것으로 보인다.

♣ 比干: ? ~ ?

殷나라 사람. 紂王의 숙부이다. 少師라는 직책에 있으면서 惡政을 간했는데 주왕이 성인의 가슴에는 구멍이 7개가 있다고 하는데 열어보자며 간을 도려내 죽였다.

微子, 箕子와 더불어 三仁으로 불린다.

微子 2

柳下惠爲士師(1)三黜 人曰 子未可以去乎 曰 直道而事人(2)
유하혜위사사 삼출 인왈 자미가이거호 왈 직도이사인

焉往而不三黜 枉道而事人 何必去父母之邦
언왕이불삼출 왕도이사인 하필거부모지방

유하혜가 법관을 하다 세 번이나 쫓겨나자 사람들이 말했다.
선생은 왜 이 나라를 떠나지 않습니까? 유하혜가 대답했다. 올곧게 남을 섬기다 보면 어디 간들 세 번은 쫓겨나지 않겠소?
부도덕하게 사람을 섬긴다면 굳이 조국을 떠나 다른 나라에 간들 좋은 나라가 어디 있겠소?

士師(1): 현재의 판사나 검사
直道而事人(2): 올곧게 남을 섬기다.

♣ 孟子 公孫丑 上
맹자가 말했다.
伯夷는 참다운 임금이 아니면 섬기지 않았고 진실한 벗이 아니면 사귀지 않았으며 악한 사람의 조정에 서지 않고 악한 사람과 더불어 말하지 않았다.
악한 사람의 조정에 서서 악한 사람과 더불어 말하는 것을 마치 조정에 설 때 입는 예복을 갖추고 진흙 속에 앉아 있는 것처럼 생각했다. 그 악을 미워하는 마음을 미루어 생각해 본다면 향리

사람들과 함께 서 있을 때 그들이 쓰고 있는 관이 바르지 않으면 뒤도 돌아보지 않고 가버리는 것이 마치 그것으로 인해 자기 몸이 더럽혀진 것처럼 생각하는 것과 같다.
그렇기 때문에 제후들 가운데서 정중한 글로 초빙을 해오는 이가 있어도 받아들이지 않으니 이 또한 나아가는 것을 깨끗하게 여기지 않은 것이다.
柳下惠는 보잘것 없는 임금을 부끄럽게 생각지 않았으며 작은 벼슬도 하찮게 여기지 않았다. 벼슬자리에 나아가서는 그 우수한 면을 숨기지 않고 반드시 정당한 방법으로 일을 하였다.
버려져도 원망하지 않았으며 곤궁한 지경에 이르러도 근심하지 않았다. 그러므로 '너는 너고 나는 난데 비록 내 곁에서 몸을 벌거벗고 있은들 네가 나를 어찌 더럽힐 수 있겠는가'라고 말했던 것이다. 그래서 태연자약하게 그들과 함께 있으면서도 스스로 몸가짐을 잃지 않았던 것이다. 벼슬을 버리고 떠나가려 했을 때 만류하는 자가 있으면 머물러있었다. 이끌어 만류한다고 해서 머물러있는 것은 또한 떠나가는 것을 깨끗한 것으로 여기지 않기 때문이다.
맹자가 말했다.
백이는 도량이 좁고 유하혜는 불공스럽다. 도량이 좁고 불공스러운 것은 군자가 취할 바가 아니다.

微子 3

齊景公 待孔子曰 若季氏 則吾不能 以季孟之間待之
제 경 공 대 공 자 왈 약 계 씨 즉 오 불 능 이 계 맹 지 간 대 지

曰 吾老矣(1)不能用也 孔子行
왈 오 노 의   불 능 용 야 공 자 행

　제경공이 공자의 처우에 관해 말했다. "내가 계씨같이 예우하진 못해도 계씨와 맹씨 중간 정도로 예우하겠소"라고 했는데 얼마 후 다시 말했다. "나도 늙어서 쓸 수 없게 됐소"라고 말하니 공자는 제나라를 떠났다.

　吾老矣(1): 나도 늙다.

微子 4

齊人 歸女樂 季桓子受之 三日不朝 孔子行
제 인 귀 여 악 계 환 자 수 지 삼 일 부 조 공 자 행

　제나라 사람이 미녀 악사를 보내니 계환자가 이들을 맞아들이고 삼일 동안 조회를 열지 않으니 공자가 노나라를 떠났다.

　♣ 季桓子: ? ~ B.C.492
　춘추시대 노나라 사람으로 季孫斯라고도 한다. 季孫如意 아들이

다. 노정공 5년 아버지를 이어 대부가 되었다.

家臣陽虎가 난을 일으키자 그를 가두고 동맹을 맺었다. 8년 양호가 三桓을 을 없애려고 노정공을 위협해 孟氏와 季氏를 정벌했는데 전투에서 지자 달아났다. 12년 제나라 사람들의 女樂을 받아들여 정공과 함께 구경하고 朝禮를 하지 않았다. 공자가 당시 大司寇를 맡았는데 이로 인해 노나라를 떠나 衛나라로 갔다.

시호는 桓이다.

微子 5

楚狂接輿歌而過孔子曰 鳳兮鳳兮 何德之衰(1)往者不可諫(2)
초 광 접 여 가 이 과 공 자 왈 봉 혜 봉 혜 하 덕 지 쇠 왕 자 불 가 간

來者 猶可追 已而已而 今之從政者殆而
래 자 유 가 추 이 이 이 이 금 지 종 정 자 태 이

孔子下 欲與之言 趨而辟之 不得與之言
공 자 하 욕 여 지 언 추 이 피 지 부 득 여 지 언

초나라 광인 접여가 노래하며 공자 앞을 지나가며 말했다.
봉황아, 봉황아, 어찌 몰골이 그리 되었는가.
지난 일은 돌이킬 수 없지만 오는 것은 계획 할 수 있으니
그만둬라, 그만둬. 지금 고급 관리들은 위태롭다네.
공자가 수레에서 내려와 그와 이야기하려 하니 급히 피해 버려 이야기 할 수 없었다.

何德之衰(1): 어찌 그리 초라하게 되었는가.

往者不可諫(2): 지난 일은 돌이킬 수 없다.

♣ 莊子 人間世 중에서
공자가 초나라에 갔는데 楚狂 接輿가 객사 문앞을 지나면서 노래했다.
봉황아 봉황아
어찌하여 그대 덕이 시들었느냐?
장래는 기대할 수 없고
과거는 돌이킬 수 없는 것
천하에 올바른 도가 행해지면
성인은 교화를 이룩하고
천하의 올바른 도가 행해지지 않으면
성인은 자기 삶을 보전한다.
지금 시국에선
근근히 형벌 면하기도 바쁘다.
복은 깃털보다 가벼운데
아무도 그것을 잡을 줄 모르고
禍는 땅보다 무거운데
아무도 그것을 피할 줄 모른다.
아서라 아서라
덕을 사람들에게 내세우는 짓을
위태롭고 위태롭다.
따을 가려가며 쫓아다니는 것이

밝음을 가리고 가려서
나의 갈길을 그르치지 말아라
내 가는 길 그르치지 말어라
내 가는 길 물러났다 돌아갔다 하며
나의 발을 다치지 않게 하라.
산의 나무는 스스로 자라 베어지게 되고
기름 불은 스스로 타 버린다.
肉桂(계피)는 먹을 수 있기에
사람들에게 잘리고
옻나무는 옻을 쓸 수 있어서
껍질이 벗겨진다.
사람들은 모두 쓸데 있는 것의 쓰임을 알지만
쓸데 없는 것의 쓰임은 아무도 알지 못하는구나

♣ 接輿: ? ~ ?

춘추 시대 楚나라 사람. 隱士 陸通의 字이다. 미친 것처럼 가장해 세상을 피했다. 논어 미자편에 따르면 楚나라 狂人접여가 공자 앞을 지나며 노래했다.

鳳이여 鳳이여 어찌 덕이 쇠퇴했는가? 지나간 것은 諫할 수 없지만 오는 것은 오히려 따를 수 있으니 그만 두어라, 오늘날 정치에 종사하는 자는 위험하다. 초나라 왕이 그가 현명하다는 소식을 듣고 기용하려 하자 성명을 바꾸고 다른 곳으로 숨어버려 세상과 절연했다고 한다. 사람들이 楚狂이라 불렀다.

微子 6

長沮桀溺 耦而耕(1) 孔子過之 使子路問津焉(2) 長沮曰
장저걸익 우이경　공자과지　사자로문진언　장저왈

夫執輿者爲誰(3) 子路曰 爲孔丘 曰 是魯孔丘與 曰 是也
부집여자위수　자로왈 위공구 왈 시노공구여 왈 시야

曰 是知津矣 問於桀溺 桀溺曰 子爲誰 曰 爲仲由
왈 시지진의 문어걸익　걸익왈 자위수 왈 위중유

曰 是魯 孔丘之徒與 對曰 然 曰 滔滔者天下皆是也(4)
왈 시노 공구지도여 대왈 연 왈 도도자천하개시야

而誰以易之 且而與其從辟人之士也 其若從辟世之士哉
이수이역지 차이여기종피인지사야 기약종피세지사재

耰而不輟 子路行 以告 夫子憮然曰 鳥獸 不可與同群(5)
우이불철 자로행 이고 부자무연왈 조수 불가여동군

吾非斯人之徒與而誰與(6)天下有道 丘不與易也
오비사인지도여이수여 　천하유도 구불여역야

장저와 걸익이 같이 밭을 갈고 있었다.

공자가 지나다가 자로를 시켜 나루터를 묻게 했다.

장저가 말했다. 저 수레를 잡은 이는 누구인가?

자로가 말했다. 공구라는 분입니다.

노나라 공구 말이요? 그렇습니다.

그는 나루터를 알거요. 자로는 다시 걸익에게 물었다.

걸익이 물었다. 그대는 누구요? 자로가 답했다. 중유라 합니다.

그대는 노나라 공구의 제자요? 자로가 답했다. 그렇습니다.

걸익이 말했다. 도도하게 흐르는 물결처럼 세상은 모두 이와 같은데 누구와 함께 세상을 바꿀 수 있겠소? 또한 그대는 사람을 피하는 선비를 따르기 보다는 세상을 피하는 선비를 따르는 게 어떻겠소? 하며 써래질을 멈추지 않았다. 자로가 가서 이 말을 전하니 공자가 멍하니 있다가 말했다. 새와 짐승과는 같이 살 수 없지 않은가? 내가 사람들과 같이하지 않고 누구와 함께하겠는가? 세상이 바로 섰다면 내가 무엇을 바꾸려 하겠는가?

耦而耕(1): 같이 서서 밭을 갈다.

問津焉(2): 나루터를 묻다.

夫執輿者爲誰(3): 저 수레를 잡은 이는 누구인가?

滔滔者天下皆是也(4): 도도하게 흐르는 물결처럼 세상은 모두 이와 같다.

鳥獸 不可與同群(5): 새와 짐승과는 같이 살수 없지 않은가?

吾非斯人之徒與而誰與(6): 내가 사람들과 같이하지 않고 누구와 함께 하겠는가?

♣ 걸익은 천하를 바꾸고 싶어 했고 공자는 천하를 바꾸려 하지 않았다. 천하를 바꾸려 하는 사람은 자신의 방도를 세상에 강제한다.

천하를 바꾸려 하지 않는 사람은 천하 사람과 함께 살며 천하 사람을 다스리려 한다. 천하는 사람과 함께 존립하는 것이지 사람 없이 홀로 존립할 수 없다. 그러므로 공자는 천하 사람들과 함께 즐거워했고 천하 사람들과 함께 근심했으며 한 번도 천하를 피해 홀로 자신을 깨끗이 하려 하지 않았다.

微子 7

子路從而後 遇丈人以杖荷蓧 子路問曰 子見夫子乎 丈人曰
자 로 종 이 후　우 장 인 이 장 하 조　자 로 문 왈　자 견 부 자 호　장 인 왈

四體不勤 五穀不分 孰爲夫子 植其杖而芸 子路拱而立
사 체 불 근　오 곡 불 분　숙 위 부 자　치 기 장 이 운　자 로 공 이 립

止子路宿 殺鷄爲黍而食之 見其二子焉(1)明日 子路行 以告
지 자 로 숙　살 계 위 서 이 사 지　현 기 이 자 언　명 일　자 로 행　이 고

子曰 隱者也 使子路反見之 至則行矣
자 왈　은 자 야　사 자 로 반 견 지　지 즉 행 의

子路曰不仕無義長幼之節 不可廢也(2)君臣之義 如之何其廢之
자 로 왈 불 사 무 의 장 유 지 절　불 가 폐 야　군 신 지 의　여 지 하 기 폐 지

欲潔其身而亂大倫 君子之仕也 行其義也(3)道之不行已知之矣
욕 결 기 신 이 란 대 륜　군 자 지 사 야　행 기 의 야　도 지 불 행 이 지 지 의

   자로가 공자를 따라가다 뒤처졌다.
   지팡이에 대바구니를 멘 노인을 만났다.
   자로가 물었다. 우리 선생님을 보셨나요?
   노인이 말했다. 사지를 부지런히 놀리지도 않고 오곡을 분간조차 못하면서 선생이라 할 수 있나? 하고 지팡이를 땅에 꽂고 김을 맸다. 자로가 두 손을 모으고 공손히 서 있었다.
   노인은 자로를 집에 머물러 자게하고 닭을 잡고 밥을 해 먹이며 그의 두 아들을 인사시켰다. 이튿날 자로가 그 집을 떠나 다시 공자를 만나 고하니 공자가 말했다. 은자로구나. 하고 자로를 다시 되돌려 만나게 했지

만 가보니 그는 떠나고 없었다.

자로가 말했다. 벼슬하지 않는 것은 의로운 것이 아닙니다. 어른과 아이의 예절도 없앨 수 없고 군신의 의를 어찌 없앨 수 있겠습니까. 자신의 몸만 깨끗이 하려다 사람이 지켜야 할 큰 도리를 어지럽히게 됩니다. 건실한 인격자가 관직에 올라 공동체에 봉사하는 것은 그 도리를 다하는 것입니다. 그렇게 옳은 길로 이끈다 해도 실현되지 못하리라는 것쯤은 이미 알고 있습니다.

見其二子焉(1): 그의 두 아들을 인사시켰다.

長幼之節 不可廢也(2): 어른과 아이의 예절도 없앨 수 없다.

君子之仕也 行其義也(3): 지도자가 벼슬하는 것은 그 의무를 다하는 것이다.

微子 8

逸(1)民(2)伯夷 叔齊 虞仲 夷逸 朱張 柳下惠 少連
일 민 백이 숙제 우중 이일 주장 유하혜 소련

子曰 不降其志 不辱其身 伯夷叔齊與
자왈 불강기지 불욕기신 백이숙제여

謂柳下惠少連 降志(3)辱身矣 言中倫行中慮(4)其斯而已矣(5)
위유하혜소련 강지 욕신의 언중륜행중려 기사이이의

謂虞仲夷逸 隱居放言(6)信中清 廢中權
위우중이일 은거방언 신중청 폐중권

我則異於是(7)無可無不可
아즉이어시 무가무불가

속세를 떠난 사람들은 백이 숙제 우중 이일 주장 유하혜 소련이다. 공자가 말했다. 뜻을 굽히지 않고 자신을 욕되게 하지 않은 사람은 백이와 숙제이다. 유하혜와 소련에 대해 평하길 뜻은 굽히고 자신을 욕되게 했지만 말은 도리에 맞고 행실은 사려 깊었으니 이들은 이렇게 살았을 뿐이다. 우중과 이일에 대해 평하길 숨어서 할 말 해가며 살았지만 처신이 깨끗했고 세상을 등진 것 또한 잘한 일이었다. 나는 이들과 달라서 옳은 것도 없고 옳지 못한 것도 없다.

逸(1): 버려지다, 없어지다, 달아나다, 숨다.

民(2): 벼슬하지 않은 사람들

降志(3): 뜻을 굽히다.

言中倫行中慮(4): 말은 도리에 맞고 행실은 사려 깊다.

其斯而已矣(5): 이는 이들만이 했을 뿐이다.

放言(6): 할 말을 참지 않는것, 말을 함부로 하다.

我則異於是(7): 나는 이들과 다르다.

♣ 虞仲: ? ~ ?

仲雍이라고도 한다. 商나라 사람으로 周나라 고공단보(古公亶父, 太王) 둘째 아들이다. 고공단보가 막내 季歷에게 왕위를 물려 주려하자 형 태백과 자리를 양보하고 남쪽 荊蠻으로 피해 달아났다. 그곳 풍속에 따라 머리를 깎고 문신을 한 뒤 오나라를 세웠다. 태백이 죽자 자리를 이었다.

微子 9

大師摯(1)適齊 亞飯(2)干 適楚 三飯(3)繚 適蔡 四飯(4)缺 適秦
태 사 지 적 제 아 반 간 적 초 삼 반 료 적 채 사 반 결 적 진

鼓方叔 入於河 播鼗武 入於漢
고 방 숙 입 어 하 파 도 무 입 어 한

少師(5)陽 擊磬襄 入於海
소 사 양 격 경 양 입 어 해

  태사 지는 제나라로 가고 아반 간은 초나라로 가고 삼반 요는 채나라로 가고 사반 결은 진나라로 갔다.

  북 치는 방숙은 황하로 갔고 작은 북 치는 무는 한수로 갔고 부악장 양과 경쇠 치는 양은 섬으로 들어갔다.

大師摯(1): 大師는 노나라 악장이고 그의 이름은 摯이다.

여기에 나오는 사람들은 모두 노나라 악단원들로 나라가 어지러워지니 모두 뿔뿔이 흩어진 것을 기록한 것이다.

亞飯(2): 점심 식사에 음악을 담당하는 악사

三飯(3): 새참에 음악을 담당하는 악사

四飯(4): 저녁 식사에 음악을 담당하는 악사

少師(5): 부악장

微子 10

周公 謂魯公曰 君子不施其親⑴ 不使大臣怨乎不以⑵
주공 위노공왈 군자불시기친 불사대신원호불이

故舊無大故⑶則不棄也 無求備於一人
고구무대고 즉불기야 무구비어일인

주공이 노공에게 말했다. 건실한 인격자는 친척을 소홀히 대해서는 안되며 고위 관리들의 불평이 없게 하고 오래 일해 온 사람들은 큰 실수가 없는 한 파면해서는 안되며 한 사람에게 완벽하길 바래서도 안된다.

施其親⑴: 친족을 소홀히 하다
怨乎不以⑵: 벼슬하지 못해 원망하다.
大故⑶: 큰 사고, 중범죄

♧ 魯公: 周公의 큰아들로 西周 魯나라 임금이다.
성은 姬 字가 伯禽이며 禽父(금보)라고도 한다. 成王이 商奄(상엄) 땅과 殷民 6族으로 백금에 봉했는데 나라 이름을 魯라 하고 도읍은 曲阜로 정했다. 봉해진 뒤 3년 후부터 치적에 대해 보고했다. 주공이 왜 이리 늦었냐고 묻자 "세속을 바꾸고 예의를 고치는데 3년이 지나서야 없앨 수 있었다."고 대답했다. 나중에 왕정을 보필하면서 군사를 이끌고 淮夷西戎(화이서융)을 정벌하고 費에서 맹세하여 서융을 평정한 뒤 노나라가 안정을 찾았다.
46년간 재위했다.

微子 11

周有八士 伯達 伯适 仲突 仲忽 叔夜 叔夏 季隨 季騧
주유팔사 백 달 백 괄 중 돌 중 홀 숙 야 숙 하 계 수 계 와

주나라에 여덟 선비가 있었으니 백달, 백괄, 중돌, 중홀, 숙야, 숙하, 계수, 계와이다.

♣ 周 문왕 때의 현인들이라고 하지만 기록에 남겨진 것은 없고 그저 가상 속 인물들이다.

제 19 편

子張 자장

子張 1

子張曰 士見危致命⑴ 見得思義 祭思敬 喪思哀 其可已矣⑵
자 장 왈 사 견 위 치 명 견 득 사 의 제 사 경 상 사 애 기 가 이 의

자장이 말했다. 선비는 위기를 보면 목숨을 바치고 이득이 있을 때에는 옳은가를 생각하고 제례에는 공경을 생각하고 상례에는 슬픔을 생각한다면 괜찮다고 할 수 있다.

致命⑴: 죽을 지경에 이르다. 자신을 아끼지 않는다.
其可已矣⑵: 괜찮다.

子張 2

子張曰 執德不弘 信道不篤 焉能爲有 焉能爲亡⑴
자 장 왈 집 덕 불 홍 신 도 부 독 언 능 위 유 언 능 위 무

자장이 말했다. "이상을 가졌지만 방대하지 못하고 바른길에 대한 믿음이 확고하지 못하면 그 이상과 믿음이 무슨 가치가 있겠는가.

焉能爲有 焉能爲亡⑴: 어찌 있다고 하고 없다고 하겠는가.

子張 3

子夏之門人 問交於子張 子張曰 子夏云何 對曰 子夏曰
자하지문인 문교어자장 자장왈 자하운하 대왈 자하왈

可者與之 其不可者 拒之(1) 子張曰 異乎吾所聞 君子 尊賢而容
가자여지 기불가자 거지 자장왈 이호오소문 군자 존현이용

衆 嘉善而矜(2) 不能 我之大賢與(3) 於人 何所不容 我之不賢與
중 가선이긍 불능 아지대현여 어인 하소불용 아지불현여

人將拒我 如之何其拒人也(4)
인장거아 여지하기거인야

    자하의 제자가 자장에게 교우에 대해 물으니 자장이 말했다.
    자하는 무어라 하던가? 자하께서는 좋은 사람과는 사귀고 그렇지 못한 사람과는 사귀지 말라고 하셨습니다.
    자장이 말했다. 내가 들은 것과는 다르다.
    건실한 인격자란 현명한 사람을 존경하고 대중을 포용하며 실력있는 사람을 훌륭하게 여기고 재능 없는 사람을 가엽게 여겨야 한다. 내가 현명하다면 어느 누구인들 포용치 못할 것이며 내가 현명하지 못하다면 남이 나를 인정하지 않을 것이니 어찌 남을 거절할 수 있겠는가?

    其不可者 拒之(1): 그렇지 못한 사람과는 사귀지 말라고 하다.
    矜(2): 불쌍히 여기다, 괴로워 하다.
    我之大賢與(3): 내가 매우 현명하다면
    如之何其拒人也(4): 어찌 남을 거절할 수 있겠는가?

子張 4

子夏曰 雖小道⑴必有可觀者焉⑵致遠恐泥 是以
자 하 왈 수 소 도　 필 유 가 관 자 언　 치 원 공 니 시 이

君子不爲也⑶
군 자 불 위 야

자하가 말했다. 비록 작은 재주라도 반드시 쓸만한 가치는 있지만 큰 뜻을 이루는 데 방해 될까 두려워 품격 있는 사람은 구태여 하지 않는 것이다.

小道⑴: 농사 원예 의술 점술등...

必有可觀者焉⑵: 반드시 쓸만한 것이 있다.

君子不爲也⑶: 군자는 하지 않는다.

子張 5

子夏曰 日知其所亡⑴月無忘其所能 可謂好學也已矣⑵
자 하 왈 일 지 기 소 무　 월 무 망 기 소 능　 가 위 호 학 야 이 의

자하가 말했다. 날마다 모르던 것을 알아가고 달이 지나도 잘하는 것을 잊지 않는다면 배움을 좋아한다고 할만하다.

日知其所亡月無忘(1): 날마다 모르던 것을 알아가다.

可謂好學也已矣(2): 배움을 좋아한다고 할 수 있다.

子張 6

子夏曰 博學而篤志 切問而近思 仁在其中矣
자 하 왈 박 학 이 독 지 절 문 이 근 사 인 재 기 중 의

자하가 말했다. 폭넓게 배우고 목표를 확고히 정하고 간절하게 물어서 실용을 추구하면 진리는 그 안에 있다.

子張 7

子夏曰 百工(1)居肆(2)以成其事 君子學以致其道
자 하 왈 백 공   거 사   이 성 기 사 군 자 학 이 치 기 도

자하가 말했다. 모든 장인들은 자신의 작업장에서 그 일을 완성하고 건실한 인격자는 배움으로써 경지에 도달한다.

百工(1): 모든 기술자

肆(2): 작업장, 가게

子張 8

子夏曰 小人之過也 必文⑴
자 하 왈 소 인 지 과 야 필 문

자하가 말했다. 자잘한 사람들은 잘못하면 꼭 변명을 늘어놓는다.

文⑴: 꾸미다.

子張 9

子夏曰 君子有三變 望之儼然 卽之也溫⑴聽其言也厲
자 하 왈 군 자 유 삼 변 망 지 엄 연 즉 지 야 온 청 기 언 야 려

자하가 말했다. 훌륭한 지도자는 세 번 변한다. 멀리서 바라보면 위엄 있고 가까이에서 보면 온화하고 그 말을 들으면 엄격하다.

卽之也溫⑴: 가까이에서 보면 온화하다.

子張 10

子夏曰 君子信而後勞其民 未信則以爲厲己也⑴
자 하 왈 군 자 신 이 후 로 기 민 미 신 즉 이 위 려 기 야

信而後諫 未信則以爲謗⑵其也
신 이 후 간 미 신 즉 이 위 방   기 야

  자하가 말했다. 지도자는 신뢰를 받은 후 백성을 다스린다. 신뢰 얻기 전에 백성을 다스리면 자신들을 괴롭힌다고 생각한다.
  임금에게는 신뢰를 얻은 후 간해야 한다. 신뢰를 얻지 못하고 간하면 자기를 비방한다고 생각한다.

> 未信則以爲厲己也(1): 신뢰 얻기 전에 백성을 다스리면 자신들을 괴롭힌다고 생각한다.
> 謗(2): 헐뜯다, 나무라다, 비방하다.

子張 11

子夏曰 大德⑴不踰閑 小德⑵出入 可也
자 하 왈 대 덕   불 유 한 소 덕   출 입 가 야

  자하가 말했다. 인간의 근본 윤리를 어기지 않는다면 사소한 이치 까지 일일이 따질 수는 없다.

> 大德(1): 사람이 살아가며 지켜야 할 본분, 큰일
> 小德(2): 작은 일

子張 12

子遊曰 子夏之門人小子當灑掃(1)應對 進退則可矣 抑末也(2)
자유왈 자하지문인소자당쇄소 응대 진퇴즉가의 억말야

本之則無(3)如之何
본지즉무 여지하

子夏聞之 曰 噫 言遊過矣 君子之道孰先傳焉 孰後倦焉
자하문지 왈 희 언유과의 군자지도숙선전언 숙후권언

譬諸草木(4)區以別矣(5) 君子之道焉可誣也(6)有始有卒(7)者
비저초목 구이별의 군자지도언가무야 유시유졸 자

其惟聖人乎
기유성인호

자유가 말했다. "자하의 제자들은 물 뿌리고 청소하고 응대하고 나아가고 물러나는 예절은 곧잘 하지만 이것은 하찮은 일이다.
근본이 안 돼 있으니 어찌하겠는가?"
자하가 듣고 말했다. "아, 언유의 말이 지나치다!
건실한 인격자는 바른길을 전하면서 어느 것을 먼저 전하고 어느 것을 뒤로 미룬단 말인가. 초목에 비유하자면 종류에 따라 가지각색인데 인격자의 바른길을 어찌 속일 수 있겠는가 처음과 끝이 있는 사람은 오직 성인뿐이다."

灑掃(1): 물 뿌리고 비로 쓰는 일
抑末也(2): 하찮은 일

本之則無(3): 근본인 것이 없다.

譬諸草木(4): 초목에 비유하다.

區以別矣(5): 종류로 나누다.

焉可誣也(6): 어찌 속일 수 있겠나.

有始有卒(7): 처음과 끝이 있다. 有卒은 有終과 같은 뜻이다.

子張 13

子夏曰 仕而優則學 學而優則仕
자 하 왈 사 이 우 즉 학   학 이 우 즉 사

자하가 말했다. 공직자는 여가가 날 때 공부하고, 공부를 하면서 여가가 나면 공직에 나간다.

子張 14

子遊曰 喪致乎哀而止
자 유 왈 상 치 호 애 이 지

자유가 말했다. 상례에는 슬픔을 다해야 한다.

子張 15

子遊曰 吾友張也 爲難能也 然而未仁
자 유 왈 오 우 장 야 위 난 능 야 연 이 미 인

자유가 말했다. 내 친구 자장은 어려운 일을 잘 해결하지만 참된 사람이라고는 할 수 없다.

子張 16

曾子曰 堂堂(1)乎 張也 難與並爲仁矣
증 자 왈 당 당 호 장 야 난 여 병 위 인 의

증자가 말했다. 자장은 대단한 사람이다. 그러나 그와 함께 참된 사람이 되긴 어렵다.

堂堂(1): 형세가 성대한 모양, 태도가 훌륭한 모양

子張 17

曾子曰 吾聞諸夫子 人未有自致者也(1)必也親喪乎
증 자 왈 오 문 저 부 자 인 미 유 자 치 자 야 필 야 친 상 호

증자가 말했다. 선생님께 들었는데 "사람은 평소 정성을 다하지 않는 일이 있더라도 부모 상례에는 반드시 정성을 다해야 한다"고 하셨다.

人未有自致者也(1): 사람들은 아직 정성을 다하지 않았다.

♧ 孟子 滕文公篇에서 滕定公이 죽자 세자(滕文公)가 자신의 스승 然友를 시켜 맹자를 찾아가 親喪을 어떻게 치러야 할지를 묻게 했다. 그때 孟子 曰 不亦善乎 親喪 固所自盡也 (맹자가 말했다. 역시 잘하는 일 아닌가요? 친상이란 본래 스스로 마음을 다하는 것입니다.)

子張 18

曾子曰 吾聞諸夫子 孟莊子之孝也 其他可能也
증 자 왈 오 문 저 부 자 맹 장 자 지 효 야 기 타 가 능 야

其不改父之臣與父之政 是難能也
기 불 개 부 지 신 여 부 지 정 시 난 능 야

증자가 말했다. "내가 선생님께 들은 말인데 맹장자의 효 중에서 다른 것은 다 할 수 있지만 아버지의 신하와 아버지의 정책을 바꾸지 않는 것은 하기 어렵다."고 하셨다.

♧ 孟莊子: 춘추 시대 노나라 사람으로 대부를 지냈다.
仲叔速으로 莊子는 그의 시호이다.

孟獻子의 아들로 아버지가 쓰던 家臣을 그대로 쓰고 아버지가 하던 政事를 그대로 시행하는 孝를 행했다.

孟莊子의 아버지 孟獻子는 50년간 노나라 임금을 섬기다 襄公 19년 죽고 아들 孟莊子가 대를 이어 정권을 이어 나가다 襄公 23년 孟莊子도 죽었다. 그 4년간 맹장자가 아버지의 정책을 그대로 따르고 아버지가 등용한 신하를 교체하지 않았던 것을 曾子가 말하며 웬만한 효자는 할 수 없는 것을 孟莊子는 이루어 냈다며 그를 칭찬했다.

子張 19

孟氏(1)使陽膚(2)爲士師(3)問於曾子 曾子曰 上失其道
맹씨 사양부   위사사   문어증자 증자왈 상실기도

民散(4)久矣 如得其情(5)則哀矜(6)而勿喜
민산 구의 여득기정   즉애긍   이물희

맹씨가 양부를 법관으로 임명하자 양부가 증자에게 물었다.
　증자가 말했다. "윗사람이 공정한 도리를 잃어서 민심이 떠난 지 오래되었다. 백성들이 죄를 짓더라도 그들의 처지를 감안하여 불쌍히 여겨야지 기뻐해서는 안된다."

孟氏(1): 孟孫氏 노나라 대부
陽膚(2): 증자의 제자

士師(3): 지금의 법관

民散(4): 백성이 흩어지다.

其情(5): 그 실정

哀矜(6): 불쌍히 여기다.

子張 20

子貢曰 紂之不善 不如是之甚也(1)是以君子惡居下流
자 공 왈 주 지 불 선 불 여 시 지 심 야   시 이 군 자 오 거 하 류

天下之惡皆歸焉
천 하 지 악 개 귀 언

자공이 말했다. "주왕의 악행도 이처럼 심하지는 않았다. 그러므로 품격 있는 자는 모든 물이 모여드는 최하류를 싫어한다. 천하의 악이 모두 그곳으로 모여들기 때문이다."

不如是之甚也(1): 이처럼 심하지는 않았다.

♣ 紂: ? ~ ?
受 또는 帝辛으로도 쓴다. 殷나라 마지막 임금이다.
帝乙의 아들로 이름은 辛이다. 재주와 용력이 남달라 손으로 맹수와 싸워 때려 죽였다. 일찍이 東夷를 평정했는데 이 때문에 국력을 소모했다. 술을 좋아하고 음란했으며 가혹하게 세금을 거

두는데다 형벌이 엄중해 백성들의 원망이 높아갔다.

九侯와 鄂侯(악후)를 죽이고 西伯(周文王)을 가두자 제후들이 곳곳에서 반란을 일으켰다. 충간을 올리는 신하 比干을 살해하고 箕子를 옥에 가두었다. 妲己(달기)의 미모에 빠져 주색을 즐기고 백성들에게 부역을 과중하게 부과하는 등 폭정을 일삼아 폭군의 대명사로 일컬어진다. 재위 33년 만에 牧野 전투에서 패하고 周武王에게 나라를 빼앗기고 말았다.

子張 21

子貢曰 君子之過也 如日月之食焉 過也 人皆見之
자 공 왈 군 자 지 과 야 여 일 월 지 식 언 과 야 인 개 견 지

更⑴也 人皆仰之
경   야 인 개 앙 지

자공이 말했다. 지도자의 잘못은 일식과 월식 같아서 잘못이 있으면 모든 사람들이 보게 되고 고쳤을 때에는 사람들이 모두 우러러 본다.

更⑴: 고치다. 改와 같은 뜻을 지닌다.

子張 22

衛公孫朝⑴問於子貢曰 仲尼焉學 子貢曰 文武之道未墜於地
위공손조   문어자공왈   중니언학   자공왈   문무지도미추어지

在人 賢者識其大者⑵不賢者識其小者⑶莫不有文武之道焉
재인 현자지기대자 불현자지기소자 막불유문무지도언

夫子焉不學 而亦何常師之有
부자언불학 이역하상사지유

위나라 공손조가 자공에게 물었다. "중니는 어디서 배웠습니까?"
 자공이 말했다. "문왕 무왕의 문물이 아직 없어지지 않고 사람들에게 남아있습니다. 현명한 사람은 큰 것을 기억하고 현명하지 못한 사람은 작은 것을 기억하고 있어서 문왕과 무왕의 문물이 없는 곳이 없습니다. 선생님은 세상 어느 곳에서든 배웠고 또 어디 정해 놓은 스승이 있었겠습니까?"

　　公孫朝(1): 위나라 대부
　　大者(2): 性, 命, 德
　　小者(3): 禮, 樂, 文章

子張 23

叔孫武叔 於大夫於朝曰 子貢賢於仲尼 子服景伯 以告
숙손무숙 어대부어조왈 자공현어중니 자복경백 이고

子貢 子貢曰 譬之宮牆(1) 賜之牆也 及肩(2)
자공 자공왈 비지궁장 사지장야 급견

窺見室家之好 夫子之牆數仞(3) 不得其門而入 不見宗廟之美
규견실가지호 부자지장수인 부득기문이입 불견종묘지미

百官之富 得其門者或寡矣 夫子之云 不亦宜乎
백관지부 득기문자혹과의 부자지운 불역의호

숙손무숙이 조정에서 고위 관리들에게 말했다.
"자공이 중니보다 현명합니다."
자복경백이 그 말을 자공에게 전하니 자공이 말했다.
"궁궐의 담장에 비유하자면 나의 담장은 어깨 정도라 집안의 좋은 것을 볼 수 있지만 선생님의 담장은 몇 길이나 되니 문안으로 들어가지 않으면 종묘의 아름다움과 모든 고위 관리가 모여있는 모습을 볼 수 없습니다. 그 문을 들어간 이가 적으니 그 분의 말 또한 당연하지 않겠습니까?"

宮牆(1): 궁궐의 담장

及肩(2): 낮은 담장

仞(3): 7尺, 22cm가 1척

♧ 叔孫武叔: ? ~ ?

춘추 시대 노나라 사람으로 대부를 지냈다.

叔孫州仇로도 불린다, 武叔은 시호이며 叔孫氏 후예이다.

子貢이 공자보다 훌륭하다고 평했다.

春秋左傳 定公 10년 叔孫州仇가 仲孫何忌와 함께 군사를 거느리고 후읍을 에워쌌다는 기록이 있다.

♣ 子服景伯: ? ~ ?
춘추시대 말기 노나라 사람이다.
성은 子服이며 이름은 何이며 字는 景伯이다.
청나라 朱彛尊은 孔子弟子考에서 공자 제자로 추정했다.

子張 24

叔孫武叔毀(1)仲尼 子貢曰 無以爲也(2)仲尼不可毀也
숙손무숙훼 중니 자공왈 무이위야 중니불가훼야

他人之賢者 丘陵也 猶可踰也 仲尼 日月也 無得而踰焉(3)
타인지현자 구릉야 유가유야 중니 일월야 무득이유언

人雖欲自絶(4)其何傷於日月乎 多(5)見其不知量(6)也
인수욕자절 기하상어일월호 다 견기부지량 야

숙손무숙이 중니를 헐뜯자 자공이 말했다.
"그런 소리하지 마시오. 중니를 감히 헐뜯을 수 없습니다.
다른 현명한 사람은 언덕 같아서 그런대로 넘을 수 있겠지만 중니는 해와 달 같아서 넘을 수가 없습니다. 사람들이 해와 달의 인연을 끊는다 할지라도 해와 달에 무슨 해가 있겠습니까? 다만 자기의 자신의 분수를 알지 못함을 보여줄 뿐입니다."

毁(1): 헐뜯다

無以爲也(2): 그런 짓 하지 말라.

無得而踰焉(3): 넘을 수 없다.

自絶(4): 헐뜯어 스스로 끊어 버리다.

多(5): 다만

不知量(6): 분수를 알지 못하다

子張 25

陳子禽謂子貢曰 子爲恭(1)也 仲尼豈賢於子乎 子貢曰
진 자 금 위 자 공 왈 자 위 공   야 중 니 기 현 어 자 호 자 공 왈

君子一言以爲知(2)一言以爲不知 言不可不愼也
군 자 일 언 이 위 지   일 언 이 위 부 지 언 불 가 불 신 야

夫子之不可及也 猶天之不可階而升也 夫子之得邦家者(3)
부 자 지 불 가 급 야 유 천 지 불 가 계 이 승 야 부 자 지 득 방 가 자

所謂立之斯立(4)道之斯行 綏之斯來 動之斯和
소 위 입 지 사 립   도 지 사 행 수 지 사 래 동 지 사 화

其生也榮 其死也哀 如之何其可及也(5)
기 생 야 영 기 사 야 애 여 지 하 기 가 급 야

진자금이 자공에게 말했다.

"선생이 겸손해서 그렇지 중니가 어찌 선생보다 현명하겠습니까?" 자

공이 말했다. 인격자는 말 한마디로 지혜로운 사람이 되기도 하고 무지한 사람도 되니 말을 삼가 하십시오. 우리 선생님이 훌륭하심은 하늘을 사다리로 오르지 못하는 것과 같은 것입니다. 선생님께서 나라를 다스렸다면 다스려졌을 것이고 백성들을 세우고자 하면 곧 세워지고 이끌면 곧 따라오고 편히 해주니 모여들어 삶을 맡기는 것입니다. 그분의 삶은 영광이고 그분의 죽음은 비통함이니 어떻게 그분에게 미칠 수 있겠습니까?"

子爲恭(1): 자공이 겸손한 마음으로 스승을 공경하는 것
一言以爲知(2): 한마디 말로 지혜롭게 되다.
夫子之得邦家者(3): 선생님이 나라를 가지고 있다면.
立之斯立(4): 세우려면 곧 세워지다.
如之何其可及也(5): 어떻게 미칠 수 있겠는가?

제 20 편

堯曰 요왈

堯曰 1

堯曰 咨(1)爾舜 天之曆數(2)在爾躬 允執其中(3)四海困窮
요왈 자 이순 천지역수 재이궁 윤집기중 사해곤궁

天祿永終 舜亦以命禹(4)
천녹영종 순역이명우

曰 予小子履(5)敢用玄牡 敢昭告于皇皇(6)后帝(7)有罪不敢赦
왈 여소자리 감용현모 감소고우황황 후제 유죄불감사

帝臣不蔽(8)簡在帝心 朕躬有罪 無以萬方 萬方有罪
제신불폐 간재제심 짐궁유죄 무이만방 만방유죄

罪在朕躬
죄재짐궁

周有大賚(9)善人是富(10)雖有周親(11)不如仁人 百姓有過
주유대뢰 선인시부 수유주친 불여인인 백성유과

在予一人 謹權量(12)審法度 修廢官 四方之政行焉 興滅國
재여일인 근권량 심법도 수폐관 사방지정행언 흥멸국

繼絶世 擧逸民(13)天下之民歸心焉 所重 民食喪祭
계절세 거일민 천하지민귀심언 소중 민식상제

寬則得衆 信則民任焉(14)敏則有功 公則說
관즉득중 신즉민임언 민즉유공 공즉열

요임금이 말했다. 아! 순아, 하늘이 너를 지명했으니 진실로 한쪽으로 치우치거나 모자람이 없도록 하라. 백성이 구차해지면 하늘이 준 복이 영원히 끊기리라.

순임금 또한 이 말을 우임금에게 명했다

(湯임금이) 말했다. 저 어린 리는 검은 숫소를 바치며 감히 찬란히 빛나는 하느님께 아룁니다. 죄 있는 사람을 용서치 않겠으며 하느님의 신하를 저 스스로 판단할 수 없으니 하느님이 뜻에 맡기겠습니다. 저에게 죄가 있음은 온 세상의 백성 때문이 아니며 온 세상 백성들의 죄는 저에게 비롯된 것입니다.

주나라는 하늘이 내려 주신 은혜로 훌륭한 이가 많습니다.

가까운 친척이 있어도 훌륭한 품성을 지닌 사람만 못하고 백성의 허물은 저에게 있습니다.

도량형을 자세히 정해 법을 마련하고 모든 제도를 살피며 폐지된 관직을 정비하니 각지각처의 정사가 제대로 행해졌다. 멸망한 나라를 일으키고 단절된 세대를 이어주고 바른말 하다 물러난 이들을 등용하니 세상 민심이 돌아왔다.

중요하게 생각했던 것은 백성의 양식과 상례와 제사였다.

너그러우면 대중의 마음을 얻고 믿음이 있으면 백성들이 신임하고 근면하면 공을 세우고 공정하면 백성들이 기뻐한다.

咨(1): 아, 감탄사

曆數(2): 운수, 운명, 제왕이 승계하는 차례

允執其中(3): 진실로

舜亦以命禹(4): 순임금 또한 이 말을 우임금에게 명 하다.

予小子履(5): 나 어린 履는, 履(殷나라를 세운 湯임금)

皇皇(6): 찬란하게 빛나다, 밝고 크다.

后帝(7): 上帝, 天帝, 하느님

帝臣不蔽(8): 하느님의 신하를 버려두지 않는다.
大賚(9): 공이 있는 자에게 크게 작위와 토지를 내리는 것
善人是富(10): 훌륭한 이가 많다.
周親(11): 아주 친한 사람. (주나라 왕실의 姬氏의 친족)
權量(12): 權은 저울 量은 말과 섬 (斗斛)
擧逸民(13): 紂王 때 직간하다 추방된 사람들을 周 武王이 지위를 회복시킴.
信則民任焉(14): 믿음이 있으면 백성이 신임한다.

♧ 書經. 虞書 大禹謨

옛날의 위대하신 禹임금을 상고해 보건대 문명이라 하니 세상에 펼치고 경건하게 순임금에게 이어받았다.

禹가 말했다. "임금이 그 임금 노릇함을 매우 어렵게 여기며 신하가 신하 노릇을 매우 어렵게 여겨야 정사가 비로소 다스려져 백성들이 속히 덕에 교화될 것입니다"

舜임금이 말하셨다.

"옳지! 진실로 이와 같다면 아름다운 말이 숨겨지는 바가 없으며 들에는 벼려진 현자가 없어서 만방이 모두 편안할 것이니 여러 사람에게서 살펴 자기를 버리고 남을 따르며 하소연할 곳 없는 자들을 학대하지 않으며 곤궁한 자들을 폐하지 않는 것은 오직 요임금만이 잘 해내셨다."

♧ 書經. 湯誥

湯이 桀을 치고 들어와 제후들에게 고한 내용이다.

임금님이 하나라를 이기고 돌아와 박(亳)에 이르러 크게 만방에

포고했다.

임금님이 말했다. "아아! 너희 만방의 여러 제후들이여! 나 한 사람의 충고를 분명하게 들을지어다. 오직 거룩하신 하느님께서는 아래 백성들에게 진실한 마음을 내려 주셨으므로 사람들이 변치 않는 본성을 순조롭게 가졌으니 바른 길을 편안히 갈 수 있어야 오직 임금 노릇을 할 수 있으리라.

하나라 임금이 덕을 없애고 위엄을 부려 만방의 백성들에게 혹독한 정치를 펼쳐 너희 백성들이 그 흉하고 해로운 일을 당해 쓰라린 고통을 참아내지 못하고 모두 천지신명에게 억울함을 아뢰었으니 천도는 착한 자에게는 복이 되고 욕심 넘치는 자에게는 재앙이 되는 법이라. 하나라에 재앙을 내리시어 그 죄를 드러내시었다.

그리하여 나 소자는 하늘 뜻을 받들고 위엄을 밝혀 감히 용서할 수 없었노라. 검은 황소를 써서 천지신명께 밝게 아뢰어 하나라에 죄 주실 것을 청하고 드디어 으뜸으로 성스러운 사람을 구하여 그와 함께 힘을 합쳐 너희 여러 제후들과 더불어 하늘의 뜻을 청했었노라. 하늘이 아래 백성들을 믿고 도와주시니 죄인들이 달아나 숨었다. 하늘이 하시는 일은 한치 오차도 없어 마치 초목에 결이 있는 것과 같으니 그 덕으로 억 조 백성들이 진실로 번성하게 되었다. 나 한 사람을 시켜 너희 나라들을 화목하고 편안케 만들고자 하시니 이에 내가 상하에 죄 얻을까 알지 못해 벌벌 떨면서 위태롭게 여기고 두려워하여 당장 깊은 못에 떨어지는 것처럼 여기고 있노라. 무릇 우리 새로 출발하는 나라들은 진리 아닌 것을 따르지 말고 방자하거나 욕심 넘치는 일에 나아가

지 말아서 각기 너희들의 법도를 지켜 하늘의 아름다운 뜻을 받들도록 하라.

너희들에게 착한 것이 있으면 나는 감히 덮어버리지 않을 것이고 죄가 나 자신에게 해당하는 것이라면 감히 나를 용서치 않을 것이니 판단은 오직 하느님 마음에 달렸다.

너희 만방에 죄 있음은 나 한 사람에게 있는 것이고 나 한 사람에게 죄 있는 것은 너희 만방 때문이 아니다.

아아! 아무쪼록 성실해야 또한 잘 마치게 될 것이다.

堯曰 2

子張問於孔子曰 何如 斯可以從政矣(1) 子曰 尊五美
자장문어공자왈 하여 사가이종정의 자왈 존오미

屛(2)四惡 斯可以從政矣 子張曰 何謂五美(3) 子曰 君子
병 사악 사가이종정의 자장왈 하위오미 자왈 군자

惠而不費 勞而不怨 欲而不貪 泰而不驕 威而不猛
혜이불비 로이불원 욕이불탐 태이불교 위이불맹

子張曰 何謂惠而不費 子曰 因民之所利而利之(4)
자장왈 하위혜이불비 자왈 인민지소리이리지

斯不亦惠而不費乎 擇可勞(5)而勞之 又誰怨 欲仁(6)而得仁
사불역혜이불비호 택가로 이로지 우수원 욕인 이득인

又焉貪 君子無衆寡無小大無敢慢(7)斯不亦泰而不驕乎
우언탐 군자무중과무소대무감만 사불역태이불교호

君子正其衣冠 尊其瞻視 儼然人望而畏之⑻斯不亦威而不猛
군 자 정 기 의 관 존 기 첨 시 엄 연 인 망 이 외 지 　　　사 불 역 위 이 불 맹

乎 子張曰 何謂四惡 子曰 不敎而殺謂之虐⑼不戒視成謂之
호 자 장 왈 하 위 사 악 자 왈 불 교 이 살 위 지 학   불 계 시 성 위 지

暴 慢令致期謂之賊 猶之與人也⑽出納之吝 謂之有司⑾
포 만 령 치 기 위 지 적 유 지 여 인 야 　 출 납 지 린 위 지 유 사

자장이 공자에게 물었다.

어떻게 해야 국가에 공헌할 수 있습니까?

공자가 말했다. 다섯 가지 미덕을 중히 여기고 네 가지 악을 물리치면 정치를 잘할 수 있을 것이다.

자장이 말했다. 다섯 가지 미덕이 무엇인가요?

공자가 말했다. 지도자는 베풀지만 낭비하지 않고 백성에게 일을 시키지만 원망받지 않고 의욕은 있지만 탐욕은 없으며 느긋하되 교만하지 않고 위엄 있지만 사납지 않은 것이다.

자장이 말했다. 베풀지만 낭비하지 않는다는 것은 무엇입니까?

공자가 말했다. 백성에게 이익이 될 만한 것을 찾아 도움을 주니 이것은 베풀어도 낭비하는 것이 아니다. 꼭 해야 할 일만 골라 일을 시키니 누가 원망하겠느냐? 백성을 사랑해서 백성의 사랑을 받았는데 그 이상 어떤 욕심을 내겠느냐? 지도자는 백성이 많건 적건 일이 크고 작음에 관계없이 등한시하지 않으니 이것이 바로 태연하되 교만하지 않은 것이 되지 않겠느냐? 지도자는 옷매무새를 바르게 하고 시선을 엄숙하게 해서 사람들이 보고 두려워하니 이 것이 위엄 있으면서도 사납지 않은 것이다.

堯曰 요왈　533

자장이 말했다. 네 가지 악은 무엇인가요?

공자가 말했다. 미리 가르치지도 않고 죄지으면 죽이는 것을 잔학이라 하고 미리 주의도 주지 않고 결과만 꾸짖는 것을 포악이라 하고 명령을 늦게 내리고 급히 재촉하는 것을 도적 같은 짓이라 하고 고루 사람들에게 나누어 주어야 할 때 인색한 것을 옹졸한 관리라 한다.

何如 斯可以從政矣(1): 어찌해야 좋은 정치를 하는 것인가.

屛(2): 물리치다, 제거하다.

何謂五美(3): 다섯 가지 미덕이 무엇인가.

因民之所利而利之(4): 백성에게 이익이 될 만한 것에 도움을 주다.

擇可勞(5): 이로운 것을 보태다

欲仁(6): 백성을 편히 하려는 마음

慢(7): 업신여기다

儼然人望而畏之(8): 근엄해서 사람들이 보고 두려워하다.

不敎而殺謂之虐(9): 미리 가르치지도 않고 죄지으면 죽이는 것을 잔학이라 한다.

猶之與人也(10): 똑같이 고루 사람들에게 나누어 주다.

有司(11): 실무 담당자

堯曰 3

子曰 不知命 無以爲君子也(1) 不知禮 無以立也(2)
자 왈 부 지 명 무 이 위 군 자 야　부 지 례 무 이 립 야

不知言 無以知人也(3)
부 지 언　무 이 지 인 야

공자가 말했다. 천명을 깨닫지 못하면 지도자가 될 수 없다.
예를 모르면 남 앞에 나설 수 없으며
말 속에 담긴 본심을 식별하지 못하면 사람을 판단할 수 없다.

無以爲君子也(1): 지도자가 될 수 없다.
無以立也(2): 남 앞에 나설 수 없다.
無以知人也(3): 제대로 사람을 알 수 없다.

♣ 지혜롭지 못한데 재치가 넘치고 달변이면 앞뒤 못 가리는 이가 좋은 말을 타고 가는 것과 같다. 따라서 진실하게 사랑하지도 지혜롭지도 못하면서 재능이 있다면 언젠가 그 재능을 빌어서 비뚤어지고 극단적인 생각을 부추기고 일탈적인 행동을 하도록 도와서 마침내 자신의 비행을 키우고 죄악을 가중시킬 수 있다. 강변을 내세워 과실을 덮어 가릴 수 있고 민첩한 방어력으로 사기를 칠 수 있고 교묘한 기지로 순수한 사람을 헷갈리게 할 수 있고 화려한 변론으로 비리를 없는 것으로 꾸밀 수 있고 완고한 태도로 사회 기강을 무너뜨릴 수 있고 사나운 기세로 반대 의견을 깔아뭉갤 수 있다. 이러한 사람은 재능이 없는 게 아니라 그것을 쓰는 방법이 합당치 않고 그것을 사용하는 곳이 불의롭다. 나쁜 마음을 가진 사람에게 날이 선 무기를 건넬 수 없다.
사람을 알아볼 수 없다는 것은 아마도 이런 부류의 사람을 식별할 줄 모른다는 뜻이다.

(출처: 〈춘추번로〉 동중서 저, 신정근 옮김, 태학사)

공자의 제자

공자는 이렇게 말했다.

내 제자 가운데 六藝에 통달한 자는 77명이 있는데 모두 뛰어난 재능을 지닌 선비들이다.

덕행에는 顔淵, 閔子騫, 冉伯牛, 仲弓이 있고

정치로는 冉有, 季路가 있으며

언변으로는 宰我, 子貢이 있고

문학으로는 子遊, 子夏가 있다.

그러나 그들 가운데서 子張은 편벽되고 曾參은 지둔한 데가 있으며 子羔는 우직하고 子路는 거친 데가 있으며 안연은 가난하여 이따금 뒤주가 텅텅 빈 경우가 있었다.

자공은 내 가르침을 따르지 않고 貨殖에 열중했는데 그 판단은 그런대로 세상 흐름에 적중했다.

顔回

顔回는 魯나라 사람으로 字를 子淵이라 했으며 공자보다 30세 아래다. 顔回가 仁에 대해 묻자 공자가 대답했다.

"자신의 私欲과 싸워 이기고 스스로 예에 올바르게 서면 천하의 사람들은 그 사람의 인덕을 사모하게 될 것이다."

공자는 또 顔回에 대해 이렇게 말한 적도 있다.

"어질도다 回여! 도시락 밥과 한 바가지 물로 누추한 뒷골목에 안주하고 있구나. 보통 사람들이라면 근심 걱정에 잠길 일이지만 회는 道樂으로 삼을 뿐 고치려 하지 않는구나. 회와 이야기를 하노라면 일견 어리석어 보이지만 내 앞을 물러난 다음 그 사생활을 살펴보면 역시 道義를 계발하는 점이 보인다. 회는 결코 어리석은 사람이 아니다. 등용하면 일을 찾아 처리하고 내보내면 조용히 물러나 은신한다. 이런 일은 너와 나 두 사람만이 할 수 있는 일이다."

회는 29세 젊은 나이에 머리가 희끗희끗했으며 젊은 나이에 죽었다. 공자는 소리 내 울며 탄식했다.

"회를 얻은 다음부터는 다른 제자들까지도 나와 차츰 친해지게 되었는데…"

노나라 哀公이 공자에게 물었다.

"제자 가운데 누가 학문을 좋아하는지요?"

공자가 대답했다.

"안회라는 자가 있었는데 그는 배우기를 좋아하고 노여움을 남에게 옮기는 일이 없으며 같은 잘못을 두 번 다시 되풀이하는 일이 없었는데 불행하게 단명해 죽었습니다. 이제는 그런 특출나게 배우기를 좋아하는 자가 있다는 말을 들은 일이 없습니다."

閔損

민손은 字가 子騫이라 했으며 공자보다 15세 아래다.

공자의 말에 이런 구절이 있다.

"효성스럽다. 민자건이여! 부모 형제가 그의 효행을 자랑해도 누구 한 사람 잘못이라고 말할 사람이 없다."

유력한 대부가 그를 등용하려 할 때 악덕한 자의 녹을 받기 싫어 이렇게 말했다. "만약 또다시 나를 불러 벼슬을 준다고 말하면 이 나라를 떠나 문수 근처에 숨어 버리겠다."

冉雍

염옹은 字를 仲弓이라 했다. 중궁이 정치의 요체에 대해 물으니 공자가 이렇게 답했다. "내 집 문을 나가서 사람과 교제하는 데는 귀빈을 대하듯 하고 백성을 부릴 때에는 큰 제사를 지내듯 정중히 한다면 왕후의 나라에서 벼슬을 하더라도 원한 사는 일은 없으며 경대부의 집에서 일을 보더라도 원한 사는 일은 없을 것이다."

또 공자는 중궁을 덕행 있는 사람이라며 이렇게 말하기도 했다.

"雍은 임금을 할만하다."

중궁의 아버지는 신분이 천한 사람이었다. 공자가 말했다.

"犁牛의 새끼라도 털이 붉고 뿔이 곧다면 사람들이 제사에 희생으로 쓰지 않으려 할지라도 신령들이 이것을 내버려둘 리가 없을 것이다."

冉求

염구는 字를 子有라 했다. 공자보다 29세 아래다.

그는 노나라 대부인 계씨의 宰가 되었는데 계강자가 공자에게 물었다. "求는 仁한가요?" 공자가 대답했다.

"求는 1천 호의 고을과 百乘之家의 집에서 賦稅는 다룰 수 있겠지만 그 사람이 어진지는 알 수 없습니다."

계강자가 공자에게 또 물었다.

"子路는 仁한 가요?" 공자가 대답했다.

"求와 마찬가지입니다."

求가 공자에게 물었다.

"의로운 일은 듣는 즉시로 행해야 합니까?"

공자가 답했다.

"행함이 좋다."

子路가 공자에게 물었다.

"의로운 일은 듣는 즉시로 행해도 좋습니까?"

공자가 답했다.

"상의해야 할 父兄이 있는데 어찌 상의도 없이 행할 수 있으리오"

이에 子華가 이상히 여겨 공자 앞으로 다가와 물었다.

"똑같은 질문에 대답하심이 틀리는 것은 어떤 이유에서인가요?"

공자가 답했다.

"求는 신중하고 소극적이기 때문에 용기를 불어넣어 준 것이고 由(子路의 이름)는 용감하고 서두르는 성격이 있기에 억제했을 뿐이다."

仲由

仲由는 字를 子路, 季路라 했고 卞(노나라의 읍, 산동 사수)에서 태어났으며 공자보다 9살 아래다. 子路는 성질이 거칠고 용감했으며 의지가 굳건했다. 수닭의 깃털로 만든 冠을 쓰고 숫돼지 가죽으로 만든 칼집을 찼으며 공자를 업신여기며 폭행 조차하려 했다.

그러나 공자가 예로서 중유를 유도했던 까닭에 나중에는 儒家의 옷을 입고 폐백을 드린 다음 門人들을 통해 공자의 제자가 되기를 원했다. 子路가 정치를 물었을 때 공자는 이렇게 답했다.

"스스로 앞장서서 행하고 스스로 수고를 아끼지 말라."

子路가 듣기에 그 대답이 너무나 간단하기에 한 마디 더 가르쳐 달라고 했다. 공자가 답했다.

"지금 한 말을 게을리하지 말고 행할 일이다."

자로가 다시 물었다.

"의가 더 소중하다. 군자에게 용기가 있더라도 의가 없으면 세상은 소란해지며 소인에게 용기가 있되 의가 없으면 도둑이 될 것이다."

子路는 좋은 말을 들은 다음 그것을 실행하지 못하는 동안에는 좋은 말일지라도 더 듣지 않았다. 공자가 말했다.

"단 한마디 말로 소송을 판결할 수 있는 사람은 由일 것이다. 由는 용기를 좋아하는 점에서는 나보다 더하지만 분별력이 없어 도리에 어긋난다. 유와 같은 사람은 天壽를 다 누릴 수 없을지 모른다. 해진 두루마기를 입고 여우나 담비 가죽으로 만든 갖옷을 걸친 사람과 함께 있으면서도 부끄러워하지 않는 사람은 유이리라. 유는 학문과 덕행에 있어 이미 우리 대청마루에까지 올라와 있지만 아직 우리 방안에까지는 들어오지 못하고 있다."

계강자가 공자에게 물었다.

"仲由는 仁한가요?"

공자가 답했다.

千乘의 나라에서 賦稅를 다스릴 수 있지만 그가 仁한지는 알 수 없습니다. 지로는 공자의 諸國 出遊에 기꺼이 따라 다녔는데 長沮, 桀溺, 荷蓧丈人들을 만난 일이 있었다. 자로가 계씨의 재상이 되었을 때 계손이 공자에게 물었다.

"자로는 大臣의 자격이 있다고 보십니까?"

공자가 대답했다.

"보통 신하라고 해야 할 것입니다."

자로가 蒲의 대부가 되어 공자에게 작별 인사를 하러 오자 공자가 말했다.

"蒲에는 장사가 많고 또 다스리기 어려운 곳이다. 그래서 너에게 말해두겠다. 스스로 겸손을 잊지 말고 상대방을 존경하면 장사의 용기도 내 손에 넣을 수 있는 법이다. 스스로 관대하고 정직하면 대중을 나와 친하게 만들 수 있는 법이다. 겸손하고 올바르며 백성을 안정시키면 위로 君恩에 보답할 수 있으리라."

이보다 앞서 위나라 靈公에게는 南子라는 寵妃가 있었다. 영공의 태자 蒯聵는 남자에게 죄를 범했었기 때문에 주살 당할 것을 무서워한 나머지 나라 밖으로 도망쳤다. 영공이 죽자 부인인 남자는 공자 郢을 위나라 군주로 앉히고 싶었으나 영은 받아들이지 않았다.

"망명한 태자의 아들 輒이 있지 않습니까?"

그래서 위나라에서는 첩을 세워 군주의 자리에 앉혔다.

이 사람이 出公이다. 출공이 즉위하고 나서 12년간 아버지인 괴외는 나라 밖에 있으면서 고국으로 들어올 수 없었다. 자로는 위나라 太夫 孔悝(공회:위나라 읍)의 영읍(領邑)의 宰가 되었다.

괴외는 공회와 함께 반란을 꾀하기로 합의하고 공회의 집으로 들어갔고 마침내 그들과 함께 출공을 습격했다. 출공은 노나라로 망명을 했고 괴외가 궁중으로 들어가 군주에 오르니 이 사람이 莊公이다. 공회가 반란을 일으켰을 때 마침 자로는 밖에 나가 있었는데 소문을 듣고 달려오던 중 같은 제자인 子羔가 성문에서 나오며 만나게 됐다. 자고가 자로에게 말했다.

"출공은 망명했고 성문은 이미 닫혀졌다네. 자네는 돌아가게. 쓸데없이 화 당하지 말고…"

자로가 말했다.

"봉록을 먹은 이상 주군의 환란을 못 본 체할 수는 없어."

자고는 그대로 떠났다. 알지 못하는 나라에서 온 사자가 성안에 들어가기 위해 성문이 열리자 자로도 그자를 따라서 들어갔다.

괴외 앞에 나아가니 괴외는 공회와 함께 臺 위에 있었다.

자로가 말했다.

"군주께서는 어찌하여 공회를 쓰시려 하십니까? 그 사람을 저에게 넘겨 죽이게 해 주십시오."

괴외는 듣지 않았다. 그래서 자로가 대를 불태우려고 하자 괴외는 겁을 먹고 石乞과 壺黶을 시켜 자로를 치라고 했다.

자로는 冠의 끈이 그들의 칼에 잘려 나갔는데도 "군자는 죽는 한이 있어도 관을 벗지 않는 법이다."하면서 끝내 잘려진 끈을 붙잡아 매고 죽어갔다. 공자는 위나라의 내란에 대한 이야기를 듣고 이렇게 말했다.

"아아, 由는 죽었을 것이다!"

과연 그의 말은 맞았다. 공자는 과거 일을 회상하면서 말했다.

"용기 있는 유를 제자로 삼은 다음부터 나를 욕하는 사람이 없었는데…"

宰予

宰予는 字를 子我라고 했고 변설에 능했다. 공자에게 배운 그는 공자에게 이렇게 물었다.

"부모가 죽으면 3년 상을 입는 것은 너무 길지 않을까요? 군자가 3년이나 禮를 닦지 않는다면 예는 무너지고 말 것입니다. 또 3년이나 음악을 버려둔다면 음악은 반드시 무너지고 말 것입니다. 묵은 곡식을 다 먹게 되면 첫 곡식이 결실하고 부시를 쳐서 불을 다시 붙이면 네 계절은 一巡합니다. 3년 상도 이와 같이 1년 만으로도 충분하리라 생각합니다만…"

공자가 말했다.

"너 자신이 그것으로 만족하겠는가?"

"네. 만족할 수 있습니다."

"네가 만족할 수 있다면 그렇게 하는 것이 좋을 것이다. 그러나 군자는 어버이의 상을 당하면 맛있는 음식을 먹더라도 맛이 있지 않고 음악을 듣더라도 즐겁지가 않다. 그러므로 귀나 혀의 즐거움을 바라지 않는 법이다."

재여가 물러가자 공자는 이렇게 말했다.

"予에게는 仁의 마음이 없다. 자식은 낳은 지 3년이 되어야 겨우 부모 품에서 나올 수 있는 것. 그러므로 3년 상은 친자에 통용되는 도리일 것이다."

재여가 학문을 게을리하고 낮잠을 잤다. 이것을 보고 공자가 말했다. "썩은 나무에는 조각을 할 수가 없고 썩은 흙으로 만든 토담에는 흙손으로 바를 수 없는 법이다." 재아가 五帝의 덕에 대해 묻자 공자가 말했다.

"予는 五帝의 덕을 논할 자격이 없다."

端木賜

端木賜는 위나라 사람으로 자를 子貢이라 했고 공자보다 31세 아래다. 자공은 변설에 재주가 있었는데 공자는 늘 그 辯才를 경계했다. 공자가 물었다.

"너와 回 중에서 누가 훌륭하다고 생각하는가?"

자공이 대답했다.

"제가 어찌 回와 동렬에 넣어 논할 수 있겠습니까? 회는 하나를 들으면 열을 알고 저는 하나를 들으면 둘을 알 뿐입니다."

지공이 학업을 받고 나서 공자에게 물었다.

"저를 어떤 사람으로 보십니까?"

공자가 대답했다.

"너는 그릇이다."

"어떤 그릇입니까?"

공자가 대답했다.

"瑚璉(종묘에 쓰는 제기)이다."

陳子禽이 자공에게 물었다.

"중니는 누구에게 배웠습니까?"

자공이 대답했다.

"文王, 武王의 도는 아직 땅에 떨어지지 않았으며 민간에게 남아있다. 현명한 사람은 그 도가 큰 것임을 알고 현명하지 못한 사람도 그 도의 작은 부분을 알고 있다. 어쨌든 文, 武의 도가 없는 곳이 없듯이 夫子가 배우고자 하시면 배우지 못할 곳이 없다. 그러기에 일정한 스승이 있을 리가 없다." 다시 자공에게 물었다.

"공자께서는 어떤 나라에 가더라도 國政 상담을 받게 되는데 그것은 이쪽에서 요구하는 겁니까? 아니면 저쪽에서 주는 겁니까?"

자공이 대답했다.

"夫子는 溫, 良, 恭, 儉, 讓 하셔서 자연히 얻어지는 것이다. 夫子가 요구하는 것은 다른 사람이 요구하는 것과는 다르다."

자공이 공자에게 물었다.

"부유하더라도 교만하지 않고 가난하더라도 비굴하지 않으며 아첨하지 않는 것을 어떻게 생각하십니까?"

공자가 대답했다.

"훌륭하다. 그러나 가난하면서도 도를 즐기고 부유하면서도 예를 좋아하는 것에는 미치지 못한다."

田常은 제나라에서 내란을 일으키고자 했으나 제나라 경대부인 高, 國, 鮑, 晏등 諸氏가 두려워서 兵을 밖으로 돌려 노나라를 치려 했다. 공자가 이 말을 듣고 제자들에게 말했다.

"노나라는 우리 조상의 분묘가 있는 땅 곧 부모의 나라. 이제 나라가 위태로운데 어찌하여 그대들은 나아가서 나라를 구하려 하지 않는단 말인가?"

자로가 가려 하자 공자가 말렸다. 자장과 子石이 나가려 해도 공자는 허락하지 않았다. 그런데 자공이 가려고 하니 바로 허락했다.

자공은 마침내 나아가서 제나라로 갔고 전상을 만나서 말했다.

"상공이 노나라를 치는 것은 잘못된 생각이요. 노나라는 아주 치기 힘든 나라입니다. 그 성벽은 얇고 얇으며 성을 둘러싼 못은 좁고 얕은가 하면 군주는 어리석고 각박하고 대신들은 위선에 가득차 있으며 선비와 백성은 전쟁을 몹시 싫어한답니다. 그러므로 노나라와 싸워서는 안 됩니다. 임금께선 오히려 吳나라를 치는게 좋을 것입니다. 오나라는 성벽이 높고 두터우며 그 성지는 넓고 깊을 뿐 아니라 무기는 튼튼하고 새로우며 병사들은 정예로 뽑은 데다가 양곡 또한 풍부합니다. 또 훌륭한 장수와 대부가 성을 지키고 있습니다. 이런 나라야말로 치기 쉬운 법입니다."

전상은 화를 내면서 말했다.

"그대가 곤란하다고 하는 곳은 남들이 쉽다고 하는 곳이고 그대가 쉽다고 하는 곳은 남들이 곤란하다고 하는 곳이구려. 이렇게 상반된 말을 나에게 하는 것은 무슨 까닭이요?"

자공이 말했다.

"나는 〈근심거리가 국내에 있는 사람은 強國을 치고 근심거리가 국외에 있는 사람은 弱國을 치라〉는 말을 들었습니다. 지금 임금의 근심거리는 안에 있습니다. 듣건대 제나라 임금께서는 상공을 세번씩이나 君에 봉하려 했는데도 세 번 모두 성공하지 못한 것은 대신 가운데 찬성하지 않는 사람이 있었기 때문이라고 합니다. 지금 상공께서는 노나라를 깨고 제나라 영토를 넓히고자 하십니다만 그 싸움에서 이기면 임금의 교만만 더하게 하고 高, 國, 鮑, 晏등의 무리들 위세만 더해주는 결과가 됩니다. 더구나 상공의 공로에 대한 보답이 없을 경우 주군과의 우의는 날로 소원하게 됩니다.

이는 위로는 주군의 마음을 교만에 빠지게 하고 아래로는 뭇 신하들의 위세만 키워주고 마는 결과로써 상공께서 바라시는 大事成就는 곤란할 것입니다. 임금이 교만해지면 방자한 일을 하게 되고 신하가 교만해지면 권력을 다투게 되고 맙니다. 그렇게 되면 상공은 위로는 임금과 사이가 벌어지게 되고 아래로는 신하들과 맞서게 됩니다. 그런 까닭에 오나라를 치는 게 좋을 것이라 말씀드린 것입니다. 오나라를 쳐서 이기지 못하게 되면 백성은 나라 밖에서 戰死하고 대신은 나라 안에서 허탈감에 빠지게 될 것입니다.

　이렇게 되면 상공에게는 위로는 대신들의 적도 없어지게 되고 아래로는 백성의 비난도 받지 않으면서 주군을 고립시킴으로써 제나라를 제어하는 사람은 상공 단 한 사람이 될 수 있을 것입니다."

　전상이 말했다.

　"좋소. 그러나 나는 이미 군사를 노나라로 돌리고 있는 중이오. 지금 노나라를 떠나 오나라로 군사를 돌리면 대신들은 나를 의심할 것이오. 이는 어찌하면 좋겠소?"

　자공이 대답했다.

　"상공께서는 군사를 더 진군시키지 말고 억제 시키십시오. 그리고 노나라를 치지 마십시오. 그 사이에 저를 오나라로 파견하시어 오나라가 노나라를 도와 제나라를 치도록 하는 것입니다.

　그렇게 되면 오나라 군사가 제나라로 쳐들어올 것이니 상공께서는 그 오나라 군사를 맞이하셔서 깨면 되는 것입니다."

　전상은 이계교를 받아들이고 자공을 남쪽으로 보내 오나라 왕을 만나게 했다. 자공은 오왕에게 말했다.

　"신은 (王者는 다른 나라의 後嗣를 끊는 일이 없고 覇者는 적국을 강하게 만들지 않는다.)고 들었습니다. 千鈞(30근)의 무게이더라도 불과 한 銖(20푼)나 한兩(24수)의 무게만 더해도 저울눈은 옮겨지게 되는 법입니다. 이제 만승의 대국인 제나라가 천승의 노나라를 병합하여 오나라와 자웅을 가리려고 하는데 슬며시 임금을 위해 걱정이 되지 않을 수가 없습니다. 그러므로 노나라를 구하는 것은 틀림없는 명예이며 제나라를 치는 것은 큰 이득입니다.

　泗水 주위에 있는 제후들은 내 편으로 끌어들이고 포학한 제나라를 무

찌른 다음 강한 晉나라를 굴복시킨다면 이보다 더 큰 이익이 어디에 있 겠습니까? 그리고 명분은 망해가는 노나라를 존속시키는데 있고 내실은 강한 제나라를 괴롭히는 데있으니 현명한 사람이라면 아무도 의심할 사람이 없을 것입니다."

오왕이 말했다.

"좋소. 그런데 나는 일찍이 越나라와 싸워서 월나라 왕을 會稽에 몰아 넣은 일이 있소이다. 그후 월나라 왕은 제 몸에 채찍질을 가해 가며 병사를 길러 나에게 보복을 하려고 노리고 있소. 그런 까닭에 내가 월나라를 치기까지 기다려야겠소. 그런 다음에 그대의 계략에 따르겠소."

자공이 말했다.

"월나라가 힘으로는 노나라보다 낫지 못하고 오나라의 힘도 제나라 이상이라고는 말할 수는 없습니다. 대왕께서 제나라를 버리고 월나라를 친다면 제나라는 그사이에 노나라를 멸망시킬 것입니다. 이렇게 되면 대왕께서는 멸망 단절에 빠지는 노나라의 보전 계속을 명분으로 하실 수 없습니다. 강한 제나라를 두려워하여 약한 월나라를 치신다면 용기가 있다고는 말할 수 없습니다.

대체로 용자란 難을 피하지 않고 인자란 困苦한 자를 궁지에 밀어 넣지 아니하며 지자란 시기를 잃지 않고 왕자란 나라의 후사를 절단시키지 않습니다. 이렇게 함으로써 각각 의리를 세우는 법입니다. 이제 월나라를 존속시킴으로써 제후의 仁을 나타내고 노나라를 구하고 제나라를 침으로써 진나라에 위압을 가하면 제후들은 반드시 모두 오나라에 入朝하고 오나라의 패업은 성취될 것입니다. 만약 대왕께서 월나라가 아무래도 마음에 걸리신다면 소신을 동쪽으로 보내 월나라 왕을 만나게 하시어 월나라로부터 군사를 내어 오나라 왕을 따라 함께 제나라 정벌에 나서게 하십시오. 이 방책은 실질적으로 월나라 국내를 공허하게 만들면서 명분은 제후를 따라 제나라를 정벌하는 것이 됩니다."

자공은 이처럼 한번 출동함으로써 노나라를 존속시키고 제를 동란시켰으며 吳를 깨고 晉을 강하게 했으며 越을 패자로 만들었다.

또 자공이 한번 사자로 나섬으로써 상호 세력의 균형을 깨고 10년 동안에 5개국에 각기 轉變이 일어났다. 게다가 자공은 장사하기를 좋아하여 때에 맞는 물건을 매매함으로써 자본을 늘렸다. 기꺼이 남의 장점을 칭찬했지만 남의 잘못을 나무라는 법이 없었다.

일찍이 노나라와 위나라의 재상을 지낸 일이 있으며 집에는 천금의 부를 쌓았다. 마지막에는 제나라에서 생애를 마쳤다.

言偃

言偃은 오나라 사람으로 자를 子遊라 했고 공자보다 45세 아래다. 자유는 공자에게 배운 후 武城의 宰가 되었다.

공자가 무성을 찾았을 때 絃歌의 소리가 들려오자 빙그레 웃으며 말했다.

"닭을 잡는데 굳이 소 잡는 칼을 쓸 필요가 있을까?"

자유가 말했다.

"지난날 저는 선생님에게 {예악의 도를 배우면 군자는 사람을 사랑하게 되고 소인은 온순하게 되어 부리기 쉽게 된다.}고 들었습니다." 그러자 공자가 수행하던 제자들에게 말했다.

"너희들은 들어라. 偃이 지금 한 말은 옳은 말이다. 아까 내가 한 말은 농담에 지나지 않는다."

공자는 자유를 文學에 習熟하도록 했다.

卜商

卜商은 자를 子夏라 했으며 공자보다 44세 아래다.

자하가 공자에게 물었다.

"시경에 {예쁘게 웃는 입 언저리의 아름다움이여. 아름다운 눈동자의 맑게 갠 움직임이여. 흰 바탕으로써 그 아름다움을 이루었네}란 구절이 있는데 그것은 어떤 의미입니까?"

공자가 대답했다.

"모양을 그리는 데는 채색을 한 다음에 흰 물감으로 다듬질하는 것과 같은 뜻이니라"

"그렇다면 忠信이 먼저이고 禮는 그다음이란 뜻입니까?"

공자가 대답했다.

"商과 함께 시를 논할 수 있게 됐구나."

자공이 공자에게 물었다.

"師(子張)와 商(子夏)중 누가 더 낫습니까?"

"師는 지나친 점이 있고 商은 모자라는 점이 있다."

"그렇다면 사가 낫다는 말씀인가요?"

"지나침은 미치지 못함과 다를 바 없다."(過猶不及)

공자가 자하에게 물었다.

"너는 도를 밝히는 군자의 선비가 될 일이지, 이름만을 위한 소인의 선비가 되어서는 안 된다."

공자가 세상을 떠난 뒤 자하는 西河에 살면서 제자를 가르치고 위나라 文侯의 스승이 되었다. 그는 자식의 죽음에 너무 슬퍼 소리 높여 운 나머지 눈이 멀고 말았다.

顓孫師

顓孫師는 陳나라 사람으로 子張이라 했으며 공자보다 48세 아래다. 자장이 봉록을 받는 마음가짐을 묻자 공자가 대답했다.

"널리 듣고 의심나는 점은 말하지 않고 납득한 것 일지라도 더욱 말에 신중을 기하면 과오가 적다. 또 널리 보고 위험하다 생각되는 것은 행하지 않으며 확실한 것일지라도 더욱 신중하게 행동하면 후회가 적다. 언어에 과오가 적고 행동에 후회가 적으면 봉록은 요구하지 않아도 자연히 얻어지는 법이다."

그 후 공자를 수행하여 陳. 蔡에서 곤궁에 빠졌을 때 어떻게 하면 자신의 말이 세상에서 행해질 수 있겠느냐고 물었다.

공자가 대답했다.

"말에 진심이 있고 행동이 조심스러우면 야만국에서도 행해 지지만 말에 진심이 없고 행동에 조심스럽지 못하면 가까운 고을이나 마을에서도 행해지지 않는 법이다. 언제나 진심을 떠나는 일 없이 일어서면 눈앞에 있는 것처럼 수레에 올라타면 가로대에 기대선 것처럼 보여야 그 말이 행해지는 법이다."

자징은 잊지 않기 위해 이 말을 허리띠에 적어 두었다.

자장이 또 공자에게 물었다.

"선비는 어떻게 해야 이것을 이루었다 할 수 있습니까?"

"네가 말하는 이루었다는 것은 무슨 뜻이냐?"

"제후의 나라에서 일을 맡아 보더라도 경대부의 집에서 일을 하더라도 반드시 좋은 평판을 듣게 되는 것입니다."

공자가 말했다.

"그것은 평판일 뿐 달성했다고 할 수는 없다. 달성이란 質朴正直하여

義를 좋아하고 말을 알아듣고 얼굴빛을 살필 줄 알며 겸손하고 남에게 양보할 줄 알게 되면 제후의 나라든 경대부의 집이든 일을 함에 있어 그 명예는 이룬 것이다. 이와 반대로 평판이란 것은 얼굴 생김새는 仁者 비슷하지만 행동은 도에 어긋나면서도 그것이 잘하는 양 의심을 받지 않게 되면 국가나 집에 고용되어 평판이 좋아지게 마련이다."

曾參

曾參은 南武城 사람으로 자를 子興라 했고 공자보다 46세 아래다. 공자는 그를 효성이 지극하다고 여겨 가르침을 베풀었다.

孝經을 지었고 노나라에서 삶을 마쳤다.

澹臺滅明

澹臺滅明은 武城사람으로 자를 子羽라 했으며 공자보다 29세 아래다. 용모는 아주 추했고 공자에게 사사코자 했을 때 공자는 그를 우둔하여 재능이 없을 것으로 생각했다. 그러나 학업을 받은 다음 은퇴하여 행실을 닦고 길을 갈 때도 지름길로 가는 일이 없었으며 사사로이 경대부를 만나는 일이 없었고 남쪽으로 내려가서 長江에 이르렀다. 제자 백 명을 거느리고 물품의 수수나 관직의 거취등 모든 일을 義에 따라 하기를 가르쳐 그 이름이 제후들 사이에 전해졌다. 공자가 이 이야기를 듣고 탄식했다.

"나는 말로써 사람을 취하였다가 宰予에게 실수했고 용모로 사람을 판단하였다가 子羽에게 실수하였다."

宓不齊

宓不齊는 자를 子賤이라 했으며 공자보다 30세 아래다.

공자는 자천에 대해 말했다.

"군자라 하겠다. 그러나 만약 노나라에 군자가 없다면 이 사나이가 어찌 군자의 도를 닦을 수 있겠는가?"

자천이 선보(單父:산동 선현) 邑宰가 되었을 때 공자를 만나 이런 말을 했다.

"이 나라에 저보다 현명한 사람이 다섯 분이 있어서 저에게 치국의 방법을 가르쳐주었습니다."

공자가 말했다.

"안타깝다. 不齊가 다스리는 토지가 좁은 것이! 만약 넓었다면 훌륭한 정치를 펼칠 수 있었을 것을."

原憲

原憲은 자를 子思라고 했다. 자사가 공자에게 부끄러움에 대해 묻자 공자가 대답했다.

"나라가 도로 다스려질 때는 봉록을 받는 법이지만 나라가 도로 다스려지지 않을 때는 봉록을 받는 것이 부끄러운 일이다."

자사가 다시 물었다.

勝癖, 自慢, 원한, 탐욕 따위 악덕을 행치 않으면 仁이라 할 수 있겠습니까?]

공자가 대답했다.

"그것도 대단히 어려운 일임에 틀림없지만 그것으로 인이라 할 수 있을지는 나로서도 모를 일이다."

공자가 죽은 뒤에 원헌은 풀이 우거진 시골에 숨었다. 자공이 위나라 재상이 되자 수레에 네 마리 말을 매고 말 탄 종자를 거느리고 명아주가 우거진 가난한 마을로 원헌을 찾아 인사했다. 원헌은 의관을 바로잡고 자공을 맞이했다. 자공은 그 초라한 모습을 안타까워하며 말했다.

"무슨 병이 있으시오?"

원헌이 대답했다.

"나는 재산이 없는 사람을 貧이라 하고 도를 배우고도 행치 않는 사람을 病이라 한다고 들었소. 나 같은 경우는 貧이지 病은 아니라오." 자공은 몹시 부끄러워하며 그곳을 떠났고 평생 자신의 실언을 부끄러워했다.

公冶長

公冶長은 제나라 사람으로 자를 子長이라 했다.

長은 내 딸을 주어도 좋을 만한 사람이다. 지난날 오라에 묶여 옥에 갇힌 일이 있었으나 그의 죄는 아니었지, 하며 사위로 삼았다.

南宮括

南宮括은 자를 子容이라 했다. 그는 공자에게 이렇게 물었다.

"옛날 羿는 활 쏘는 재주가 대단했고 奡는 땅에서도 배를 움직일 만큼 큰 힘을 가지고 있었는데도 모두 죽음을 당하여 천수를 누릴 수 없었습니다. 그런데도 夏의 禹王과 周의 后稷은 몸소 경작을 하면서 마침내 천하를 소유하였습니다."

공자는 대답하지 않았다. 자용이 나가자 공자가 말했다.

"군자로다 저 사람은, 덕을 소중히 아는구나, 저 사람은."

또 공자는 이렇게 말하기도 했다.

"자용은 나라에 도가 있을 때는 등용될 것이고 나라에 도가 없을 때라도 刑死 당할 사람은 아니지."

자용은 시를 읽다가 "흰 구슬의 흠은 갈아서 없앨 수 있지만 말의 흠은 어찌할 도리가 없도다."란 구절을 세 번이나 암송함으로써 말은 신중히 해야 함을 깨달았다. 공자는 그를 조카사위로 삼았다.

公晳哀

公晳哀는 자를 季次라고 했다. 공자가 계차에 대해 말했다.

"천하에는 도를 행하는 자가 적구나. 대개의 사람들은 대부의 가신이 되어 도성에서 벼슬살이를 하고 있다. 그러나 계차만은 아직 벼슬살이를 한 일이 없다."

曾點

曾點은 자를 晳이라 했고 공자를 모셨다.

공자가 말했다.

"너의 이상을 말해 보라."

점이 대답했다.

"봄옷을 갖추고 冠者(성인) 5~6명과 童者 6~7명과 함께 沂水(노나라 성남의 강)에서 목욕한 다음 舞雩(기우제를 지내는 곳. 지금의 산동성 곡부시 남쪽)의 언덕에서 봄바람을 쐬며 시를 읊고 돌아오는 일 입니다."

공자가 찬탄하며 말했다.

"나도 증점과 동감이다."

顔無繇

顔無繇는 자를 路라고 했다. 노는 안회의 아버지다.

이 부자는 일찍이 때는 같지 않았지만 공자에게 사사했다. 안회가 일찍 죽었는데 안노는 가난했기 때문에 공자에게 말하여 그의 수레를 팔아서 장사를 지내려고 했다. 공자가 말했다.

"才와 不才의 상위는 있지만 누구나 자식을 생각하는 어버이 마음은 변함이 없는 법이다. 내 아들 鯉를 잃었을 때 棺은 있었으나 槨은 없었다. 나는 수레를 팔고 걸어 다니면서까지 곽을 장만하려고 하지는 않았다. 나는 대부의 말석에 있는 처지에서 걸어 다닐 수는 없었기 때문이다."

商瞿

商瞿는 노나라 사람으로 자를 子木이라 했고 공자보다 29세 아래다. 공자는 易을 구에게 전수했다.

구는 이것을 초나라 사람 馯臂子弘(유림전에는 馯臂子弓이라 했다)에게 전수했고 弘은 강동사람 矯子庸疵에게 疵는 연나라 사람 周子家竪에게 竪는 淳于 사람 光子乘羽에게 羽는 제나라 사람 田子莊何에게 何는 동무 사람 王子中同에게 同은 지천 사람 湯河에게 각각 전수하였고 양하는 한 무제 元朔 연간에 易에 통달함으로써 한나라의 중대부가 되었다.

高柴

高柴는 자를 子羔라 했으며 공자보다 34세 아래다. 자고는 키가 5자 밖에 되지 않았다. 공자에게 가르침을 받았는데 공자는 그를 愚物이라 했다. 자로가 자고를 郈(산동 동평)의 읍재를 시켰을 때 공자가 자로에게 말했다.

"후읍의 읍민을 해칠 것이다."

자로가 대답했다.

"후에도 다스릴 백성이 있고 모셔야 할 사직의 신령이 있습니다. 글을 읽는 것만이 학문은 아닐 것입니다."

공자가 대답했다.

"너처럼 강변을 하기 때문에 말만 잘하는 무리가 미움을 받는 거다."

漆彫開

漆彫開는 자를 子開라 했다. 공자가 開에게 벼슬을 시키고자 하자 "저에게는 아직 그런 자격이 있다고 믿어지지 않습니다."라고 대답했다. 공자는 그 말을 듣고 기뻐했다.

公伯繚

公伯繚는 자를 子周라 했다. 자주는 자로를 주군인 季孫에게 참소했다. 노나라 대부 子服景伯은 공자에게 이렇게 말했다.

"계손은 참언을 진실하다고 믿고 있습니다. 저의 힘으로도 공백료 따위는 죽여서 시장 거리에 그 시체를 내다 버릴 수도 있습니다만 어찌해야 좋겠습니까?"

공자가 대답했다.

"자로의 생명은 나의 도를 펴는 데 중요하지만 도가 행해지는 것도 천명이겠고 도가 막히는 것도 천명이요. 공백요의 힘으로는 천명을 어찌할 수 없을 것이다."

史馬耕

　史馬耕은 자를 子牛라 했다. 牛는 말이 많고 성질이 급한 사람이었다. 仁에 대해 공자에게 묻자 공자가 대답했다.

　"仁者는 말을 함부로 하지 않는다."

　"말만 함부로 하지 않으면 인자라 할 수 있겠습니까?"

　"인을 행하기란 어렵다. 그러니 그것을 함부로 할 수 있겠느냐."

　牛가 다시 군자에 대해 묻자 공자가 대답했다.

　"군자는 무엇이든 걱정도 하지 않고 두려워하지도 않는다."

　"걱정도 하지 않고 두려워도 하지 않으면 군자라고 할 수 있습니까?"

　"스스로 마음속을 반성해 보아서 꺼림칙한 것이 없으면 무엇을 걱정하고 무엇을 두려워하겠느냐?"

樊須

　樊須는 자를 子遲라 했고 공자보다 36세 아래다. 번수가 곡물 심는 법을 배우겠다고 청하자 공자가 말했다.

　"나는 늙은 농사꾼만 못하다."

　다시 채소 가꾸는 법을 배우겠다고 청하자

　"나는 늙은 농사꾼의 밭갈이를 따를 수 없다."라고 대답했다.

　번수가 나가자 공자가 말했다.

　"번수는 소인이다. 위에 있는 사람이 예를 좋아하면 그 백성들은 그를 존경하지 않을 수 없다. 위에 있는 사람이 義를 좋아하면 복종하지 않는 백성이 없는 법이다. 위에 있는 사람이 信을 좋아하면 백성들은 정성껏 모시게 된다. 위에 있는 사람이 이러하면 사방의 백성은 어린 자식을 등에 업고 사모하여 모여들게 될 것이다. 어찌 스스로 경작을 배워서 백성을 가르치겠는가?"

번수가 仁에 대해 묻자 공자는 "백성을 사랑하는 일이다."
라고 대답했고 또 智에 대해 묻자 "백성을 아는 것이다."
라고 답했다.

有若

有若은 공자보다 43세 아래다.

유약이 말했다.

"禮의 작용은 調和가 중요하다. 先王의 도에서도 조화를 아름답게 여겨 큰일이건 작은 일이건 모두 이것을 따랐다. 그러나 조화만으로는 잘 행해지지 않을 때가 있다. 그것은 단지 조화가 중요하다는 것만 알고 조화에만 치우쳐 예로써 조절치 않으면 시행될 수 없다." 유약은 또 이렇게 물었다.

"약속이 도리에 가깝다면 그 말을 이행할 수 있고 공손함이 예에 가깝다면 그 말을 이행할 수 있고 공손함이 예에 가깝다면 치욕을 멀리할 수 있다. 의지할 때도 친할 만한 사람을 잃어버리지 않는다면 역시 그를 존경할 수 있다."

공자가 세상을 떠났어도 제자들은 사모함을 그치지 않았다.

유약의 용모가 공자와 비슷해 제자들은 모두 유약을 스승으로 추대하고 공자의 생전과 똑같이 했다. 어느 날 한 제자가 다가와 물었다.

"지난날 선생님께서 외출하실 때 제자들에게 우산을 준비시켜 들고 다니게 하셨습니다." 그런데 도중에 과연 비가 왔기에 제자가 "선생님께서는 어찌 미리 아셨습니까?" 라고 묻자 선생님께서는 "詩에 나와 있지 않으냐? 달이 畢(별이름)에 걸리면 큰비가 내린다고 어젯밤은 달이 畢에 걸려있었다."라고 대답하셨습니다. 그런데 어느 날 달이 필에 걸렸는데도 끝내 비가 내리지 않았습니다. 또 商瞿는 나이가 많았는데도 아들이 없습니다. 그래서 구의 어머니는 다시 아내를 맞이하라고 했습니다. 선생님께서 구를 제나라에 보내려고 했을 때 그의 어머니는 뒷날로 미뤄 달라고 부탁했습니다.

그러자 선생님께서 말씀하셨습니다.

"걱정할 것 없소. 구는 마흔 살 이후에 다섯 아들을 낳을 것이오"라고 그 후 과연 선생님 예언대로 되었습니다. 삼가 묻는데 "선생님은 어떻게 이런 일을 아실 수 있었습니까?"

유약은 대답하지 못하고 묵묵히 있었다. 그러자 제자가 일어나 말했다.

"유자여 그 자리를 떠나시오. 그곳은 당신이 앉을 자리가 아니오."

公西赤

公西赤은 자를 子華라 했고 공자보다 42세 아래다.

자화가 제나라에 심부름을 가게 되었을 때 공자의 집안일을 맡은 염유가 자화의 어머니를 부양하고자 곡식을 청하니 공자는

"1釜를 주라."고 말했다. 염유는 공자의 뜻을 알아차리지 못하고 더 달라고 청하니 공자는 "庾(16斗)를 주라"고 대답했다.

염자가 자기의 재량으로 곡식 5秉을 주자 공자가 말했다.

"자화는 제나라에 갈 때 살진 말을 타고 가벼운 가죽옷을 입고 떠나 부유한 모습이었다. 나는 {군자는 가난한 사람을 구제하고 부유한 사람에게는 보태주지 않는다.}고 들었다."

巫馬施

巫馬施는 자를 子旗라 했으며 공자보다 30세 아래다.

陳나라의 司敗(사법관)가 공자에게 물었다.

"노나라의 昭公은 禮를 분별하고 있습니까?"

공자가 말했다.

"분별하고 있습니다."

사패는 물러 나와 무사시에게 읍하고 말했다.

"군자는 편애하지 않는다고 들었습니다만 군자이더라도 편애를 하는 것 같습니다. 왜냐면 노나라의 소공은 오왕의 딸을 맞이하여 부인을 삼고 이름을 孟子라고 불렀습니다. 그것은 원래 맹자의 성이 姬 씨였으므로 같은 성을 피하려고 맹자로 부른 것이지요. 그러니 노나라 임금이 예를 안다고 하면 세상에 누가 예를 모르는 자가 있겠습니까?"

施가 그대로 공자에게 말하자 공자가 대답했다.

"나는 다행이다. 소소한 과실이 있더라도 사람은 반드시 그것을 알려 준다. 그러나 신하는 임금의 나쁜 점을 이야기하는 것이 아니며 이것을 숨기는 것이 禮이다."

梁鱣(양전)은 자를 叔魚(숙어)라 했고 공자보다 29세 아래다.

顔幸(안행)은 자를 子柳(자류)라 했고 공자보다 46세 아래다.

冉孺(염유)는 자를 子魯(자노)라 했고 공자보다 50세 아래다.

曹卹(조휼)은 자를 子循(자순)이라 했고 공자보다 50세 아래다.

公孫龍(공손룡)은 자를 子石이라 했고 공자보다 53세 아래다.

子石까지 이상 35명은 모두 연령과 성명이 명료하며 학업을 공자에게 받고 공자와 문답한 것이 문헌에 보인다. 그러나 이하 42명은 연령이 불

명하고 書傳에도 보이지 않는 사람을 기록하면 다음과 같다.

冉季(염계)는 자는 子産(자산)

公祖句兹의(공조구자) 자는 子之(자지)

秦祖(진조)의 자는 子南(자남)

漆雕哆(칠조치)의 자는 子斂(자렴)

顔高(안고)의 자는 子驕(자교)

漆雕徒父(칠조도보)

壤駟赤(양사적)의 자는 子徒(자도)

商澤(상택)

石作蜀(석작촉)의 자는 子明(자명)

任不齊(임부제)의 자는 選(선)

公良孺(공양유)의 자는 子正(자정)

后處(후처)의 자는 子里(자리)

秦冉(진염)의 자는 開(개)

公夏首(공하수)의 자는 乘(승)

奚容箴(해용점)의 자는 子晳(자석)

公肩定(공견정)의 자는 子中(자중)

顔祖(안조)의 자는 襄(양)

鄡單(교선)의 자는 子家(자가)

句井彊(구정강)

罕父黑(한보흑)의 자는 子索(자색)

秦商(진상)의 자는 子丕(자비)

申黨(신당)의 자는 周(주)

顔之僕(안지복)의 자는 子叔(자숙)

榮旂(영기)의 자는 子祈(자기)

縣成(현성)의 자는 子祺(자기)

左人郢(좌인영)의 자는 行(행)

燕伋(연급)의 자는 子思(자사)

鄭國(정국)의 자는 子徒(자도)

秦非(진비)의 자는 子之(자지)

施之常(시지상)의 자는 子恒(자항)

顔噲(안쾌)의 자는 子聲(자성)

廉潔(염결)의 자는 庸(용)

叔仲會(숙중회)의 자는 子期(자기)

顔何(안하)의 자는 冉(염)

狄黑(적흑)의 자는 晳(석)

邦巽(방손)의 자는 子斂(자렴)

孔忠(공충)

公西輿如(공서여여)의 자는 子上(자상)

公西葴(공서잠)의 자는 子上(자상)

태사공은 말한다.

세상의 학자들은 공자 70명의 제자에 대해 이따금 말한다. 칭찬하는 사람은 실제 이상으로 치켜세우고 비방하는 사람은 실제 이하로 평하지만 모두 그 용모조차 보지 않고 논평하고 있는 것이다. 제자의 명부는 孔氏의 벽속에서 나온 古文의 기록에 근거한 것으로서 거의 정확하다. 나는 제자의 성명이나 文辭를 모두 논어의 공자와 제자의 문답에서 땄고 순서대로 이 한 편을 만들었다. 의심스러운 것은 생략하고 싣지 않았다.

(출처: 〈사기열전〉 사마천 지음, 이상옥 역, 명문당)

출현의 배경 1

노나라는 공자의 고향이다. 공자는 기원전 551년에 태어나 기원전 479년에 사망했는데 그가 살았던 70여 년은 춘추시대의 말기였다. 또한 그 시기는 노나라 맹손씨, 숙손씨, 계손씨가 공실을 셋으로 나눈즉 삼분공실의 시기였다.

공자의 삶은 바로 이런 역사적 상황과 맞물려 있었기 때문에 그에게서 "예악이 붕괴되었다"는 한탄이 나올 수밖에 없었고 따라서 그는 "스스로 극복해서 예로 돌아가는 (克己復禮)" 것을 가장 큰 이상으로 삼았다.

맹손씨, 숙손씨, 계손씨를 삼환이라고 하는데 이 삼환의 출현은 비교적 복잡한 역사적 과정을 거쳤다.

노나라 환공에게는 아들이 여러 명 있었는데 그가 죽자 魯莊公이 계승자가 되어 즉위했다. 그러나 30여 년을 재위하던 노장공이 병으로 목숨이 경각에 달리자 그의 많은 형제들이 임금 자리를 다투게 되었다. 그중 이복동생 慶父는 오랫동안 임금의 자리를 노려왔기 때문에 이번이 절호의 기회라고 생각했다.

그는 암암리에 병장기를 준비하고 군사를 모아서 오래전부터 노장공의 암살을 준비해 왔던 것이다. 하지만 노장공이 병으로 목숨이 위태롭게 되자 추진하던 일을 조금 늦추었다. 그는 자신의 심복이자 친동생인 叔 牙를 노장공에게 문병을 보내 상황을 파악하도록 지시했다. 그러나 노장 공은 이미 그의 속셈을 훤히 꿰뚫고 있었기 때문에 숙아에게 짐짓 이렇 게 말했다.

"내가 이미 병이 골수까지 파고들어 더 이상 살 수가 없다. 내가 죽은 다음에 누가 내 자리에 올랐으면 좋겠느냐?"

숙아는 전혀 거리낌 없이 대답했다.

"형님이 죽으면 동생이 그 자리를 계승하는 것은 예로부터 내려오는 관례입니다. 경보는 임금의 동생이자 능력과 덕까지 겸비했으니 가장 적 합한 계승자라 생각합니다. 더 이상 무엇을 망설이십니까?" 그 말을 들 은 노장공은 이미 그들이 권력을 찬탈할 음모를 꾸미고 있다는 걸 날카 롭게 간파했다. 숙아를 돌려보낸 그는 즉시 다른 동생인 季友를 불러서 대책을 상의했다.

계우는 노장공에게 매우 충성하는 아우였다. 그는 경보의 음모를 듣자 마자 성급하게 말했다. 더 이상 참고 있을 수 없습니다. 그자가 그런 말 까지 했다는 것은 공개적으로 도전하는 것이나 다름없습니다. 그들이 곧 반란을 일으킬 듯하니 즉시 손을 쓰지 않으면 앞으로의 결과를 수습하기 어려울 것입니다.

그래서 노장공은 계우에게 모든 일을 일임하고 알아서 조치하도록 했 다. 계우는 즉시 숙아를 체포하여 목을 잘랐다. 그러나 소위 친 동기간이 란 정 때문에 숙아가 경보의 앞잡이인 줄 알면서도 더 이상 추궁하지 않 은 탓에 화근을 남기게 되었다.

노장공이 죽은 후 계우는 노장공의 아들인 공자 般을 추대하여 즉위케 했다. 그러나 불과 두 달도 지나지 않아서 더 이상 참을 수 없었던 경보가 마부를 자객으로 보내 공자 반을 살해했다. 게다가 그 죄를 마부에게 덮어씌운 뒤에 그 마부까지 죽였기 때문에 대질도 할 수 없게 만들었다. 그런 다음 경보는 노장공의 부인 애강과 결탁해서 노장공의 다른 아들인 공자 開를 임금 자리에 앉혔다. 공자 개가 즉위한 지 1년이 지나자 임금 자리에 오르고 싶어 안달이 난 경보는 다시 자객을 보내 공자 개를 죽였다. 불과 2년 사이에 경보가 연이어 두 명의 국왕을 살해하자 조정은 혼란에 빠지고 민심도 들끓었다.

심지어 사람들은 "경보가 죽지 않으면 노나라의 환란은 그치지 않는다"라고 할 정도였다. 민심이 자신에게서 떠났음을 알아챈 경보는 노나라에 있다가는 죽어도 묻힐 곳조차 없을 것으로 판단하고 황급히 莒나라로 도망갔다.

계우는 노나라의 다른 대부들과 함께 노장공의 다른 아들인 공자 申을 추대했는데 그가 바로 魯僖公이다. 계우는 경보를 처벌함으로써 노나라의 민심을 가라앉히려 했다. 그래서 거나라 왕에게 많은 예물을 보내 경보를 넘겨 달라고 청했는데 경보는 예전처럼 종법(제사의 계승과 종족의 결합을 위한 친족 제도의 기본법)의 명분으로 계우에게 용서를 빌면서 다른 나라로 가게 해달라고 했다. 하지만 그의 속내는 재기할 기회를 노렸다가 다시 노나라를 장악하는 것이었다. 그의 속셈을 모를 리 없는 계우는 단호하게 그의 요청을 거절했고 마침내 경보는 자살할 수밖에 없었다.

출현의 배경 2

계우가 경보의 난을 평정했기 때문에 노희공은 그에게 커다란 상을 주었다. 그러나 친족을 죽였다는 심한 죄책감에 사로잡혀 있던 계우는 노희공에게 이렇게 말했다.

"처형당한 숙아와 경보는 모두 저처럼 선친인 환공의 아들입니다.
전통적인 예법에 따라서 그들의 후손을 대신으로 봉해야 합니다."

그말을 옳게 여긴 노희공은 公孫敖를 경보의 자리에 오르게 하면서 孟孫씨라 봉하고 公孫玆를 숙아의 자리에 오르게 하면서 叔孫씨 라고 칭했으며 계우는 季孫씨로 봉했다. 이리하여 세명의 대부가 정립하게 되었는데 그들이 모두 노환공의 후예였기 때문에 삼환이라고 불렀다.

세 사람은 자신들의 지위가 노희공과는 달라서 유지하기 힘들 뿐 아니라 안정된 지위가 아니란 것을 잘 알고 있었다. 따라서 자신들의 지위를 확고히 하고 자손들이 영원히 국록의 혜택을 받게 하려면 오로지 자기 세력을 크게 키워야 하고 그러므로서 권력의 아귀다툼에 밀려나지 않고 재난에서 벗어날 수 있다는 점도 잘 알고 있었다. 그래서 저마다 나름대로 수단을 써서 여러 사람들을 자기 주변으로 끌어들였다. 특히 경보 후손인 계문자가 그렇게 했는데 그는 죽을 때 사람들에게 첩에게 비단옷을 입히지 않고 말에게는 곡식을 먹이지 않았다. 세 임금을 섬기며 사사로운 재산을 축적하지 않았다.라는 평까지 받았다. 그들은 당시 노나라의 왕실 및 다른 대신들의 호화로움과 대조되는 근검하고 소박한 생활로 인심을 사려고 노력했던 것이다. 게다가 그들은 인재 발탁에 힘을 기울였는데 현명하고 능력있는 자를 선발하는 점에서는 노나라 황실보다 더 자유롭고 관대했다. 공자의 제자 자공은 이렇게 말했다고 한다.

"계문자는 자신의 재물로 가난한 자를 구제해서 민심을 널리 얻으니 앞으로 반드시 큰일을 할 것이다."

춘추시대 말기에 이르자 세 사람의 세력은 크게 성장했다. 그중에서도 계손씨 개인이 소유하고 있던 군사는 7천 명에 달했는데 이는 임금이 소유한 군사력을 초월한 숫자였다.

노나라 왕실은 커다란 경작지가 개인의 땅으로 변하면서 나라의 수입이 급격히 감소하는 것을 마냥 지켜볼 수만은 없었다. 그러나 왕실은 그렇게 된 상황을 막지 못하자 아예 개인 땅을 합법화한 뒤 공전처럼 세금을 받겠다고 선포했다.

그 결과 왕실은 재정 수입을 늘렸을 뿐만 아니라 개인 땅의 특수한 권익도 제한함으로써 나라 땅과 개인 땅의 구분을 없애버렸다. 이렇게 되자 세 사람과 왕실은 본격적으로 첨예하고 치열한 투쟁을 벌이게 됐다. 세 신하는 30여 년 동안 끈질긴 축적과 노력으로 이제는 나라에 필적할 수 있는 군사력과 경제력을 갖추었을 뿐만 아니라 나라의 권력까지도 어느 정도 장악하게 되었다.

기원전 562년 계문자는 노나라의 군대를 양군제도에서 상, 중, 하의 삼군으로 개편해서 세 대신이 각기 1군씩 통솔하기로 했으며 토지세도 세신하가 각기 징수하기로 결정했다. 이것이 역사상 유명한 삼분공실(왕실을 셋으로 분할)이다. 이렇게 세 사람의 세력은 더 없이 커졌다.

당시의 형세에 적응하기 위해서 계손씨는 경작지를 남에게 세를 줄 수 있는 새로운 제도를 채용했으며 맹손씨는 옛날 노예제도를 그대로 유지했고 숙손씨는 새 제도와 낡은 제도를 반반씩 채용했다. 그 결과 새로운 제도가 소작인의 호응을 받아서 계손씨는 경제력만이 아니라 군사력에서도 다른 두 사람보다 훨씬 강해지게 되었다. 기원전 537년 삼군 제도가 폐지되고 원래의 양군제도를 회복하였는데 그 양군을 다시 4등분하는 '4분공실'을 이룸으로써 계손씨가 그중 2군을 다른 두 사람이 각각 1군씩 통제했다. 이렇게 되자 노나라는 세 사람이 분할 해서 관리하게 되었는데 백성들이 세금을 바칠 때도 먼저 세 사람에게 납부하고 그것을 세 사람이 다시 나라의 임금에게 전달하는 식이 되었다. 노나라의 임금은 그저 이름만 있을 뿐 허수아비나 다름 없었다.

세 사람이 임금을 대신하여 권력을 행사하는 과정에서 왕실과 여러 차례 군사적 충돌이 있었지만 매번 세 사람의 승리로 끝났다. 결국 魯昭公은 노나라를 탈출해서 晉나라로 피신하려 했는데 진나라가 그를 도읍에 들어오지 못하게 하고 단지 건후에만 머물게 하니 마침내 노소공은 그곳에서 최후를 마쳤다.

노나라의 사관은 이렇게 평가했다.

"노나라 임금은 대대로 나라를 잘 다스리지 못했지만 계씨는 대대로 올바른 정치에 힘쓰고 백성을 사랑했다. 그래서 백성들은 노나라 임금을 잊은 지 오래되었으니 그가 국외에서 죽었다 한들 그 누가 불쌍히 생각하겠는가?"

노나라가 점차 왕실의 친족인 삼환에게 넘어간 것은 分封 제도를 실시한 결과이다.

참고문헌

〈중국사를 움직인 100인〉 홍문숙, 홍정숙, 청아출판사
〈시경강설〉 이기동 역해, 성균관대 출판부
〈서경〉 이기동 역해, 성균관대 출판부
〈사기세가〉 사마천 저, 김원중 역, 민음사
〈사기서〉 사마천 저, 김원중 역, 민음사
〈사기본기〉 사마천 저, 김원중 역, 민음사
〈집잃은개〉 리링 저, 글항아리
〈사기열전〉 사마천 지음, 이상옥 역, 명문당
〈간명한중국철학사〉 펑유란 저, 정인재 옮김, 마루비
〈중국철학사강의〉 모종삼 저, 김병채, 안재호, 박영미, 김태영 옮김, 예문서원
〈논어의논리〉 박이문 저, 문학과지성
〈맹자〉 이기석, 한용우 역, 이가원 감수, 홍신문화사
〈논어〉 이기석, 한용우 역, 이가원 감수, 홍신문화사
〈논어철학〉 왕방웅, 증소욱, 양조한 지음, 황갑연 옮김, 서광사
〈춘추번로〉 동중서 저, 신정근 옮김, 태학사
〈중국역대인명사전〉 임종욱 편저, 이회문화사
〈예기〉 이상옥 역저, 명문당
〈국어〉 좌구명 찬, 임동석 역주, 동서문화사
〈공자가어〉 왕숙 찬, 임동석 역주, 동서문화사

〈지전〉 렁천진 편저, 장연 역, 김영사
〈대역논어집주 주자와제자들의토론〉 박성규 역주, 소나무
〈논어집주대전〉 김동인, 지정민, 여영기 옮김, 한올아카데미
〈논어고금주〉 정약용 저, 이지형 역주, 사암
〈한글논어〉 이을호 지음, 한극학술정보
〈논어고의〉 이토 진사이 지음, 최경렬 옮김, 그린비
〈논어징〉 오규 소라이 지음, 이기동, 임옥균 임태홍 함현찬 옮김, 소명출판
〈설원〉 유향 찬집, 임동석 옮김, 동문선
〈논어〉 미야자키 이치사다 해석, 박영철 옮김, 이산
〈논어의문법적이해〉 류종목 지음, 문학과지성사
〈장자〉 김학주 옮김, 연암서가
〈춘추좌전〉 좌구명 지음, 장세후 옮김, 을유문화사
〈한서예문지〉 이세열 해역, 자유문고

논어, 사람의 길을 묻다

초판 1쇄 인쇄 2025년 07월 14일
초판 1쇄 발행 2025년 07월 22일
지은이 최대선

펴낸이 김양수
책임편집 이정은
교정교열 연유나

펴낸곳 도서출판 맑은샘
출판등록 제2012-000035
주소 경기도 고양시 일산서구 중앙로 1456 서현프라자 604호
전화 031) 906-5006
팩스 031) 906-5079
홈페이지 www.booksam.kr
블로그 http://blog.naver.com/okbook1234
페이스북 facebook.com/booksam.kr
이메일 okbook1234@naver.com

ISBN 979-11-5778-711-1 (03140)

* 이 책은 저작권법에 의해 보호를 받는 저작물이므로 무단전재와 무단복제를 금지하며, 이 책 내용의 전부 또는 일부를 이용하려면 반드시 저작권자와 도서출판 맑은샘의 서면동의를 받아야 합니다.
* 책값은 뒤표지에 있습니다.
* 파손된 책은 구입처에서 교환해 드립니다.
* 이 도서의 판매 수익금 일부를 한국심장재단에 기부합니다.

맑은샘, 휴앤스토리 브랜드와 함께하는 출판사입니다.